"十三五"卫生高等职业教育校院合作"双元"规划教材

供护理、助产及相关专业用

中医护理学

主　编
郭宝云　苏新民
副主编
王　朝　林雪峰　白建民　李新红

编　者（按姓名汉语拼音排序）

白建民（南阳医学高等专科学校）　　吕艳莹（呼伦贝尔职业技术学院）
陈世龙（江苏护理职业学院）　　　　潘晓英（贵阳护理职业学院）
陈珍珍（漳州卫生职业学院）　　　　邱　峰（漳州市中医院）
郭宝云（漳州卫生职业学院）　　　　苏新民（山东中医药高等专科学校）
黄雯雯（泉州医学高等专科学校）　　王　朝（江苏护理职业学院）
李新红（湖南环境生物职业技术学院）喻小燕（江西医学高等专科学校）
林　锋（漳州卫生职业学院）　　　　赵晓旻（山东中医药高等专科学校）
林雪峰（天津医学高等专科学校）

北京大学医学出版社

ZHONGYI HULIXUE

图书在版编目（CIP）数据

中医护理学 / 郭宝云，苏新民主编 . —北京：北京大学医学出版社，2019.11（2023.7 重印）

ISBN 978-7-5659-2071-4

Ⅰ.①中… Ⅱ.①郭… ②苏… Ⅲ.①中医学－护理学－高等职业教育－教材 Ⅳ.① R248

中国版本图书馆 CIP 数据核字（2019）第 225654 号

中医护理学

主　　编：郭宝云　苏新民
出版发行：北京大学医学出版社
地　　址：（100191）北京市海淀区学院路 38 号 北京大学医学部院内
电　　话：发行部 010-82802230；图书邮购 010-82802495
网　　址：http://www.pumpress.com.cn
E-mail：booksale@bjmu.edu.cn
印　　刷：北京瑞达方舟印务有限公司
经　　销：新华书店
责任编辑：陈　奋　张立峰　　责任校对：靳新强　　责任印制：李　啸
开　　本：850 mm×1168 mm　1/16　　印张：17　　字数：480 千字
版　　次：2019 年 11 月第 1 版　2023 年 7 月第 4 次印刷
书　　号：ISBN 978-7-5659-2071-4
定　　价：40.00 元

版权所有，违者必究

（凡属质量问题请与本社发行部联系退换）

出版说明

《国务院办公厅关于深化医教协同进一步推进医学教育改革与发展的意见》要求加快构建标准化、规范化医学人才培养体系，全面提升人才培养质量。明确指出要调整优化护理职业教育结构，大力发展高职护理教育。《国家职业教育改革实施方案》指出要促进产教融合育人，建设一大批校企"双元"合作开发的国家规划教材。新时期的护理职业教育面临前所未有的发展机遇和挑战。

高质量的教材是实施教育改革、提升人才培养质量的重要支撑。为深入贯彻《国家职业教育改革实施方案》，服务于新时期高职护理人才培养改革发展需求，北京大学医学出版社在教育部、国家卫生健康委员会相关机构和职业教育教学指导委员会的指导下，经过前期广泛调研、系统规划，启动了这套"双元"数字融合高职护理教材建设。指导思想是：坚持"三基、五性"，符合最新的国家高职护理类专业教学标准，结合高职教学诊改和专业评估精神，突出职业教育特色和专业特色，与护士执业资格考试大纲要求、岗位需求对接。体现以人为本、以患者为中心的整体护理理念，强化技能训练，既满足多数院校教学实际，又适度引领教学。实践产教融合、校院合作，打造深度数字融合的精品教材。

教材的主要特点如下：

1. 全国专家荟萃

遴选全国近 40 所院校具有丰富教学经验的骨干教师参与建设，力求使教材的内容和深浅度具有全国普适性。

2. 产教融合共建

吸纳附属医院或教学医院的临床护理双师型教师参与教材编写、审稿，学校教师与行业专家"双元"共建，保证教材内容符合行业发展、符合多数医院护理实际和人才培养需求。

3. 双重专家审定

聘请知名护理专家审定教材内容，保证教材的科学性、先进性；聘请知名职教专家审定教材的职教特色和规范。

4. 教材体系完备

针对各地院校课程设置的差异，部分教材实行"双轨制"。如既有《正常人体结构》，又有《人体解剖学》《组织学与胚胎学》；既有《护理学基础》，又有《护理学导论》《基础护理学》，便于各地院校灵活选用。

5. 职教特色鲜明

结合护士执业资格考试大纲，教材内容"必需、够用，图文并茂"。以职业技能和岗位胜任力培养为根本，以学生为中心，贴近高职学生认知，采用布鲁姆学习目标，加入"案例/情景""知识链接""小结""实训""自测题"等模块，提炼"思维导图"。

6. 纸质数字融合

将纸质教材与二维码技术相结合，融 PPT、图片、微课、动画、护理技能视频、模拟考试、护考考点解析音频等于一体，《正常人体结构》《人体解剖学》等教材融入了 AR 增强现实技术，实现了以纸质教材为核心、配套数字教学资源的融媒体教材建设。

本套教材的组织、编写得到了多方面大力支持。很多院校教学管理部门提出了很好的建议，职教专家对编写过程精心指导、把关，行业医院的临床护理专家热心审稿，为锤炼精品教材、服务教学改革、提高人才培养质量而无私奉献。在此一并致以衷心的感谢！

希望广大师生多提宝贵意见，反馈使用信息，以臻完善教材内容，为新时期我国高职护理教育发展和人才培养做出贡献！

"十三五"卫生高等职业教育校院合作"双元"规划教材审定委员会

顾　　问　杨爱平（国家卫生健康委能力建设和继续教育中心）
　　　　　　郑修霞（北京大学护理学院）
　　　　　　赵志群（北京师范大学教育学部）

主 任 委 员　刘　晨（国家卫生健康委能力建设和继续教育中心）

副主任委员　张彦文（天津医学高等专科学校）
　　　　　　李　琳（菏泽医学专科学校）
　　　　　　沈国星（漳州卫生职业学院）
　　　　　　袁　宁（青海卫生职业技术学院）
　　　　　　蔡德周（大理护理职业学院）

委　　员　（按姓名汉语拼音排序）

陈方军（肇庆医学高等专科学校）	田朝晖（呼伦贝尔职业技术学院）
陈鸣鸣（江苏护理职业学院）	王　平（阜阳职业技术学院）
邓朝晖（贵阳护理职业学院）	文玉萍（广西科技大学）
丁炎明（北京大学第一医院）	吴　勇（黔东南民族职业技术学院）
冯春林（遵义医药高等专科学校）	杨　翀（广州卫生职业技术学院）
高健群（宜春职业技术学院）	杨桂荣（湖北职业技术学院）
高　强（济南护理职业学院）	姚永萍（四川护理职业学院）
李葆华（北京大学第三医院）	於学良（苏州卫生职业技术学院）
马　莉（唐山职业技术学院）	战文翔（山东中医药高等专科学校）
宁国强（江西医学高等专科学校）	张晓静（北京协和医院）
秦立国（铁岭卫生职业学院）	张学河（乐山职业技术学院）
谭　工（重庆三峡医药高等专科学校）	赵其辉（湖南环境生物职业技术学院）

序

湛蓝天空映衬昆明湖碧波粼粼，湖畔长廊蜿蜒诉说历史蹉跎，万寿山风清气爽，昂首托起那富贵琉璃的智慧海、吉祥云。护理融有科学、技术、人文及艺术特质，其基本任务是帮助人维持健康、恢复健康和提升健康水平。护士被誉为佑护健康与生命的天使。在承载这崇高使命的教育殿堂，老师和学生们敬畏生命、善良真诚、严谨求实、德厚技精。

再览善存之竖版护理教材——**《护病新编》**（1919年，车以轮等译，中国博医会发行），回想我国护理教育发展历程，尤其20世纪80年代以来，在护理和教育两个领域的研究与实践交汇融合中，护理教育经历了"医疗各科知识+护理、各科医学及护理、临床分科护理学或生命周期分阶段护理"等三个阶段。1985年首开英护班，1991年在卫生部相关部门支持下，成立全国英护教育协作会，从研究涉外护理入手，进行护理教育改革；1989年始推广目标教学，建立知识、技能、态度的分类目标，使用行为动词表述，引导相应教学方法的改革；1994年开始推进系统化整体护理；1997年卫生部颁布护理专业教学计划和教学大纲，建构临床分科护理学课程体系，新开设精神科护理、护士礼仪等六门课程。2000年行业部委院校统一划转教育部管理，为中高职护理教育注入了现代职业教育的新鲜"血液"。教育部组织行业专家制定了专业目录，将护理专业确定为83个重点建设专业之一，并于2003年列入教育部技能型紧缺人才培养培训工程的4个专业之一，在国内首次采用了生命周期模式，开始推进行动导向教学；2018年高职护理专业教学标准（征求意见稿）再次采纳了生命周期模式。客观地看，在一个历史阶段，因为教育理念和教学资源等差异，院校可能选择不相同的课程模式。

当前，全国正在落实**《"健康中国2030"规划纲要》**和**《国家职业教育改革实施方案》**，在人民群众对美好生活的向往和护理、职业教育极大发展的背景下，护理教育教学及教材的改革创新迫在眉睫。北京大学医学部是百余年前中国政府依靠自己的力量开办的第一所专门传授现代医学的国立学校，历经沧桑，文化厚重，对中国医学事业发展有着卓越贡献。北京大学医学出版社积极应对新时期、新任务和新要求，组织全国富有教学与实践经验的资深教师和临床专家，共同编写了本套高职护理专业教材，为院校教改与创新提供了重要保障。

教材支撑教学，辅助教学，引导学习。教学过程中，教师需要根据自己的教学设计对教材进行二次开发。现代职业教育不是学科化课程简版，不应盲目追求技术操作，不停留在零散碎片的基本知识或基本技能的"名义能力"层面，而是从工作领域典型工作任务引导学习领域课程搭建，以工作过程为导向，将知识和操作融于工作过程，通过产教融合和理实一体，系统地从工作过程出发，延伸到工作情境、劳动组织结构、经济、使用价值、质量保证、社会与文化、环境保护、可持续发展及创新等方面，培养学生从整体角度运用相对最佳的方法技术完成工作任务。这些职业教育需达成的基本能力维度与护理有着相近的承载空间，现代职教理念和方法对引导我国护理教育深化与拓展具有较大的意义。

本套教材主编、编者和出版社老师们对课程体系科学建构，教学内容合理组织，字里行间精心雕琢，信息技术恰当完善。本套教材可与情境教学、项目教学、PBL、模块教学、任务驱动教学等配合使用。新技术的运用丰富了教学内容，拓展了学生视野，强化了教学重点，化解了教学难点，提示了护考要点，将增强学生专业信心，提高学生学习兴趣。

教材与教学改革相互支撑，相辅相成，它们被人类社会进步不断涌现的新需求、新观念、新理论、新方法、新技术引导与推动，永远不会停步。它是朝阳，充满希望；是常青树，带给耕耘者硕果累累。

前 言

为达到我国高等职业教育护理、助产及相关专业的培养目标，培养基础理论扎实、高素质、临床实践能力强的高级技能型全科护理人才，全国多所高职高专院校教学经验丰富的教师及临床一线专家共同编写了这本《中医护理学》教材。

本教材严格按照高等职业教育护理、助产及相关专业的知识结构要求编写，在内容上力求体现高等职业教育护理、助产及相关专业教育的特色，即对基础理论做到必需、够用，专业知识加强针对性和应用性，尽可能使教材贴合临床实际需求，以适应护理事业的发展，满足社会对护理人才的要求。

本教材在编写中，参照了国家护士执业资格考试及中医护理行业的技术标准规范，力求职业教育与行业需求有机结合，使学习内容与就业岗位要求零距离对接，为培养复合型高级护理、助产专业人才奠定良好的专业基础。编写时紧密联系新颁布的教学标准及护士执业资格考试大纲要求，将护士执业资格考试考点与真题分类结合于教材中，使得教材更具针对性、实用性。在编写模式上设有要点导航、考点提示、护理应用、知识拓展、学习小结等模块，每章后有与护士执业资格考试相关内容的目标检测，以增强学生的学习目的性和主动性。中医护理技能突出体现在护理专业的临床操作应用上，注重学生临床能力的培养。教材的创新点是在常用中医护理技术中除了突出中医非药物疗法的特色外，每个护理技术都有操作流程及评分标准；除介绍中医常见病证护理知识外，还增添健康指导的内容，使教材更能适应临床护理实践的需要。

本教材参考了国内相关教材的部分内容，在此深表谢意。

虽经编写人员努力工作，但由于水平所限，书中疏漏与谬误在所难免，敬请读者批评指正，以便今后修正错误，完善内容，提高质量。

郭宝云　苏新民

二维码资源索引

资源名称	资源类型	页码
冷湿敷法	视频	208

目 录

第一章 绪论 ········· 1
    第一节 中医护理学发展简史 ········· 1
    第二节 中医护理学的基本特点 ········· 5

第二章 阴阳五行 ········· 8
    第一节 阴阳学说 ········· 8
    第二节 五行学说 ········· 13

第三章 脏象学说 ········· 19
    第一节 五脏 ········· 20
    第二节 六腑 ········· 30
    第三节 奇恒之腑 ········· 33
    第四节 脏腑之间的关系 ········· 34

第四章 气血津液 ········· 40
    第一节 气 ········· 40
    第二节 血 ········· 43
    第三节 津液 ········· 44
    第四节 气血津液之间的关系 ········· 45

第五章 病因 ········· 48
    第一节 外感病因 ········· 48
    第二节 内伤病因 ········· 52
    第三节 继发病因 ········· 56
    第四节 其他病因 ········· 58

第六章 体质 ········· 61
    第一节 体质概述 ········· 61
    第二节 体质分类及调护 ········· 63

第七章 诊法 … 71
- 第一节 望诊 … 71
- 第二节 闻诊 … 84
- 第三节 问诊 … 86
- 第四节 切诊 … 94

第八章 辨证施护 … 101
- 第一节 八纲辨证 … 101
- 第二节 脏腑病辨证 … 105
- 第三节 卫气营血辨证 … 110

第九章 预防及护理原则 … 114
- 第一节 预防 … 114
- 第二节 护理原则 … 116

第十章 方药知识及用药护理 … 123
- 第一节 中药与方剂基础知识 … 123
- 第二节 中药内服护理 … 140
- 第三节 常用药膳 … 148

第十一章 常用中医护理技术 … 160
- 第一节 经络腧穴概述 … 160
- 第二节 灸法 … 179
- 第三节 经穴推拿技术 … 184
- 第四节 拔罐技术 … 190
- 第五节 刮痧技术 … 194
- 第六节 蜡疗技术 … 198
- 第七节 穴位注射技术 … 202
- 第八节 常用中药外治法 … 205

第十二章 常见病证中医护理 … 215
- 第一节 感冒 … 215
- 第二节 胸痹 … 217
- 第三节 眩晕 … 219
- 第四节 头痛 … 221
- 第五节 胃痛 … 224
- 第六节 泄泻 … 227
- 第七节 黄疸 … 229
- 第八节 消渴 … 232
- 第九节 痹证 … 233
- 第十节 痛经 … 235
- 第十一节 崩漏 … 237

第十二节 带下病 ………………………………………………………… 240
第十三节 产后缺乳 ……………………………………………………… 243
第十四节 小儿感冒 ……………………………………………………… 245
第十五节 厌食 …………………………………………………………… 246
第十六节 遗尿 …………………………………………………………… 247

主要参考文献………………………………………………………………… **252**

附：目标检测参考答案……………………………………………………… **253**

第一章 绪 论

要点导航

1. 描述中医护理学的基本特点。
2. 归纳各历史时期的著名医家、著作及其对中医护理学的贡献。
3. 知道中医护理学起源、形成和发展的历史。
4. 能解释同病异护和异病同护的内容。

中医护理是在中医学理论指导下，运用整体护理和辨证施护的原则，结合预防、养生、保健、康复等医疗活动，对患者及人群进行全面照护并施以独特的中医护理技术，以保障和促进人类健康的一门应用学科，是中医学的重要组成部分，为维护我国人民群众的健康做出了巨大的贡献。

第一节 中医护理学发展简史

中医学治病集医、药、护为一身，从中医学的起源来看，自从有了人类，就有了建立在自我防护本能基础之上的护理实践萌芽，并在其发展过程中，始终保持着医护一体的状态。随着社会的进步和中医事业的发展，中医护理学逐渐形成了以整体观念为指导，以辨证施护为依据，融传统和现代护理技术为一体的独特的中医护理理论与实践体系。

一、原始社会时期

原始社会时期人类与疾病的抗争由最初的被动本能反应，过渡到主动的探索和积极的应对，初步形成了医药卫生及中医护理知识。如用群居洞穴来躲避寒暑和野兽的袭击；受伤后到溪流中用水冲洗受伤部位，去血垢，以防感染；遇到风寒导致的局部疼痛，以热熨的方法进行调护；四肢的跌仆损伤进行抚摸揉按，起到消肿散瘀止痛作用，就是最原始的"按摩术"。这些本能的自身保护方法和行为形成了中医护理的萌始。

二、夏至春秋时期

夏至春秋时期，我国进入了奴隶社会，社会生产力和科学文化的初步发展，为中医学及中医护理知识的积累和提高创造了有利条件。

《周礼·天官》记载医事制度中，医师之下设有士、府、史、徒等专职人员，出现了专职医师，提出了"食医掌和王之六食、六饮、六膳、百羞、百酱、八珍之齐……春多酸、夏多苦，秋多辛，冬多咸，调以滑甘"的饮食护理方法。认识到情志太过会损害人体脏腑机能，导致疾病发生，指出"喜、怒、哀、乐、爱、恶、欲之情，过则有伤""百病怒气，忧郁生疾"等。中医护理技术方面如《枕中记·导引》曰："顺发摩项良久，摩手以浴面目，久久令人明目，邪气不干""常以两手拭面，令人面有光泽，斑皱不生"等。

三、战国至东汉时期

战国至东汉时期，社会经济迅猛发展，活跃的学术思想和丰富的医学典籍，为中医护理奠定了理论基础，对后世中医护理的发展影响深远。

《黄帝内经》是我国现存最早、最完整的一部医学经典著作，包括《素问》和《灵枢》两部分。《黄帝内经》不仅奠定了中医学的理论基础，同时论述了生活起居护理、饮食护理、情志护理等内容。如对生活起居护理提出"动作以避寒，阴居以避暑"（《素问·移精变气论》）、"食饮有节，起居有常，不妄作劳"（《素问·上古天真论》）；《素问·四气调神大论》更是提出了春夏两季宜"夜卧早起"，秋季当"早卧早起"，冬季须"早卧晚起"的四时养身原则；详细记载了疾病饮食宜忌，如《素问·脏气法时论》曰："毒药攻邪，五谷为养，五果为助，五畜为益，五菜为充，气味和而服之，以补益精气。"强调情志致病可导致人体气血失调，脏腑功能紊乱，加重病情，甚至危及生命，如《素问·生气通天论》说："大怒则形气绝，而血菀于上，使人薄厥。"指出"告之以其败，语之以其善，导之以其便，开之以其所苦。"（《灵枢·师传》）的开导教育法和"悲胜怒""恐胜喜""怒胜思""喜胜忧""思胜恐"（《素问·阴阳应象大论》）的以情胜情法。《黄帝内经》还有九针、气功、灸焫、敷贴、导引、熏洗、按摩等中医护理基本技术的记载。

《神农本草经》是我国现存最早的药物学专著。载药365种，指出临床用药要配合得宜，应密切观察用药情况，记录其增效与减效，有毒与无毒的各种临床变化，书中还明确提出了"治寒以热药，治热以寒药"的用药原则，为后世中药的理论体系奠定了基础。

东汉末年著名医学家张仲景所著《伤寒杂病论》，包括《伤寒论》和《金匮要略》两部分，开创了中医辨证施护的先河。论述了用药护理、饮食护理、中医护理技术等。该书详细记载了药物的煎煮方法、服药方法、服药时间、服药后注意事项、观察服药后反应等，如针对感冒属风寒表虚之人服桂枝汤，《伤寒论》注明"以水七升，微火煮取三升，去滓，适寒温，服一升"，服药后应"啜热稀粥一升余，以助药力"，并加衣被，观察微有汗出为佳，不可大汗淋漓，同时"禁生冷、粘滑、肉面、五辛、酒酪、臭恶等物"。

> **考点提示：** 我国现存最早的一部医学典籍是《黄帝内经》；最早的药物学专著是《神农本草经》；东汉末年著名医学家张仲景所著《伤寒杂病论》奠定了中医辨证论治的理论体系。

在饮食护理方面，专篇记载了"脏病食忌、四时食忌、冷热食忌、妊娠食忌及合食禁忌"等，指出"秽饭、馁肉、臭鱼，食之皆伤人""肉中有米点者，不可食""梅多食，坏齿"等；在护理技术方面首创药物灌肠法，记载了对津枯肠燥、大便秘结者，用蜜煎导而通之，或用猪胆汁灌肠，以排出宿粪。此外，书中记载了采用体外心脏按压等护理技术抢救自缢者，即"一人以手按据胸上，数动之。"是世界上最早开展急诊复苏护理的典范。

后汉名医华佗，以发明"麻沸散"用于全身麻醉而闻名于世；首创剖腹术，有完整的手术及护理方法；创编的"五禽戏"，模仿虎、鹿、猿、熊、鸟五种动物的姿态动作，把医疗、护理、体育三者融为一体，开创了我国体育医疗保健的先河。

四、魏晋南北朝时期

魏晋南北朝时期临床各科逐步完善，专科医学初具规模，为中医专科病护理的发展奠定了基础。

《肘后备急方》由东晋著名医家葛洪所撰，是一部以治疗急症为主的综合性医著。首创了"口对口吹气法"抢救猝死患者的复苏术。对"水肿"患者应注意饮食调护，有"勿食盐，常食小豆饭，饮小豆汁，鲤鱼佳也"的记载；首次推荐了竹板固定骨折法，开创了中国骨科骨折小夹板外固定疗法的先河，至今仍在使用。

《刘涓子鬼遗方》由晋代军医刘涓子撰，是我国现存最早的外科专著。详细记载了痈疽、金疮、外伤等外科疾病的诊治和护理。如"夫痈坏后有恶肉者……当须绝房室、慎风冷，勿自劳动，须筋脉复常，乃可自劳耳。"强调痈疽宜早治，若晚治或误治可引起口噤、痉等类似脓毒血症而死亡；详细记载了痈疽化脓性感染等外科疾病的诊断与鉴别诊断，全身药物疗法和局部外敷疗法，对外科护理学的发展产生了深远的影响。

五、隋唐五代时期

隋唐五代时期是中医护理实践全面发展时期，丰富的临床实践促进了中医专科护理的发展和提高。

《诸病源候论》由隋代太医博士巢元方所著，是中国历史上第一部专述病源和证候的医书。书中不仅有观察温热病记录，还有大量的养生导引方法，记载多种"养生方"或"导引法"，通过呼吸法、健身法、揉肚法等增强自身体质。

《备急千金要方》由唐代"药王"孙思邈所著，细述了临床各科的诊治方法、食物疗法及预防、卫生等方面的内容，并对医护人员的职业道德提出了严格的要求，书中"大医习业"与"大医精诚"两篇专论医德。孙思邈首创了葱管导尿术、蜡疗法和热熨法等，标志着护理技术日臻成熟；从妇人怀孕养胎，分娩乃至产褥期的护理都有详细的论述，如"产难"一节对分娩的护理强调"特忌多人瞻视"；"初生出腹"一节中，对新生儿护理的"拭儿口""治生不作声""断脐""哺乳""浴儿法"等；重视食疗，提出"勿食生菜、生肉、生米，勿饮浊酒""一切肉惟须煮烂"等；主张"上医医未病之病"，教导人们要"常习不唾地"，并提出"凡衣服、巾、栉、枕、镜不宜与人同之"，以预防疾病传染等。

> ➤ **考点提示**：孙思邈提出"大医习业"与"大医精诚"，首创了葱管导尿术、蜡疗法和热熨法；王焘《外台秘要》提出对黄疸病的病情观察，是世界上最早的实验观察法。

《外台秘要》由唐代医学文献专家王焘所著，对伤寒、肺结核、疟疾、天花、霍乱等传染病的病情观察均有较详尽的记载。书中记有对黄疸病的病情观察，提出"每夜小便里浸少许帛，各书记日，色渐退白则瘥。"这是世界上最早的实验观察法。

六、宋金元时期

宋金元时期随着社会的发展，尤其是印刷术的发明，推动了医学的快速发展，为医学著作的传播、整理和研究创造了便利条件。

《太平圣惠方》是北宋太医王怀隐等撰写的一部大型方书，书中记载了"中药成药的保管"和"服饵之法"，提出服药的原则是"食气消即进药，药气散即进食"，即药、食不宜同时使用，以便于发挥药效，减少不良反应的产生。

《妇人大全良方》由宋代医家陈自明所著，是中国第一部完善的妇产科专著。该书分篇论述了"妊娠随月数服药及将息法",极大地丰富了中医妇产科护理内容。

《脾胃论》由金代著名医家李东垣所著,是创导脾胃论学说的代表作。李东垣认为"内伤脾胃,百病乃生",非常重视饮食、劳倦、情志三者的护理,指出"饮食不节则胃病,胃病则气短,精神少,而生大热",强调"宜温暖、避风寒、省言语、适劳逸",方能正气存内,邪不可干。

《饮膳正要》由元代饮膳太医忽思慧所著,是中医食疗的代表著作。书中列举了"妊娠食忌""乳母食忌""食疗诸病""养生避忌"等饮食护理内容,强调饮食保健的重要意义。如"先饥而食,勿令食饱;先渴而饮,饮勿令过;不可饱食而卧,尤其夜间不可多食;勿食不洁或变质之物……不可大醉;食毕宜用温水漱口,睡前刷牙"等。

七、明清时期

明清时期,随着温病学的确立与发展,以叶天士、薛生白、吴鞠通、王孟英为代表的"温病四大家"开创了温病护理的新局面,同时,中医护理在疾病康复、妇婴保健以及养生方面的理论与实践逐渐成熟,并向独立、完整的体系发展。

《普济方》是明太祖朱元璋第五子朱橚主持编修的,载方达61 739首,是我国历史上最大的一部方剂书籍。书中记载了汤药服用、按摩术、针灸术等护理技术,其中新生儿的衣服"宜用旧衣,勿用新衣,勿令人过厚",以及哺乳、浴儿法等。

《本草纲目》是明朝著名医学家、药学家李时珍所著。该书集我国16世纪以前药物学研究之大成,被誉为"东方医学巨典"。李时珍不但诊治疾病,还亲自采药,煎药,为患者喂药,并指导患者家属护理患者,为医护人员树立了一个无私奉献的榜样。

《温热论》是清代杰出的温病学家叶天士所著,系统地阐明温病发生、发展的规律,提出温病卫、气、营、血四个阶段辨证论治和辨证施护的纲领。叶天士总结了温病察舌、验齿、辨斑疹等病情观察方法;提出对温病孕妇以"井底泥或蓝布浸冷覆盖腹上"的护理措施;同时还提出蒸汽消毒的护理技术。

《温疫论》是明末著名医家吴又可所著,是我国第一部急性传染病专著。不仅提出"戾气"说,并且在"论食""论饮""调理法"三篇专论中,详细论述了瘟疫病的护理措施。如认为"患者烦渴、大渴皆因内热、大热所致"给服"梨汁、藕汁、蔗浆、西瓜"等用以清热止渴生津。

> ▶ **考点提示**:李时珍的《本草纲目》被誉为"东方医学巨典";清代钱襄的《侍疾要语》是我国现存最早的中医护理专著。

《侍疾要语》是清代钱襄所著,是我国现存最早的中医护理专著,内容涉及饮食护理、生活起居护理和老年病患者的护理。书中介绍十位百岁老人延年益寿、防病抗老的经验,认为长寿与起居、饮食、锻炼和情志修养有关。

八、近、现代时期

自鸦片战争以后,中国逐步沦为半殖民地半封建社会,西方列强推行西方医学和政府的一系列限制中医乃至消灭中医的措施,中医学受到了巨大的冲击,中医及中医护理的发展处于停滞不前的状态。

新中国成立以后,有了政府重视和"中医药学是一个伟大的宝库,应努力发掘,加以提高"的精神,中国先后在各省市建立了中医学院及中医药研究院(所),大力开展对中国传统医药学的发掘、整理、继承、提高的工作,掀开了中医护理学发展史上崭新的一页。1979年,卫生部颁布了《关于加强护理教育的意见》，明确指出中医护理学是一门专门的学科，是中医学的重要组成部分。随着各省市中医护校及各中医学院护理系的建立，中医护理教育事业迅速发展。

第二节 中医护理学的基本特点

中医护理学是在中医基本理论指导下，遵循辨证施护的原则进行护理，中医护理理论具有两个基本特点：一是整体护理，二是辨证施护。

> **考点提示**：中医护理学的基本特点是整体护理和辨证施护。

一、整体护理

整体就是统一性、完整性和联系性。整体观念，指的是客观世界任何事物都是由各种要素以一定方式构成的统一的整体。事物内部的各个组成部分是互相联系、不可分割的。中医学认为，人体是一个有机的整体，人与自然密切相关，人体受社会环境的影响。这些认识，构成了中医学的整体观念。整体护理，就是从整体观念出发，对患者进行护理。

（一）人体是一个有机的整体

中医学认为，人体是以五脏为中心，通过经络将内脏和体表各组织、器官之间有机地联结成为一个整体。它们在生理上相互协调，相互为用；在病理发展上又相互影响。所以脏腑功能失常，可以通过经络反映于体表；体表组织器官发生病变，也可以通过经络影响到所属脏腑；脏腑之间也可以通过经络的联系而相互影响。因此在临床护理实践中，分析病情必须从整体出发，把局部病变和整体的病变统一起来。如心与小肠相表里，心主血脉，开窍于舌，故心火亢盛的患者，除出现口舌糜烂外，还有心中烦热、小便短赤等证候。因此，除了要进行口腔护理这一局部对症处理外，还可以采用清心泻火的药物直击病所，才能收到更好的效果。

（二）人与自然环境的协调性

中医学认为，人与自然界息息相关，自然界的变化可直接或间接影响人体，使人体产生相应的生理或病理上的反应。《灵枢·岁露》说："人与天地相参也，与日月相应也。"

季节气候变化对人体生理病理都有不同程度的影响。如春夏暑热，人体阳气开泄，腠理疏松，汗多而尿少；秋冬寒冷，人体阳气收敛，腠理密闭，汗少而尿多。在辨证施护时必须注意自然环境气候对机体的影响，如同为感冒，夏季多为风热之邪，冬季多为风寒之邪，故夏季人体腠理开泄，解表不可发汗太过，冬季应注意保暖。

昼夜晨昏会对人体生理病理有不同程度的影响。一日之内阳气在白昼偏盛且趋于表，夜间偏衰而趋于里，故《灵枢·顺气一日分四时》说："夫百病者，多以旦慧、昼安、夕加、夜甚。"为护理上加强夜间病情观察提供了依据。

地理方域同样对人体生理病理有不同程度的影响，地域气候的差异，地理环境和生活习惯的不同，直接影响人体生理功能。如江南多湿热，人体腠理多疏松；北方多燥寒，人体腠理多致密。故西北应少用寒凉之药，东南应慎用辛热之品。

（三）人与社会环境的和谐性

人生活在社会中，是社会的组成部分。社会的安定与动乱，社会经济、文化的发展，社会地位的变化，都可以对个体的心理、生理和病理产生影响。所以，在护理工作中，不但要做好患者本身的护理，还要注意家庭、社会等方面对患者造成的影响并给予相应的指导。

二、辨证施护

辨证施护是将望、闻、问、切四诊所收集的有关症状和体征等资料，进行综合分析，辨析疾病的证型，从而进行护理的过程。辨证施护涉及症、证、病的内容，只有理解症、证、病的含义才能深刻理解辨证施护的实质及临床意义。

症，即症状和体征，是疾病的外在表现，症状是主观感觉到的不适或病态改变，如头痛、眩晕、发热、尿频等；体征是患者客观的表现，如斑疹、舌苔黄厚、脉象弦数。

证，即证候，是机体在疾病过程中某一阶段的病理概括，包括病变的原因、部位、性质、病势、邪正关系等。如风寒袭表证、脾气虚弱证等。证比症状更全面、更深刻、更正确地揭示了疾病的本质。

病，即疾病，是指有特定病因、发病形式、病机、发展规律和转归的一个完整过程，如感冒、胃脘痛、腹泻等。

辨证施护是整体观念在临床护理工作中的体现，是中医护理的精华，是指导中医临床护理的基本原则。临床上同一疾病可包括几种不同的证候，而不同的疾病在其发展过程中可以出现同一种证候，故在护理中，常采取同病异护、异病同护的护理方法。

> **护理应用**
>
> 李某，女，30岁。盛夏就诊，病见发热，烦渴，肢体倦怠，胸闷，便溏，苔腻，脉滑。诊断为暑湿感冒。陈某，男，18岁。淋雨后出现恶寒发热，头痛，全身酸痛，鼻塞，流清涕，苔薄白，脉浮缓。诊断为风寒感冒。同为感冒，李某以祛暑化湿护理，陈某以辛温解表护理，中医护理上称为同病异护。

同病异护是指对同一种疾病，由于发病的时间、地域不同或患者体质差异，或疾病处于不同的发展阶段所表现出的不同的证候，应采用不同的护理原则、措施与方法。如感冒有风寒、风热之别。风寒感冒可见恶寒重、发热轻，无汗，头身疼痛，痰稀色白等症，应用辛温解表的护理原则；风热感冒可见发热重，微恶风寒，汗出，咽喉肿痛，痰稠色黄等症，应用辛凉解表的护理原则。

异病同护是指对不同疾病在发展过程中表现出相同的证候，就可以采用同样的护理原则、措施与方法。如子宫脱垂、脱肛、胃下垂等病，若均表现为中气下陷的证候，都可以采用补中升提的护理原则与方法。

| 学习小结 |

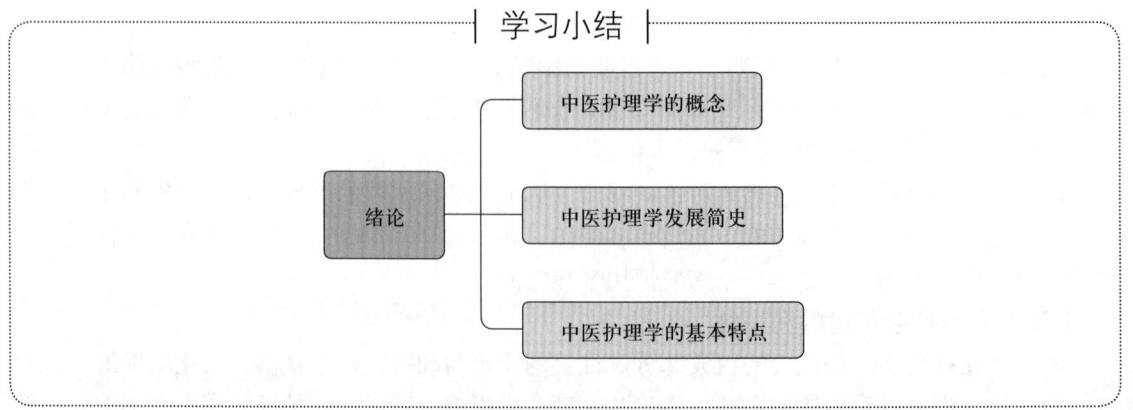

目标检测

A1 型题

1. 我国现存最早的一部医学典籍是
   A.《伤寒论》　　　　　　　B.《黄帝内经》　　　　　　　C.《肘后备急方》
   D.《诸病源候论》　　　　　E.《千金要方》

2. 首创了葱管导尿方法的医家是
   A. 巢元方　　　　　　　　B. 孙思邈　　　　　　　　　C. 张仲景
   D. 李东垣　　　　　　　　E. 华佗

3. 现存古代中医文献中最早较全面论述中医护理的专书是
   A.《诸病源候论》　　　　　B.《黄帝内经》　　　　　　　C.《肘后备急方》
   D.《伤寒论》　　　　　　　E.《侍疾要语》

4. 重视医德，撰写"大医习业"与"大医精诚"两文的医家是
   A. 张仲景　　　　　　　　B. 朱丹溪　　　　　　　　　C. 孙思邈
   D. 巢元方　　　　　　　　E. 华佗

5. 确立了辨证施护原则的医著是
   A.《伤寒论》　　　　　　　B.《黄帝内经》　　　　　　　C.《肘后备急方》
   D.《诸病源候论》　　　　　E.《神农本草经》

6. 我国现存最早的药物学专著是
   A.《伤寒论》　　　　　　　B.《黄帝内经》　　　　　　　C.《肘后备急方》
   D.《诸病源候论》　　　　　E.《神农本草经》

A2 型题

7. 李某，女，45岁。受凉后出现恶寒重，发热轻，无汗，头痛，鼻塞，喉痒，咳嗽，痰稀白，脉浮紧。以辛温解表护理。刘某，男，20岁。遇风后出现发热重，恶寒轻，鼻塞，流脓涕，咽喉红肿疼痛，咳嗽痰黄，脉浮数。以辛凉解表护理。称为
   A. 同病异护　　　　　　　B. 急则治标　　　　　　　　C. 异病同护
   D. 缓则治本　　　　　　　E. 因时制宜

（郭宝云）

第二章 阴阳五行

> **要点导航**
> 1. 描述阴阳和五行各自的概念。
> 2. 归纳阴阳学说和五行学说的基本内容。
> 3. 知道阴阳学说、五行学说在中医学中的应用。
> 4. 用阴阳、五行学说解释临床的护理问题。

第一节 阴阳学说

阴阳学说是古人用以认识自然和解释自然的一种世界观和方法论,属于中国古代哲学范畴,包含着丰富的唯物论和辩证法的内容,是中医学理论体系的哲学基础。阴阳学说认为,世界是物质的整体,世界本身是阴阳二气对立统一的结果。由于阴阳二气的相互作用,促成了事物的发生,推动着事物的发展和变化。我国古代医学家在长期医疗实践的基础上,引入阴阳学说用以说明人类的起源、生理现象、病理变化以及人与自然界的关系,指导着临床的诊断和疾病的防治,是中医理论体系的重要组成部分,对中医学理论体系的形成和发展产生了极为深远的影响。

一、阴阳的基本概念

阴阳,是对自然界相互关联的某些事物和现象对立双方属性的概括,并含有对立统一的内涵,阴和阳既可以代表两个相互对立的事物,又可以代表同一事物内部所存在的相互对立的两个方面。

> **知识拓展**
>
> 《素问·阴阳应象大论》曰:阴阳者,天地之道也(对立统一是自然界的根本法则),万物之纲纪(一切事物都不能违背这个法则),变化之父母(事物的变化由自身阴阳运动和相互作用而形成),生杀之本始(事物的生成和毁灭来自于这个法则),神明之府也(这就是自然界的奥妙所在),治病必求于本。古人阐明了宇宙间一切事物的生成、发展、变化和消亡,都是事物内部阴阳两个方面不断运动和相互作用的结果。

阴阳最初的含义甚为朴素，是指日光的向背，即朝向日光者为阳，背向日光者为阴。后来引申为气候的寒暖。于是阴阳的含义被渐次引申，其抽象含义被明代张介宾在《类经·阴阳类》中概括为"阴阳者，一分为二也"。经过漫长的历程，古人观察到一切现象都存在正、反两方面，认识到向阳的地方光明、温暖，背阳的地方黑暗、寒冷，于是古人就以光明与黑暗、温暖与寒冷分阴阳，出现了阴阳的引申义。如此不断引申的结果，把自然界所有的事物和现象都划分为阴和阳两个方面。将天地、上下、日月、水火、昼夜、动静、升降、内外、雌雄等相反的事物和现象，都以阴阳来加以概括。一般来说，凡是运动的、外在的、上升的、明亮的、温热的、功能的、兴奋的、机能亢进的，都属于阳的范畴；凡是静止的、内在的、下降的、晦暗的、寒冷的、物质的、抑制的、机能减退的，都属于阴的范畴。如以天地为例，天在上故属阳，地在下故属阴；以水火为例，水性寒而走下故属阴，火性热而上炎故属阳；以动静为例，动为阳，静为阴。就人体而言，具有推动、温煦、兴奋作用和功能的属阳；具有凝聚、滋润、抑制作用和功能的属阴。

二、阴阳学说的内容

阴阳学说的基本内容，包括阴阳的对立制约、互根互用、消长平衡和相互转化等方面。

（一）阴阳的对立制约

阴阳对立是指自然界一切事物或现象，客观上都存在着相互对立的阴阳两个方面，如天与地、上与下、左与右、动与静、出与入、升与降、昼与夜、明与暗、寒与热、水与火等。

对立是阴阳两者之间相反的一面，没有对立也就没有统一。正是由于阴阳的对立斗争、相互抑制与相互排斥，才使事物获得了统一，即阴阳的相对协调平衡。在自然界则表现为季节气候的正常变化规律，例如四季更迭就是自然界阴阳对立斗争的结果。春夏为阳，秋冬为阴，春夏之阳与秋冬之阴相对，夏季阳热盛，夏至以后阴气渐次上升，制约炎热的阳气，使天气逐渐转凉；而冬季阴寒盛，冬至以后阳气随之而升，用以制约严寒的阴气，使天气逐渐转暖。这就是自然界阴阳相互制约、相互消长的结果。同样，人体在正常的生理状态下，阴与阳不是平静和互不相关地共处于一个统一体中，而是在相互排斥、相互对抗中取得了统一，维持着阴阳之间的动态平衡，即所谓"阴平阳秘"，机体才能进行正常的生命活动。否则，事物的发展变化就会遭到破坏，人体就会发生疾病。就脏腑而言，心位居于上，其性类火，属于阳；肾位居于下，其性类水，属于阴；心火必须下降于肾，才能使肾水不寒；肾水亦必须上济于心，才能使心火不亢。这种"心肾相交""水火既济"的两脏之间的动态平衡，就是人体内阴阳对立制约的结果。如果阴阳双方中的任何一方过于亢盛或不及，都会导致对另一方的"制约太过"或"制约不足"，使两者之间的动态平衡遭到破坏，从而导致疾病的发生。正是由于阴阳的这种不断对立和制约，才能推动事物的运动、发展、变化和动态平衡。

（二）阴阳的互根互用

阴阳互根互用，指阴阳双方具有相互依存、互为根本和相互滋生、促进的关系。阴阳学说认为，阴阳双方不仅是相互对立、相互斗争的，而且也是相互依存、相互为用的，任何一方都不能脱离另一方而单独存在，每一方都以对方存在作为自己存在的前提。阴阳之间的这种互相依存关系，称之为阴阳的互根互用。正如《素问·阴阳应象大论》所说："地气上为云，天气下为雨。"地气与天气的循环过程就是阴阳的相互滋生、相互促进过程。

运用阴阳的互根互用关系，可以广泛地用来阐释自然界的气候变化和人体的生命活动。如春夏阳气生而渐旺，阴气也随之增长，天气渐热而雨水增多；秋冬阳气衰而渐少，阴气随之潜藏，天气渐寒而降水较少。如此维持自然界气候的相对稳定，即《素问·阴阳应象大论》所谓"阳生阴长，阳杀阴藏"。就人体内脏功能和气血、津液等物质而言，人体内脏功能属阳，气血、津液等物质属阴。内脏功能活动健全，就会不断促进气血、津液等物质的化生，而充足的气血、津液又是脏腑功能活动的物质基础,脏腑得养则功能活动才能正常发挥。又如,就人体生命活动的基本物质气和血而言,气属阳,血属阴,二者互根互用、互相资生,若其中一方虚弱日久,也会引起另一方的生成不足,最后导致气血两虚。

阳根于阴,阴根于阳,无阳则阴无以生,无阴则阳无以化。阴阳彼此相须,缺一不可。如果阴阳双方失去了互为存在的条件,有阴无阳称为"孤阴",有阳无阴称为"独阳",就会出现"孤阴不生、独阳不长",事物也就不能存在了。如果人体正常的阴阳互根关系遭到破坏,就会导致疾病的发生,甚至危及生命。所谓"阴在内,阳之守也;阳在外,阴之使也。"(《素问·阴阳应象大论》)即是对阴阳互根互用的高度概括。

(三)阴阳的消长平衡

消,即减少;长,即增加。所谓"消长平衡",即是指阴和阳之间的平衡,不是静止的和绝对的平衡,而是在一定限度、一定时间内的"阴消阳长""阳消阴长"之中维持着相对的平衡。

阴阳消长是阴阳运动变化的一种形式,而导致阴阳平衡出现消长变化的根本原因,在于阴阳之间存在着的对立制约与互根互用的关系。相互对立的阴阳双方,如因某种原因,使阴阳中的任何一方增长而强盛,势必对另一方产生过强的制约,从而引起对方的消减,称为"此长彼消"。若阴阳中任何一方不足,无力制约对方,势必引起对方的增长,称为"此消彼长"。互根互用的阴阳双方,若互用得当,一方旺盛,则可促进另一方也随之增长,称为"此长彼长"。阴阳双方中任何一方虚弱,无力资生助长对方,结果对方也随之消减而虚弱,称为"此消彼消"。

阴阳的消长平衡,符合事物的运动是绝对的、静止是相对的规律。以四时气候变化为例,从冬至春及夏,气候由寒逐渐变热,这是"阳长阴消"的过程;从夏至秋及冬,气候由热逐渐变寒,这是"阴长阳消"的过程。四季气候的变迁,寒暑的更易,虽有"阴消阳长""阴长阳消"的变化,但从一年的总体来说,还是处于相对的动态平衡状态。以人体的生理活动而言,白天阳气盛,故机体的生理功能以兴奋为主;夜晚阴气盛,故机体的生理功能以抑制为主。以一日昼夜变化为例,从子夜到中午,机体的生理功能由抑制转为兴奋,即"阴消阳长";从中午到子夜,机体的生理功能由兴奋转为抑制,即"阳消阴长"。阴阳双方在一定范围内的消长,体现了人体动态平衡的生理过程。如果这种"消长"关系超出了人体的生理调节范围,便会出现阴阳某一方面的偏盛偏衰,于是人体的生理动态平衡失调,疾病就由此而生。

阴阳只有不断地消长和不断地平衡,才能推动事物的正常发展,对人体来说,才能维持正常的生命活动。如果这种"消长"超过一定的限度,不能保持相对平衡,就会出现阴阳的偏盛偏衰,在人体则呈现"阳胜则热""阴胜则寒""阳虚则寒""阴虚则热"的病理状态。

(四)阴阳的相互转化

阴阳转化是阴阳对立的双方,在一定的条件下,向其相反的方向转化,即阴可以转化为阳,阳也可以转化为阴。如果说阴阳消长是一个量变过程的话,则阴阳转化便是在量变基础上质变的过程。

阴阳转化的条件,一般都表现在事物变化的"物极"阶段,即所谓"物极必反""否极泰来"。当一方量的积累达到质变程度时,达到"极"或是"重"的程度,阴阳消长失去平衡,则转化为另一方。《素问·阴阳应象大论》所说"重阴必阳,重阳必阴""寒极生热,热极生寒",寒在"极"的条件下,便可向热的方向转化;热在"极"的条件下,就要向寒的方向转化。如当寒冷的冬季结束转而进入温暖的春季,便是阴转化为阳;当炎热的夏季结束转而进入凉爽的秋季,则是阳转化为阴。阴阳转化是阴阳消长超过一定限度的必然结果。这里的"重""极"都是促进转化的条件。阴发展到"重"的阶段,就会转化为阳;阳发展到"重"的阶段,就会转化为阴。

对人体而言，在疾病的发展阶段，阴阳的转化常常表现为表证与里证、寒证与热证、虚证与实证、阴证与阳证等之间的相互转化。如某些急性温热病，由于热毒极重，人体元气大量耗伤，持续高热的情况下，即可出现体温下降，面色苍白，四肢厥冷，脉微欲绝等阳气暴脱的危象，这种病证变化属于热盛至极，由阳证转化为阴证。此时，若抢救及时，处理得当，四肢转温，色脉转和，阳气得以恢复，病情又可出现好的转机。

总之，阴阳之间既相互对立，又相互统一。阴阳的对立制约、互根互用、消长平衡、相互转化，从不同角度体现阴阳之间的相互关系及其运动规律。

> **考点提示**：阴阳学说的基本内容包括阴阳的对立制约、阴阳的互根互用、阴阳的消长平衡和阴阳的相互转化四个方面。

三、阴阳学说在中医护理学中的应用

阴阳学说构筑了中医学理论体系的基本框架，广泛应用于中医学的各个领域，借以说明人体的组织结构、生理功能、病理变化，并指导着临床诊断、治疗、预防和护理。

（一）说明人体的组织结构

人体是一个极为复杂的阴阳对立的有机整体，人体内部就是无数的阴阳对立统一的关系，它的组织结构可以用阴阳两方面来加以概括说明。就人体部位而言，上半身属阳，下半身属阴；体表属阳，体内属阴；就背腹四肢而言，背部属阳，胸腹部属阴；四肢外侧属阳，四肢内侧属阴。就人体脏腑而言，五脏属阴，六腑属阳。具体到人体的每一脏腑，则又有阴阳之分，如心有心阴、心阳之分，肾有肾阴、肾阳之别等。人体的一切组织结构，既有联系，又可划分为相互对立的阴阳的两部分。故《素问·宝命全形论》中说："人生有形，不离阴阳。"

（二）说明人体的生理功能

人体正常的生理功能是阴阳双方保持着对立统一，处于动态平衡状态的结果。以功能和物质为例，物质属阴，功能属阳。人体的生理活动是以物质为基础的，没有物质就无以产生人体的生理活动；生理活动的结果，既消耗了一定的物质基础，又不断地补充和化生新的物质基础，两者之间，相互对立、相互依存、相互为用。如果阴阳不能相互为用而分离，人的生命也就终止了，故《素问·生气通天论》中说："生之本，本于阴阳。""阴平阳秘，精神乃治，阴阳离决，精气乃绝。"

（三）说明人体的病理变化

疾病的发生与发展，关系到人体的正气与邪气两个方面。正气，指人体的功能活动，包括对病邪的抵抗能力。邪气，泛指各种致病因素。正气与邪气都能用阴阳来区分，正气，包括阴精和阳气，邪气也有阴邪和阳邪之分。阳邪致病，使人体阳偏盛而阴伤，从而出现热证；阴邪致病，使人体阴偏盛而阳伤，从而出现寒证。当机体的阴阳双方虚损到一定程度时，常可导致对方不足，即所谓"阳损及阴""阴损及阳"，以及出现"阴阳两虚"的病理状态。《素问·阴阳应象大论》指出："阳盛则热，阴盛则寒。"尽管疾病的病理变化复杂多变，但阴阳失调是疾病发生的基础，其表现形式都可以用阴阳的偏盛、偏衰、互损和转化来概括。

1. 阴阳偏盛 包括阴偏盛和阳偏盛，是指在疾病过程中，阴阳双方中的某一方偏盛，而另一方不衰的病理变化，即体内阴阳任何一方高于正常水平的病理状态。

阳盛则热，是指在病理变化过程中，阳邪亢盛而表现出热的病变。如暑热之邪侵入人体，可使机体功能亢进而出现高热、汗出、烦躁、口渴、面赤、舌红苔黄、脉数等表现，其性质属热，故言"阳盛则热"。由于阴阳的对立制约，阳邪亢盛，必然损伤阴液，故患者在出现热证的同时，必然出现口渴、小便短少等阴液耗伤的表现，即所谓"阳胜则阴病"。

阴盛则寒，是指在病理变化过程中，阴邪亢盛而表现出寒的病变。如寒邪侵入或纳凉饮冷，可使机体内阴气偏盛，而出现腹痛、肢冷、面色苍白、舌淡苔白、脉紧等表现，其性质属寒，故言"阴盛则寒"。由于阴阳的对立制约，阴邪亢盛，必然损伤阳气，故患者出现形寒肢冷、小便清长、大便溏薄等伤阳的表现，即所谓"阴胜则阳病"。

如果用阴阳的消长理论来分析，"阳盛则热"为阴消阳长；"阴盛则寒"为阳消阴长，以"长"为主，"消"居其次。

2. **阴阳偏衰** 包括阴偏衰和阳偏衰，亦即阴虚、阳虚，指在疾病过程中，阴或阳任何一方偏衰的病理变化，即体内阴阳任何一方低于正常水平的病理状态。

根据阴阳消长理论，阴或阳的任何一方的相对不足，必然会导致另一方相对偏盛。阳虚不能制约阴，则阴相对偏盛，而出现寒象，可出现面色苍白、畏寒肢冷、神疲倦怠、舌淡、脉弱等表现，其性属虚寒，故称之为"阳虚则寒"。阴虚则不能制约阳，则阳相对偏亢，而出现热象，可出现潮热盗汗、五心烦热、口干舌燥、舌红苔少、脉细数等表现，其性属虚热，故亦称之为"阴虚则热"。

如果用阴阳的消长理论来分析，"阳虚则寒"属于阴消阳长；而"阴虚则热"则属于阴消阳长，以"消"为主，"长"居其次。

3. **阴阳互损** 包括阳损及阴、阴损及阳。根据阴阳互根的原理，机体的阴阳任何一方虚损到一定程度，必然导致另一方的不足。"阳损及阴"或"阴损及阳"最终导致"阴阳两虚"。"阴阳两虚"是阴阳的对立处在低于正常水平的平衡状态，是病理状态而不是生理状态。如某些慢性疾病，在其发展过程中，由于阳气虚弱而累及阴精的生化不足，或是由于阴精的亏虚而导致阳气的生化无源，最终引起阴阳两虚，都是临床常见的病理变化。

4. **阴阳转化** 在疾病发展过程中，阴阳偏盛偏衰的病理变化在一定条件下可以向相反的方向转化，阳可以转化为阴，阴也可以转化为阳。人体的病证，属阳的热证可以转化为属阴的寒证，属阴的寒证可以转化为属阳的热证。例如，外感风寒患者开始畏寒肢冷，而后出现高热、面红、咳黄痰、脉洪数等症状，这就是由寒变热、由阴转阳的过程。阴阳的相互转化，既可以表现为渐变形式，又可以表现为突变形式。

（四）用于指导疾病的诊断

由于疾病发生和发展的根本原因在于阴阳失调，因此正确的诊断首先要分清阴阳。任何疾病，尽管其临床表现错综复杂，千变万化，但都可以用阴阳来加以概括说明。临床上常用的"八纲辨证"是各种辨证的纲领，而阴阳又是其中的总纲，以统领表里、寒热、虚实六纲，即表、热、实属阳，里、寒、虚属阴。《素问·阴阳应象大论》说："善诊者，察色按脉，先别阴阳。"在四诊合参过程中，望诊中色泽鲜明者属阳，晦暗者属阴；闻诊中声音洪亮者属阳，低微断续者属阴；问诊中发热口渴者属阳，恶寒不渴者属阴；切诊中脉浮、滑、数、洪大、实者属阳，脉沉、迟、涩、细小、虚者属阴。正如《景岳全书·传忠录》说："凡诊病施治，必须先审阴阳，乃为医道之纲领。"

> **护理应用**
>
> 刘某，女，30岁；张某，女，48岁。两位患者因同一种病同时就诊，入住同一科病房。刘某非常怕冷，盖着厚被、安静地躺在床上；张某则感觉发热，将衣袖挽起来，在房间里不停走动。根据判定事物和现象阴阳属性的标准，患者刘某喜静、怕冷，属于阴证；患者张某喜动、怕热，属于阳证。两患者虽患有同样疾病，但因证候不同，所以治疗和护理也截然不同，患者刘某宜温补阳气，患者张某宜清热补阴。

(五)用于指导疾病的治疗、预防和护理

1. 确立治疗原则 由于疾病产生的根本原因是阴阳失调,因此调整阴阳,即补其不足,泻其有余,使阴阳恢复平衡,是预防、治疗、护理疾病的基本原则。正如《素问·至真要大论》所说:"谨察阴阳所在而调之,以平为期。"阳盛者泻热,阴盛者祛寒,阳虚者扶阳,阴虚者补阴。不论阴阳的偏盛或偏衰,其基本原则都是:"寒者热之,热者寒之""虚者补之,实者泻之"。

2. 概括药物的性能 阴阳学说用于疾病的治疗,不仅用于确定治疗原则,而且也用来分析概括药物的性能,作为指导临床用药的根据。药物的性能,一般地说,有四气、五味、升降浮沉等特性,这些特性皆可用阴阳来归纳说明。药物有寒、热、温、凉四气,温热药属阳,寒凉药属阴。药物有辛、甘、酸、苦、咸五味,辛、甘属阳,酸、苦、咸属阴。药物有升降浮沉四种作用趋向,升浮药属阳,沉降药属阴。因此临床用药,就是要依据药物性能的阴阳属性,针对病证的阴阳盛衰情况,选择相应的药物,以纠正阴阳失调状态,从而达到治愈疾病的目的。

3. 指导疾病的预防和护理 阴阳学说认为,人体内部的阴阳变化与自然界四时阴阳变化协调一致,就能够祛病延年。因此,依据自然界阴阳变化的规律来调养人体的阴阳,使人体阴阳与四时阴阳的变化相适应,可保持人与自然界的协调统一。《素问·四气调神大论》指出:"夫四时阴阳者,万物之根本也。"故有"春夏养阳,秋冬养阴"的养生原则,这就是说,人们在春夏季节不要一味贪凉,要注意保持阳气,以为秋冬之用;在秋冬之季,不要总是补阳,而要固护阴精,以为春夏之用,以达到养生防病的目的。相反,如果不能分别四时,把握阴阳,便会导致疾病的发生。因此要顺应四时,调整阴阳,维持机体内外环境的统一,是防病养身的根本所在。

第二节 五行学说

五行学说,属于中国古代哲学范畴。五行学说认为,宇宙间的一切事物,都是由木、火、土、金、水五种物质构成的,事物的发展变化,都是这五种物质不断运动和相互作用的结果。五行学说是以木、火、土、金、水五种物质的特性及其"相生""相克"的规律来认识世界、解释世界和探求宇宙规律的一种世界观和方法论。

一、五行的概述

(一)五行的基本概念

"五"是指构成客观世界的木、火、土、金、水五种基本物质。"行"是指五种基本物质的运动变化。五行,即指木、火、土、金、水五种物质及其运动变化。

五行的最初含义与"五材"有关,是人们日常生产和生活中不可缺少的五种物质,即木、火、土、金、水。人类对五行的认识是伴随着社会的不断进步而逐步形成和完善起来的,并具有抽象的特征和更广泛的含义。《尚书·洪范》对五行的特性作了经典的阐释,其谓"一曰水,二曰火,三曰木,四曰金,五曰土。水曰润下,火曰炎上,木曰曲直,金曰从革,土爱稼穑。"并以五行各自的特性为标准,将自然界万事万物归属五行,进而以五行"相生""相克"的规律作为阐释各种事物普遍联系的基本法则,从而形成了五行学说。

五行学说运用于中医学领域,主要是阐释人体脏腑生理功能、病理变化及其与外在环境的相互关系,从而指导中医临床实践。它对中医学特有的理论体系的形成起到了巨大的推动作用,并成为中医认识人体生命活动的主要方法之一。

(二)五行的特性

古人在长期的生活和生产实践中,通过观察,在直观的朴素认识基础上,进行抽象引申而逐渐形成五行特性的基本概念。

1. 木的特性 "木曰曲直"。所谓"曲直",是指树木的枝干能曲能直,向上向外舒展。引申为凡具有生长、升发、条达、舒畅性质或作用的事物,均归属于木。

2. 火的特性 "火曰炎上"。炎上,是指火具有温热、升腾、明亮、化物的特性。引申为具有温热、向上等性质或作用的事物,均归属于火。

3. 土的特性 "土爱稼穑"。春种曰稼,秋收曰穑。稼穑,是指土地可播种和收获农作物。引申为具有生化、承载、受纳等性质或作用的事物,均归属于土。

4. 金的特性 "金曰从革"。从革,本义指金的可熔铸变革的特性。金质地沉重,且常用于杀戮,引申为凡是具有收敛、肃杀、下降、清洁等性质或作用的事物,均归属于金。

5. 水的特性 "水曰润下"。润下,指水滋润下行的特性,引申为凡具有寒凉、滋润、下行性质或作用的事物,皆归属于水。

五行的特性,虽然来源于对木、火、土、金、水五者的具体观察,但却是古人抽象概括的结果,已经超越了本身的具体性状,而具有更广泛的理性涵义。

> **考点提示**:五行的特性是"木曰曲直""火曰炎上""土爱稼穑""金曰从革""水曰润下"。

(三)事物的五行归类

五行学说是以五行的特性来推演和归类事物的五行属性。采用比类取象的方法,将事物的不同性质、作用和形态与五行的特性进行比较、归类,从而分别属于木、火、土、金、水五行之中。

五行学说对事物属性的归类推演法则,是以天人相应为指导思想,以五行为中心,以空间结构的五方、时间结构的五季、人体结构的五脏为基本框架,将自然界的各种事物和现象以及人体的生理、病理现象,按其属性进行归纳。如凡具有生发、柔和、条达、舒畅等性质和作用者,统属于木;凡具有阳热、炎上等性质和作用者,统属于火;凡具有长养、化生、承载等性质和作用者,统属于土;凡具有清肃、坚韧、收敛等性质和作用者,统属于金;凡具有寒凉、滋润、向下等性质和作用者,统属于水。自然界中有许多事物无法以直接归类法纳入五行之中,因此,古人运用更多的是间接推行法。例如,以方位配五行:日出东方,与木之升发特性相似,故东方归属于木;南方炎热,与火的炎上特性相似,故南方归属于火;日落于西,与金之沉降特性相似,故西方归属于金;北方寒冷,与水的寒凉、向下特性相似,故归属于水;中原地带,气候适中,长养万物,统管四方,与土特性相似,故归属于土。四季中的长夏较潮湿,长夏属土,湿与长夏密切关联,所以,湿也随长夏而被纳入土。又如,五脏亦可配五行:肝之性喜舒展而主升发,故归于木;心推动血液运行,温煦全身,故归于火;脾主运化,为机体提供营养物质,故归于土;肺主宣发而喜肃降,故归于金;肾主水而主封藏,故归于水。再以人体为例:肝属木,根据中医理论,肝与胆相表里,肝主筋,肝开窍于目,所以,胆、筋、目等随肝属木而被纳入木;心属火,心与小肠相表里,心主脉,心开窍于舌,故小肠、脉、舌等被归于火。如此类推,将人体的生命活动与自然界的事物和现象联系起来,构成了与人体内外环境相互关联的五行结构系统,用以说明人体及人与自然环境的统一(表2-1)。

表 2-1 事物属性的五行归类表

自然界						五行	人体						
五音	五色	五味	五化	五气	五方		五季	五脏	五腑	五官	五体	五志	五液	五声
角	青	酸	生	风	东	木	春	肝	胆	目	筋	怒	泪	呼
徵	赤	苦	长	暑	南	火	夏	心	小肠	舌	脉	喜	汗	笑
宫	黄	甘	化	湿	中	土	长夏	脾	胃	口	肉	思	涎	歌
商	白	辛	收	燥	西	金	秋	肺	大肠	鼻	皮毛	悲	涕	哭
羽	黑	咸	藏	寒	北	水	冬	肾	膀胱	耳	骨	恐	唾	呻

二、五行学说的内容

（一）五行的相生、相克

五行学说以五行相生、相克来说明事物之间的相互资生和相互制约关系。五行学说并不是静止的、孤立的将事物归属于五行系统，而是以五行之间的相生、相克关系来探索和阐释事物间相互联系和相互协调，并用于阐释自然界的正常变化和人体的生理活动。

1. **相生** 相生即资生、助长、促进之意。五行相生的次序是木生火，火生土，土生金，金生水，水生木，循环往复（图2-1）。在相生关系中，任何一行都有"生我"和"我生"两方面的关系，即"母子"关系，"生我"者为"母"，"我生"者为"子"。以土为例，生我者是火，火能生土，故"生我"者是火，火为土之"母"；土能生金，故"我生"者是金，金为土之"子"，以此类推。

2. **相克** 相克即制约、抑制之意。五行相克的次序是木克土，土克水，水克火，火克金，金克木，循环往复（图2-1）。在相克关系中，任何一行都有"我克"和"克我"两方面的关系，我克者为我"所胜"，克我者为我"所不胜"。这种关系《黄帝内经》中称之为"所不胜"和"所胜"的关系。以木为例，克我者是金，则金为木之所不胜；我克者是土，则土是木之所胜，以此类推。

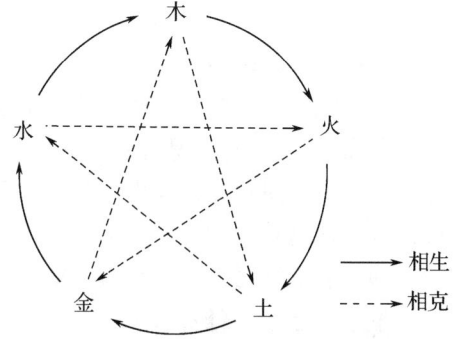

图 2-1 五行相生相克示意图

五行的相生与相克是不可分割的两个方面。没有相生，就没有事物的发生和发展；没有相克，就不能维持事物正常的变化与平衡。只有生中有克，克中有生，相反相成，才能维持和促进事物的相对平衡协调和发展变化。

（二）五行的相乘、相侮

五行学说以五行之间的相乘、相侮关系来探索和解释事物之间的协调平衡被破坏后的异常状态，以及人体的病理现象。

1. **相乘** 乘有乘虚侵袭之意。相乘，是指五行中某一行对其所胜一行的过度克制。这种克制，超出了正常制约的范围，使事物之间失去了正常的相克现象。五行相乘的次序与相克相同，即木乘土，土乘水，水乘火，火乘金，金乘木（图2-2）。

导致相乘的原因一般有两种情况：一是五行中某一行过于虚弱（不及），难以抵御其"所不胜"一行的正常限度的克制，而使其更加虚弱。如土自身不足，木虽然属于正常水平，但也会乘

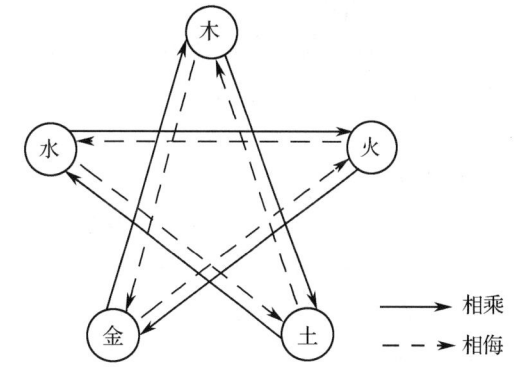

图 2-2 五行相乘相侮示意图

土之虚而克之，这种相克超过了正常的制约程度，将会使土更虚，此为"土虚木乘"；二是五行中某一行过度亢盛（太过），对其"所胜"一行克制太过，使其虚弱，如木过度亢盛，而土虽不虚，但难以承受木的过度克制，从而造成土的不足，此为"木亢乘土"。

2. **相侮** 侮，即欺侮、有恃强凌弱之意。五行相侮是指五行中的某一行对其所不胜一行的反向克制，即反克，又称"反侮"。五行相侮的次序与相克、相乘的方向相反，即木侮金，金侮火，火侮水，水侮土，土侮木（图2-2）。

导致相侮的原因也有两种情况：一是五行中某一行过于强盛，使其"所不胜"一行不仅不能克制它，反而受到它的反向克制。此为"太过"所致。例如以木为例，金原是克木的，但由于木过度亢盛，则金不仅不能去克木，反而被木所克制，使金受损。二是五行中某一行过于虚弱，不仅不能制约其"所胜"的一行，反而受到其"所胜"的一行的"反克"。此为"不及"所致。如正常情况下，木克土，但当木过度衰弱时，土乘木之衰而反侮之。

三、五行学说在中医护理学中的应用

五行学说在中医理论体系的构建过程中，起到了三个作用：一是从五行特性出发，归纳脏腑等组织器官的特点或属性；二是说明各脏腑系统生理功能之间的相互关系；三是运用五行生克的异常来阐释各脏腑系统在病理情况下的相互影响。因此，五行学说不仅用于理论阐释，并可用于指导临床诊治。

（一）说明五脏的生理功能及其相互关系

1. **说明五脏的生理功能** 五行学说用五行属性来概括五脏的生理特性。如肝喜条达而恶抑郁，具有疏泄功能，与木之升发、条达、舒畅之性相似，故肝属木。火性温热而炎上，心属火，故心阳具有温煦之功；土有生化万物的特性，脾属土，故为气血生化之源；金性清肃、收敛，肺具有清肃之性，以清肃下降为顺，故肺属金；水具有下行、滋润、闭藏的特性，肾有藏精、主水功能，故肾属水。

2. **说明五脏之间的相互关系** 五行学说还用相生、相克理论来解释脏腑之间的生理关系及其内在联系。如肝藏血可以济心，此乃木生火；心之阳以温脾，此乃火生土；脾化生水谷精微以养肺，此乃土生金；肾之精以养肝，此乃水生木。这是应用了五脏的相生关系解释脏腑之间的生理关系及其内在联系。又如肺气清肃下降，可以抑制肝阳上亢，此即金克木；脾的运化，可以制止肾水的泛滥，此即土克水；肝的条达，可以疏达脾气，令其不至于壅塞，此即木克土等。这是应用了五脏相克的关系解释脏腑间的生理关系。

（二）说明脏腑间的病理变化

五行学说既可以说明五脏的生理功能及其相互关系，又可用以说明病理状态下脏腑之间的相互影响、相互传变。

1. **相生关系的传变** 相生关系的传变主要有"母病及子"和"子病犯母"两个方面。母病及子，是指疾病从母脏传及子脏。如肾属水，肝属木，水能生木，肾为母脏，肝为子脏，肾病传肝，即是母病及子。临床上多表现为肾阴虚，没有滋养于肝，阴不能制约阳，而出现肝阳上亢的病证，这一过程又称为"水不涵木"。

子病犯母，是指疾病由子脏传至母脏，又称"子盗母气"。如肝属木，心属火，木能生火，肝为母脏，心为子脏，心病及肝即是子病犯母。临床上常见心血不足，累及肝脏，导致肝血不足造成心肝血虚；或是心火旺，累及肝脏，导致心肝火旺，均属于子病犯母。

2. **相克关系的传变** 相克关系的传变主要有"相乘"和"相侮"两个方面。是病变顺着或逆着五行相克次序的传变。引起相乘的原因不外乎某行过强或某一行过弱。正常情况下，肝本应制约脾土，如肝木过旺可乘脾土，脾土过弱易被肝木所乘（土虚木乘）。引起相侮的原因亦不外乎某一行太盛或某行太虚。以肺肝关系为例，正常情况下，肺可制约肝，如肝火旺盛反侮肺金，称谓"木火刑金"。总之，脏腑之间病变的相互影响，一脏的病变可以通过不同的途径影响到他脏，而这一脏本身也可能受到他脏病理变化的影响。

（三）用于指导疾病的诊断

五行学说指导疾病诊断主要用于确定病位与判断病情的预后。人体是一个有机的整体，内脏有病可以反映到体表，并表现为色泽、声音、形态、脉象等方面的异常。由于五脏与五色、五味、五音、五志等皆有特定的联系，所以临床对望、闻、问、切四诊所得的资料，可根据五行的配属关系及其生克乘侮的变化规律，以确定五脏病变的部位，推断病情进展和判断疾病的预后。如面见青色，喜食酸味，脉弦，即可诊断为肝病；面见赤色，口苦，舌尖红赤，脉洪，即可诊断为心火亢盛。

（四）用于指导疾病的治疗及护理

根据五行生克乘侮的规律，临床可以采取预防性治疗和护理措施。一是控制疾病的传变。如肝气太过，必乘脾土，可以采用补脾益气的治疗方法和护理措施，防止传脾。这就是运用五行生克关系指导治疗的具体体现。二是确定相应的治疗、护理原则。如"虚则补其母""实则泻其子"。肝阴虚，通过补肾水以生肝木，肝热证，通过清心泻火以除热。此外，历代医家运用五行生克乘侮的规律，制定了很多治疗方法如培土生金、抑木扶土法、滋水涵木、佐金平木等。三是指导临床用药。如白芍、山茱萸味酸入肝经以补肝，黄连味苦以泻心火，白术色黄味甘以补益脾气，石膏色白味辛入肺经以清肺热等。这些可以帮助提高临床治疗和护理效果。

总之，依据五行的生克规律指导疾病的诊断和治疗，有一定的实用价值，但五行学说毕竟存在一定的局限性，因此在临床工作中，既要正确地掌握五行生克规律，又要依据具体病情进行辨证施护。

| 学习小结 |

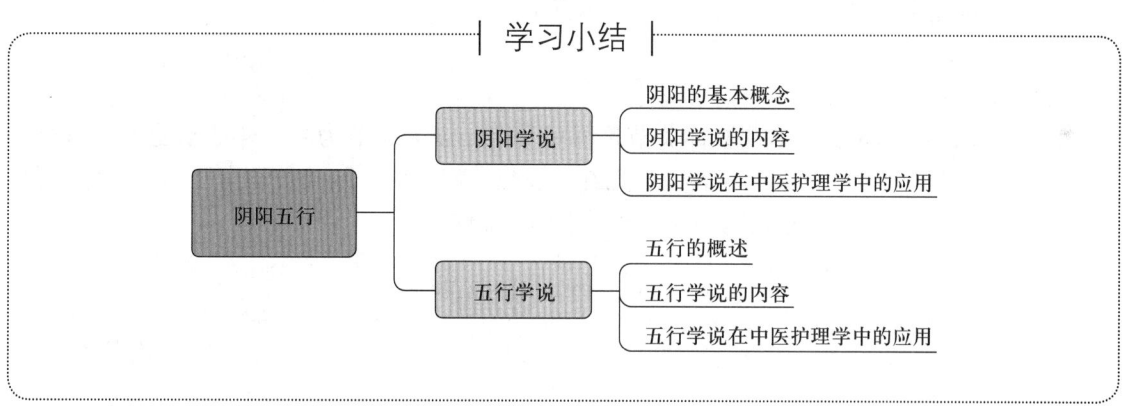

目标检测

A1 型题

1. 阴阳的最初含义
   A. 光明与黑暗　　　　B. 温暖与寒冷　　　　C. 日光的向背
   D. 阴爻和阳爻　　　　E. 动与静

2. "阴在内，阳之守也；阳在外，阴之使也。"主要说明了阴阳的何种关系
   A. 相互对立　　　　　B. 相互制约　　　　　C. 相互独立
   D. 相互消长　　　　　E. 相互依存

3. 阴阳转化是
   A. 相对的 B. 必然的 C. 偶然的
   D. 绝对的 E. 有条件的
4. "寒极生热，热极生寒"指的是
   A. 阴阳的相互转化 B. 阴阳的对立制约 C. 阴阳的互根互用
   D. 阴阳的协调平衡 E. 阴阳互为消长
5. 根据阴阳的无限可分性，前半夜为
   A. 阴中之阳 B. 阴中之阴 C. 阳中之阴
   D. 阳中之阳 E. 阴中之至阴
6. 在五行关系中，属于正常制约关系的是
   A. 相乘 B. 相克 C. 相生
   D. 相侮 E. 母子相及
7. 在五行的相生关系中错误的是
   A. 火生土 B. 木生火 C. 土生金
   D. 金生土 E. 水生木
8. 一年季节中，"长夏"所属的是
   A. 木 B. 火 C. 土 D. 金 E. 水
9. 火的特性是
   A. 曲直 B. 稼穑 C. 从革 D. 炎上 E. 润下
10. 在五行的相克关系中正确的是
    A. 木克土 B. 金克火 C. 火克水
    D. 水克土 E. 木克金

A2 型题

11. 王某，女，28岁。出现肢体关节疼痛三月余，以大关节为主，伴活动受限，遇冷愈甚，得热则缓。查体：四肢关节无红肿发热，肩、肘、膝关节均有压痛，屈伸不利。舌质淡、苔薄白、脉弦紧。本病证属于哪种证候
    A. 阳证 B. 实证 C. 热证 D. 阴证 E. 虚证

（林雪峰）

第三章 脏象学说

 要点导航

1. 理解五脏、六腑和奇恒之腑的生理功能特点。
2. 归纳五脏六腑的生理功能和生理联系。
3. 知道五脏六腑各自的病理变化及奇恒之腑的生理功能。
4. 能够描述脏腑之间的关系。

脏即藏（zàng），是指隐藏于体内的脏器。象，指征象、现象，即人体内脏生理活动及病理变化反映于外的征象、现象。脏象学说是研究人体脏腑的生理功能、病理变化及其相互关系的学说（又称藏象学说）。

脏腑根据其功能特点，可分为五脏、六腑、奇恒之腑三类。五脏，即心、肺、脾、肝、肾；六腑，即胆、胃、小肠、大肠、膀胱、三焦；奇恒之腑，即脑、髓、骨、脉、胆、女子胞。

> **考点提示：** 五脏包括心、肺、脾、肝、肾；六腑包括胆、胃、小肠、大肠、膀胱、三焦；奇恒之腑包括脑、髓、骨、脉、胆、女子胞；五脏的生理功能为藏精气而不泻，满而不能实；六腑的生理功能为传化物而不藏，实而不能满。

五脏多为实体性器官，其生理功能是化生和贮藏精气，生理特性为"藏精气而不泻，满而不能实"。六腑多为空腔性器官，其生理功能是受盛和传化水谷，生理特性为"传化物而不藏，实而不能满"。奇恒之腑形态似腑，多为空腔器官，生理功能似脏贮藏精气，生理特性也像脏"藏而不泻"。

脏象学说的形成主要源于三个方面：一是古代的解剖知识。古代解剖知识不仅为脏象学说的产生奠定了形态学基础，而且在已知形态学知识的基础上，古人还进一步认识到了内脏的某些功能。二是长期生活实践的观察。古人基于"有诸内，必形诸外"的原理，采取"视其外应，以知其内脏"及"取象比类"等思维方法来认识、推测脏腑功能。如外邪从体表侵入，常表现鼻塞、流涕、咳嗽等，从而推断出"肺主皮毛""肺开窍于鼻"。三是反复的医疗经验积累。不断的医疗实践，由感性认识上升为理性认识，进而升华为医学理论。如食用动物肝治疗夜盲症，进一步佐证了"肝开窍于目"的生理学理论。

脏象学说的特点主要有两个方面：一是以五脏为中心，通过经络的联络沟通与六腑构成阴阳表里关系，与形体官窍取得联结，与精神情志活动密切相关的五大系统；二是脏和腑不单纯是一个解剖学的概念,更重要的是一个生理、病理学的概念。中医藏象学说中的一个脏腑的生理功能,可能包含着西医几个脏器的生理功能。比如肾不但具有解剖学意义上的肾,更主要是肾具有藏精,主生长发育与生殖,主水,主纳气,主骨、生髓、充脑等生理功能。

第一节 五 脏

五脏即心、肺、脾、肝、肾的合称。五脏是人体内最重要的脏器。五脏各有其不同的生理功能,五脏之间相互配合、相互依存、相互制约、相互协调,共同完成人体的生命活动。五脏的生理活动与自然环境的变化及精神情志因素又是密切相关的。

一、心

心居于胸腔,膈膜之上,圆而尖长,形似倒垂的未开莲蕊,有心包护卫于外。心为神之居,血之主,脉之宗,起着主宰生命活动的作用,故《素问·灵兰秘典论》称之为"君主之官"。

(一)心的生理功能

心的主要生理功能是主血脉和主神志。

1. **主血脉** 包括主血和主脉两个方面。全身的血,都在脉中运行,依赖于心脏的搏动而输送到全身,发挥其濡养的作用,故《素问·五脏生成篇》有"诸血者皆属于心"之说。脉,即血脉,又可称经脉,为血之府。脉是血液运行的通道,脉道的通利与否,营气和血液的功能健全与否,直接影响着血液的正常运行,故《灵枢·决气》有"壅遏营气,令无所避,是谓脉"之说。由此可见,《素问·痿论》所说的"心主身之血脉"和《素问·六节脏象论》所说的"心者……其充在血脉",是针对心脏、脉和血液所构成的一个相对独立系统而言。这个系统的生理功能,都属于心所主,都有赖于心脏的正常搏动。因此,心脏的搏动是否正常,是起着十分关键的作用。总之,心主血脉是指心具有推动血液在脉管中运行,以营养全身,维持全身各脏腑的生理功能。心气盛衰、心血盈亏,脉道通利与否,直接关系到心主血脉的功能,并可反映于面色、脉搏、心动等方面。心气旺盛,心血充盈、脉道通利,血液正常输布全身,则面色红润,脉搏均匀,和缓有力;心气不足,血脉不充,脉道不利,血液运行障碍,则面色无华,脉搏细弱无力,甚则面唇青紫,心胸憋闷疼痛,脉涩、结、代、促等。

2. **主神志** 心主神志,又称心主神明,或心藏神。神有广义和狭义之分。广义的神是指整个人体生命活动的外在表现,如整个人体的形象以及面色、眼神、言语、应答、肢体活动姿态等,无不包含于神的范畴。换句话说,凡是机体表现于外的"形征",都是机体生命活动的外在反映,也就是通常所说的"神气"。《素问·移精变气论》说的"得神者昌,失神者亡"就是指这种广义的神。狭义的神,即是心所主之神志,是指人的精神、意识,思维活动。由于人的精神、意识和思维活动不仅是人体生理功能的重要组成部分,而且在一定条件下,又能影响整个人体各方面生理功能的协调平衡,所以《素问·灵兰秘典论》说:"心者,君主之官也,神明出焉。"《灵枢·邪客》有"心者,五脏六腑之大主也,精神之所舍也"之说。

人的精神、意识和思维活动是大脑的生理功能,即大脑对外界事物的反映。这早在《内经》中已有明确的论述。但在中医学脏象学说中则将人的精神、意识、思维活动不仅归属于五脏,而且主要归属于心的生理功能。《灵枢·本神》有"所以任物者谓之心"之说。任,是接受、担任之义,即是具有接受外来信息的作用。人的精神、意识、思维活动,虽可分属于五脏,但主要归属于心主神明的生理功能。因此,心主神明的生理功能正常,则精神振奋、神志清晰,思考敏捷,对外界信息的反应灵敏和正常。如果心主神志的生理功能异常,即可出现精神、意识、思维的异常，出现失眠、多梦，神志不宁，甚至谵狂；或可出现反应迟钝、健忘、精神委顿、甚则昏迷，不省人事等临床表现。

心主神志的生理功能与心主血脉的生理功能密切相关。血液是神志活动的物质基础，神是血的功能体现。正因为心具有主血脉的生理功能，所以才具有主神志的功能。如《灵枢·本神》有"心藏脉，脉舍神"之说，《灵枢·营卫生会》又有"血者，神气也"之言。因此心主血脉的功能异常，亦必然出现神志的改变，如血虚证、血热证等，可出现神志的改变，表现为心悸、失眠、神昏等。

（二）心的生理联系

> **考点提示**：心的生理功能有主血脉和主神志。心的生理联系是心在体合脉，其华在面；开窍于舌；在志为喜；在液为汗；与夏气相通应。

1. **在体合脉，其华在面** 心合脉，百脉归心，心主血脉。华即光彩，面部血脉丰富，心的光彩体现在面部，心的功能正常与否，常可从面部的色泽反映出来。心血充盈，面色红润光泽；心血不足，面色苍白无华；心脉瘀阻，面色青紫；心火亢盛，面色红赤。

2. **开窍于舌** 心气通于舌，舌为心之苗。心的功能正常，舌体红润柔软，活动自如，语言流利，味觉灵敏，如心血不足，舌质淡白；心火上炎，口糜舌烂；心血瘀阻，舌质紫，或有瘀斑；心神失常，则见舌强，语塞，失语。

3. **在志为喜** 志即情志，喜即喜悦、欢乐的情绪。喜为心之志，心血充盈，喜形于色，心血不足，精神涣散；心火扰神，谵妄昏迷。

4. **在液为汗** 汗为心之液。汗为津液所化，津液是血液的组成部分，心主血脉，故有"汗血同源"之说。汗出过多，津伤血耗，心液损伤，常出现心悸气短，神疲乏力；甚则大汗亡阳，阴阳离决。

5. **与夏气相通应** 夏季以炎热为主，在人体则心为火脏而阳气最盛，故夏季与心相通。心阳在夏季最为旺盛，功能最强。所以心脏病证，尤其是心阳虚者，在夏季容易缓解，夏季又是治疗护理心脏疾病的最佳时机。

> **知识拓展**
>
> **心 包 络**
>
> 心包络又称心包，是心脏外面的包膜，具有保护心脏，代心受邪的作用。古代医家认为，心为人身之君主，不得受邪，所以若外邪侵心，则心包当先受病，故心包有"代君受邪"之功。邪气犯心，首先是心包受病。如外感热病中出现神昏、谵语等症状，常说是"热入心包"或"蒙蔽心包"。所以心包的功能和病变与心病相一致。

二、肺

肺位于胸腔之内，左右各一，上通喉咙。由于肺的位置最高，故称为"华盖之官"。因肺叶娇嫩，不耐寒热，易被邪侵，故又称"娇脏"。

（一）肺的生理功能

1. **主气、司呼吸** 气是人赖以维持生命活动的重要物质。肺主气是指人身之气皆由肺所主。司呼吸即掌管呼吸。肺主气包括两个方面，即主呼吸之气和一身之气。

（1）主一身之气：肺主一身之气是指肺有主持、调节全身各脏腑之气的作用，一身之气都归属于肺，由肺所主。《素问·五脏生成篇》有"诸气者皆属于肺"之说。肺主一身之气，包括两个方面的内容：首先体现于气的生成方面，特别是宗气的生成，主要依靠肺吸入的清气与脾胃运化的水谷精气相结合。宗气助肺以司呼吸，助心以行气血，贯穿全身。因此，肺的呼吸功能健全与否，直接影响着宗气的生成，也影响着全身之气的生成。其次，肺主一身之气，还体现于对全身的气机具有调节作用。气机指气的升降出入运动。肺有节律地一呼一吸，带动全身之气的升降出入运动，从而对全身气机起着重要的调节作用。若肺主一身之气的功能失常，直接影响宗气的生成和全身气机的升降出入运动。

（2）主呼吸之气：肺主呼吸之气，即是指肺是体内外气体交换的场所，通过肺的呼吸，吸入自然界的清气，呼出体内的浊气，实现了体内、外气体的交换。通过不断的呼浊吸清，吐故纳新，促进着气的生成，调节着气的升降出入运动，从而保证了人体新陈代谢的正常进行。《素问·阴阳应象大论》有"天气通于肺"之说。肺主一身之气和呼吸之气实际上都隶属于肺的呼吸功能。肺的呼吸均匀和调，是气的生成和气机调畅的根本条件。肺主气的功能正常，则呼吸道通畅，呼吸平稳，宗气生成充足，全身之气升降出入运动正常。反之，呼吸功能失常，必然影响宗气的生成和气的运动，肺主一身之气和呼吸之气的作用也就减弱。所以说，肺主一身之气的作用，主要取决于肺的呼吸功能。但是，气的不足和升降出入运动的异常，以及血的运行和津液的输布排泄异常，均可影响肺的呼吸运动，而出现呼吸的异常，如肺气不足，则不仅会引起呼吸功能减弱，也会影响宗气的生成，出现胸闷气短，少气不足以吸，声低息微、肢体倦息乏力等气虚不足的症状。若病邪犯肺，影响呼吸，则会出现胸闷、咳嗽、喘促、呼吸不利等。若肺失去了呼吸功能，清气不能吸入，浊气不能排出，宗气不能生成，人的生命活动也就终结了。

2. 主宣发肃降 宣发，即宣通、布散，是指肺气向上升宣和向外布散的作用。肃降，即清肃、洁净、下降，是指肺气的向内、向下清肃通降的作用。

肺主宣发的生理作用主要体现在三个方面：一是呼出体内之浊气；二是向上向体表输布水谷精微和津液；三是宣发卫气，调节腠理开阖，调节汗液的排泄。

肺主肃降的生理作用也体现在三个方面：一是吸入自然界清气；二是向下、向体内输布精微和津液至其他脏腑组织；三是肃清肺与呼吸道内的痰浊等异物，保持呼吸道的洁净。

肺的宣发与肃降是相反相成的，在生理情况下相互依存和相互制约，宣发与肃降正常，则气道通畅，呼吸调匀，体内外气体正常交换，水谷精微输布全身。在病理情况下相互影响，二者功能失调则会出现"肺气失宣"和"肺失肃降"的病理变化，从而出现呼吸不畅、咳嗽气喘、咳痰或痰饮水肿等。

3. 主通调水道 通，即疏通；调，即调节；水道，即水液运行和排泄的道路。通调水道，是指肺具有疏通和调节水液运行的作用，从而推动水液输布、运行和排泄。由于肺为华盖，位居最高，参与了人体的水液代谢，故有"肺为水之上源"之说。

肺通调水道的功能是通过肺气的宣发和肃降来实现的。通过肺的宣发，一方面将津液输布于体表皮毛和周身，发挥其滋润的作用，同时将一部分机体代谢后的水液，通过呼吸、皮肤、汗孔蒸发而排出体外。二是通过肺的肃降，将水液向下输布，以充养滋润人体内的五脏六腑，最后到达肾，肾通过气化作用，将大部分的水液再上输到肺，再次经肺的宣发和肃降进入循环，代谢后的水液，经肾的气化形成尿液，下输于膀胱排出体外。肺的宣发肃降功能失常，不能通调水通，则水道不利，表现为小便不利、尿少水肿、痰饮等水液代谢失常的病变。

4. 肺朝百脉、主治节 肺朝百脉，是指全身的血液通过血脉会聚于肺，通过肺的呼浊吸清进行气体交换，然后将富有清气的血液输布至全身。而血液的运行，又依赖气的推动。肺主一身之气，贯通百脉，调节全身的气机，气行则血行，故肺能协助心主持血液循环。肺气充足，则助心行血。若肺气虚衰，则影响心主血脉的生理功能，导致血行障碍，常出现胸闷、心悸、气短喘息、唇舌青紫等。

治节，即治理、调节的意思。肺主治节是指肺辅助君主心，对全身之气、血、津液的治理、调节作用。肺主治节的作用，主要体现在四个方面：一是肺司呼吸，治理调节呼吸功能，保证体内外的气体交换；二是肺主一身之气，治理、调节全身气机的升降出入；三是助心行血，促进血液的运行；四是主通调水道，治理调节人体水液的输布和排泄。因此，肺主治节是对肺的生理功能的高度概括。

（二）肺的生理联系

1. **在体合皮，其华在毛** 合称肺主皮毛。皮毛，包括皮肤、汗腺、毫毛等组织，是一身之表，依赖于卫气和津液的温养和润泽，成为抵御外邪侵袭的屏障。由于肺主气属卫，具有宣发卫气、输精于皮毛等生理功能，故《素问·五脏生成篇》有"肺之合，皮也，其荣毛也"之说。肺的生理功能正常，则皮肤致密，毫毛光泽，抵御外邪侵袭的能力亦较强；反之，肺气虚，宣发卫气和输精于皮毛的生理功能减弱，则卫表不固，抵御外邪侵袭的能力就低下，可出现多汗和易于感冒，或皮毛憔悴枯槁等现象。由于肺和皮毛相合，所以在外邪侵犯皮毛，腠理闭塞、卫气郁滞的同时，也常常影响及肺，而致肺气不宣；外邪侵肺，肺气不宣时，也同样能引起腠理闭塞，卫气郁滞等病理变化。在中医学中把汗孔称作"气门"，汗孔不仅是排泄由津液所化之汗液，实际上也是随着肺的宣散和肃降进行着体内外的气体交换，所以唐容川在《医经精义》中指出，皮毛亦有"宣肺气"的作用。

2. **开窍于鼻** 肺开窍于鼻，鼻与喉相通而联于肺，鼻和喉是呼吸的门户，故有"鼻为肺之窍""喉为肺之门户"的说法。鼻的嗅觉与喉部的发音，都是肺气的作用。所以肺气和、呼吸利，则嗅觉灵敏，声音能彰。《灵枢·脉度》有"肺气通于鼻，肺和则鼻能知臭香矣"之说。正由于肺开窍于鼻而与喉直接相通，所以外邪袭肺，多从鼻、喉而入；肺的病变，也多见鼻、喉的证候，如鼻塞、流涕、喷嚏、喉痒、音哑和失音等。

3. **在志为悲（忧）** 悲和忧都为肺之志。悲忧过度，则耗伤肺气，导致精神萎靡，意志消沉，少气音低。反之，肺气虚又易产生悲忧的情绪变化。

4. **在液为涕** 肺宣发津液至鼻腔泌出为涕，正常情况下润泽鼻窍不外流。若肺寒则鼻流清涕，肺热鼻流浊涕，肺燥则鼻干。

> **考点提示**：肺的生理功能有：主气、司呼吸；主宣发肃降；主通调水道；肺朝百脉、主治节。肺的生理联系是：在体合皮，其华在毛；开窍于鼻；在志为悲（忧）；在液为涕；与秋气相通应。

5. **与秋气相通应** 肺主清肃下行，与秋气相通。肺气旺于秋，治疗和护理肺病时，秋季不宜过分发散，而应顺其敛降之性。秋季干燥，常见肺燥症，出现干咳无痰，口鼻干燥，皮肤干裂，治疗护理应注重养阴润肺。

三、脾

脾位于中焦，在膈之下。它的主要生理功能是主运化、升清和统摄血液。足太阴脾经与足阳明胃经，相互络属于脾胃，故脾和胃互为表里。脾和胃同属于消化系统的主要脏器，机体的消化运动主要依赖于脾和胃的生理功能。《素问·灵兰秘典论》有"脾胃者，仓廪之官，五味出焉"之说。

（一）脾的生理功能

1. **主运化** 运，即运输、运送；化，即消化、吸收。脾主运化是指脾具有把饮食物转化为水谷精微和津液，并将其吸收、转输到全身各脏腑的生理功能。脾的运化功能包括运化水谷和运化水液两个方面。

（1）运化水谷：水谷泛指各种饮食物，运化水谷是指脾能将水谷转化为水谷精微，并将水谷精微转运输送至全身的功能。饮食物的消化吸收，实际上是在胃和小肠进行，但必须依赖脾的运化功能才能完成。脾主运化的过程分为三阶段：一是消化，即帮助胃"腐熟"，帮助小肠"化物"，将饮食物化为精微和糟粕，这一过程称为"化"；二是吸收，即帮助胃肠道吸收水谷精微；三是转运输布，即通过"散精"作用，将水谷精微上输，通过肺的宣发和肃降而输布全身，以营养五脏六腑、四肢百骸、皮毛筋肉等，食物残渣糟粕则转运大肠排出体外，这一过程称为"运"。由于人体正常生命活动所必需的水谷精微都依赖脾的运化，饮食水谷是人出生以后主要的营养来源，也是生成气血的物质基础，所以称"脾为后天之本""脾为气血生化之源"。若脾的运化水谷功能失常，可出现食欲不振，腹胀便溏、面色无华、形体消瘦。

（2）运化水液：是指脾对水液的吸收和转输，防止水液在体内停滞的作用。脾在运化水谷的同时，还将人体所需要的水液运送到全身各脏腑组织器官，以发挥其滋润濡养的作用。同时又把各组织器官利用后的多余水液，及时地转输至肺和肾，通过肺的宣降与肾的气化，变成汗和尿排出体外，维持人体水液代谢的平衡。因此，脾运化水湿的功能正常，既能保证全身各脏腑组织器官得到津液的滋养，同时又可以防止水液在体内滞留。反之，若脾失健运，会导致水液潴留于体内，产生痰饮，出现泄泻、尿少、水肿等。

2. 脾主升清 升，即上升；清，即清阳，指水谷精微等营养物质。脾主升清，是指脾气将水谷精微等轻清物质上输于心、肺、头目，通过心肺化生气血以营养全身。同时脾主"升"，还有脾气升发，能够升举内脏不致下垂，具有维持内脏位置恒定的作用。若脾气虚弱，清阳不升，清窍失养，或精微下陷，可表现面色无华、头晕目眩、泄泻腹胀等。脾气亏虚，升提无力，即中气下陷，则表现为胃下垂、肾下垂、子宫脱垂、脱肛等内脏下垂的病证。

3. 主统血 统，即统摄、控制。脾主统血是指脾气有统摄血液在脉管中运行而不溢出脉外的功能。脾气统摄血液实际是气的固摄作用的体现。脾气健旺，则气血充盈，气旺则能摄血，血液在脉管中正常运行而不溢出脉外。若脾气虚弱，固摄功能减退，脾不统血，血离脉道，可见各种慢性出血的病症，如崩漏、便血、尿血、皮下出血等。

（二）脾的生理联系

1. 在体合肉，主四肢 肉即肌肉。脾运化水谷精微营养肌肉、四肢。脾气健旺，运化正常，气旺，营养充足，肌肉丰满壮实，四肢强劲有力，脾失健运，四肢倦怠无力，甚至萎废不用。

> **考点提示**：脾的生理功能有：脾主运化；主升清；主统血。脾的生理联系是：在体合肉，主四肢，其华在毛；开窍于口，其华在唇；在志为思；在液为涎；与长夏之气相通应。

2. 开窍于口，其华在唇 开窍于口是指人的食欲口味与脾的运化功能密切相关，其华在唇是指口唇能反映脾气的盛衰，脾气通于口，脾气健运，食欲旺盛，食而知味，口唇红润光泽；脾失健运，食欲减退，口淡乏味，口唇淡白无华。

3. 在志为思 思即思虑、思考。脾气健运，气血旺盛，表现为多思善思，深思远虑，但思虑过度，所思不遂，最易影响脾之运化功能，导致脾胃之气阻滞，表现为食欲减退、纳少腹胀、便溏、眩晕等。

4. 在液为涎 涎为脾之液，口内唾液较清稀的部分称为涎，乃脾所化生。涎为口津，有润泽口腔、帮助消化的作用。涎液由脾气化生而不断分泌，又由脾气固摄而不溢出口外。若脾失健运，则涎液的分泌异常，可以直接影响口腔的滋润清洁，甚则影响食欲和脾胃的消化功能，出现口淡、涎多、纳少、欲吐等。

5. **与长夏之气相通应** 长夏气候炎热，雨水偏多，因为热蒸，酝酿生化。脾主运化，化生气血、津液，脾与长夏相通，长夏之湿容易困脾，脾伤易生湿，故长夏多见倦怠乏力、食欲缺乏、腹痛、腹泻等脾失健运证。

四、肝

肝位于腹部横膈之下，右胁之内。《素问·灵兰秘典论》有"肝者，将军之官，谋虑出焉"之说。

（一）肝的生理功能

1. **主疏泄** 肝主疏泄是指肝具有疏通、宣泄、条达、升发的特性，调畅人体全身气机的功能。气的升降出入运动的协调平衡，称为"气机调畅"，是保证人体多种生理功能正常发挥的重要条件。肝主疏泄、调畅气机的功能主要表现在以下五个方面：

（1）调畅全身气机：是指肝气的疏泄作用能使脏腑、经络之气的运行畅通无阻，气机，即气的升降出入运动。人体脏腑、经络、组织器官等的功能活动，全赖气的升降出入运动。由于肝的生理特点是主升、主动，对于气机的疏通、畅达和升发是一个重要促进作用。肝的疏泄功能是否正常，对于气的升降出入之间的平衡协调，起着调节作用。肝的疏泄功能正常，则气机调畅，经络通利，脏腑、经络、组织器官功能和调，若肝的疏泄失常，则可出现两个方面的病理现象：一是肝的疏泄功能减退，即是肝失疏泄，则气的升发显现不足，气机的疏通和畅达就会受到阻碍，从而形成气机不畅、气机郁结的病理变化，出现胸胁、两乳或少腹等某些局部的胀痛不适等病理现象；二是肝的升发太过，则气的升发就显现过亢，气的下降不及，从而形成肝气上逆的病理变化，出现头目胀痛、面红目赤、易怒的病理表现。气升太过，则血随气逆，而导致吐血、咯血等血从上溢的病理变化。甚则可以导致猝然昏不知人，称为气厥，亦即《素问·生气通天论》所说的"阳气者，大怒则形气绝，而血菀于上，使人薄厥"。

（2）协调气血运行：肝主疏泄直接影响气机的调畅和气血的运行。疏泄正常，气机调畅则气血调和，若气机郁结，则会导致血行障碍，形成血瘀，或为癥瘕结块，在妇女则可导致经行不畅、痛经、闭经等。

（3）调节精神情志：调畅情志活动，是属于心主神明的生理功能，但亦与肝的疏泄功能密切相关。这是因为正常的情志活动主要依赖于气血的正常运行，情志异常对机体生理活动的重要影响，也在于干扰正常的气血运行。《素问·举痛论》所说的"百病生于气也"，就是针对情志所伤影响气机的调畅而言。所以，肝的疏泄功能具有调畅情志的作用，实际上是调畅气机功能所派生的。肝的疏泄功能正常，则气机调畅，气血和调，心情就易于开朗，精神愉快，心情舒畅，既不抑郁又不亢奋；肝的疏泄功能减退，则肝气郁结，心情易于抑郁，稍受刺激，即抑郁难解，出现精神抑郁，孤独寡欢，多愁善感，叹息嗳气，甚则沉默痴呆、表情淡漠、悲伤啼哭等；肝的升泄太过，阳气升腾而上，则心情易于急躁，稍有刺激，即易于发怒，则出现烦躁易怒、头胀头痛、失眠多梦，甚则妄言失态、喧闹不宁等。反之，在反复持久的情志异常情况下，亦会影响肝的疏泄功能，而导致肝气郁结，或升泄太过的病理变化。

（4）促进消化吸收：促进消化吸收主要体现在两个方面。其一是肝的疏泄，是保证脾胃气机升降的重要条件。肝的疏泄正常可促进脾升胃降，保证饮食物的消化吸收。肝失疏泄，可使脾胃升降失常。脾气不升则腹胀、纳呆、泄泻；胃气不降则嗳气、呃逆、呕吐、脘腹胀痛。其二是肝的疏泄可以分泌排泄胆汁以助消化。肝气郁结，影响胆汁的分泌和排泄，则胁痛、口苦、纳呆，甚至出现黄疸。

（5）调理冲任二脉：冲脉为血海，其血量依靠肝的疏泄调节。任脉为阴脉之海，与肝经脉相通。肝的疏泄直接影响冲任二脉的通利协调。肝的疏泄功能正常，任脉通利，冲脉充盛，月经应时，孕育正常；肝失疏泄，冲任失调，气血不和，则经行不畅，引发痛经、闭经、不孕等。故有"女子以肝为先天"之说。肝的疏泄对男子的排精也有影响，疏泄正常，精液排泄有度；疏泄失常，排精不畅或紊乱，直接影响生育功能。

2. 主藏血 肝主藏血，是指肝具有贮藏血液和调节血量的功能，血液生化于脾，藏受于肝。肝内贮存一定量的血液，可以濡养自身，制约肝之阳气升腾勿使过亢，以维持肝的疏泄功能，使之冲和调达。其次，肝的藏血，亦有防止出血的重要作用。因此，肝不藏血，则不仅可出现肝血不足、阳气升泄太过等病变，而且还可导致出血。肝的藏血功能，还包含调节人体各部分血量的分配，特别是对外周血量的调节起着主要的作用。在正常生理情况下，人体各部分的血量是相对恒定的。但是随着机体活动量的增减、情绪的变化，以及外界气候的变化等因素，人体各部分的血量也随之而有所改变。当机体活动剧烈或情绪激动时，肝脏就把所贮存的血液向机体的外周输布，以供机体的需要。当人体在安静休息及情绪稳定时，由于全身活动量少，机体外周的血液需要量相对减少，部分血液便藏之于肝。所以《素问·五脏生成篇》有"故人卧血归于肝"之说，因为肝有贮藏血液和调节血量的作用，所以肝被称为"血海"。人体各部分的生理活动，与肝有密切的关系。如果肝的藏血功能失常，不仅会引起血虚或出血，而且也能引起机体许多部分的血液濡养不足的病变，如肝血不足，不能濡养于目，则两目干涩昏花、视物模糊，或为夜盲；若不能濡养于筋，则筋脉拘急、肢体麻木、屈伸不利等；肝藏血失职，血液妄行，可出现各种急性出血病症，如吐血、衄血等。所以《素问·五脏生成篇》说："肝受血而能视，足受血而能步，掌受血而能握，指受血而能摄。"肝的贮藏血液与调节血量的功能，还体现于女子的月经来潮。所以肝血不足，可以引起月经量少，甚至闭经；肝不藏血时则可出现月经过多、崩漏等。

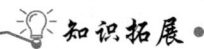

知识拓展

女子以肝为先天

"女子以肝为先天"的观点最早见于叶天士的《临证指南医案》。女子以血为根本，肝体阴乃肝为藏血之脏，血为阴故其体为阴。《素问·五脏生成篇》说："故人卧血归于肝"；王冰说："肝藏血，心行之，人动则血运于诸经，人静则血归于肝，肝主血海故也。"说明肝脏有贮藏血液和调节血量之功能，综观女性一生，从生长发育，经、带、孕、产、乳的生理特点，均与肝的藏血和疏泄密切相关，故"女子以肝为先天"之说，对于妇科临床具有重要的指导意义。

肝主疏泄，又主藏血，二者之间相辅相成，相互影响。肝主疏泄关系到人体气机的调畅，肝主藏血关系到血液的贮藏和调节，二者的关系就是气血调和的体现。肝的疏泄功能正常，气机调畅，血运通达，藏血功能才有保障。肝藏血功能正常，则能发挥血的濡养作用，不使肝气亢逆，保证全身气机疏通畅达。若肝的疏泄功能减退，肝气郁结，气滞则血瘀，则影响肝的藏血功能，只有在肝的藏血功能正常，肝血充足，肝木得养，疏泄功能才能正常发挥。所以肝的阴血不足也可致肝气疏泄太过，甚或导致阳亢风动的病变。

（二）肝的生理联系

1. 在体合筋，其华在爪 筋即筋膜，附着于骨而聚于关节，是联结关节、肌肉的一种组织。故《素问·五脏生成篇》有"诸筋者，皆属于节"之说。筋和肌肉的收缩和弛张，即是肢体、关节运动的屈伸或转侧。《灵枢·九针论》说的"肝主筋"和《素问·痿论》说的"肝主身之筋膜"，主要是由于筋膜有赖于肝血的滋养。故《素问·经脉别论》说："食气入胃，散精于肝，淫气于筋。"肝的血液充盈，才能养筋，筋得其所养，才能运动有力而灵活。《素问·六节脏象论》称肝为"罢极之本"，也就是说，肢体运动的能量来源，全赖于肝的藏血充足和调节血量的作用。如果肝的气血衰少，筋膜失养，则表现为筋力不健，运动不利，故《素问·上古天真论》说："丈夫……七八，肝气衰，筋不能动"。此外，肝的阴血不足，筋失所养，还可出现手足震颤、肢体麻木、屈伸不利，甚则痿躄等症。故《素问·至真要大论》说"诸风掉眩，皆属于肝"。

爪，即爪甲，包括指甲和趾甲，乃筋之延续，故称"爪为筋之余"。肝血的盛衰，可影响爪甲的荣枯。《素问·五脏生成篇》说："肝之合，筋也，其荣爪也"。肝血充足，则爪甲坚韧明亮，红润光泽。若肝血亏虚，则爪甲薄软，枯而色夭，甚则变形脆裂。

2. **开窍于目** 目又称"精明"，是视觉器官。如《素问·脉要精微论》说："夫精明者，所以视万物、别白黑、审短长。"肝的经脉上联于目系，目的视力，有赖于肝气之疏泄和肝血之营养，故有"肝开窍于目""肝受血而能视"之说。同时，《灵枢·大惑论》说："五脏六腑之精气，皆上注于目而为之精。精之窠为眼，骨之精为瞳子，筋之精为黑眼，血之精为络，其窠气之精为白眼，肌肉之精为约束，裹撷筋骨血气之精，而与脉并为系，上属于脑，后出于项中。"后世医家在此基础上发展为"五轮"学说，为眼科的辨证论治打下一定的基础。

由于肝与目的关系非常密切，因而肝的功能是否正常，往往可以从目上反映出来。如肝之阴血不足，则两目干涩、视物不清或夜盲；肝经风热，则可见目赤痒痛；肝火上炎，则可见目赤生翳；肝阳上亢，则头目眩晕；肝风内动，则可见目斜上视等。

3. **在志为怒** 怒志活动与肝的疏泄升发功能关系密切。适度有节之怒，有疏展肝气之效；肝气虚，则该怒不怒，畏怯懦弱，失去斗志；大怒则伤肝，导致肝气升发太过，表现为烦躁易怒，激动亢奋；血随气逆，可发生呕血、咯血或中风昏厥。故《素问·举痛论》有"怒则气逆，甚则呕血及飧泄，故气上矣"之说。

4. **在液为泪** 肝开窍于目，泪从目出，故《素问·宣明五气篇》说"肝为泪"。泪有濡润眼睛、保护眼睛的功能。在正常情况下，泪液的分泌是濡润而不外溢，但在异物侵入目中时，泪液即可大量分泌，起到清洁眼目和排除异物的作用。在病理情况下，则可见泪液的分泌异常。如肝的阴血不足时两目干涩，实质上即是泪液的分泌不足；在风火赤眼、肝经湿热等情况下，可见目眵增多、迎风流泪等症。此外在极度悲哀的情况下，泪液的分泌也可大量增多。如《灵枢·口问》有"悲哀愁忧则心动，心动则五脏六腑皆摇，摇则宗脉感，宗脉感则液道开，液道开，故泣涕出焉"之说。

> **考点提示**：肝的生理功能有：肝主疏泄；主藏血。肝的生理联系是：在体合筋，其华在爪；开窍于目；在志为怒；在液为泪；与春气相通应。

5. **与春气相通应** 春季为一年之始，生机勃发，阳气渐生，肝主疏泄，喜条达，与春气相通，春季的养生和护理都应顺从春气的生发和肝气的条达之性，肝气旺于春，素体阳亢者易引发眩晕、昏厥等，要因时制宜，未病先防。

五、肾

肾有两枚，位于腰部，脊柱两侧，左右各一，故《素问·脉要精微论》有"腰者，肾之府"之说。由于肾藏有"先天之精"，为脏腑阴阳之本，生命之源，故称肾为"先天之本"。

（一）肾的生理功能

1. **主藏精，主生长发育与生殖** 肾藏精是指肾对精具有贮存、闭藏的功能。精即精华、精微，是构成人体、维持人体生命活动和生殖繁衍的基本物质。肾所藏的精，按其来源可分为"先天之精"和"后天之精"。先天之精，来源于先天，禀受于父母，与生俱来，是构成胚胎的原始物质，为生身之本，又称为"生殖之精"，所以说"肾为先天之本"。"后天之精"是指出生以后，来源于摄入的饮食物，通过脾胃运化功能而生成的水谷之精气，以及脏腑生理活动中化生的精气，通过代谢平衡后的剩余部分，藏之于肾，故《素问·上古天真论》说："肾者主水，受五脏六腑之精而藏之。"

先天之精和后天之精，虽然来源不同，但却同归于肾，二者相互依存，相互为用，先天之精为后天之精准备了物质基础，后天之精不断供养先天之精。先天之精只有得到后天之精的补充滋养，才能充分发挥其生理效应；后天之精也只有得到先天之精的活力资助，才能源源不断地化生。这种关系，可概括为"先天生后天，后天养先天"。二者相辅相成在肾中密切结合而组成肾中精气。肾中精气的主要生理效应是促进机体的生长、发育和逐步具备生殖能力。肾中精气对人体的生长发育和生殖繁衍都起着决定性的作用。人体生、长、壮、老、已的生命全过程，可分为幼年期、青年期、壮年期和老年期等不同的阶段，每一阶段机体生长发育或衰退情况，都取决于肾中精气的盛衰，人从幼年开始，由于肾中精气逐渐充盛，所以有"齿更发长"的变化。青春时期，肾中精气进一步充盛，产生一种促进性功能成熟的物质，称为"天癸"。由于"天癸"的产生，男子开始排泄精液，女子有了月经来潮，从而具备了生殖能力。进入中年，肾中精气渐弱，"天癸"变少，性功能和生殖能力减退直到消失，形体不再壮实。老年之后，"天癸"耗竭，性功能丧失，形体衰老。故《素问·上古天真论》说："女子七岁，肾气盛，齿更发长；二七而天癸至，任脉通，太冲脉盛，月事以时下，故有子；三七肾气平均，故真牙生而长极；四七筋骨坚，发长极，身体盛壮；五七阳明脉衰，面始焦，发始堕；六七三阳脉衰于上，面皆焦，发始白；七七任脉虚，太冲脉衰少，天癸竭，地道不通，故形坏而无子也。丈夫八岁，肾气实，发长齿更；二八肾气盛，天癸至，精气溢泻，阴阳和，故能有子；三八肾气平均，筋骨劲强，故真牙生而长极；四八筋骨隆盛，肌肉满壮；五八肾气衰，发堕齿槁；六八阳气衰竭于上，面焦，发鬓斑白；七八肝气衰，筋不能动，天癸竭，精少，肾脏衰，形体皆极；八八则齿发去。"由此可见，人的整个生命活动的生、长、壮、老、已的全过程，都与肾中精气密切相关。小儿生长发育迟缓，出现五迟（立迟、语迟、行迟、发迟、齿迟）、五软（头软、项软、手足软、肌肉软、口软）等，成年人出现生殖功能低下以及未老先衰都与肾中精气虚衰有关。

《素问·上古天真论》的这一段论述，明确地指出了机体生、长、壮、老、已的自然规律，与肾中精气的盛衰密切相关。并明确地指出了以齿、骨、发的生长状况，作为观察肾中精气盛衰的标志，亦即作为判断机体生长发育和衰老的标志，至今仍有极高的科学价值。此外，由于较全面地阐明了肾中精气的盛衰决定着机体的生、长、壮、老、已，因此对于防治某些先天性疾病、生长发育不良、生殖机能低下和防止衰老等，均有较普遍的指导意义。

肾精能化气，称为肾中精气，肾中精气可以化生肾阴肾阳。肾阴，又称元阴、原阴、真阴、真水，对全身脏腑组织起着滋润濡养作用，肾阴是人体一身阴精的根本；肾阳，又称元阳、原阳、真阳、真火，对全身脏腑组织起着推动温煦作用，肾阳是人体一身阳气的根本。肾阴和肾阳相互依存，相互制约，平衡协调，共同维持人体正常生理活动。肾中的阴阳犹如水火一样内寄于肾，故肾有"水火之宅""水火之脏"之称；张景岳则有"五脏之阴气，非此不能滋；五脏之阳气，非此不能发"的理论，强调了其重要作用。当肾阴肾阳的平衡协调关系遭到破坏，就会出现肾阴虚、肾阳虚或肾阴阳两虚的病理变化。

2. 主水 肾主水是指肾具有主持和调节全身水液输布和排泄的功能。肾在五行中属于水行，又称为"水脏"。肾主水的功能主要是通过肾的气化作用实现。在正常生理情况下，水液的代谢是通过胃的受纳，脾的运化和转输，肺的宣发和肃降，肾的蒸腾气化，以三焦为通道，输送全身；经过代谢后的水液主要化为汗液、尿液和气排出体外。肾中精气的蒸腾气化，实际上是主宰着整个水液代谢，肺、脾等内脏对水液的气化，均依赖于肾中精气的蒸腾气化；特别是尿液的生成和排泄，更是与肾中精气的蒸腾气化直接相关，而尿液的生成和排泄，在维持体内水液代谢平衡中又起着极其关键的作用，故说肾主水液。如果肾中精气的蒸腾气化失常，则可引起关门不利，小便代谢障碍而发生尿少、水肿等病理现象，如《素问·水热穴论》所说"肾者，胃之关也，关门不利，故聚水而从其类也。上下溢于皮肤，故为胕肿。胕肿者，聚水而生病也。"又可引起气不化水，而发生小便清长、尿量大量增多等病理现象。

3. 主纳气　纳，即固摄、受纳。纳气即吸气。肾主纳气，是指肾具有摄纳肺吸入之气而调节呼吸的作用。人体的呼吸虽然由肺所主，但必须依赖肾的纳气作用。肺吸入之气，必须下达于肾，才能保持呼吸运动的平稳和深沉，以防止呼吸表浅。正常的呼吸运动是肺肾两脏相互协调作用的结果，故有"肺为气之主，肾为气之根""肺主呼气，肾主纳气"之说。肾气充足，摄纳正常，才能使肺的气道通畅，则呼吸调匀。肾气不足，摄纳无权、吸入之气不能归纳于肾，可出现呼吸表浅、呼多吸少、动则气喘等，称为"肾不纳气"。

（二）肾的生理联系

1. 在体合骨，生髓、充脑、其华在发　肾主骨、生髓的生理功能，实际上是肾中精气具有促进机体生长发育功能的一个重要组成部分。骨的生长发育，有赖于骨髓的充盈及其所提供的营养。《素问·阴阳应象大论》说"肾生骨髓"和《素问·六节脏象论》说"肾者……其充在骨"，都是说肾中精气充盈，才能充养骨髓。小儿囟门迟闭、骨软无力，以及老年人的骨质脆弱、易于骨折等，都与肾中精气不足、骨髓空虚有关。

> **考点提示**：肾的生理功能有：肾主藏精，主生长发育与生殖；主水；主纳气。肾的生理联系是：在体合骨，生髓、充脑、其华在发；开窍于耳及二阴；在志为恐；在液为唾；与冬气相通应。

髓，有骨髓、脊髓和脑髓之分，三者均属于肾中精气所化生。因此肾中精气的盛衰，不仅影响骨的生长和发育，而且也影响脊髓和脑髓的充盈和发育。肾中精气充盈，则髓海得养，脑的发育就健全，就能充分发挥其"精明之府"的生理功能，精力充沛，思维敏捷记忆力强，耳聪目明；反之，肾中精气不足，则髓海失养，而形成髓海不足的病理变化，则神疲倦怠，反应迟钝，记忆力差，耳鸣目眩，腰膝酸软。《灵枢·海论》有"髓海有余，则轻劲多力，自过其度；髓海不足，则脑转耳鸣，胫酸眩冒，目无所见，懈怠安卧"之说。

"齿为骨之余"。齿与骨同出一源，牙齿也由肾中精气所充养，牙齿的生长与脱落，与肾中精气的盛衰密切相关。肾中精气充沛，则牙齿坚固而不易脱落；肾中精气不足，则牙齿易于松动，甚至早期脱落。

发的生长，全赖于精和血，肾藏精，故说"其华在发"。发的生长与脱落、润泽与枯槁，不仅依赖于肾中精气之充养，而且亦有赖于血液的濡养，故称"发为血之余"。青壮年时，由于精血充盈，则发长而光泽；老年人的精血多虚衰，毛发变白而脱落，一般说来，这是正常规律；但临床所见未老先衰，头发枯萎，早脱早白者，与肾中精气不足和血虚有关。

2. 开窍于耳及二阴　耳是听觉器官，形颇似肾，左右各一。肾的精气通于耳，耳能闻五音。《灵枢·脉度》说："肾气通于耳，肾和则耳能闻五音矣。"肾精充足，耳有所养，则听觉正常。肾精不足，髓海空虚，则听力下降，耳鸣耳聋。二阴指前阴、后阴。前阴主排尿、生殖；后阴主排泄粪便。肾中精气不足，则会导致小便、大便的排泄异常；还会影响生殖功能，出现阳痿遗精、不育不孕、月经不调等。

3. 在志为恐　恐即惊恐、害怕、畏惧的情志。惊自外来，恐自内生。惊则气乱，恐则气下。惊恐过度则伤肾，肾气不固，可致二便失禁或遗精、早泄。

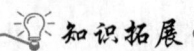

命　门

命门是指人体气化的本源，生命的根本。

命门一词，首见于《素问·阴阳离合论》。自《难经》提出命门与肾的关系后，为后世医家所重视。命门的部位历代医家争论甚多，如有右肾命门说、两肾俱称命门说、两肾之间为命门说、命门为肾间动气说等。命门的生理功能，主要有以下几种说法：命门为原气之所系，是生命的原动力；命门藏精舍神，与生殖密切相关；命门为人体阳气的根本；命门为水火之宅等。概括起来，命门是强调肾阴、肾阳重要性的一种称谓，一般认为命门之火即指肾阳，命门之水即指肾阴，肾阳是一身阳气的根本，肾阴是一身阴精的根本。古代医家之所以反复论述命门，无非是在强调肾阳、肾阴的重要性而已。

4. 在液为唾　唾是口液中较稠厚的部分，有润泽口腔、滋润食物及滋养肾精的功能。肾亏则唾少；多唾或久唾则耗伤肾精。故气功家常吞咽津唾以养肾精。

5. 与冬气相通应　冬季寒冷，万物静谧闭藏，以封藏为特性，肾与冬气相通。冬季的生活起居、饮食保健都要有利于阳气潜藏，阴精积蓄。对于阳虚怕冷者尤其要注意防寒保暖。

第二节　六　腑

六腑是胆、胃、小肠、大肠、膀胱、三焦的总称。六腑的主要功能特点是"传化物，泻而不藏"，六腑具有通降下行的特性。饮食物经口通过食管入胃，经胃腐熟，下传于小肠，小肠泌别清浊，清者上输，布散全身，浊者下降，糟粕下移大肠，形成粪便，排出体外，多余的水液，经三焦注入肾与膀胱，生成尿液，排出体外。六腑传化的特点是虚实更替，纳新排故。每一腑都必须适时排空内容物，才能保持六腑通畅，功能协调。故有"六腑以通为用，以降为顺"之说。

一、胆

胆既是六腑，又为奇恒之腑。胆附于肝，位于右胁下。胆是中空的囊状体，内藏胆汁。胆汁是精汁，是一种清净、味苦、黄绿色的液体，有助消化的作用，所以胆有"中精之腑""清净之腑"和"中清之腑"之称。胆的主要生理功能是贮藏排泄胆汁和主决断。

（一）贮存和排泄胆汁

胆汁来源于肝，由肝之余气所化生，贮存在胆；在肝气疏泄作用下排泄入肠中，以促进饮食物的消化。若肝胆的功能失常，胆汁分泌排泄受阻，就会影响脾胃纳运功能，可出现胸胁胀满、食欲缺乏、腹泻便溏；若湿热蕴结肝胆，肝失疏泄，胆汁外溢，浸渍肌肤，则可发为黄疸。胆气以降为顺，若上逆，则可出现口苦、呕吐苦水等。

> **考点提示：** 胆的生理功能有贮存和排泄胆汁；主决断。

（二）主决断

胆主决断，是指胆在精神意识思维活动中，具有判断事物，作出决定的能力，对于防御和消除大惊大恐一类的精神刺激的不良影响，维持和控制气血的正常运行，保证脏腑间的协调关系有着重要作用。《素问·灵兰秘典论》有"胆者，中正之官，决断出焉"之说。若胆气豪壮，能勇敢应变，当机立断，判断准确；若胆气虚弱，则易惊善恐，失眠多梦，胆小怕事，遇事多疑等。

二、胃

胃位于中焦，上口为贲门接食管，下口为幽门通小肠。胃分为上、中、下三部，分别称为上脘、中脘、下脘，统称胃脘。胃的主要生理功能是主受纳和腐熟水谷，主降浊。

（一）受纳和腐熟水谷

受纳，是指接受和容纳。水谷入口，经过食管，容纳于胃，是说胃能够接受容纳所有的饮食物，故称胃为"太仓""水谷之海"。精气血津液的化生，依赖于水谷中的营养成分，故胃又有"水谷气血之海"之说。腐熟，是指饮食物经过胃的初步消化形成食糜的过程。胃把所受纳的水谷进行腐熟，变成食糜，下传小肠，通过进一步消化吸收，其精微物质经脾的运化营养全身。若胃的受纳与腐熟水谷功能失常，则可出现纳呆厌食、胃脘胀痛、嗳腐吞酸等。

> **考点提示**：胃的生理功能包括有受纳和腐熟水谷；主降浊。

（二）主降浊

饮食物入胃，经胃气的受纳腐熟作用，形成食糜，下传小肠分清别浊，其浊者下移大肠，然后变为粪便排出体外。这是由胃气的降浊作用完成。所以胃气贵于通降，以下行为顺。胃主降浊是受纳的前提。胃保持了通降，才能不断接受和容纳饮食物。中医脏象学说以脾胃的升降来概括整个消化系统的功能。若胃失通降，饮食物和残渣就不能下行，停留于胃，不仅影响胃的通降，出现纳呆厌食、腹胀腹痛、便秘等，也可导致胃气上逆，则可出现恶心呕吐、呃逆嗳气等。又因脾胃是人体气机升降的枢纽，不仅导致中焦不和，还会影响其他脏腑的气机升降，出现全身的病理变化。

三、小肠

小肠位于腹中，上接幽门与胃相通，下接阑门与大肠相连。小肠的主要生理功能是主受盛化物和泌别清浊。

（一）受盛化物

受盛，即接受盛放；化物，即消化食物。是指小肠具有接受盛放胃初步消化的饮食物，并在小肠内停留一定的时间，以利小肠对饮食物进行再消化，将饮食物化为水谷精微以营养全身。若小肠受盛化物功能失常，则可见腹胀、腹泻等。

（二）泌别清浊

泌，即分泌；别，即分别；清，即水谷精微；浊，即食物之残渣糟粕和多余水液。泌别清浊，是指小肠在受盛化物的同时进行分清别浊的功能。分清，是将食物中的精微和津液吸收；别浊，一是将食物的残渣下输大肠；二是将多余的水液通过肾的气化渗入膀胱。小肠的泌别清浊功能与二便生成有关。如小肠泌别清浊功能正常，则水液和糟粕各行其道，二便正常。若小肠清浊不分，则可出现小便短少，便溏泄泻。临床治疗泄泻时常用"利小便即所以实大便"的方法，正是缘于此。因小肠与人体水液代谢有关，故有"小肠主液"之说。

> **考点提示**：小肠的生理功能有受盛化物；泌别清浊。

四、大肠

大肠位于腹中，上与阑门与小肠相接，下接肛门。大肠的主要生理功能是转化糟粕和主津。

> **考点提示**：大肠的生理功能有传化糟粕；主津。

（一）传化糟粕

传化，即传导变化。大肠接受小肠下输的食物残渣糟粕，向下传导，同时吸收其中的水液，将糟粕变化为粪便，经肛门排出体外。大肠的传导功能失调，可表现便秘或腹泻。若湿热蕴结大肠，大肠气滞，可出现腹痛、里急后重、下痢脓血等。

（二）主津

大肠在传导由小肠下注的饮食残渣过程中，将其中多余的水分重新再吸收，故有"大肠主津"之说。如大肠虚寒，无力吸收水分，可出现肠鸣、腹痛、泄泻；大肠有热，消灼水分，肠道失润，则大便秘结不通。

五、膀胱

膀胱位于小腹，上有输尿管与肾相通，下有尿道与前阴相连。膀胱的主要生理功能是贮存和排泄尿液。

（一）贮存尿液

尿液为津液所化。人体代谢过的多余的津液，下归于肾，经肾的气化作用，升清降浊，清者回升体内，供人体再利用；浊者变成尿液，下输于膀胱贮存。

> **考点提示**：膀胱的生理功能有贮存尿液；排泄尿液。

（二）排泄尿液

尿贮存于膀胱，达到一定的量，经肾和膀胱的气化作用，自主及时地排出体外。膀胱功能失调，主要表现为排尿异常。如膀胱湿热，则尿频、尿急、尿痛；肾气不固，膀胱失约，则尿失禁、遗尿。

六、三焦

三焦是上焦、中焦、下焦的合称。三焦的概念有二：一是指六腑之一，是分布于胸腹腔的一个大腑，在人体五脏六腑中，唯三焦最大，可包容其他脏腑，无脏与之相匹配，故亦称"孤府"。二是指人体部位划分的概念，膈以上为上焦，膈以下脐以上为中焦，脐以下为下焦。上焦包括心肺，中焦包括脾胃和肝胆，下焦包括肾、大小肠、膀胱、女子胞等。由于肝肾同源，生理和病理上关系密切，常将肝肾一并划归下焦。所以三焦列为一腑，主要是根据脏腑生理、病理联系及所处部位特点建立起来的独特的系统概念。

（一）三焦的主要生理功能

1. 通行元气 元气是人体最根本的气，发源于肾，由先天之精所化生，赖后天之精以充养，是生命活动的原动力，是人体脏腑阴阳之本。元气越充沛，生命力越旺盛，脏腑功能越强大。元气通过三焦输布全身，发挥推动人体生长发育，激发脏腑组织功能的作用。三焦通行元气的功能关系到全身的气化功能，故又称三焦主持诸气，总司人体的气化。

2. 运行水液 三焦具有疏通水道、运行水液的功能。全身水液代谢主要由肺、脾、肾三脏协同完成，但必须以三焦为通道，水液才能正常升降出入，三焦是水液升降出入的道路，三焦的水道通利，水液才能正常代谢。如果三焦水道不利，则可发生水液代谢障碍，水湿内停的病变。

> **考点提示**：三焦的生理功能为通行元气、运行水液。三焦的功能特点为上焦如雾、中焦如沤、下焦如渎。

（二）三焦的功能特性

《灵枢·营卫生会》说："上焦如雾，中焦如沤，下焦如渎，此之谓也。"

1. **上焦如雾** 是指上焦主宣发卫气、敷布精微的作用。雾，就是形容轻清水谷精微弥漫的状态。主要是指心肺宣发敷布水谷精微，如雾露之溉将营养物质布散全身。

2. **中焦如沤** 是指脾胃运化水谷、化生气血的作用。沤，就是形容水谷腐熟成为食糜的状态。主要是指中焦脾胃的消化、吸收、运化水谷精微，化生气血的功能。

3. **下焦如渎** 是指肾、膀胱、大小肠等脏腑主分别清浊、排泄废物的作用。渎，是水道、沟渠，形容水浊不断向下、向外排泄的状态。主要是指肾与膀胱的泌尿和肠道的排便作用。排泄尿液和糟粕，有如水浊不断向下疏通和向外排泄。

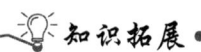

> **脏象十二官**
>
> 《素问·灵兰秘典论》说："心者，君主之官也，神明出焉。肺者，相傅之官，治节出焉。肝者，将军之官，谋虑出焉。胆者，中正之官，决断出焉。膻中者，臣使之官，喜乐出焉。脾胃者，仓廪之官，五味出焉。大肠者，传道之官，变化出焉。小肠者，受盛之官，化物出焉。肾者，作强之官，伎巧出焉。三焦者，决渎之官，水道出焉。膀胱者，州都之官，津液藏焉，气化则能出矣。"

第三节 奇恒之腑

奇恒之腑包括脑、髓、骨、脉、胆及女子胞，其中髓、骨、脉、胆前已论述，故此处仅介绍脑与女子胞。

一、脑

脑位于颅腔之内，与脊髓相通，由髓汇集而成，"脑为髓之海"。脑的主要生理功能是主精神意识思维和感觉。

> **考点提示**：脑的生理功能有主精神意识思维活动；主感觉功能。

（一）脑主精神意识思维活动

人的精神意识思维及情志活动等，均与脑密切相关。脑的功能正常，则精神饱满，意识清楚，思维敏捷，记忆力强，语言清晰，情志正常。若脑有病变，则精神意识思维活动异常，可出现精神萎靡，记忆力差，意识不清，思维迟钝，精神情志异常。

（二）脑主感觉功能

脑主感觉的功能正常，则视物精明，听力聪颖，嗅觉灵敏，感觉正常；若大脑感觉功能失常，则听觉失聪，视物不明，嗅觉不灵，感觉迟钝；如髓海不充，可见头晕，目眩，耳鸣，甚至痴呆。

二、女子胞

女子胞位于小腹,又称胞宫、子宫、子脏。女子胞的主要生理功能是主持月经和孕育胎儿。

(一)主持月经

女子胞是女性生殖功能发育成熟后产生月经的主要器官。女子到了14岁左右,肾中精气旺盛,天癸至,任脉通,太冲脉盛,女子胞发育成熟,月经来潮。到49岁左右,肾中精气渐衰,天癸渐绝,冲任二脉的气血也逐渐衰少,月经紊乱,终至绝经。所以女子胞主持月经的功能与肾、天癸、冲任二脉关系密切并受其制约和调节。

> **考点提示**:女子胞的生理功能有主持月经;孕育胎儿。

(二)孕育胎儿

月经正常来潮后,女子胞就具备了生殖和养育胎儿的能力;受孕以后,胎儿在母体子宫中发育,女子胞就聚集气血以养胎,成为保护胎元和孕育胎儿的主要器官。

> **知识拓展**
>
> **精 室**
>
> 女子胞为子宫,男子胞为精室,又称"精宫"。精室是男性生殖器官,包括睾丸、附睾、精囊腺和前列腺等,具有化生和贮藏精液、主司生育繁衍的功能。精室亦由肾所主,其功能与肾中精气的盛衰密切相关,并与冲、任、督脉有关。若肾精充足,肾气旺盛,督脉通盛,则精室功能调和,生殖功能正常。若肾精亏虚,肾气不足,督脉虚损,则精室功能失常,表现为遗精、早泄、不育等。
>
> 睾丸,又称外肾,因其功能与肾藏精的关系密切,为肾之外候而得名。

第四节 脏腑之间的关系

人体以五脏为中心,以精、气、血、津液为物质基础,通过经络的联络和沟通,将脏与脏、脏与腑、腑与腑之间紧密联系成为一个有机的整体。脏腑之间的密切联系,除了形态结构上的关系外,主要表现在生理功能上的相互制约、相互依存、相互协调和相互为用的关系。脏腑之间的关系主要包括:脏与脏之间的关系、脏与腑之间的关系、腑与腑之间的关系。

一、脏与脏之间的关系

心、肺、脾、肝、肾五脏虽有各自的生理功能,但五脏之间又存在着密不可分的联系。其联系除了组织结构上的联系、五行相生相克的联系外,更重要的是五脏生理功能之间、五脏阴阳气血的相互联系。

(一)心与肺

心与肺之间的生理关系,主要表现为气与血的关系。心主血,肺主气,血的运行依靠气的推动,而气也必须靠血的运载才能输布全身,心与肺相互配合,血与气相互依存,相互为用,保证了气血正常运行,维持了人体各脏腑组织器官的功能活动。即所谓"气为血之帅,血为气之母"。在病理上，心肺之间也常相互影响，肺气虚或肺失宣肃时，可导致心血运行失常，心血瘀阻，出现胸闷、胸痛、唇舌青紫；反之，心气虚或心脉瘀阻时，也会影响肺的宣肃，出现咳嗽、气喘、胸闷等。

（二）心与脾

心与脾之间的生理关系，主要表现在血液的生成和运行方面。心主血，脾统血生血，脾气健运则化生血液之源旺盛，而心血自能充盈。心阳温运脾土，心主神志，调节脾的运化，有利于气血生成，心与脾在血液生成方面相辅相成。血液之所以能正常运行于经脉之中，既赖心气的推动，又需脾气的统摄。心脾配合，维持正常血运。在病理上，临床常见脾气虚弱，引发心血不足，最终导致心脾两虚，出现腹胀便溏、食少肢倦、心悸失眠、面色无华等。

（三）心与肝

心与肝之间的生理关系，主要表现在血液和精神情志方面。心主血，推动血液运行；肝藏血，贮藏血液及调节血量。心肝相互配合，维持血液的正常运行。心主神志，精神之所舍，肝主疏泄，调畅情志。精神情志均以血液为基础，而心肝功能影响血液运行，故心与肝共同调节精神情志活动。在病理上，心血虚可引起肝血虚，肝血虚可引起心血虚，最终形成心肝血虚，可见心悸失眠、眩晕、两目干涩、肢体麻木等。心火可引动肝火，肝火亦可引发心火，最终形成心肝火旺，可见心烦失眠、哭笑无常、面红目赤、急躁易怒等。

（四）心与肾

心与肾之间的生理关系，主要表现在水火既济、精血互化、精神互用三个方面。心居于上，主火属阳；肾居于下，主水属阴。心火必须下降于肾，温煦肾阴，使肾水不寒；肾水必须上济于心，滋养心阴，使心火不亢，这种关系，称为"水火既济"或"心肾相交"。心主血，肾藏精，精血之间相互资生，相互转化。心藏神，肾藏精，精能化气生神，神能驭精役气。在病理上，临床上常见心肾不交，即肾水不能上济心阴，引起心火独亢，可见心悸失眠、多梦健忘、耳鸣、腰酸等。

（五）肺与脾

肺与脾之间的生理关系，主要表现为气的生成和水液代谢两个方面。肺司呼吸，吸入自然界清气；脾主运化，化生水谷精气，两者结合生成宗气。宗气走息道司呼吸，贯心脉行气血。肺主通调水道，脾主运化水液，两者分工合作，维持水液代谢。脾气健运，能够充养肺气，肺气旺盛，则不易感受外邪。在病理上，脾肺气虚，可见纳呆腹胀、大便溏泻、咳嗽气喘，容易感冒。此外，脾失健运，水湿停滞，聚湿成痰，阻滞于肺，则成痰饮。故有"脾为生痰之源，肺为贮痰之器"之说。

（六）肺与肝

肺与肝之间的生理关系，主要表现在气机升降和气血运行方面。肺居膈上，其气肃降，肝居膈下，其气升发，升降相宜，气机调畅。肝藏血，调节全身血液；肺主气，调节一身之气。气血运行，虽以心为动力，而肝和肺也有一定的协同作用。在病理上，常见肝火犯肺，肝气升发太过，气火上逆，肺气肃降不及，出现胸胁疼痛，咳喘上气甚则咯血。临床常称为"木火刑金"。

（七）肺与肾

肺与肾之间的生理关系，主要表现在呼吸和水液代谢方面。肺司呼吸，肾主纳气。肺吸入自然之清气必须下行由肾摄纳，才能呼吸平稳深沉。故有"肺为气之主，肾为气之根"之说。肾为主水之脏，肾阳气化，升清降浊；肺为水之上源，宣发肃降，通调水道。两者相互配合，共同维持水液代谢的协调平衡。在病理上，肺气虚弱，肾不纳气，可见少气懒言、咳喘无力、动则喘甚；肺肾两虚，阳气不足，气化不利，可见尿少、水肿；肾阴虚亏不能养肺阴，可见干咳少痰、痰中带血、潮热盗汗、腰膝酸软等。

（八）肝与脾

肝与脾之间的生理关系，主要表现在疏泄与运化的相互为用，藏血与统血的相互协调方面。肝主疏泄，调畅气机，协调脾胃升降，促进脾胃纳运。脾气健运，气血化生有源，肝体得以滋养，有利肝主疏泄。血液循环，心所主持，但是需要肝、脾的配合。肝贮藏血液，调节血量，脾主运化，统摄血液，相互配合，使得生血有源，统血有权，肝有所藏，藏泄有度，维持血液的正常运行。在病理上，临床常见肝气郁结，横犯脾胃，引起肝脾不和，可出现胁胀、太息、食少、纳呆、腹胀、便溏等。

（九）脾与肾

脾与肾之间的生理关系，主要表现在先天和后天相互促进及水液代谢方面。肾藏精，主生长、发育与生殖，为先天之本；脾主运化，为气血生化之源，为后天之本。两者关系为"先天生后天，后天养先天"。肾主水液，肾阳气化，升清降浊；脾主运化水液，为水液代谢枢纽。两者协调配合，维持水液代谢的正常进行。在病理上，临床常见脾肾阳虚，肾阳虚不能温煦脾阳，运化不利，可见腰膝冷痛、形寒肢冷、纳呆、便溏，甚或五更泄泻。阳气虚衰，气化不利，运化失职，水液代谢障碍，可见小便不利、水肿等。

（十）肝与肾

肝与肾之间的生理关系，主要表现在精血阴液相互滋生转化及藏泄互用方面。肝藏血，肾藏精，精血相互资生转化。肝血有赖肾中精气的化生，肾中精气也依赖肝血的滋养。故有"精血同源"的说法。五行中肝属木，肾属水，"水能涵木"指的是肾阴能滋养肝阴，制约肝阳，使肝阳不亢。肝主疏泄，肾主封藏，相互为用，相辅相成，其协调作用表现在女子经、孕和男子排精方面。在病理上，临床常见肝肾阴虚，可见眩晕、健忘、耳鸣、腰膝酸软。若阴不制阳，则可出现头痛、失眠、急躁易怒等。

二、脏与腑之间的关系

脏与腑的关系，是脏腑阴阳表里配合关系。脏属阴，腑属阳，阴主里，阳主表，一脏一腑，一阴一阳，一里一表，相互配合，组成了心与小肠、肺与大肠、脾与胃、肝与胆、肾与膀胱的脏腑阴阳表里关系。

（一）心与小肠

心与小肠通过经络互为络属构成表里关系。生理上，心火下行温煦小肠，有助小肠的化物功能。小肠泌别清浊，经脾转输，精微归心。病理上心火炽盛，移热小肠，则可见小便短赤涩痛。若小肠有热，亦会循经上犯于心，可出现心烦、口舌生疮等。

（二）肺与大肠

肺与大肠通过经络互为络属构成表里关系。生理上，肺气下降，气机调畅，津液得以布散，促进大肠传导。而大肠传导正常，亦有利肺气肃降。病理上肺失肃降，气不下行，津不下达，可致肠燥便秘；若大肠实热，传导失常，腑气不通，亦可影响肺气宣降，出现咳喘、胸闷等。

（三）脾与胃

脾与胃通过经络互为络属构成表里关系。生理上，胃主受纳，脾主运化。脾气主升，水谷精微得以上输；胃气主降，水谷糟粕得以下行。脾喜燥恶湿而胃喜润恶燥，以各自的特点完成各自的功能。脾胃纳运协调，升降相因，燥湿相济，共同完成饮食物的消化、吸收、传输、散精的生理过程，化生气血、津液以营养全身。病理上，脾失健运，可致胃失和降，出现恶心呕吐；若胃失和降，也可致脾不升清，出现腹胀、泄泻等。

（四）肝与胆

肝与胆通过经络互为络属构成表里关系。生理上，肝气化生胆汁贮存于胆，胆汁排泄依赖肝气疏泄的调节。病理上，若是肝失疏泄，则胆汁分泌和排泄异常，可出现胁肋胀痛、纳呆、呕吐，或见黄疸。若是结石等因素使胆汁排泄不畅，也会影响肝的疏泄功能。此外，肝主谋虑，胆主决断，在主情志方面密切相关。

（五）肾与膀胱

肾与膀胱通过经络互为络属构成表里关系。生理上，肾主水液代谢，膀胱主贮尿排尿。膀胱的气化功能有赖肾阳气化功能的推动和调节。肾气固摄有权，膀胱开合有度，则贮尿正常，排泄顺畅。病理上，肾阳虚衰，膀胱气化不利，可见尿少、尿闭等；肾气不固，膀胱失约，则可见尿频、遗尿、尿失禁等。

三、腑与腑之间的关系

六腑之间的关系，主要体现在饮食物的消化、吸收和排泄过程中的相互联系和密切配合。饮食入胃，经胃的受纳和腐熟，下传小肠。胆排泄胆汁进入小肠以助消化。小肠泌别清浊，清者为水谷精微和津液，经脾的运化和转输，以营养全身；浊者为多余的水液和食物的残渣，水液经肾的气化，一部分渗入膀胱，形成尿液，再经肾和膀胱的气化，排出体外。食物的残渣下传大肠，经大肠吸收水液并向下传导，形成粪便，排出体外。饮食物的消化吸收和排泄过程中，还依赖三焦的气化推动。六腑传化水谷，需要不断受纳、消化、传导和排泄，虚实更替，宜通宜降而不宜滞。故有"六腑以通为用""六腑以通为补"之说。

六腑之间在病理上亦是相互影响，胃有实热，消灼津液，则可致腑气不通，大便秘结。反之，大肠传导失司，大便不通，会导致胃失和降，胃气上逆，出现恶心、呕吐。肝失疏泄，胆火炽盛，常可犯胃，胃失和降，呕吐苦水；胆汁外溢，浸渍肌肤，发为黄疸等。

> **知识拓展**
>
> **六腑以通为补**
>
> 六腑以通为补，即六腑有病可以用通泄的方法来治疗。"补"，不是用补益药调补脏腑，而是恢复六腑之"通"和"降"的功能。这是因为六腑的生理特点宜通不宜滞。六腑的病变，多表现为传化不通，经过通降治疗，使六腑通畅，恢复生理状态，就是对六腑最好的补，疾病自然能愈。

| 学习小结 |

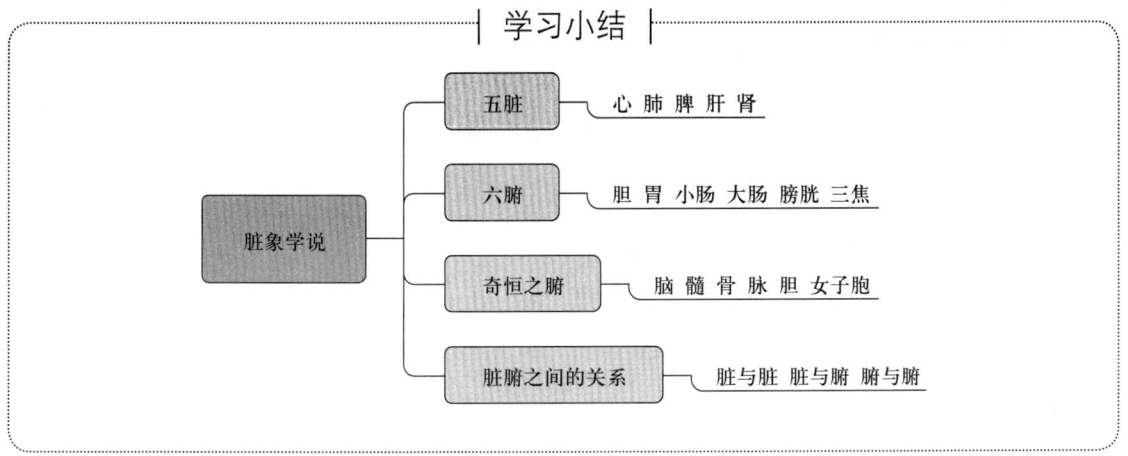

目标检测

A1 型题

1. 思为脾之志，但还与何脏相关
   A. 心　　　B. 肝　　　C. 肺　　　D. 肾　　　E. 心包
2. "罢极之本"是指
   A. 肾　　　B. 肝　　　C. 心　　　D. 脾　　　E. 筋
3. 肝主疏泄，最主要的关系是
   A. 气机调畅　　　　B. 血液逆行　　　　C. 津液代谢
   D. 情志活动　　　　E. 消化机能
4. 女子胞的生理主要与下列哪些脏腑关系最密切
   A. 肾、心、肝、脾　　　B. 心、肺、肝、肾　　　C. 脾、胃、心、肝
   D. 肺、脾、肾、胃　　　E. 肺、脾、心、胃
5. 五脏之中，最易出现阳气亢逆的是
   A. 肝　　　B. 心　　　C. 肺　　　D. 脾　　　E. 肾
6. 被称为"仓廪之官"的是
   A. 心　　　B. 脾胃　　　C. 膀胱　　　D. 胃　　　E. 小肠
7. 具有协调气机升降关系的两脏是
   A. 肺与肾　　　　B. 肾与肝　　　　C. 肝与肺
   D. 肺与脾　　　　E. 脾与心
8. 中焦的功能特点可概括为
   A. 如衡　　　B. 如雾　　　C. 如沤　　　D. 如露　　　E. 如渎
9. 心主神志的物质基础是
   A. 津液　　　B. 精　　　C. 血液　　　D. 宗气　　　E. 元气
10. 人体生命活动的原动力是指
    A. 先天之精气　　　　B. 后天之谷气　　　　C. 宗气
    D. 元气　　　　　　　E. 卫气
11. 与津液排泄障碍最相关的脏是
    A. 脾、肾　　　　B. 肺、膀胱　　　　C. 脾、肺
    D. 肾、膀胱　　　E. 肺、肾
12. 哪些脏与气的生成关系最为密切
    A. 胃、肝、心　　　B. 肾、心、肺　　　C. 肺、肝、脾
    D. 脾、肾、肺　　　E. 心、脾、肺
13. 宗气生成与哪些脏腑有关
    A. 脾、肺、肾　　　B. 脾、肝、心　　　C. 脾、胃、肺
    D. 脾、胃、肾　　　E. 脾、肾、肝
14. 脾统血作用的实现，实际上是取决于
    A. 脾阳温煦　　　　B. 气的固摄　　　　C. 饮食质量
    D. 脉道约束　　　　E. 血量充盈
15. "心为五脏六腑之大主"，是因为
    A. 心为阳脏　　　　B. 心主血脉　　　　C. 心主神志
    D. 心脉相连　　　　E. 心志为喜

16. "胃之关"是指
    A. 脾　　B. 肛门　　C. 幽门　　D. 肾　　E. 贲门
17. "精血同源"指的是
    A. 心肺关系　　B. 肺肝关系　　C. 肝脾关系
    D. 肝肾关系　　E. 心肾关系
18. 气机升降的枢纽是
    A. 心、肾　　B. 肝、肺　　C. 脾、胃
    D. 肺、脾　　E. 肾、肝
19. "水火既济"指的是
    A. 心肺关系　　B. 肺肝关系　　C. 肝脾关系
    D. 脾肾关系　　E. 心肾关系

A2 型题

20. 关某，男，60岁。有慢性肝病病史20余年，每年春季，患者皆会出现肝区不适、口干口苦、纳差、乏力等症。进入夏季后症状则明显好转。患者每年春季发病的原因是
    A. 劳累
    B. 肝与春气相通应，肝气旺于春季
    C. 肝与胆相表里
    D. 肝主疏泄
    E. 肝促进消化

21. 刘某，男，20岁。患者半年前因"感冒"后出现咳嗽气喘，继而出现面睑浮肿，小便短少，腰痛，在某医院诊断为急性肾炎。经住院治疗后浮肿逐渐消退，但仍经常出现浮肿，下肢较为明显，经休息和服利尿药后，浮肿即消。上月因劳累而浮肿又发，服药无好转，而来院诊治。患者现全身浮肿，下半身尤为显著，尿少，身倦无力，四肢不温，面白唇淡，腰膝酸软，且畏寒凉，纳差，腹胀，大便溏薄，舌质浅淡，舌体稍胖，舌苔薄白，脉象沉细，小便化验蛋白（++）。患者目前症情主要涉及哪几个脏？
    A. 肺、脾、肾　　B. 心、肝、肾　　C. 肺、肝、肾
    D. 心、肺、肾　　E. 脾、心、肾

22. 王某，女，36岁。反复胃脘疼痛5年，加重2天。患者近5年来每于生气后出现胃脘胀痛，未予治疗。近3天因与家人吵架而症状加重，现胃脘部胀痛伴胁痛，纳呆，口苦，嗳气，有时有呃逆，大便干结，舌红苔少，脉弦数。本案患者胃痛的发病原因与下列哪项关系最为密切？
    A. 胃主受纳　　B. 肝主疏泄　　C. 胃主降浊
    D. 脾主运化　　E. 胃主熟腐水谷

23. 张某，女，30岁。月经量多，身有紫斑3年，患者近3年来月经常提前，且出血量多，行经10余日方净，月经色淡，皮肤常有紫斑，以经期尤著。平素精神不振，头晕眼花，心悸气短，夜卧不安，肢体麻木，纳食不香，饭后腹胀，稍有进食不当则大便稀薄。现月经来潮第6天，诸症加重，故来诊治。刻下：形体消瘦，面色无华，双下肢可见散在性大小不等的青色斑块，舌质淡，苔薄白，脉细弱。患者月经量多、皮肤紫斑与哪个脏的什么功能失调有关？
    A. 脾主运化　　B. 肝主疏泄　　C. 脾主统血
    D. 肝主藏血　　E. 心主血脉

（王　朝）

第四章 气血津液

要点导航

1. 描述气、血、津液的基本概念。
2. 说明气、血、津液的生理功能。
3. 解释气的分类与作用。
4. 归纳气、血、津液之间的关系。
5. 了解血的生成与循行；津液的分类、生成与循行。

气、血、津液是构成人体和维持人体生命活动的基本物质，是人体脏腑、经络、形体官窍的形态结构、生理功能的物质基础。机体生命活动中，气、血、津液在生理和病理上存在着相互依赖、相互影响的密切关系。

第一节 气

一、气的基本概念

气是古人对自然现象的一种朴素认识。气是构成世界的最基本的物质，宇宙间的一切事物都是由气的运动产生的。这种朴素的唯物主义观点被引进医学领域，逐渐形成了中医学中"气"的基本概念。

中医学认为气是构成人体的最基本物质。《素问·宝命全形论》有"人以天地之气生，四时之法成""天地合气，命之曰人"之说。

气也是维持人体生命活动的最基本物质。《素问·六节脏象论》说："天食人以五气，地食人以五味。五气入鼻，藏于心肺，上使五色修明，音声能彰。五味入口，藏于肠胃，味有所藏，以养五气，气和而生，津液相成，神乃自生。"《医宗金鉴·四诊心法要诀上》说："天有五气，食人入鼻，藏于五脏。"人的生命依靠摄取自然界的五气五味物质进入不同的脏腑维持各自的生理功能。

在中医学中，"气"还有其他含义，如把致病的六淫，称"邪气"；把机体的生理功能和抗病能力，称"正气"；把中药的寒、热、温、凉，称"四气"等。

二、气的生成

构成人体和维持人体生命活动的气,来源于两方面:一是先天之精,即父母生殖之精,是构成人体胚胎发育的原始物质。先天之精是人体生命活动的原动力,依赖于肾藏精的生理功能,才能发挥其生理效应。《灵枢·经脉》说:"人始生,先成精,精成而脑髓生,骨为干,脉为营,筋为刚,肉为墙,皮肤坚而毛发长,谷入于胃,脉道以通,血气乃行。"二是后天之精,包括水谷之精气和自然界的清气。水谷之精气依赖脾胃的运化功能而生成;存在于自然界的清气则依靠肺的呼吸与肾的纳气功能而生成。元·朱丹溪著《金匮钩玄·附录》说:"气……周流一身,循环无端,出入升降,继而有常……总统于肺气。"所以,气的生成与肾、脾胃、肺的生理功能密切相关。

三、气的运动

气的运动称为气机,包括升、降、出、入四种基本形式。气的升、降、出、入运动,是人体生命活动的根本,气的运动一旦停止,人的生命活动也就停止。气的运动是有规律的,相对平衡协调才能发挥其维持人体生命活动的作用,这种生理状态称为"气机调畅",若气机失调,就会出现各种病理现象。由于气的运动形式多样,故"气机失调"的形式也很复杂,如气的上升运动太过,称"气逆";气的运动受阻,在局部发生瘀滞,称"气滞";气的出入运动受阻,郁结在内,称"气郁";气的上升不及或下降太过称"气陷";气不能内守而外逸称"气脱"等。

四、气的生理功能

气对人体具有十分重要的生理作用,包括推动作用、温煦作用、防御作用、固摄作用和气化作用。

> **考点提示**:气对人体的生理作用有五个方面,即推动作用、温煦作用、防御作用、固摄作用和气化作用。

(一)推动作用

气的推动作用是指气具有推动和激发人体生长发育以及各脏腑经络的生理功能,并且推动血液的生成、运行,以及津液的生成、输布、排泄。当此作用减退时,则影响人体的生长、发育或出现早衰,各脏腑经络生理功能减退,血和津液生成不足,输布和排泄受阻等。

(二)温煦作用

气的温煦作用主要是指人体的阳气能产生热量,温煦人体的作用。《难经·二十二难》说:"气主煦之"。人体各脏腑经络的生理活动需要气的温煦作用来维持;血和津液都是液体,都需要气的温煦才能正常运行。阳气愈多,产热愈多,故有"气有余便是火,气不足便是寒"之说。

> **知识拓展**
>
> 在生活中,常见冬天四肢不温,怕冷之人,以黄芪水代茶饮用,意在发挥气的温煦作用。

（三）防御作用

气的防御作用是指气有维护肌肤、防御邪气的作用，与现代医学的防御屏障相关联。气的防御功能强，人体不易发病。故有"正气存内，邪不可干"（《素问·刺法论》）之说。气虚之人容易感冒，临床上常用益气固表之法，以此来增强机体的免疫力。

（四）固摄作用

气的固摄作用是指对体内的血、津液、精液等液态物质具有防止其无故流失的作用，具体表现在气能固摄血液，使血液循脉运行而不外溢；固摄汗液、尿液、唾液等，控制其分泌与排泄，以防无故流失；固摄精液，以防其妄泄等。

（五）气化作用

气化是指气的运动产生的各种生理变化。广义上是指气候的变化，《素问·气交变大论》说："卒然而动者，气之交变也，其不应焉。故曰：应常不应卒。此之谓也。帝曰：其应奈何？岐伯曰：各从其气化也。"狭义上指人体内气的运动变化，其实就是气、血、津液各自的新陈代谢及其相互转化，即是物质和能量转化的过程。人体的脏腑功能活动也是一个不断气化的过程，为人体提供物质和能量。如果气的气化作用失常，会影响整个物质代谢过程，形成各种复杂的病理变化。

五、气的分类与分布

人体之气，由于组成、分布部位和功能的不同，可以分为元气、宗气、营气和卫气四种。

（一）元气

1. **基本含义** 又名原气，是人体最基本、最重要的根源于肾的气，包括元阴和元阳。
2. **生成分布** 由肾中精气所化生，依赖后天水谷精微物质培养。元气起源于肾，通过三焦运行全身，内达五脏六腑，外至肌肤腠理。《难经·三十六难》说："三焦者，原气之别使也，主通行诸气，经历五脏六腑。……所止辄为原。"
3. **主要功能** 一是推动人体的生长、发育。机体的生、长、壮、老、已，都与肾中精气的盛衰密切相关。二是激发、调节各脏腑、经络等组织器官的生理功能，是人体生命活动的原动力。

（二）宗气

1. **基本含义** 由清气和水谷精气结合而成，聚于胸中之气。宗气在胸中积聚之处，称为"上气海"。
2. **生成分布** 肺从自然界吸入的清气和脾胃所化生的水谷精微之气组成。积聚于胸中，贯注入心和肺，从肺而出，行走呼吸道；贯注入心，则经心脏注入血脉中，推动气血运行。
3. **主要功能** 一是帮助呼吸，凡言语、声音、呼吸的强弱，均与宗气的盛衰有关。二是协助心气推动心脉的搏动，调节心率、心律，影响肢体的活动及寒温。

（三）营气

1. **基本含义** 行于脉中、具有营养作用之气。由于行于脉中，可化生血液，与血液不可分离，故又称"营血"。因行于脉中，与卫气相对而言，在内属阴，故又称"营阴"。
2. **生成分布** 由脾胃所化生的水谷精气生成，通过十二经脉和任督二脉运行全身，贯注五脏六腑。
3. **主要功能** 一是化生血液，营气注入脉中，成为血液的组成部分。二是营养全身，为各脏腑、经络等生理活动提供营养物质。

（四）卫气

1. **基本含义** 行于脉外，起保护作用之气。因行于脉外，属阳，故又称"卫阳"。
2. **生成分布** 来自脾胃所化生的水谷精微之气。卫气的循行路径，历代医家说法不一，大致有三种：一是卫气与营气并行。二是卫气昼行于阳，夜行于阴，即白天行走于体表六腑和阳经，夜晚行走于体内五脏和阴经。《灵枢·卫气行》说："故卫气之行，一日一夜五十周于身，昼日行于阳二十五周，夜行于阴二十五周，周于五脏。"三是卫气散行全身，无处不到。

3. **主要功能** 一是温养作用，维持人体体温，保证机体生命活动的正常进行。二是调节作用，卫气统管汗孔的开合，调节汗液的排泄，维持体温的相对恒定，调节气血，维持机体内外环境的平衡。三是防御作用，肌肤毛发是机体的第一道防御屏障，通过卫气温养肌肤毛发，调节汗孔开合，使肌肤致密，充分发挥其防御功能。四是与人体睡眠有关，当卫气行于体内时，人便入睡；当卫气出于体表时，人便醒寤。如卫气行于体表的时间过长则少眠，行于体内的时间过长则多眠。

营气和卫气都来源于水谷精气，其中精专柔和部分构成了营气，慓疾滑利部分构成了卫气；营气营养于内为阴，卫气护卫于外为阳，一阴一阳，互为根本。故营卫之间必须协调，不失其常，才能发挥正常的生理功能。

第二节　血

一、血的基本概念

血是循行于脉中富有营养和滋润作用的红色液态物质，是构成人体和维持人体生命活动的基本物质之一。在正常情况下，血循行于脉内，发挥营养滋润全身的生理效应。在某些因素作用下，血溢于脉外形成出血，又称为"离经之血"。

二、血的生成

血主要是由营气和津液组成。营气和津液都是来自于脾胃所化生的水谷精微物质。《灵枢·决气》说："中焦受气取汁，变化而赤，是谓血"，是指脾胃（中焦）将摄入的饮食物化生血液的功能。肾中精气也是化生血的基本物质，精充则血足，故有"精血同源"之说。此外，血的生成还与心肺的生理功能有密切关系，水谷精微经脾上输于肺，与肺吸入的清气相结合，贯注心肺，在心肺气化作用下化赤成血。

三、血的运行

血运行于脉道之中，流布全身，循环不已，发挥营养滋润作用。《灵枢·营卫生会》说："营在脉中，卫在脉外，营周不休，五十而复大会，阴阳相贯，如环无端。"

血液正常运行必须具备有充盈的血，脉管完整通畅和全身各脏腑生理功能正常，特别需要心、肺、肝、脾等脏生理功能的相互协调与密切配合，才能保证血的正常运行。具体体现在心主血脉，心气是推动血行的基本动力；肺主宣发与肃降，调节全身的气机，协助心推动和调节血的运行；肝有贮藏血液和调节血量的功能，维持血液循环及流量的平衡；脾主统血，脾气固摄血在脉中运行，防止血溢脉外。

四、血的功能

（一）营养滋润作用

血在脉中周行全身，内至脏腑，外达皮肉筋骨，运行不息，如环无端，对全身组织器官起着营养和滋润作用。人体脏腑、形体官窍无不依赖于血的濡养而发挥正常的生理活动。血的营养滋润作用是否正常可以从面色、肌肉、皮肤、毛发等方面进行观察。血的濡养作用正常，则面色红润，肌肤和毛发光泽充分，肌肉丰满壮实，运动灵活，各项功能活动正常。如果血的生成不足，营养滋润作用减弱，可出现面色萎黄、头昏眼花、肌肉瘦削、肌肤干燥、毛发不荣、肢体麻木等。

（二）神志活动的物质基础

神志活动的产生和保持，必须以血为物质基础。《灵枢·营卫生会》说："血者，神气也。"心主血脉功能正常，精神得养，则神志清楚，思维敏捷，活动灵敏。如果出现血虚或运行失常，均可以出现不同程度的神志方面的改变。心血虚，常有心悸、失眠、多梦等神志不安的表现；若心火上炎或痰迷心窍严重者还可出现烦躁、癫狂、昏迷等神志异常的改变。

第三节 津 液

一、津液的基本概念

津液，是人体内一切正常水液的总称，是构成人体和维持人体生命活动的基本物质。津液包括各脏腑组织官窍的体液和分泌物，如胃液、肠液、唾液、关节液等。

津和液，同属水液，但在性状、质地、作用及其分布部位等方面有一定的区别。一般地说，津，质地清稀，善流动，主要输布并渗注于肌肤皮毛、肌肉和孔窍等部位，并渗注入血脉，起滋润濡养作用；液，质地稠厚，流动性差，输布并灌注于脏腑、脑、髓、骨节等组织器官，起濡养作用。津液同为脾胃吸收的水谷精微转化而形成，随血液输布全身脏腑组织器官，二者可以相互转化，但有一定区别。

二、津液的生成与代谢

（一）津液的生成

津液来源于饮食，脾、胃、小肠和大肠的脏腑功能活动参与其中，通过消化吸收饮食中的水谷精微而生成。其具体过程是：津液来源于饮食，通过脾、胃、小肠和大肠消化吸收饮食中的水分和营养而生成。

（二）津液的输布与排泄

津液的输布主要依靠脾胃、肺、肾、肝、心和三焦等脏腑器官的参与而完成。胃为水谷之海，后天之本，主受纳腐熟饮食物，将饮食物消化为水谷精微：一方面脾主运化水液，有"灌溉四旁"之功能，直接将津液向全身输布；另一方面脾气散精，将水谷精微和津液上输于肺。肺为水之上源，肺主行水，具有通调水道的功能，肺主宣发肃降，一方面通过宣发作用将津液输布至人体上部和体表，使津液输布而濡养脏腑、形体和诸窍；另一方面，通过肃降作用，将津液输布至肾和膀胱形成尿液。

津液的排泄主要依赖于肺、脾、肾等脏腑的作用。肺主宣发肃降，一方面通过宣发作用将津液输布至人体体表，在阳气蒸腾下而形成汗液，由汗孔排出体外。肺主呼吸，也带走部分津液。另一方面，通过肃降作用，将津液输布至肾，肾的蒸腾气化作用与膀胱的气化作用是尿液形成的关键，其共同形成尿液并排出体外。肾在维持人体津液代谢平衡中具有重要作用。

《素问·经脉别论》说："饮入于胃，游溢精气，上输于脾，脾气散精，上归于肺，通调水道，下输膀胱，水精四布，五经并行。"

三、津液的功能

津液是富有营养的液态物质，广泛存在于肌肤毛发、脏腑、官窍等部位，能润泽皮毛，濡养脏腑，润滑孔窍，滑利关节，充养骨髓、脊髓和脑髓。津液渗入血脉，是组成血的基本物质，具有滋养和滑利血脉的作用。津液在其自身代谢过程中，能把机体的代谢产物排出体外，对调节机体阴阳平衡起着重要作用。总之，津液具有滋润濡养、充养血脉和调节人体阴阳平衡的生理功能。

第四节　气血津液之间的关系

气、血、津液都是构成人体和维持人体生命活动的最基本物质，它们之间相互依存、相互制约、相互为用。

一、气和血的关系

气和血的关系可概括为"气为血之帅"和"血为气之母"。

> ➤ **考点提示**：气与血的关系可概括为"气为血之帅"，具体指气能生血，气能行血，气能摄血。"血为气之母"，具体指血能生气，血能载气。

（一）气为血之帅

1. 气能生血　血液的主要成分是营气和津液，都来源于脾胃所运化的水谷精微物质。由饮食物转化成水谷精微，再由水谷精微转化成营气和津液，再由营气和津液转化成血液，均离不开气的运动变化。气旺则化生血液的功能就强。故在治疗血虚病证时，应配伍补气药。

护理应用　　陈某，女，46岁。近日来面色萎黄，头晕眼花，心悸失眠，口唇淡白，爪甲色淡，月经量少，舌淡，脉细无力，诊断为血虚证。临床上治疗时，除用补血药物之外，还要配伍补气药，意在气能生血。

2. 气能行血　血属阴主静，气属阳主动，血液的运行有赖于气的推动，气行则血行，气滞则血停。如果气的运行失常，就会导致血行异常，故在临床治疗血行失常病证时，常配伍补气、行气、降气药。

3. 气能摄血　血液能在血脉中运行而不溢出脉外，主要是依赖气的固摄功能。如果气虚其固摄血液的能力减弱，就会出现各种出血病证。临床上治疗因气虚导致的出血病证，常配伍补气药。

（二）血为气之母

1. 血能养气　营气储存于血中，是血液的组成成分，水谷精微也是血液的组成成分，是全身之气的生成和维持其生理功能的主要物质基础。因此，血盛则气旺，血虚则气少。

2. 血能载气　气储存于血中，为血所运载。营气、水谷精微和津液组成血液，气通过血的运输而达全身，发挥正常功能。如果血不载气，则气无所归附。大出血时，气亦随之涣散，形成气随血脱之候；如果血虚导致载气量太少，则气亦虚，临床治疗时需气血并补。

二、气和津液的关系

气和津液在生成和输布过程中有着密切的关系，这种关系可概括为气能生津、气能行津、气能摄津和津能载气。

> **考点提示**：气与津液的关系可概括为气能生津，气能行津，气能摄津和津能载气。

（一）气能生津
气能生津指气是津液生成的物质基础和动力。津液的生成来源于摄入的饮食水谷，有赖于脾胃之气的运化而生成。脾胃之气健旺，运化正常，则津液充足；脾胃之气虚衰，则津液化生不足。

（二）气能行津
气能行津指气是津液生成输布排泄的动力。脾、肺、肾、肝等脏腑参与了津液在体内的输布排泄过程。临床上治疗痰饮和水肿等津液病证时，常配伍补气或行气药，有补气利水之意。

（三）气能摄津
气能摄津指气能固摄津液，防止其无故流失的作用。气的固摄作用主要体现在肺、肾之气对汗、尿液等调控。如气的固摄作用减弱，津液排泄增多，可出现多汗、多尿、遗尿等，临床治疗时常用补气摄津之法。

（四）津能载气
津能载气指津液是气的载体，气必须依附于津液而输布全身，发挥气的正常功能。若因汗、吐、下太过，津液大量丢失，则气随津脱，故《金匮要略心典》说："吐下之余，定无完气。"

三、血和津液的关系

津液和血液都由水谷精微化生而来，津液不断地渗入脉管，成为血液。脉管内的血液同样可以不断地渗出脉管，形成有濡润作用的津液，故有"津血同源"之说。汗为津液所化，分布于肌体各处的津液，不断地渗出肌表，化生为汗液，故又有"血汗同源"之说。

如失血过多，血液不足时，津液可渗入脉中，导致津液不足，从而出现肌肤干燥等津液不能濡养之症。因此对失血患者，临床上不宜采用汗法。古人有"夺血者无汗""夺汗者无血""亡血家不可发汗""衄家不可发汗"之说。

| 学习小结 |

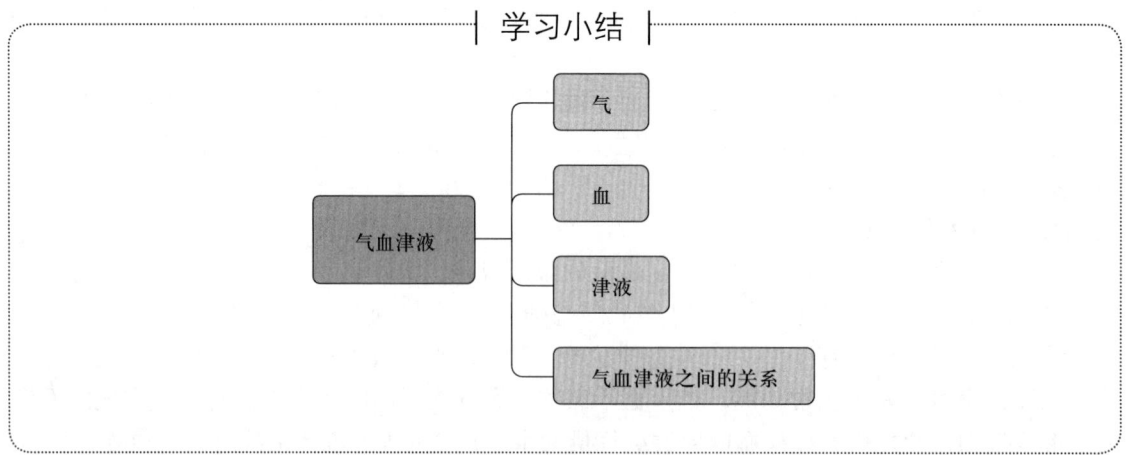

目标检测

A1 型题

1. 下列哪项不属气的主要功能
   A. 温煦　　　B. 推动　　　C. 固摄　　　D. 防御　　　E. 滋润
2. 促进人体生长、发育和生殖的气是
   A. 元气　　　B. 宗气　　　C. 营气　　　D. 卫气　　　E. 中气
3. 与津液代谢关系密切的是
   A. 肺、肝、肾　　　　B. 肝、脾、肾　　　　C. 心、肺、肾
   D. 肺、脾、肾　　　　E. 心、脾、肾
4. 质地较清稀，流动性较大的是
   A. 液　　　　B. 精　　　　C. 湿　　　　D. 痰　　　　E. 津
5. 下列有关气血关系的描述，错误的是
   A. 气能摄血　　　　B. 气能行血　　　　C. 气能生血
   D. 血能行气　　　　E. 血能载气

A2 型题

6. 李某，男，44岁。经常自汗出，夜尿多，近日出现小便自遗，并见遗精、早泄，舌淡苔白，尺脉虚。此证为气的何种功能减退
   A. 温煦作用　　　　B. 气化作用　　　　C. 防御作用
   D. 推动作用　　　　E. 固摄作用
7. 陈某，女，65岁。经常头晕，面色不华，形体消瘦，毛发不荣，舌淡苔白，脉细弱，诊断为血虚证，治疗时加选用补气药，其理论依据是
   A. 气能行血　　　　B. 气能摄血　　　　C. 气能生血
   D. 血能载气　　　　E. 血能养气

（陈珍珍）

第五章 病因

要点导航

1. 描述六淫、七情、痰饮、瘀血的基本概念。
2. 归纳六淫、七情、痰饮、瘀血的致病特点。
3. 知道疫疠、饮食及劳逸的致病特点。
4. 能根据疾病的症状及体征解释疾病发生的原因。

病因，就是导致疾病发生的原因，又称为致病因素。中医学认为，人体是一个有机的整体，各脏腑组织、经络及精、气、血、津液之间，保持着相对的动态平衡，从而维持人体正常的生理活动。当这种动态平衡因某种原因而遭到破坏时，就会导致疾病的发生。一般而言，病因主要分为四大类：一是外感病因，包括六淫、疠气；二是内伤病因，包括七情、饮食失宜、劳逸失度等；三是继发病因，主要包括痰饮、瘀血、结石等；四是其他病因，包括外伤、寄生虫等。

中医学探求病因的方法主要有两种：一是问诊求因，即通过询问患者及其家属，了解疾病发生、发展的经过，以推断其原因。二是辨证求因，即根据疾病的临床表现及体征，加以分析，以推断其原因，又称为"审证求因"。

第一节 外感病因

外感病因是指来源于自然界，从肌表、口鼻侵入人体，从而引起外感性疾病的致病因素。外感病一般起病较急，初起多见恶寒发热、头身疼痛等症状。外感病因包括六淫和疠气两类。

一、六淫

（一）六淫的概念

风、寒、暑、湿、燥、火是自然界六种正常的气候变化，称为六气。六气是万物赖以生长的条件，也是人类赖以生存的环境。正常的六气一般不会使人致病。当气候变化异常，六气发生太过或不及，或者非其时而有其气，如春天应温而反寒、冬天应寒而反暖，或者气候变化异常超过了人体适应的限度时，六气才能成为致病因素侵犯人体而导致疾病的发生。这种情况下，风、寒、暑、湿、燥、火六种外感病邪即称为六淫，"淫"有太过、浸淫的意思，又称为六邪。

> **考点提示**：六气和六淫概念的区别。

（二）六淫致病的共同特点

六淫致病，一般具有如下五个共同特点：

1. **外感性** 六淫邪气多从肌表、口鼻侵犯人体而发病，从而导致疾病的发生。因此，六淫邪气所致疾病又称为外感病。
2. **季节性** 六淫致病常具有明显的季节性。如春季多风病，夏季多暑病，长夏多湿病，秋季多燥病，冬季多寒病。
3. **地域性** 六淫致病常与居住、工作的环境密切相关。如西北高原地区多寒病、燥病；东南沿海地区多湿病、温病；久居潮湿环境多湿病；高温作业多热病、燥病等。
4. **相兼性** 六淫即可单独侵袭人体致病，如寒邪直中脾胃；又可两种或两种以上邪气同时侵袭人体致病，如风寒感冒。
5. **转化性** 六淫致病在一定的条件下，其证候可发生转化。如寒邪日久可郁而化热，暑湿日久可化燥伤阴等。

（三）六淫的性质和致病特点

1. **风邪** 风是一种无形运动的气流，是春季的主气，四季皆有，故风邪引起的疾病四季都会发生，但以春季多见。风邪多从皮毛入侵人体，常与其他邪气夹杂伤人，为寒、湿、燥、火（热）等邪气的先导，如风寒、风热、风湿等，故称为"六淫之首"。其性质及致病特点如下：

> **考点提示**：风、寒、暑、湿、燥、火六种邪气的性质及致病特点。

（1）风为阳邪，轻扬开泄，易袭阳位：风邪具有轻扬、升散、向上、向外的特性，故属阳邪。风邪伤人常易侵袭人体的上部（头面）、阳经、腰背和肌表等阳位，而出现头痛、鼻塞流涕、项背强痛等。风性开泄，是指风邪易使皮毛腠理疏泄张开而出现汗出、恶风、脉浮等症状。故《素问·太阴阳明论》有"伤于风者，上先受之"之说。

（2）风性善行而数变：善行，是指风邪善动不居、游移不定。其致病具有病位游移，行无定处的特性。如痹证中的风痹，以四肢关节游走性疼痛为主要症状，故又称为行痹。数变，是指风邪致病具有发病急、变化多、传变快的特点。如荨麻疹的皮疹，皮肤瘙痒，发无定处，此起彼伏，时隐时现，故又名风疹块。

（3）风性主动：动，是指动摇不定。风邪致病具有使人体出现异常运动的特点。如风邪直中面部经络可见肌肉震颤、口眼歪斜等；破伤风可出现四肢抽搐、角弓反张等。故《素问·阴阳应象大论》有"风胜则动"之说。

（4）风为百病之长：长，首也。风为百病之长，一是指风邪为六淫之首，是外感疾病的先导，常兼夹其他邪气致病。六淫之中的寒、湿、燥、火等邪气常依附于风而侵入人体，形成风寒、风湿、风燥、风热等证。二是指风邪四季皆有，发病机会最多，致病极其广泛。故《素问·风论》有"风者，百病之长也。"之说。

2. **寒邪** 寒是冬季的主气。在气温较低的冬季，人们容易感受寒邪而致病，故冬季多见寒病。也可因为气温骤降，机体感寒而致病。寒邪致病分为伤寒和中寒两种。寒邪伤于肌表，郁遏卫阳者，称为伤寒；寒邪直中于里，损伤脏腑阳气者，称为中寒。其性质及致病特点如下：

（1）寒为阴邪，易伤阳气：寒性清冷，故为阴邪，最易损伤机体的阳气，故《素问·阴阳应象大论》说:"阴胜则阳病。"如寒邪侵袭肌表,卫阳郁遏,临床可见恶寒、无汗、发热、脉浮紧等症状。寒邪直中太阴,损伤脾阳,临床可见脘腹冷痛、呕吐、腹泻等症状。

(2)寒性凝滞:凝是指凝结,滞是指阻滞。机体气血,得温则行,遇寒则凝。寒性侵袭机体,损伤阳气,影响推动和温煦的功能,导致气血运行凝结阻滞,不通则痛,从而出现各种疼痛的症状,又称为"寒性主痛"。如头痛、关节疼痛、脘腹冷痛等。其疼痛的特点是得温则减,遇寒加重。如痹证中的寒痹,以四肢关节剧烈疼痛为主要症状,故又称为痛痹。

(3)寒性收引:收引是指收缩牵引。寒邪侵袭机体,可以导致气机收敛,腠理闭塞,经络、筋脉收缩拘急,临床上可出现恶寒无汗、筋脉拘挛疼痛、关节屈伸不利等症状。故《素问·举痛论》有"寒则气收"之说。

(4)寒性清澈:清澈是指清稀。寒邪侵袭机体,可导致患者的分泌物和排泄物性质清稀。临床表现为鼻流清涕、痰液清稀、呕吐清水、小便清长、大便清冷等。

3. **暑邪** 暑是夏季的主气。暑邪致病主要发生在夏至以后、立秋以前,因此暑邪致病具有明显的季节性。暑邪致病有伤暑与中暑之分。起病缓,病情轻者为"伤暑";起病急,病情重者,为"中暑"。并且,暑邪纯属外感,而无内生,这和其他五邪不同。其性质及致病特点如下:

(1)暑为阳邪,其性炎热:暑乃夏季火热之气所化,具有酷热之性,故属于阳邪。暑邪致病常会导致机体表现出一系列火热炽盛之征象,如高热、烦躁、面赤、口渴、喜冷饮、大汗出,脉洪大等。

(2)暑性升散,易伤津耗气:暑为阳邪,其性升散。暑邪侵犯机体,易致腠理开泄而多汗。出汗增多容易损伤津液,临床出现口干、口渴、喜饮、小便短赤、大便秘结等症状。而大出汗的同时,往往气随津泄,可致气虚,临床出现气短懒言、倦怠乏力等症状,严重者可致气脱,临床出现突然昏倒、不省人事等症状。

(3)暑多挟湿:夏季气候炎热,且多雨潮湿,热蒸湿动,湿热弥漫,故暑邪为病,多兼挟湿邪侵犯机体,出现暑湿夹杂证候。其临床表现,除发热、烦渴等暑热症状外,常伴有身热不扬、倦怠嗜睡、胸闷呕恶、食欲缺乏、大便溏泄不爽等湿困症状。

4. **湿邪** 湿是长夏的主气。长夏正值夏秋之交,湿气最盛,机体易受湿邪侵袭。除此之外,亦可因涉水淋雨、居处环境潮湿或者长期水中作业等原因感邪,故湿邪致病四季均可发生。湿邪的性质及致病特点如下:

(1)湿为阴邪,易伤阳气,阻遏气机:湿性类水,同属于阴邪。阴胜则阳病,故湿邪入侵容易损伤机体阳气。五脏当中,脾主运化水液,其性喜燥恶湿,对湿邪有特殊的易感性,所以湿邪入侵最易困脾,损伤脾阳,影响脾的运化功能,临床常出现食欲缺乏、脘腹胀满、泄泻水肿等症状。湿邪侵犯机体,常留滞于脏腑经络,最易阻遏气机,使气机升降失常。如湿阻胸膈、气机不畅可出现胸闷、呕恶等症状;湿困脾胃,运化无权可出现脘腹痞胀、大便溏泄不爽等症状;湿停下焦,气机不利可出现小便短涩等症状。

(2)湿性重浊:重为沉重、重着之意,是指湿邪致病可导致人体出现沉重感为主要特征的临床表现,如常见头重如裹、四肢酸楚、肢体困重等症状。痹证中的湿痹,以关节酸痛重着、肌肤麻木不仁为主要症状,故又称为着痹。浊为混浊、秽浊之意,是指湿邪致病可导致人体出现分泌物和排泄物秽浊不清为主要特征的临床表现,如面垢眵多、下利脓血、小便混浊、湿疹湿疮、脓水淋漓、妇女带下过多等症状。

(3)湿性黏滞:黏是指黏腻,滞是指停滞。湿邪致病常具有黏腻停滞的特性,表现在两方面:一是指症状的黏滞性。湿邪致病多见黏滞不爽的症状,如大便黏滞不爽,小便滞涩不畅,舌苔垢腻,分泌物黏腻等;二是指病程的缠绵性。湿性致病多见起病缓慢,反复发作,胶着难解,缠绵难愈,病程较长,如湿痹、湿疹、带下病等,不能速愈。

（4）湿性趋下，易袭阴位：湿性类水，具有下趋之势、沉降之性。湿属于阴，人体下部亦属于阴，故湿邪致病易伤及人体下部。临床上可见下肢水肿、妇女带下、淋浊、泄泻、阴部湿疹等。故《素问·太阴阳明论》有"伤于湿者，下先受之"之说。

5. **燥邪** 燥是秋天的主气。秋天气候干燥，空气中水分缺乏，呈现一派肃杀、收敛之景象。临床常见燥邪致病。初秋近夏有炎热之气，病多温燥；深秋近冬有寒冷之气，病多凉燥。前者偏热，后者偏寒。燥邪的性质及致病特点如下：

（1）燥性干涩，易伤津液：干是指干燥，涩是指涩滞。燥邪侵犯人体，易伤津液，出现各种津液亏损、干燥涩滞之症，如口干唇裂、鼻干咽燥、毛发干枯、皮肤干燥甚则皲裂、小便短少、大便干结等。故《素问·阴阳应象大论》有"燥胜则干"之说。

（2）燥易伤肺：燥邪伤人，自口鼻而入，最易伤肺。肺为娇脏，喜润而恶燥。故燥邪犯肺，耗伤肺津，宣降失司，临床常出现干咳少痰或无痰，或痰中带血，痰黏难咳，喘息胸痛等。肺与大肠互为表里，肺津损伤，大肠失润，故还可出现大便干结不畅等症状。

6. **火（热）邪** 火（热）旺于夏季，但是又不像暑那样具有明显的季节性，暑独见于夏季，纯属外感，而无内生。而火（热）为病则没有明显的季节性，一年四季皆可发生，且常与其他邪气相兼致病，或由其他邪气在病理过程中郁而化火，故有"五气化火""五志化火"之说。温、热、火三者虽同为一气，但在程度上有一定的差别。温为热之渐，火为热之极。火（热）邪的性质及致病特点如下：

（1）火为阳邪，其性炎上：火热之性燔灼、升腾、上炎，故属阳邪。《素问·阴阳应象大论》说"阳胜则热。"故临床常见实热证，多见高热、口干、烦渴、大汗、尿赤、便秘、脉洪数等。火性趋上，火热之邪易侵袭人体的上部，尤以头面部多见，多见舌尖红赤、口舌生疮糜烂、牙龈肿痛、口臭、目赤肿痛、头痛眩晕等。

（2）火易扰心神：火热之性躁动，而心五行属火，故火热之邪侵袭人体，容易影响心神。轻者心神不宁、心烦失眠、惊悸不安；重者可出现狂躁妄动、神昏谵语、神不守舍等。

（3）火易伤津耗气：《素问·阴阳应象大论》说"阳胜则阴病。"故火热之邪，蒸腾于内，侵袭人体最易灼伤津液和迫津外泄，故临床多见咽干舌燥、口渴喜饮、小便短赤、大便秘结等症状。而津液损伤，气随津脱，气津两伤，故临床还可见气短懒言、神疲乏力、肢体倦怠等症状。故有"壮火食气"之说。由此可见，火热邪气侵犯人体，既可损伤津液，也能消耗人体正气。

（4）火易生风动血：火热之邪侵袭人体，易致肝经燔灼，津血耗伤，筋脉失于濡养，而致肝风内动，出现高热、四肢抽搐、目睛上视、颈项强直、角弓反张等，故又称"热极生风"。火热之邪，其性急迫躁动，易致血络灼伤，迫血妄行，出现各种出血证，如衄血、咯血、吐血、便血、尿血、皮肤发斑、妇女月经过多或崩漏等。

（5）火易致疮疡：疮疡，即疮痈、肿疡。火毒、热毒是引起疮疡的主要原因。火热之邪侵袭人体，入于血分，壅于局部，使气血壅聚不散，腐蚀血肉，则发为疮疡，局部可见红肿热痛，甚至破溃流脓。故《医宗金鉴·痈疽总论歌》有"痈疽原是火毒生"之说。

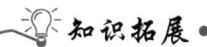

内 生 五 邪

在疾病的发生、发展过程中，还有某些并非因为外感六淫之邪，而是由于脏腑阴阳失调，气、血、津液功能失常，而产生的类似风、寒、湿、燥、火（热）五种外邪致病特点的病理变化，分别称为"内风""内寒""内湿""内燥""内火"，即所谓"内生五邪"。究其原因，不是感受外来之邪，而是邪气由内而生所致病。

二、疠气

疠气，是一类具有强烈传染性和致病性的外感致病因素，又称为疫疠、戾气、异气、疫毒、毒气、乖戾之气等。疠气引起的疾病称为疫病、瘟病或瘟疫病。疠气与六淫不同，《温疫论·原序》指出："夫温疫之为病，非风非寒非暑非湿，乃天地间别有一种异气所感。"可见疠气虽然也同属于外感病因，但与六淫邪气有本质上的不同，最为重要的是疠气具有强烈的传染性。

> ➢ **考点提示**：疠气的概念和致病特点。

疠气侵袭人体，主要通过空气从口鼻而入，也可通过饮食传播，或因蚊虫叮咬而发病，还可因为接触传染而致病。

疠气致病的种类很多，中医学对于各类传染性强的疾病有较深刻的认识，在各类医学文献中都有记载，如大头瘟（流行性腮腺炎）、白喉、烂喉丹痧（猩红热）、天花、霍乱、鼠疫等，包括了现代医学当中许多传染病和烈性传染病。

（一）疠气的致病特点

1. **发病急骤，病情危重** 疠气致病来势凶猛，甚至触之即病，病症凶险，变化多端，发病后常可出现危重证候，若治疗不及时，病死率极高。如霍乱、天花等，均发病急骤、病情危重。

2. **传染性强，易于流行** 疫疠可通过空气、食物、蚊虫、接触等各种途径在人群中传播，致病力强。无论男女老少，只要接触，都有可能发病。故能导致大范围发病，形成瘟疫流行，故疠气具有强烈的传染性和流行性。

3. **一气一病，症状相似** 疠气的种类繁多，一种疠气引起一种疫病。同种疠气致病，无论男女老少，症状相似；不同疠气致病，临床表现不同。故《素问·刺法论》有"五疫之至，皆相染易，无问大小，病状相似"之说。

4. **疠气病后多有免疫性** 某些疠气致病可终生免疫，不再复发，如麻疹、痄腮、水痘等。中医学很早就认识到了这一点，早在11世纪，古人就运用人痘接种法预防天花，开创了世界上人工免疫的先河。

（二）影响疠气发生与流行的因素

1. **气候因素** 自然气候的反常，如久旱、酷热、洪涝、湿雾瘴气等，均可滋生疠气而导致疾病的发生。

2. **环境因素** 环境污染，如水源、空气的污染也会滋生疠气。

3. **饮食因素** 食物污染、饮食不当也可引起疫病发生。

4. **预防隔离** 由于疠气具有强烈传染性，预防隔离措施不当往往会使疫病发生，甚至出现大范围的流行。因此一旦发现疫病患者，应马上进行隔离治疗，防治疫病的传播。

5. **社会因素** 社会因素对疫疠的发生与流行也有较大影响。如战乱、灾荒、社会动荡不安、卫生防疫条件落后、生活极度艰苦等，均易导致疫病的发生和流行。若社会安定，卫生措施到位，防疫工作得当，疫病即能得到有效的预防和控制。

第二节 内伤病因

内伤病因，是指因人的情志、习惯或行为不循常度，超过了自身的调节范围，直接伤及脏腑而导致发病的致病因素，包括七情内伤、饮食失宜、劳逸失度等。

一、七情内伤

七情是指人的喜、怒、忧、思、悲、恐、惊七种情志活动。一般情况下，七情是人们对外在环境的各种刺激所表现出的情绪反应，是人体正常的生理表现，不会致病。但当人体受到外界突然强烈或长期持续的精神刺激时，超过了自身的承受能力，引起人体气血失调，脏腑功能紊乱，则会导致疾病的发生。另外，人体脏腑气血虚弱，或者个性脆弱，抗挫折能力减弱，对情志刺激的适应能力下降，也容易导致疾病的发生。此时，七情就成为了致病因素。七情致病直接影响内脏而发病，病由内生，故称之为"七情内伤"或"内伤七情"。可以引起七情致病的因素有许多，如工作大起大落、生活遭遇不幸、家庭突然变故、人际关系紧张等，均可导致身心损伤而发病。

> **考点提示**：七情内伤的概念和七情对气机的影响。

（一）七情与脏腑气血的关系

中医学认为，人体是以五脏为中心的有机整体，脏腑气血是人体情志活动的物质基础，因此，人体的情志活动与脏腑气血有着密切的关系。故《素问·天元纪大论》说："人有五脏，化五气，以生喜、怒、思、忧、恐。"因此，情志活动与五脏有相应的规律。《素问·阴阳应象大论》说："肝在志为怒……心在志为喜……脾在志为思……肺在志为忧……肾在志为恐。"五脏功能活动正常，则气血调畅，情志活动发生有度，不易损伤人体；若五脏功能活动紊乱，则气血运行失调，情志活动发生异常，容易损伤人体。而异常的情志活动，也会导致气血失调，损伤相应脏腑，引起七情致病。即过喜伤心；过怒伤肝；过思伤脾；过悲过忧伤肺；过惊过恐伤肾。

（二）七情的致病特点

1. **直接伤及内脏** 七情活动以五脏的精、气、血作为物质基础，七情分属五脏，因此，七情致病直接损伤相应的脏腑，产生不同的病理变化。即心在志为喜，过喜则伤心；肝在志为怒，过怒则伤肝；脾在志为思，过思则伤脾；肺在志为忧，过忧则伤肺；肾在志为恐，过恐则伤肾。人体是一个有机整体，因此，在七情内伤引发的病理变化中，不会仅仅局限于单一的脏腑，而会累及多个脏腑，引起机体多方面的损伤。

心主血脉而藏神，肝主疏泄而藏血，脾主运化而为气血生化之源，又是人体气机升降出入之枢纽。因此，七情致病以心、肝、脾三脏最为多见。如过喜伤心，导致心神不宁，可见心悸、失眠、健忘，甚至精神失常、哭笑不休等症状。郁怒伤肝，导致肝气郁滞，可见两胁胀痛、善太息、性情急躁易怒、咽中如有物梗阻、妇女月经不调等症状。思虑伤脾，导致脾失健运，可见食欲不振、脘腹胀痛、大便溏泄、神疲倦怠等症状。七情致病也可一种异常情志损及多个脏腑，如思虑过度损伤心脾，郁怒不舒则见肝脾不和等。

2. **影响脏腑气机** 七情致病影响脏腑气机，导致气血运行紊乱。《素问·举痛论》有"余知百病生于气也，怒则气上，喜则气缓，悲则气消，恐则气下，寒则气收，炅则气泄，惊则气乱，劳则气耗，思则气结"之说。

（1）怒则气上：气上，即气机上逆。怒为肝之志，大怒会影响肝主疏泄的功能，导致气机上逆，血随气升，并走于上，临床可见面红目赤、头胀头痛、耳鸣目眩、呕血，甚则猝然昏厥等症状。

（2）喜则气缓：气缓，即心气弛缓。喜为心之志，正常的喜乐能缓和紧张情绪，使心情舒畅。而过度的喜乐（暴喜）则会导致心气涣散，神不守舍，临床可见失眠、乏力、懈怠、精神不能集中，甚则失神、狂乱等症状。

（3）悲则气消：气消，即肺气消耗。悲为肺之志，过度悲伤，会导致肺气消耗，临床可见胸闷气短、倦怠乏力、声低气怯、精神萎靡不振、意志消沉等症状。

（4）恐则气下：气下，即精气下陷。恐为肾之志，过度恐惧，会导致肾气不固，气陷于下，临床可见二便失禁、遗精、早泄等症状。

（5）惊则气乱：气乱，即心气紊乱。心主血脉，主藏神，突然受惊，会导致心气紊乱，气血失调，心无所倚，神无所归，临床可见心悸、失眠、惊恐、不安，甚则精神错乱等症状。

（6）思则气结：气结，即脾气郁结。思为脾之志，过度思虑，会导致脾气郁结，临床可见食欲减退、腹胀腹痛、大便溏泄、神疲倦怠等症状。思发于脾而成于心，过度思虑，不但伤脾，还可伤心，使心血耗伤，神失所养，临床可见心悸、失眠、健忘、多梦等症状，故又有"思虑伤心脾"之说。

3. **影响病情变化**　七情不但可以致病，而且对疾病的发展、转归和预后有重要影响。一般而言，积极的情绪，有利于病情的好转和恢复；而强烈而突然的情绪刺激，则易使病情加重或恶化，甚则导致疾病的复发。如高血压患者，若遇事恼怒，可致肝阳上亢，气血上逆，突见头胀头痛、头晕目眩，甚则突然昏倒，不省人事，口眼歪斜，半身不遂等症状。反之，若病后性情开朗，豁达乐观，积极与疾病做斗争，则可使"气和志达，荣卫通利"，有利于缓解病情，恢复身心健康。疾病初愈，突然遭受强烈的精神刺激，可使人体气血逆乱，导致疾病复发。故《素问·上古天真论》说："恬惔虚无，真气从之，精神内守，病安从来。"因此，在疾病的防治和护理过程中，要充分重视患者的情志变化，强调心理疏导，积极防止和及时消除不良的精神因素，对疾病的防治和护理具有十分重要的意义。

二、饮食失宜

中国有句古话"民以食为天"，饮食是人类生存不可或缺的基本条件之一。机体通过日常饮食摄取营养、维持人体生长发育和脏腑功能活动。科学合理的饮食，化生气血，是保证生命和维持健康的物质基础。反之，饮食失宜，如饮食不节、饮食不洁或饮食偏嗜，常会导致疾病的发生。由于食物主要依靠脾的运化和胃的受纳腐熟，故饮食致病，主要是影响脾胃功能，导致脾胃运化失司，又可聚湿、成痰、化热或累及其他脏腑生成其他疾病，又称为"饮食内伤"。

（一）饮食不节

节，即节制、适量。正确的饮食习惯，应定时、定量，又因个体性别、年龄、职业等的不同而有所差异，以保证脏腑功能活动的正常发挥，满足机体营养需求。若饮食不节，则易导致疾病的发生，因此，饮食贵在有节。饮食不节包括饥饱失常和饮食无时两个方面。

1. **饥饱失常**　饮食应以适量为宜，过饥或过饱均会影响脾胃运化功能，导致疾病发生。过饥，则食物摄取不足，气血生化乏源，脏腑功能活动减退，临床上常表现为面色无华、心悸气短、全身乏力、神疲倦怠、形体消瘦等。气血虚弱，则易致正气不足，机体抵抗力下降，容易继发其他疾病。故《灵枢·五味》说："谷不入，半日则气衰，一日则气少矣。"过饱，或暴饮暴食，超过脾胃的运化能力，可导致饮食积滞，脾胃损伤，健运失常，临床上常表现为脘腹胀满、嗳腐吞酸、厌食、呕吐、腹泻等。食积日久，既可郁而化热，又可因伤于生冷寒凉而聚湿生痰。故《素问·痹论》说："饮食自倍，肠胃乃伤。"而在疾病初愈阶段，由于脾胃尚虚，饮食过量或进食不易消化的食物，常常引起疾病复发，称为"食复"。故《素问·热论》所说："病热少愈，食肉则复，多食则遗。"

2. **饮食无时**　定时、有规律的进餐可以保证脾主运化水谷、胃主受纳腐熟的功能正常发挥，水谷精微输布全身，营养各脏腑、组织、器官。饮食无时，则损伤脾胃，破坏脏腑功能的有序性，使脾胃功能失调，导致运化失司，酿湿生痰，发生疾病。

（二）饮食不洁

洁，即清洁、卫生。进食不清洁，或陈腐变质，或有毒的食物，可引起多种胃肠道疾病，临床上出现腹痛、呕吐、泄泻、痢疾等症状。也可引起寄生虫疾病，如蛔虫病、蛲虫病、绦虫病等，临床上出现腹痛、嗜食异物、面黄肌瘦等症状。若蛔虫窜进胆道，还可出现上腹部剧痛，时发时止，吐蛔，四肢厥冷的蛔厥证。若进食腐败变质或有毒的食物，可致食物中毒，临床上出现腹痛、呕吐、泄泻，严重者可导致昏迷甚至死亡。

（三）饮食偏嗜

饮食结构应合理，寒热适中，五味调和，无所偏嗜，才能使人体获得各种需要的营养物质。若饮食结构失宜，或过寒过热，或五味偏嗜，均可导致营养缺乏，发生疾病。

1. **偏嗜五味**　人的精神气血，都由五味资生。而五味与五脏，各有其亲和性，即酸入肝，苦入心，甘入脾，辛入肺，咸入肾。如果长期偏嗜某种味道的食物，就会造成与之相应的脏腑功能偏盛，久而久之还可损伤其他脏腑，破坏五脏的平衡协调，导致疾病的发生。如多食酸味，则皮肉坚厚皱缩，口唇干薄而掀起；多食苦味，则皮肤干燥而毫毛脱落；多食甘味，则骨骼疼痛而头发脱落；多食辛味，则筋脉拘急而爪甲枯槁；多食咸味，则血脉凝滞，面部失去光泽。故《素问·生气通天论》说："是故谨和五味，骨正筋柔，气血以流，腠理以密，如是则骨气以精，谨道如法，长有天命。"而偏嗜肥甘厚味者，内生痰热，阻滞气血，易致肥胖、疮疡、中风、消渴等病证，故《素问·生气通天论》有"高粱（膏粱）之变，足生大丁"之说。

2. **偏嗜寒热**　饮食有寒热温凉之别，偏嗜寒性食物或热性食物，均可导致疾病的发生。若偏嗜生冷寒凉之品，可损伤脾胃阳气，从而导致寒湿内生，出现腹痛、呕吐、泄泻等症状；若偏嗜辛温燥热之品，则可导致胃肠积热，出现口臭、口渴、口舌生疮、腹胀、腹痛、便秘或痔疮等症状。

3. **偏嗜烟酒**　适量饮酒可疏通脉道，活血化瘀，舒筋活络，有利于人体健康。若长期、过量饮酒，易损伤脾胃，聚湿成痰，酿为湿热，阻滞气血，或变生他证。烟草含有多种有毒物质，损害机体健康，肺癌等恶性肿瘤的发病率与吸烟有一定关系。故临床应做到戒烟限酒，才能有利于机体健康。

三、劳逸失度

适度的劳作和体育活动有助于气血运行，增强体质；而必要的休息和悠闲可以消除疲劳，恢复体力和脑力。因此，劳逸适度，均有利于脏腑功能活动的维持，是人体生存和保持健康的基本条件，不会使人发病。反之，劳逸失度，即过度劳累或过度安逸，都能成为致病因素，而使人发病，简称过劳和过逸。

（一）过劳

过劳是指过度劳累，包括劳力过度、劳神过度和房劳过度三个方面。

1. **劳力过度**　主要是指长时间从事繁重或超负荷的体力劳动，导致积劳成疾，又称为"形劳"。其致病特点主要表现在两方面。一是伤及人体正气。劳力过度易导致精气的虚少，临床上多表现为气短懒言、倦怠乏力、动则气喘等症状，故《素问·举痛论》说："劳则气耗。"二是劳伤筋骨，损害形体。体力之劳，主要是关节、筋骨、肌肉的运动，劳力过度易导致形体的损伤，临床上多表现为精神疲惫、形体消瘦等症状，故《素问·宣明五气》有"久立伤骨，久行伤筋"之说。

2. **劳神过度**　主要是指思考、谋虑或者脑力劳动太过，又称为"心劳"。心主神志，脾志为思，故劳神过度易暗耗心血，损伤脾气，临床上多表现为心悸失眠、多梦健忘、记忆力下降、食欲缺乏、腹胀便溏、面色无华、形体消瘦、精神萎靡、头晕目眩等心脾两伤的症状。

3. **房劳过度**　主要是指性生活不节，如房事过度、手淫恶习、妇女早孕多育等，又称为

"肾劳"。肾主藏精，肾精不宜过度耗泄，性生活不节，则易损伤肾中精气，耗伤肾中精血，临床上多表现为腰膝酸软、精神萎靡、眩晕耳鸣，或男子遗精、早泄、阳痿，或女子月经不调、不孕不育等症状。

（二）过逸

过逸是指过度安逸，包括体力过逸和脑力过逸两个方面。

1. 体力过逸　"生命在于运动"，适当的运动可以保证脏腑功能活动正常，气血运行通畅。反之，长期不进行适当劳作或运动，易致人体脏腑功能活动减弱，气血运行不畅，临床上多表现为肢体倦怠、神疲乏力、肥胖臃肿、动则心悸、气喘、汗出等症状，还可继发中风、眩晕、胸痹等疾病。故《素问·宣明五气》说："久卧伤气，久坐伤肉。"另外，疏于运动，也容易导致机体正气不足，抵抗力下降，从而引发其他疾病。

2. 脑力过逸　适当的脑力活动有利于大脑保持正常的气血循环，防治大脑功能的退化。反之，长期懒于动脑，过分安逸，则会出现记忆力下降、反应迟钝、思维混乱、精神不振等，甚至导致脏腑功能失调而引发各种疾病。

第三节　继发病因

痰饮、瘀血本是疾病过程中形成的病理产物，而这些病理产物形成后，又能作用于人体，导致新的病证发生。由此可见，痰饮、瘀血既是病理产物，又是致病因素，故称它们为病理产物性病因，又称为继发性病因。

一、痰饮

（一）痰饮的概念

痰饮是由于某些致病因素作用于人体后，引起机体水液代谢障碍所形成的病理产物。痰饮形成后，便可作为一种新的病因作用于机体，导致脏腑功能失调，气血运行障碍，继而引起其他疾病。一般而言，稠浊者称为痰，清稀者称为饮。二者同出一源，临床上很难截然分开，故合称"痰饮"。痰饮与水湿同源而异流，一般认为，津停为湿，湿聚为水，积水成饮，饮凝成痰。

> **考点提示**：痰饮的概念和痰饮的致病特点。

痰有有形和无形之分：有形之痰，是指视之可见、触之可及、闻之有声的痰而言。如咳出的痰液、喉间的痰鸣等。无形之痰，是指视之不见、触之难及、闻之无声的痰而言，如梅核气、眩晕、癫狂等。这些病证多以苔腻、脉滑和眩晕、呕恶为主要特征。虽说只见其症、不见其形，但临床上按痰论治，却往往疗效显著。

饮的流动性比痰大，《金匮要略》把饮证分为痰饮、悬饮、溢饮、支饮四种。痰饮是指饮停胃肠，辘辘有声；悬饮是指饮停胁下，咳吐引痛；溢饮是指饮溢四肢，身体浮肿；支饮是指饮停胸膈，咳逆气短，喘息不得卧。

（二）痰饮的形成

痰饮多由外感六淫、七情内伤、饮食不当或劳逸失度等病因，使肺、脾、肾等脏腑气化功能失常，造成津液代谢障碍，不能正常输布和运行，以致水湿停聚而成。肺主宣发肃降，通调水道；脾主运化水液；肾主气化水液；三焦为水液运行的通道。肺、脾、肾、三焦与水液代谢关系最为密切。故肺、脾、肾、三焦功能失常，均可生成痰饮。

（三）痰饮的致病特点

1. **影响脏腑气机，阻碍气血运行** 痰饮一旦形成，既可阻滞气机，影响脏腑之气的升降出入，又可流注经络，阻碍气血的运行。如痰阻于肺，导致宣降失司，临床上可见胸闷、咳嗽、喘促等症状；湿困中焦，导致运化无权，临床上可见脘腹胀满、恶心呕吐、大便溏泄等症状；痰浊流注经络，导致经络阻滞，气血运行不畅，临床上可见肢体麻木、屈伸不利，甚至半身不遂等症状。

2. **病证复杂，变化多端** 痰饮形成以后，随气机运行，内达脏腑经络，外至皮肉筋骨，无处不在，临床上常可导致各种各样复杂的病证。如饮逆于上，可见眩晕；水注于下，可见足肿；湿在肌表，可见身重；流注经络筋骨，可见肢体麻木、半身不遂，或瘰疬、痰核等。尤其是痰所致的病证更为广泛，如咳、喘、悸、眩、呕、满、肿、痛等。此外，痰饮形成以后，既可伤阳化寒，又可郁而化火，还可挟风、挟热等，变化多端，导致病证更加错综复杂。因此古人有"百病多由痰作祟""怪病多痰"之说。

3. **病势缠绵，病程较长** 痰饮皆因湿聚而成，具有黏滞之性，因此痰饮致病常表现为病势缠绵，病程较长。临床上由痰饮所致的咳喘、眩晕、胸痹、癫痫、中风、痰核、瘰疬、瘿瘤等病证，多反复发作，缠绵难愈，治疗困难。

4. **易蒙蔽神明** 心藏神，主神志，心之气血充盈，功能正常，则神志清晰，思维敏捷。若痰饮内停，影响及心，往往蒙蔽神明，出现一系列神志失常的病证。如痰迷心窍可见胸闷心悸、精神困倦、痴呆等；痰火扰心可见心烦、失眠、易怒、喜笑不休，甚则发狂等。

5. **多见苔腻脉滑** 虽然痰饮致病广泛，变化多端，但临床也有典型的舌脉变化。舌象常表现为腻苔或滑苔，而脉象常表现为滑脉或弦脉。

二、瘀血

（一）瘀血的概念

瘀血是体内血液运行障碍，凝聚停滞而形成的病理产物，包括血液运行不畅，或局部血液停滞，以及瘀积在体内的离经之血没有及时消散，又称为恶血、败血、蓄血等。瘀血既是在疾病过程中形成的病理产物，又是致病因素。

> **考点提示**：瘀血的概念和瘀血的致病特点。

（二）瘀血的形成

外邪侵袭、情志内伤、饮食失宜、劳逸失度以及外伤等，均能引起血液运行不畅或瘀积体内，形成瘀血。其原因可概括为以下五个方面：

1. **气虚** 气为血之帅，包括气能行血，气能摄血。血液的正常运行依靠气的推动和固摄。气虚，一则无力推动血液运行，导致血行迟缓滞涩，形成瘀血；二则无力统摄血液，导致血液溢出脉外，不能及时消散，形成瘀血。

2. **气滞** 气行则血行，气滞则血瘀，情志不遂，痰饮、水湿阻滞，可导致脏腑气机升降失常，血液运行不畅，形成瘀血。

3. **血寒** 血得温则行，遇寒则凝。感受外界阴寒邪气，或机体阳气不足导致寒从内生，均可使血液凝结滞涩，运行不畅，形成瘀血。

4. **血热** 感受外界火热邪气，或脏腑郁热化火，热入营血，血液受热煎熬黏稠，血热互结，运行不畅，形成瘀血；或火热邪气灼伤脉络，迫血妄行，血溢于脉外，留于体内，形成瘀血。

5. **出血** 各种外伤，如跌打损伤、金刃所伤、手术创伤等，导致脉道破损，使血不归经；

或肝不藏血、脾不统血而导致各种出血证，所出之血不能及时排出或消散，积滞于体内，形成瘀血。

（三）瘀血的致病特点

1. **疼痛** 瘀血所致疼痛多为刺痛，痛处固定不移，拒按，多夜间痛甚，或久病不愈，反复发作。
2. **肿块** 瘀血所致肿块固定不移，体表局部多表现为青紫肿胀，在体内多为癥块，质硬，推之不移，可有压痛。
3. **出血** 瘀血所致出血多为紫暗，或夹有瘀块。
4. **望诊** 面部、口唇、爪甲青紫。舌质紫暗，或有瘀斑、瘀点，或舌下静脉曲张。久瘀可见面色黧黑、肌肤甲错等。
5. **脉诊** 常见脉沉弦、细涩或结代等。

第四节　其他病因

除外感病因、内伤病因及继发病因之外的致病因素，均属于其他病因，主要包括外伤、寄生虫、药邪、医过等因素。

一、外伤

外伤，主要指由于机械暴力作用于人体而造成的损伤，包括跌打损伤、金刃所伤、烧烫伤、雷击、冻伤、溺水、化学伤、虫兽咬伤等。

（一）外力伤

外力伤，是指因机械或暴力等引起的创伤。如跌仆、坠落、撞击、负重、刀枪、金刃等所致的损伤。轻者可引起受伤部位的皮肤、肌肉、血脉破损而出血，或青紫瘀斑、或疼痛肿胀；重者可引起筋骨损伤，甚至伤及内脏，或出血过多，导致昏迷、休克，危及生命。

（二）烧烫伤

烧烫伤包括烧伤和烫伤，是指因高温而引起的灼伤。主要由烈火、沸水、热油、蒸汽等因素所致。轻者可引起局部皮肤灼热、红肿、疼痛或起水泡；重者伤及肌肉筋骨，可见创面如皮革样，或呈蜡白、焦黄，甚或炭化样改变。若大面积烧烫伤，火毒内攻，可导致发热神昏，或津液极度耗伤而致亡阴亡阳之危重证候。

（三）冻伤

冻伤，是指因低温所造成的损伤，冬季常见。冻伤的程度与温度、受冻时间等因素有关，一般而言，温度越低，受冻时间越长，则冻伤程度越严重。冻伤可分为局部性冻伤和全身性冻伤。局部冻伤多发于面颊、鼻、耳、手、足等暴露部位，初起多见皮肤苍白、冷麻，继则肿胀青紫、痒痛灼热，发为冻疮。溃后常易感染，要尽早防治。全身性冻伤可使阳气严重受损，失去温煦、推动作用，血行凝滞，从而出现寒战、面色苍白、唇甲青紫、呼吸微弱、体温逐渐下降，甚至昏迷，如不及时救治，则致死亡。

（四）溺水

因意外原因出现沉溺水中，导致水入于肺、胃，堵塞气道，若及时抢救可望复苏，严重者则出现溺亡。

（五）化学伤

指某些化学物质对人体造成的损伤。其中包括强酸、强碱、农药、煤气、沼气等。有的通过口鼻进入人体，有的通过皮肤被人体吸收。临床上可见局部皮肤黏膜的烧灼伤，甚或皮肉糜烂，还可见头晕头痛、恶心呕吐、嗜睡神昏等，严重者可导致死亡。

（六）虫兽伤

虫兽伤包括毒蛇、猛兽、狂犬或其他家畜咬伤，以及昆虫蜇伤等。轻者可见局部皮肤肿痛、出血等，或伴有头晕、呕吐等轻度中毒症状；重者可伤及内脏，或出血过多而危及生命；毒蛇咬伤及蜂、蝎等蜇伤，不仅局部肿胀、出血、剧痛，而且可见神志恍惚、肢体抽搐、恶心呕吐，甚至昏迷等全身中毒症状，严重者可导致死亡。被狂犬咬伤，除局部症状外，经过一段时间后，可发为狂犬病，病情严重，无一生还。

二、寄生虫

常见的寄生虫有蛔虫、蛲虫、绦虫、钩虫、血吸虫等。若进食被寄生虫卵污染的食物，或接触疫水疫土，则可发为寄生虫病。由于感染的虫类、途径和寄生的部位不同，临床表现也不一样，如蛔虫、钩虫、蛲虫、绦虫等肠道寄生虫病，常见腹痛、嗜食异物、面黄肌瘦、肛门瘙痒等。血吸虫寄生于肠外的脉络之中，导致血液循环不畅，久则可使水液停聚腹中，形成臌胀、腹水等。

| 学习小结 |

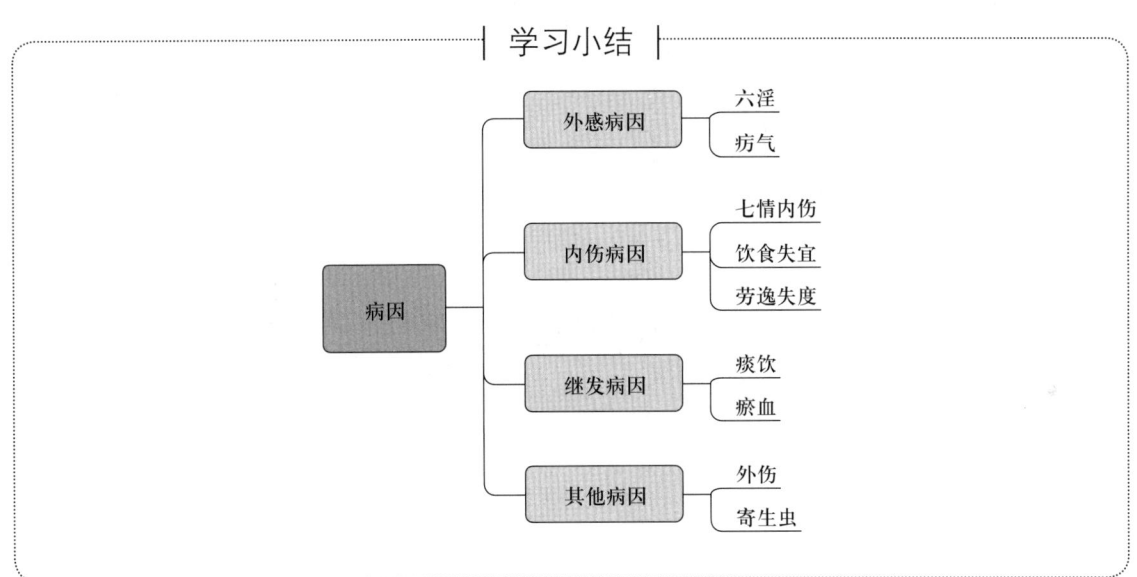

| 目标检测 |

A1 型题

1. 以下属于病理产物形成的病因是
   A. 疠气　　B. 六淫　　C. 七情　　D. 劳逸　　E. 瘀血
2. 六淫中最易导致疼痛的邪气是
   A. 寒邪　　B. 风邪　　C. 火邪　　D. 燥邪　　E. 湿邪
3. 六淫中具有病程长，难以速愈的邪气是
   A. 寒邪　　B. 风邪　　C. 火邪　　D. 燥邪　　E. 湿邪
4. 怒则
   A. 气上　　B. 气缓　　C. 气消　　D. 气下　　E. 气结

5. 瘀血疼痛的特点是
   A. 刺痛　　B. 胀痛　　C. 冷痛　　D. 空痛　　E. 隐痛
6. 疠气最主要的致病特点是
   A. 发病急　　　　　B. 症状相似　　　　　C. 老少皆宜
   D. 病势重　　　　　E. 传染性强

A2 型题

7. 林某，女，42岁。今上午突然眩晕发作，站立不稳，自觉身体、房屋旋转，伴有头重、耳鸣、胸闷、恶心，苔白腻，脉滑。追问病史，以前曾有类似发作，诊断为"耳源性眩晕"。请问与之有关的病因是
   A. 瘀血　　　　　B. 痰饮　　　　　C. 饮食失宜
   D. 七情内伤　　　E. 劳逸失度
8. 陈某，女，21岁。每次月经来潮下腹刺痛难忍，经血中可见大量血块，块下痛减，舌苔紫暗，有瘀点，脉涩。请问与之有关的病因是
   A. 瘀血　　　　　B. 痰饮　　　　　C. 饮食失宜
   D. 七情内伤　　　E. 劳逸失度

（黄雯雯）

第六章 体 质

要点导航

1. 描述体质的概念。
2. 归纳九种体质的分类及调护方法。
3. 了解体质的形成原因。
4. 能应用体质理论对偏颇体质进行调理。

体质现象是人类在生长、发育过程中所形成的与自然、社会环境相适应的人体个性特征，它与健康和疾病密切相关。对体质的研究有助于分析疾病的发生、发展和演变，为疾病的防治及养身健体提供依据。

第一节　体质概述

一、体质的概念

体质，又称禀赋、禀质等，是指人体生命过程中，禀赋于先天，受后天多种因素影响的基础上所形成的形态结构、生理功能和心理状态方面综合的、相对稳定的固有特质。

中医体质学是以中医理论为指导，研究人类各种体质特征，体质类型的生理、病理特点，并以此分析疾病的反应状态，病变的性质及发展趋向，从而指导疾病预防、治疗以及养生康复的一门学科。

二、体质的形成因素

体质的形成，秉承于先天，得养于后天，是个体在遗传的基础上，受内外环境的影响，在生长发育的过程中形成的。

（一）先天因素

先天因素也称先天禀赋，《灵枢·天年》认为，人之始生"以母为基，以父为楯"，父母之精是生命个体形成的基础，遗传因素决定了个体体质的相对稳定性和特异性。先天因素具体而言，是指子代出生以前在母体内所禀受的一切，包括父母生育的年龄、身体状态，以及在母体内孕育过程中母亲是否注意养胎和妊娠期疾病所产生的一切影响。

人类由于先天遗传的作用，男女性别不仅形成各自不同的解剖结构和体质类型，在生理特

性方面也会显示出各自不同的特点。一般来讲，男子性多刚悍，女子性多柔弱，男子以气为重，女子以血为先，《灵枢·五音五味》提出"妇人之生，有余于气，不足于血"的论点，正是对女性的体质特点作了概括说明。

（二）后天因素

先天遗传因素所形成的体质是人一生体质的基础，它决定着个体体质的相对稳定性和个体体质的特异性。但体质并非一成不变，在后天因素的综合影响下是可以逐步发生变化的。后天因素主要包括年龄因素、精神因素、饮食因素、劳逸因素、地理环境因素、疾病及针药因素等。

1. 年龄因素 人体的结构、功能与代谢的变化与年龄有关，从而形成了体质的差异。小儿脏腑娇嫩，形气未充，易寒易热，易虚易实，但又生机蓬勃，发育迅速，脏气清灵，易趋康复。成年人一般气血充盛，脏腑功能强健。老年人常表现出阴阳失调、气血渐衰、脏腑功能衰退、形体亏损、宿疾交加等体质特点。

2. 精神因素 人的精神状态影响脏腑气血的功能活动，所以也可以改变体质。正如《素问·阴阳应象大论》所言："怒伤肝""喜伤心""思伤脾""忧伤肺""恐伤肾"，情志异常变化伤及内在脏腑，影响脏腑气机，进而可影响人的体质。

3. 饮食因素 合理的膳食结构，科学的饮食习惯，适当的营养水平，则可使气血旺盛，体质强壮。饮食结构和营养状况对体质有明显的影响，由于饮食物各有不同的性味，久而久之，可因体内某些成分的增减等变化而影响体质。如饮食过饥影响气血的化生，可使体质虚弱。饮食偏嗜使体内某种物质缺乏或过多，可影响脏腑功能活动和精、气、血、津液的代谢，甚则成为导致某些疾病的原因，如嗜食肥甘厚味可助湿生痰，形成痰湿体质；嗜食辛辣则易化火伤阴，形成阴虚火旺体质；过食生冷寒凉则会损伤脾胃阳气，有可能形成阳虚体质。

4. 劳逸因素 适度的劳作或形体锻炼，可使气机调畅，气血调和，脏腑功能活动旺盛而体质健壮。过度安逸可使气血流行不畅，筋肉松弛，脾胃功能减退，而使体质下降，或形成痰瘀体质；过度的劳作则容易损伤筋骨，消耗气血，使脏腑精气不足，功能减弱，形成虚性体质。

5. 地理环境因素 人类和其他生物一样，其形态结构、脏腑功能在适应客观环境的过程中会逐渐发生变异。《素问·五常政大论》指出"必明天道地理"，对于了解"人之寿夭、生化之期"以及"人之形气"有着极其重要的意义。地理环境不同，则气候、物产、饮食、生活习惯等亦多有不同，所以《素问·异法方宜论》在论证不同区域有不同体质、不同多发病和不同治疗方法的时候，特别强调不同地区的水土、气候、饮食，以及居住等生活习惯对体质的形成有重大影响，说明地理环境对体质的变异，既是一个十分重要的因素，又是极其复杂的因素。

6. 疾病及针药因素 疾病常与体质状态互为因果，大病久病之后，常使体质虚弱，某些慢性疾病迁延日久，患者的体质易表现出一定的特异性；罹患某些疠气之后，又可使患者产生相应抗病能力而不再罹患此病。

药物的性味功效，针灸的补泻手法，都可使体内脏腑精气阴阳的盛衰及经络气血的偏颇发生改变，用之得当，将会收到补偏救弊的功效，使病理体质恢复正常，用之不当，或者针药误施，将会加重对人体体质的损害，从而使之由强变弱、由壮变衰。

第二节 体质分类及调护

一、体质的分类方法

古今医家从不同角度对中医体质进行分类，最早在《黄帝内经》提出阴阳含量划分法、五行归属划分法、形态与机能特征分类法、心理特征分类法（包括刚柔分类法、勇怯分类法、形态苦乐分类法）。后世张介宾等采用脏象阴阳分类法等。现代中医常用的体质分类法着眼于阴阳气血津液的虚实盛衰，把人体分为正常体质和偏颇体质两大类，即实用体质分类法，又称九分法。正常体质称为平和体质，偏颇体质又分为气虚体质、阳虚体质、阴虚体质、痰湿体质、湿热体质、血瘀体质、气郁体质和特禀体质八种。

> ➤ **考点提示**：现代体质分为正常体质（平和质）和偏颇体质，偏颇体质又分为气虚体质、阳虚体质、阴虚体质、痰湿体质、湿热体质、血瘀体质、气郁体质和特禀体质等。

二、九种体质的调护

体质既有相对稳定性，又是动态可变的，后天调养可影响体质发生强弱变化及体质类型的改变，故针对偏颇体质应注意调护，通过采取调节情志、平衡饮食、调整起居及适度运动等措施，纠正或改善某些偏颇体质，以达到养生保健的目的。

（一）平和质

平和质是指阴阳平衡、脏腑功能正常的体质状态。其形成原因是先天禀赋良好，后天调养得当。

【体质特征】体形匀称健壮，或虽胖而不臃滞，虽瘦而有精神；性格随和开朗；双目有神，面色润泽，唇色红润，毛发稠密有光泽，睡眠良好，胃纳佳，精力充沛，不易疲劳，二便正常，舌色淡红，苔薄白，脉和缓有力；平素患病较少，不易感受外邪，即使患病，往往可自愈或易于治愈；对自然环境和社会环境适应能力较强。

【调护】

1. **精神调护** 平和质者心理特征较为稳定，对外界环境的适应能力和抗病能力较强。应和畅性情，当精神受刺激或情志变化时应及时调摄不良情绪，谨防七情过极。

2. **饮食调护** 平和质者饮食调护的原则是膳食平衡，要求食物多样化。在平衡膳食的基础上，还应注意气味调和，因食施膳，可根据四时气候、生活条件、地理区域等不同而选择适宜的饮食，以维护机体的阴阳平衡。

3. **起居调护** 平和质者起居调理应顺从人体的生物钟调理起居，有规律地生活，养成良好的起居习惯。还应顺应四时调摄起居：春天宜夜卧早起以顺应阳气升发、万物生机蓬勃的自然景象；夏季宜夜卧早起以顺应阳气的充盈和盛实，利于气血活动，振奋精神。夏季还应适当午休以消除疲劳；秋季早睡早起以应秋天收敛之气；冬季应早睡晚起，以避寒就温，顺应冬天潜藏之气。

4. **运动调护** 平和质者可以通过运动保持和加强现有的良好正常状态，具体可根据年龄、性别、个人兴趣爱好的差异，自行选择不同的锻炼方法。

5. **特色调护** 平和质者经常自行按摩足三里、涌泉穴等，可以固护正气，保持健康。

（二）气虚质

气虚质是指机体一身之气不足，以气息低弱、脏腑功能状态低下为主要特征的体质状态。

其形成原因一是先天禀赋不足；二为后天失养，如出生后喂养不当、或过劳、或过逸、或病后气亏、或年老气弱等，导致脏腑机能减弱，气的化生不足。

【体质特征】多肌肉松软不实；性格多内向，情绪不稳定，胆小；精神萎靡，面色萎黄或淡白，唇色少华，声低懒言，多汗，容易疲乏，大便正常，或虽便秘但不结硬，或大便不成形，小便正常或偏多，舌质淡而胖嫩，脉虚无力；易感冒，易患内脏下垂、虚劳等病，或病后易迁延不愈；不耐受寒邪、风邪、暑邪。

【调护】

1. **精神调护** 气虚质者多性格内向、情绪不稳定、胆小不喜欢冒险。应培养豁达乐观的生活态度，多参加有益的社会活动，多与别人交流、沟通。思伤脾，悲伤肺，故气虚质者不宜思虑或悲伤太过。

2. **饮食调护** 气虚质者的饮食调养可选用具有健脾益气作用的食物，如小米、粳米、糯米、扁豆、红薯、牛肉、兔肉、猪肚、鸡肉、鸡蛋、鲢鱼、刀鱼、黄鱼、比目鱼、菜花、胡萝卜、香菇、豆腐、马铃薯等。由于气虚者多有脾胃虚弱，饮食不宜过于滋腻，少食用具有耗气作用的食物，如空心菜、生萝卜等。也可选用补气药膳调养身体。

3. **起居调护** 气虚质者卫阳不足，易于感受外邪，应注意保暖，不要劳汗当风，防止外邪侵袭。气虚质者尤当注意不可过于劳作，劳则气耗，以免更伤正气。

4. **运动调护** 气虚质者运动时很容易疲劳、出汗甚至气喘，故不宜进行大负荷强体力运动，可选用一些比较柔缓的传统健身功法，如太极拳、太极剑、八段锦、慢跑、散步等进行锻炼。也可采用低强度、多次数的运动方式，控制好运动时间，循序渐进地进行锻炼。

5. **特色调护** 气虚质者经常自行按摩气海穴、关元穴等，可以补脾肾之气，改善气虚体质状态。

（三）阳虚质

阳虚质是指机体阳气不足，失于温煦，以形寒肢冷等虚寒现象为主要特征的体质状态。其形成原因一是先天不足，如孕育时父母体弱、各种原因早产、父母高龄受孕等；二为后天失养，阳气受遏等；三是年老阳衰。

【体质特征】多形体白胖，肌肉松软不实；性格多沉静、内向；精神不振，面色㿠白，目胞晦暗，口唇色淡，恶寒喜暖，倦怠乏力，手足不温，多汗，大便溏薄，小便清长，舌淡胖嫩边有齿痕，苔白滑，脉沉迟无力；易患痰饮、肿胀、泄泻、阳痿等病，或发病多为寒证，或易从寒化；不耐受寒邪、耐夏不耐冬，易感湿邪、寒邪。

【调护】

1. **精神调护** 阳虚质者性格多沉静、内向，常常情绪不佳，易于低沉。要善于调节自己的情感，和喜怒，去忧悲，防惊恐。学会自我排遣或与人倾诉，多听音乐，多交朋友，多参加社会活动，心胸舒展，宽宏大量，以愉悦改变心境。

2. **饮食调养** 阳虚质者宜适当多吃一些温阳壮阳的食物，以温补脾肾阳气为主。常用补阳食物如羊肉、猪肚、鸡肉、带鱼、狗肉、鹿肉、黄鳝、虾、刀豆、核桃、栗子、韭菜、茴香等。阳虚质者，平时应少食生冷黏腻之品，即使在盛夏也不要过食寒凉之品。

3. **起居调护** 阳虚质者耐春夏不耐秋冬，秋冬季节应"避寒就温"，适当暖衣温食以养护阳气，尤其要注意腰部、下肢、足、小腹等部位保暖。夏季则"不厌于日"，可多进行日光浴以培补阳气，同时夏季暑热，要尽量避免强力劳作，大汗伤阳，也不可恣意贪凉饮冷。避免长时间停留在空调房里，不可在阴暗潮湿寒冷的环境下长期工作和生活，注意空气流通。

4. **运动调护** 阳虚质者宜以振奋、提升阳气的锻炼方法为主。中医认为"动则生阳"，适当的短距离跑和跳跃运动，如跳绳等可以振奋阳气，促进阳气的生发和流通。注意运动量不能过大，尤其不可大量出汗，以防汗出伤阳。

5. **特色调护** 阳虚质者经常自行按摩命门穴、关元穴等，可以补肾助阳，改善阳虚体质状态。

（四）阴虚质

阴虚质是指由于体内津液、精血等阴液亏少，以阴虚内热等表现为主要特征的体质状态。其形成原因一是先天不足，如孕育时父母体弱，或年长受孕、早产等；二为后天失养，如纵欲耗精、或积劳阴亏、或过食辛辣等；三是疾病形成，如曾患出血性疾病等。

【体质特征】多体形消瘦；性情急躁，外向好动，活泼；面色潮红或颧红，手足心热，口燥咽干，两目干涩，皮肤偏干，眩晕耳鸣，睡眠不佳，便干尿黄，舌红少苔或无苔，脉细数；易患虚劳、盗汗、不寐等病，或病后易表现为阴亏症状；耐冬不耐夏，不耐受燥邪、热邪、暑邪。

【调护】

1. **精神调护** 阴虚质者性情较急躁，常常心烦易怒，阴精更加亏耗，易于加重阴虚质，故平时应加强自我修养，正确对待喜怒哀乐，养成冷静、沉着的性格，保持稳定的心态。

2. **饮食调护** 阴虚质者应该多食用滋养肝肾的食物。常选择的食物如芝麻、糯米、绿豆、乌贼、龟、鳖、海参、鲍鱼、螃蟹、牛奶、牡蛎、蛤蜊、海蜇、鸭肉、猪皮、豆腐、甘蔗、桃子、银耳、蔬菜、水果等。也可适当配合补阴药膳有针对性地调养。阴虚火旺之人，应少吃辛辣温燥之品，如葱、姜、蒜、韭、椒、羊肉等。

3. **起居调护** 阴虚质者应保证充足的睡眠时间，以藏养阴气。工作紧张、熬夜、剧烈运动、高温酷暑的工作生活环境等能加重阴虚倾向，应尽量避免。"秋冬养阴"对阴虚质者更为重要，更要注意保护阴精。肾阴是一身阴气之本，偏于阴虚质者要节制房事，惜阴保精。阴虚质者应戒烟，长期吸烟易致燥热内生，易出现口干咽燥，或咳痰、咯血等症。

4. **运动调护** 阴虚质者多体内津液精血不足，不宜参加过于激烈的运动，以免出汗过多，损伤阴液。适合做中小强度的运动，可选择太极拳、太极剑、八段锦、气功等动静结合的传统健身项目。锻炼时要控制出汗量，及时补充水分。还应避免在炎热的夏天，或闷热的环境中运动，以免过汗伤阴。阴虚质伴皮肤干燥者，可选择能够滋润肌肤的游泳运动，减少皮肤瘙痒，但不宜桑拿。

5. **特色调护** 阴虚质者经常自行按摩太溪穴、三阴交穴等，可以滋阴益肾健脾，改善阴虚体质状态。

（五）痰湿质

痰湿质是指由于水液内停，痰湿凝聚，以黏滞重浊为主要特征的体质状态。其形成原因一是与先天遗传有关；二为后天因素，如过食肥甘、或久思伤脾、或久郁气结、痰湿内生。

【体质特征】多体形肥胖，腹部肥满松软；性情温和，稳重恭谦；神倦嗜睡，眼胞微浮，面部皮肤油脂较多，多汗且黏，头重，四肢困重，口黏腻或甜，胸闷，痰多，便溏，舌胖苔腻，脉滑；易患消渴、中风、眩晕、咳喘、胸痹等病；对梅雨季节及潮湿环境适应能力差。

【调护】

1. **精神调护** 痰湿质者多性格偏温和，多善于忍耐。在情志调摄上，适当增加社会活动，培养广泛的兴趣爱好，开阔眼界，以舒畅情志，调畅气机。

2. **饮食调护** 痰湿质者在饮食上，既要科学合理摄取饮食，又要充分注意饮食禁忌。饮食时切勿过饱，少食肥甘厚味，限制食盐的摄入。可选择健脾、利湿、化痰等作用的食物，如赤小豆、扁豆、蚕豆、花生、文蛤、海蜇、胖头鱼、橄榄、萝卜、洋葱、冬瓜、紫菜、荸荠、竹笋、枇杷、白果、薏苡仁等。

3. **起居调护** 痰湿质者日常应保持居室干燥，衣着应透湿散气，经常晒太阳或进行日光浴。在湿冷的气候条件下，要减少户外活动，避免受寒雨淋。

4. **运动调护** 痰湿质者形体多肥胖，身重易倦，要加强机体物质代谢过程，应当做较长时间的有氧运动，如散步、慢跑、乒乓球、羽毛球、网球、游泳、武术、舞蹈等。此外，运动负荷强度较大时，要注意运动的节奏，循序渐进地进行锻炼。

5. **特色调护** 痰湿质者经常自行按摩足三里、丰隆穴等，可以健脾化湿，改善痰湿体质状态。

（六）湿热质

湿热质是指以湿热内蕴为主要特征的体质状态。其形成原因一是与先天禀赋有关；二为后天失调，如久居湿地、或喜食肥甘、或长期饮酒、或滥用补品等导致湿热内蕴。

【体质特征】多中等形体或消瘦；性格多急躁易怒；面垢油光，易生痤疮，面红目赤，心烦易怒，口干口苦，男性易阴囊潮湿，女性易带下量多，大便黏滞不畅或燥结，小便短赤，舌红苔黄腻，脉滑数；易患疮疖、黄疸、阴痒、火热等病；对湿环境或气温偏高，尤其夏末秋初，湿热交蒸气候较难适应。

> **护理应用** 陈某，女，20岁。面部痤疮，心烦，口苦，带下色黄量多，便溏，舌红，苔黄腻，脉滑数。体质辨识为湿热体质，给出调护方法是：精神上保持心情愉快；多食用清热化湿的食品，少食火锅、烹炸、烧烤等辛温助热食物；起居注意不要长期熬夜或过度疲劳，适合进行大强度、大运动量的锻炼。

【调护】

1. **精神调护** 湿热质者性情较急躁，活泼，常心烦易怒。如五志过极，易于化火，情志过极，暗耗阴血，易于加重湿热质。故应安闲淡定以舒缓情志，学会对喜与忧、苦与乐、顺与逆的正确对待，保持平稳的心态。

2. **饮食调护** 湿热质者宜食用清热化湿的食品，如薏苡仁、莲子、茯苓、红小豆、蚕豆、绿豆、鸭肉、鲫鱼、冬瓜、丝瓜、葫芦、苦瓜、黄瓜、西瓜、白菜、芹菜、卷心菜、莲藕、空心菜等。体质内热较盛者，禁忌辛辣燥烈、大热大补的食物，如辣椒、生姜、大葱、大蒜等；慎用狗肉、鹿肉、牛肉、羊肉等温热性食物；少食火锅、烹炸、烧烤等辛温助热食物。另外，烟草为辛热秽浊之物，易于生热助湿，久受烟毒可致肺胃不清，或肺胃气机不利而内生浊邪，出现呕恶、咳嗽、吐痰等症。酒为熟谷之液，性热而质湿，堪称湿热之最，故恣饮无度，必助阳热、生痰湿，酿成湿热。嗜烟好酒，可以积热生湿，是导致湿热质的重要成因，对湿热体质者尤应提倡戒烟限酒。

3. **起居调护** 湿热质者应避免居住低洼潮湿，注意环境干燥通风。不要长期熬夜，或过度疲劳。盛夏暑湿或梅雨季节减少户外活动时间。保持充足有规律的睡眠。保持二便通畅，防止湿热郁积。注意个人卫生，预防皮肤病变。

4. **运动调护** 湿热质是以湿浊内蕴、阳气偏盛为主要特征的体质状态，适合做大强度、大运动量的锻炼，如中长跑、游泳、爬山、各种球类、武术等，可以消耗体内多余的热量，排泄多余的水分，达到清热除湿的目的。

5. **特色调护** 湿热质者经常自行按摩支沟穴、阴陵泉穴等，可以清热化湿，改善湿热体质状态。

（七）血瘀质

血瘀质是指体内有血液运行不畅的潜在倾向或瘀血内阻的病理基础，以血瘀表现为主要特征的体质状态。其形成原因一是与先天禀赋有关；二为后天损伤，如长期忧愁郁闷、气郁血瘀或久病入络等。

> **考点提示**：血瘀质调护在日常的精神、起居、运动和中医特色调护外，饮食上对非饮酒禁忌者，可以适量饮用葡萄酒。

【体质特征】多形体消瘦；性格内郁，心情不快易烦，急躁健忘；面色晦暗，色素沉着，容易出现瘀斑，眼眶黯黑，口唇黯淡，女性多见痛经、闭经，或经色紫黑有块，舌质黯有瘀点，舌下静脉曲张，脉涩；易患血证、癥瘕、中风、胸痹、痛证等；不耐受风邪、寒邪。

【调护】

1. **精神调护** 血瘀质者常心烦、急躁、健忘，或忧郁、苦闷、多疑，可导致孤独的不良心态，时有自卑，有时不能参与正常的人际交往。在情志调摄上，应培养乐观、欢乐的情绪，有益于瘀血质的改善。

2. **饮食调护** 血瘀质者应选用具有活血、散结、行气、疏肝解郁的食物，如黑豆、黄豆、山楂、香菇、茄子、油菜、羊血、芒果、番木瓜、红糖、黄酒、葡萄酒、白酒等。对非饮酒禁忌者，适量饮用葡萄酒，对促进血液循环有益。

3. **起居调护** 血瘀质者具有血行不畅的潜在倾向。血得温则行，得寒则凝，故瘀血质者要避免寒冷刺激。作息宜有规律，保持充足睡眠。日常生活中应注意动静结合，不可贪图安逸，加重气血郁滞。

4. **运动调护** 血瘀质者应坚持经常性锻炼，可采用一些有益于促进气血运行的运动项目，如易筋经、保健功、导引、太极拳、太极剑、五禽戏、舞蹈、步行健身法、徒手健身操等，达到改善体质的目的。不宜做大强度、大负荷的体育锻炼，而应该采用中小负荷、多次数的锻炼，在运动中如出现胸闷、呼吸困难、恶心、眩晕、头痛、脉搏显著加快等症状，应立即停止运动，及时就医。

5. **特色调护** 血瘀质者经常自行按摩期门穴、血海穴等，可以活血化瘀，改善血瘀体质状态。

（八）气郁质

气郁质是指由于长期情志不畅、气机郁滞而形成的以性格内向不稳定，忧郁脆弱，敏感多疑为主要表现的体质状态。其形成原因一是与先天遗传有关；二为后天因素，如因精神刺激、或暴受惊恐、或所欲不遂、或忧郁思虑等。

【体质特征】多形体偏瘦；性格内向不稳定，忧郁脆弱，敏感多疑；神情抑郁，烦闷不乐，胸胁胀满，善太息，乳房胀痛，睡眠较差，健忘，舌淡红，苔薄白，脉弦；易患郁证、脏躁、不寐、梅核气、惊恐等病；对精神刺激适应能力较差，也不适应阴雨天气。

【调护】

1. **精神调护** 气郁质者性格内向不稳定、忧郁脆弱、敏感多疑、好独处。应培养开朗乐观的性格，宽以待人，知足常乐。学会自我调控和驾驭情绪，在戒怒的同时学会适当宣泄。多参加社会活动及集体文娱活动，常看喜剧或听相声，多听一些轻松的音乐。

2. **饮食调护** 气郁质者应选用具有理气解郁、调理脾胃功能的食物，如佛手、大麦、荞麦、高粱、刀豆、蘑菇、豆豉、柑橘、萝卜、洋葱、苦瓜、丝瓜、菊花、玫瑰花、山楂、黄花菜等。

3. **起居调护** 气郁质者要舒畅情志，宽松衣着，适当增加户外活动和社会交往，以放松身心，和畅气血，调剂精神。居住环境应安静，防止嘈杂影响心情。保持规律充足睡眠，睡前避免饮用茶、可可、咖啡等具有提神醒脑作用的饮料。

4. **运动调护** 气郁质者体育锻炼的目的是调理气机、舒畅情志。可坚持较大量的运动锻炼，大强度、大负荷的锻炼如跑步、登山、游泳、打球、武术等可以鼓动气血，疏发肝气，也可进行有闲情逸致，促进人际交流的体娱游戏，如下棋、打牌、气功、瑜伽、打坐放松训练等。可多参加群众性的体育运动项目，以便更多地融入社会。

5. **特色调护** 气郁质者经常自行按摩合谷穴、太冲穴等，可以疏肝行气，改善气郁体质状态。

（九）特禀质

特禀质是指因先天禀赋不足或遗传等因素造成的一种特殊体质，包括先天性、遗传性的生理缺陷与疾病等。其形成原因一是与先天遗传有关；二为后天因素如环境因素、或药物因素等所致。

【体质特征】形体特征无特殊，或有畸形，或有先天生理缺陷。遗传性疾病有垂直遗传，先天性、家族性特征。过敏体质者有药物过敏、花粉症、哮喘、荨麻疹等发病倾向，或胎传疾病有"五迟""五软""解颅"等发病倾向。特禀质者适应能力差，不易适应特殊季节，易引发宿疾。

【调护】

1. **精神调护** 特禀质是由于先天性和遗传因素造成的特殊体质，其心理特征因禀质特异情况而不同，但多数特禀质者因对外界环境适应能力差，会表现出不同程度的内向、敏感、多疑、焦虑、抑郁等心理反应，可酌情采取相应的心理保健措施。

2. **饮食调护** 特禀质者饮食宜清淡、均衡、精细搭配。多食益气固表的食物，忌生冷、辛辣、腥膻发物及含致敏物质的食物，如荞麦、蚕豆、酒、鱼、虾、蟹、辣椒、肥肉、浓茶、咖啡等，以免引动伏痰宿疾，减少发病机会。

3. **起居调护** 特禀质者居室宜通风、清洁。被褥床单要经常洗晒，可防止尘螨过敏。春季室外花粉较多时，要减少室外活动时间，防止花粉过敏。不宜养宠物，以免动物皮毛过敏。在季节更替之时，要及时增减衣被，增强机体对环境的适应能力。应有规律充足的睡眠。

4. **运动调护** 可根据各种特禀质的不同特征选择有针对性的运动锻炼项目，逐渐改善体质。但过敏体质要避免春天或季节交替时节长时间在野外锻炼，防止过敏性疾病的发作。

5. **特色调护** 特禀质者经常自行按摩神阙穴、曲池穴等，可以培补正气，改善特禀体质状态。

| 学习小结 |

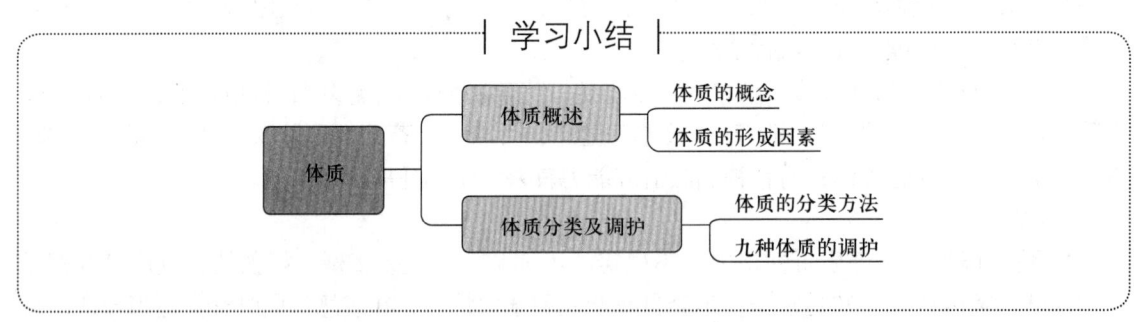

| 目标检测 |

A1 型题

1. 中医体质理论起源于
   A.《伤寒杂病论》　　　　B.《难经》　　　　　　　C.《本草纲目》
   D.《黄帝内经》　　　　　E.《千金要方》

2. 平素易于感冒，抗病能力弱者多属
   A. 平和质　　　　　　　　　B. 气虚质　　　　　　　　　C. 痰湿质
   D. 血瘀质　　　　　　　　　E. 气郁质
3. 个体表现为形体消瘦、口干咽燥、两目干涩、视物模糊，舌红少苔，脉细数者多属
   A. 阳虚质　　　　　　　　　B. 湿热质　　　　　　　　　C. 阴虚质
   D. 痰湿质　　　　　　　　　E. 气郁质
4. 健康的体质应为
   A. 阴虚质　　　　　　　　　B. 气虚质　　　　　　　　　C. 阳虚质
   D. 平和质　　　　　　　　　E. 湿热质
5. 过食肥甘厚味易形成
   A. 阳虚质　　　　　　　　　B. 痰湿质　　　　　　　　　C. 气虚质
   D. 特禀质　　　　　　　　　E. 气郁质
6. 形体多偏瘦，性格内向不稳定，忧郁脆弱，敏感多疑，胸胁胀满，走窜疼痛，善太息者，多属
   A. 气郁质　　　　　　　　　B. 阴虚质　　　　　　　　　C. 湿热质
   D. 痰湿质　　　　　　　　　E. 血瘀质
7. 下列除哪项外，都属影响体质的因素
   A. 年龄　　　　B. 饮食　　　　C. 淋雨　　　　D. 情志　　　　E. 遗传
8. 下列属于阳虚质表现的是
   A. 形体消瘦　　　　　　　　B. 四肢不温　　　　　　　　C. 面色潮红
   D. 油性皮肤　　　　　　　　E. 外向喜动
9. 下列可用补气药调护的体质是
   A. 湿热质　　　　　　　　　B. 气虚质　　　　　　　　　C. 痰湿质
   D. 瘀血质　　　　　　　　　E. 气郁质
10. 影响体质形成的后天因素是
    A. 种族与家族的遗传　　　　B. 父母血缘关系的远近　　　C. 父母生育的年龄
    D. 母亲妊娠期的胎教　　　　E. 情志因素
11. 易患花粉过敏症的体质是
    A. 阳虚质　　　　　　　　　B. 阴虚质　　　　　　　　　C. 痰湿质
    D. 特禀质　　　　　　　　　E. 湿热质
12. 养身保健提倡"戒烟限酒"，但对非饮酒禁忌者，可适量饮酒的体质是
    A. 气虚质　　　　　　　　　B. 瘀血质　　　　　　　　　C. 湿热质
    D. 特禀质　　　　　　　　　E. 痰湿质

A2 型题

13. 陈某，女，32岁。形体消瘦，五心烦热，盗汗，便秘，舌红少苔，脉细数，判断为阴虚质，调护时首选的是
    A. 肥腻厚味　　　　　　　　B. 辛辣之品　　　　　　　　C. 养阴生津之品
    D. 燥热之品　　　　　　　　E. 活血之品
14. 王某，女，20岁。面部粉刺，口苦口干，带下量多，色黄秽臭，大便秘结，小便短赤，舌红苔黄腻，脉滑数。属于
    A. 气虚质　　　　　　　　　B. 阳虚质　　　　　　　　　C. 痰湿质
    D. 特禀质　　　　　　　　　E. 湿热质

15. 杨某，男，52岁。素有哮喘病史，医生建议忌食用生冷、辛辣、腥膻发物，其体质是
    A. 气虚质　　　　　　　B. 阳虚质　　　　　　　C. 痰湿质
    D. 特禀质　　　　　　　E. 湿热质

（郭宝云）

第七章 诊 法

要点导航

1. 描述望神的方法，说出对望神的判断。
2. 说出常色和病色的特征，并归纳其临床意义。
3. 描述舌诊的方法及注意事项；说出正常舌象和异常舌象的识别；归纳异常舌象的临床意义。
4. 归纳问诊的内容。
5. 说出诊脉的方法；平脉的特征及生理变异；病脉的特征及临床意义。

诊法即四诊，包括望、闻、问、切四种诊断方法。医生通过望、闻、问、切，搜集患者病情资料，作为诊断和辨证的重要资料。四诊是诊疗过程中的重要环节，但其内容各有侧重、具有不同特点，所以临床诊断需要"四诊合参"才能确保诊断的准确性。

第一节 望 诊

望诊，是指通过视觉对人体外部进行有目的地观察，以收集病情资料、测知内脏病变，以便有目的地进行护理的一种诊察方法。望诊为四诊之首，通过望诊可以获得患者的大多数的信息，所以，望诊在四诊中占有重要地位。

为了提高望诊的准确性，应注意以下两点：避免干扰，光线充足；充分暴露，排除假象。望诊主要包括：全身望诊，局部望诊，望舌，望排出物，望小儿指纹等。

一、全身望诊

全身望诊，是指通过对患者的精神、色泽、形体、姿态等方面的观察，以期获得患者的整体情况。

（一）望神

中医的"神"有广义和狭义之别。广义之神，指整个人体生命活动的总称；狭义之神，指人的精神意识、思维活动。

1. 望神的原理 神产生于先天之精，又依赖后天之精的不断充养。先后天之精充足，可以化生充足的气血津液，脏腑功能正常，则人体表现出有神。所以，精气充足，则体健神旺，抗病力强，有病多轻，预后较好；精气亏虚，则体弱神衰，抗病力弱有病多重，预后较差。因此，观察患者神的旺衰变化，可以诊察其精气的盛衰，推断病情的轻重和预后。人体之神，主要通过人的目光、神色、神情、体态等方面反映。

2. 神的分类及判断

（1）得神：又称"有神"，是精充、神旺的反映。得神的临床表现为神志清楚，反应灵敏，神情自然，呼吸平稳，两目明亮有神，面色荣润含蓄，肌肉壮实，提示精气充足，脏腑功能正常。

（2）少神：又称"神气不足"，是精气不足、神气不旺的反映。少神的临床表现为精神不振、思维迟钝，两目乏神，面色暗淡少华，少气懒言，倦怠乏力，肌肉松软，动作迟缓，提示精气轻度损伤，脏腑功能较弱。

（3）失神：又称"无神"，是精亏神衰或邪盛神乱的表现。①精亏神衰而失神：表现为精神萎靡，意识模糊，反应迟钝，目光无彩，呼吸微弱或喘促无力，骨著肉削，动作艰难，手撒尿遗，或出现神志昏迷等，提示精气大伤，机能衰减。②邪盛神乱而失神：表现为神昏谵语，躁扰不宁，循衣摸床，撮空理线；或猝然昏倒，两手握固，牙关紧闭；或壮热神昏，呼吸气粗，喉中痰鸣等，多见于危重患者。

得神、少神、失神的临床表现与意义见表7-1。

表7-1 得神、少神、失神的临床表现与意义

	临床表现	意义
得神"有神"	两目灵活，明亮有神，面色荣润含蓄，神志清晰，表情自然，肌肉壮实	提示精气充盛，体健神旺，为健康表现；虽病而精气未衰，病轻易治预后良好
少神"神气不足"	精神不振，思维迟钝，两目晦暗无神，面色暗淡少华，少气懒言，肌肉松软，动作迟缓	提示精气不足，脏腑机能减退，多见于虚证患者或疾病恢复期患者
失神"无神"	精亏神衰而失神：精神萎靡，意识模糊，反应迟钝，呼吸无力，骨著肉削，或出现神志昏迷	提示精气大伤，机能衰减，多见于慢性久病重病之人
	邪盛神乱而失神：神昏谵语，循衣摸床，撮空理线；猝倒昏倒，两手握固，牙关紧闭；壮热神昏，呼吸气粗	提示邪气亢盛，热扰神明，邪陷心包；或肝风夹痰蒙蔽清窍，阻闭经络，多见于危重病患者

（4）假神：危重病患者，突然出现某些症状暂时"好转"的假象，称之为假神。如患者本已失神，突然神志似清，想见亲人；或原本目光黯淡，突然目似有浮光外露；或原本面色晦暗，却突然两颧泛红如妆；或原本毫无食欲，突然索食，且食量大增，提示脏腑精气极度衰竭，正气将脱，阴不敛阳，虚阳外越，阴阳绝离，是危重病患者临终先兆，又称为"回光返照""残灯复明"。

（5）神乱：指神志错乱、失常，多见于癫、狂、痫、脏躁等患者，属狭义之神的异常表现。按其临床特点分为：①情志异常：表现为烦躁易怒，坐卧不宁，失眠惊悸，多言喜动；或情绪低落，表情淡漠，默默无语，反应迟钝；或哭笑无常，不敢独处；或愚笨痴呆，喃喃自语。多为里热炽盛或阴虚火旺、热扰心神所致；或因气郁痰凝、蒙蔽心神所致或先天智力低下，见于郁病、癫病等。②狂躁不安：表现狂躁妄动，登高而歌，弃衣而走，逾垣跃屋，胡言乱语，打人毁物，骂詈不避亲疏，力逾常人等，多属阳证，常见于狂病，多由气郁化火生痰、痰火扰乱心神所致。③意识障碍：表现为突然昏倒，口吐涎沫，双目上视，四肢抽搐，伴有猪羊怪叫，醒后如常，属痫病；或突然昏仆，不省人事，手撒遗尿，醒后半身不遂，口眼歪斜，语言不利，属中风。

（二）望色

望色，又称色诊，是指通过观察患者全身皮肤（尤其是面部皮肤）色泽变化来诊察疾病的方法。

1. 面部色诊原理及意义 面部是医生最直接、最方便诊察的部位，面部血管丰富，皮肤薄嫩，机体气血盛衰，容易通过面部色泽变化显现。

面部色泽对疾病诊察的意义有：判断气血的盛衰，辨别病邪的性质，确定疾病的部位，预测疾病的轻重与转归。

2. 常色与病色

（1）常色：健康人面部皮肤的色泽，提示人体精神旺盛、气血津液充足、脏腑功能正常，其特点是明润、含蓄。常色分为主色和客色。

> **考点提示：** 区别常色和病色、善色和恶色。

主色：是指皮肤的正常色泽，又称正色。主色为人生来就有的肤色，中国人正常面色是红黄隐隐，明润含蓄。

客色：是指因外界环境因素（季节、昼夜、情绪等）、生活条件等，肤色微有相应的变化，属于正常肤色。如春季面稍青，夏季面稍赤，长夏面稍黄，秋季面稍白，冬季面稍黑。

（2）病色：人体疾病状态下出现的面部色泽，称为病色。病色的特点是晦暗、暴露。一般而言，新病、轻病、阳证，面色鲜明显露但有光泽；久病、重病、阴证，则面色显露与晦暗，病色又有善色与恶色之分。

善色：指患者面色虽有异常，但仍光明润泽。提示病变尚轻，脏腑精气未衰，胃气尚能上荣于面，故称善色。

恶色：指患者面色异常，且枯槁晦暗。提示病变深重，脏腑精气已衰，胃气不能上荣于面。

3. 五色主病 病色分为青、赤、黄、白、黑五种，分别提示不同脏腑和不同性质的疾病。

（1）青色：主寒证、痛证、瘀血、惊风、肝病。面色淡青，多为虚寒证；面色青黑，多为实寒证、剧痛；小儿高热，若见眉间、鼻柱、唇周色青者，多属惊风或惊风先兆。

（2）赤色：主热证，亦可见于戴阳证。满面通红者，多属外感发热，或脏腑火热炽盛的实热证；两颧潮红者，多属阴虚阳亢的虚热证；久病、重病面色苍白，却颧红如妆，游移不定者，为戴阳证，属病危。

（3）黄色：主脾虚、湿证。面色淡黄而晦暗不泽者，称为萎黄，多属脾胃气虚；面色淡黄而兼虚浮者，称为黄胖，属脾气虚衰，湿邪内盛；面目一身俱黄者，称为黄疸。其中黄色鲜明如橘色，属阳黄；面黄晦暗如烟熏，为阴黄。

（4）白色：主虚证、寒证、失血。面色淡白无华，伴唇舌色淡者，多属气血不足；面色㿠白，即面白而虚浮者，为阳虚或阳虚水泛；面色苍白，即白中透青者，多属阳气暴脱之亡阳证，或阴寒凝滞、血行不畅之实寒证，或大失血。

（5）黑色：主肾虚、寒证、水饮、瘀血。面黑暗淡者，多属肾阳虚，水寒不化，血失温养。面黑干焦者，多属肾阴虚，阴虚火旺，机体失养。眼眶周围色黑者，多属肾虚水饮或寒湿带下。面色黧黑，即色黑而晦暗，肌肤甲错者，多为瘀血日久。

> **考点提示：** 五种病色各主何病。

4. 望色的注意事项

（1）善于比较，即将患者面色与健康人的常色相比较，或将患者面部色泽与自身其他部位的肤色相比较。

（2）将望面色与其他部位望诊相结合。

（3）排除干扰，注意气候、光线、情绪、饮食、昼夜等因素的影响。

（三）望形

望形，又称望形体，是指通过观察患者体型和形态来诊察病情的方法。

1. 望形诊病的原理 人体以五脏为中心，通过经络气血外连皮肤、肌肉、血脉、筋脉、骨骼等组织结构，构成完整的人体。所以，观察患者形体的强弱胖瘦等表现，可以了解脏腑的虚实、气血的盛衰。

> **知识拓展**
>
> 判断人体的胖瘦，较常用的指标是体质指数。体重指数（BMI）＝体重（kg）/身高（m）^{2}。2000年国际肥胖特别工作组提出了亚洲成年人BMI正常范围为18.5～22.9；＜18.5为体重过轻；≥23为超重；23～24.9为肥胖前期；25～29.9为Ⅰ度肥胖；≥30为Ⅱ度肥胖。

2. 望形体的内容

（1）形体强弱：①强壮：表现为骨骼粗壮，胸廓厚实，筋肉强健，皮肤光滑润泽，精力旺，食欲佳，提示脏腑坚实，气血旺盛，抵抗力强。②羸弱：表现为骨骼细小，胸廓狭窄，肌肉瘦削，筋脉无力，皮肤枯槁，精力弱，食欲差，提示内脏脆弱，气血不足，抵抗力弱等。

（2）形体胖瘦：正常人胖瘦适中，组织匀称。观察形体胖瘦时，应注意与精神状态、食欲食量等结合起来综合判断。

（四）望态

望态，又称望姿态。望姿态是通过观察患者的姿势和动态来诊察病情的望诊方法。

1. 望态诊病的原理 首先，患者的特殊姿态、体位动静都是疾病的外在表现。阳主动，阴主静。阳、热、实证患者，多表现为躁动不安；阴、寒、虚证患者，多表现为懒动喜静。其次，心神支配肢体的运动，所以心神正常，则肢体运动自如，动作协调；心神失常，则肢体动静失调。

2. 姿态异常及意义

（1）姿态异常：①坐姿异常：如仰首而坐，胸胀气粗者，多属肺实气逆；坐而喜俯，少气懒言者，多属肺虚体弱；坐不得平卧，或只能半卧，卧则气逆咳喘，呼吸困难者，多属肺胀咳喘，或水饮停于胸腹。②卧姿异常：如卧时面常向里，喜静懒动，身重不能转侧者，多属阴证、寒证、虚证；卧时面常向外，躁动不安，身轻自能转侧者，多属阳证、热证、实证。仰卧伸足，掀衣去被者，多属实热证；蜷卧缩足，喜加衣被者，多属虚寒证。③立姿异常：如站立不稳，其态似醉，伴眩晕者，多属肝风内动或脑有病变；不耐久立，站立时常欲依靠它物支撑，多属气血亏衰；站立（或坐）时常以手扪心，闭目不语，多见于心虚怔忡；若以手护腹，俯身前倾，多为腹痛之征。④行态异常：如以手护腰，弯腰曲背，行动艰难，多为腰腿疼痛；行走时，突然止步不前，以手护心，多为脘腹痛或心痛；行走时身体动摇不定，是肝风内动，或筋骨受损，或脑有病变。

（2）动态异常：指观察患者肢体的异常动态，患者唇、睑、指、趾颤动者，若见于外感热病，多为动风先兆；若见于内伤虚证，多为筋脉失养，虚风内动。颈项强直，两目上视，四肢抽搐，角弓反张，常见于小儿惊风、破伤风、痫病等。患者突然昏倒，不省人事，伴半身不遂，口眼歪斜者，属中风；若猝然昏倒，不省人事，口吐涎沫，四肢抽搐，醒后如常者，属痫病。患者肢体软弱，行动不便者，多属痿证；关节拘挛疼痛，屈伸不利者，多属痹证。

二、局部望诊

局部望诊是在全身望诊的基础上，根据需要对患者某些局部进行深入、细致的观察，以测知其脏腑病变的一种诊察方法。主要包括头面、五官、躯体、四肢、皮肤等部位的望诊。

（一）望头面

1. 望头部 头为精明之府，脑为髓海，为肾所主，且肾之华在发，发为血之余；头为诸阳之会，手足三阳经及督脉皆上行于头，足厥阴经及任脉亦上行于头，脏腑精气可通过经脉上行至头。所以，通过望头部情况，可以诊察肾、脑的病变和脏腑精气的盛衰。望头部应重点观察头的大小、外形、囟门、动态，以及头发的色泽与分布情况。

（1）头形异常：头形的大小以头围（头部通过眉间和枕骨粗隆的横向周长）来衡量，明显超出范围者，若智力发育正常，一般无病理意义。

> **知识拓展**
>
> 头围在各发育阶段的变化为：新生儿约 34 cm，6 个月时约 42 cm，1 周岁约 45 cm，2 周岁约 47 cm，3 周岁约 48.5 cm，4~10 岁共增加约 1.5 cm，18 岁可达 53 cm 以上，以后几乎不再变化。

巨颅：小儿头颅增大呈圆形，颅缝开裂，脸部较小，呈三角面容，双目呈落日征，即双目下视、上部巩膜外露，多伴有智力低下。为先天不足、肾精亏损，水液停聚于脑所致。

小颅：多为小儿颅缝早闭所致，主要表现为头颅顶部尖突高起，额部窄小，而脸部较大，伴智力低下。多因先天肾精不足、颅骨发育不良所致。

方颅：小儿前额左右突出，头顶平坦，顶面观头颅呈方形。为肾精不足或脾胃虚弱、颅骨发育不良所致，可见于佝偻病、先天性梅毒等患儿。

（2）囟门异常：囟门是婴幼儿头顶颅骨未合缝所形成的骨间隙，有前囟、后囟之分。后囟呈三角形，在出生后 2~4 个月内闭合；前囟呈菱形，在出生后 12~18 个月内闭合。临床主要病证有囟填、囟陷、解颅等。

囟填：即囟门突起。多属实证，多因火邪上攻，或脑髓有病，或颅内水液停聚所致，小儿在哭泣时囟门暂时突起不属病态。

囟陷：即囟门凹陷。多属虚证，多因吐泻伤津、气血不足或先天肾精亏虚，脑髓失充所致，但 6 个月以内的婴儿囟门微陷则属正常。

解颅：即囟门迟闭。是先天肾气不足，或后天脾胃虚弱，致骨骼失养，发育不良所致，多见于佝偻病患儿。患儿常兼有"五软"（头软、项软、手足软、肌肉软、口软），"五迟"（立迟、行迟、发迟、齿迟、语迟）等症状。

（3）头动异常：头摇不能自主，不论成人或小儿，多为肝风内动之兆，或为老年气血虚衰、脑神失养所致。

（4）望头发：发为血之余，肾之华，故望头发可以了解肾气的强弱和精血的盛衰。①发黄：即小儿头发稀疏黄软，生长迟缓，甚则久不生发，多因先天不足，肾精亏损，或喂养不当，气血亏虚所致。小儿发如结穗，枯黄无泽，伴有面黄肌瘦，多属疳积。②发白：即青年发白，伴失眠、健忘者，为劳神伤血所致；伴耳鸣、腰酸者，属肾虚。③脱发：即突然片状脱发，脱落处显露圆形或椭圆形光亮头皮，称为斑秃。青壮年头发稀疏易落，伴眩晕、耳鸣、腰膝酸软者，为肾虚；头发易落，头皮瘙痒，多屑多脂者，为血热化燥或兼痰湿所致。

2. **望面部**

（1）面形异常：①面肿：即面部浮肿，多见于水肿病。若颜面红肿甚，灼热疼痛，压之退色，目不能睁者，称为抱头火丹，重者头肿如斗，称为大头瘟。②腮肿：即一侧或两侧腮部以耳垂为中心肿起，边缘不清，按之柔韧有压痛者为痄腮，多见于儿童。③口眼歪斜：即突发一侧口眼歪斜，患侧面肌弛缓，额纹消失，眼不能闭合，鼻唇沟变浅，口角下垂，向健侧歪斜，无偏瘫者，多为面瘫，因风邪中络所致。若兼半身不遂者，多为中风，为肝阳化风、风痰阻闭经络所致。

（2）特殊面容：①惊恐貌：即患者面部呈恐惧状，多见于小儿惊风、狂犬病、瘿瘤等病。②苦笑貌：即患者面部呈无可奈何的苦笑状，见于新生儿破伤风等。

（二）望五官

1. **望目** 古人将目的不同部位分属五脏，总结出了"五轮学说"：即瞳仁属肾，称为水轮；黑睛属肝，称为风轮；两目眦血络属心，称为血轮；眼睑属脾，称为肉轮；白睛属肺，称为气轮（图7-1）。观察五轮的形色变化，可以诊察相应脏腑的病变。

望目包括察目神、目色、目形、目态等内容，其中目神在望神中介绍，故此处重点介绍目色、目形、目态的变化及临床意义。

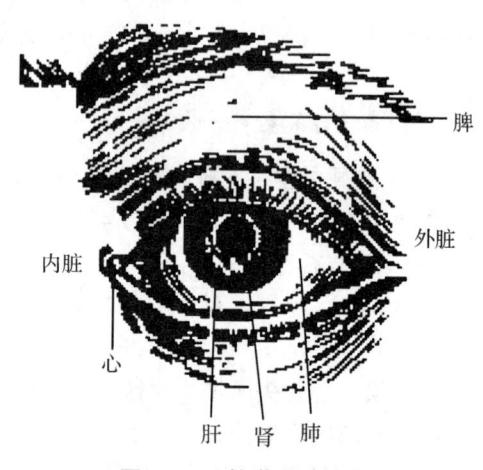

图 7-1 五轮学说脏腑图

（1）目色：目赤肿痛，多属实热；白睛发红，为肺火或外感风热；两眦赤痛，为心火上炎；睑缘赤烂，为脾有湿热；全目赤肿，为肝经风热上攻；白睛发黄，多见于黄疸；目眦淡白，为血少不能上荣所致；目胞色黑晦暗，多属肾虚。

（2）目形：目胞浮肿，多为水肿；眼窝凹陷，多见于吐泻伤津或气血虚衰的患者；久病重病，眼眶深陷，甚则视不见人，则属病危，多为阴阳竭绝之候。眼球突出，兼咳喘气短者，属肺胀；兼颈前肿块，急躁易怒者，为瘿瘤。胞睑红肿，若睑缘肿起结节如麦粒，红肿不甚者，为针眼；若胞睑漫肿，红肿较重者，为眼丹。

（3）目态：正常人瞳孔双侧等大等圆，直径为2～5 mm，对光反应灵敏，眼球运动随意灵活。目态的异常改变主要有以下几种：①瞳孔缩小（直径小于2 mm）：可见于川乌、草乌、毒蕈、有机磷农药中毒，以及出血性中风。②瞳孔散大（直径大于5 mm）：常见于危急症患者，瞳孔完全散大，为脏腑功能衰竭、心神散乱、濒临死亡的重要体征。③目睛凝视：又称目睛微定，指患者两眼固定，不能转动。固定前视者，称瞪目直视；固定上视者，称戴眼反折；固定侧视者，称横目斜视，多属肝风内动之征，属病重，或脏腑精气耗竭，或痰热内闭证。④昏睡露睛：指患者昏昏欲睡，睡后胞睑未闭而睛珠外露，多属脾胃虚衰，或吐泻伤津。⑤眼睑下垂：又称睑废，指胞睑无力张开而上睑下垂。其中双睑下垂者，多为先天不足，脾肾亏虚；单睑下垂者，多因脾气虚衰或外伤所致。

2. **望耳**

（1）耳之色泽：正常人气血充足，耳郭红润。耳轮淡白，多属气血亏虚；耳轮红肿，多为肝胆湿热或热毒上攻；耳轮青黑，多见于阴寒内盛或剧痛患者；耳轮干枯焦黑，可见于肾精耗伤及下消证；小儿耳背有红络，耳根发凉，多为麻疹先兆。

（2）耳之形态：正常人耳郭厚大，是肾气充足的表现。耳郭瘦小而薄，是先天亏损，肾气不足；耳轮干枯萎缩，多为肾精耗竭；耳轮皮肤甲错，可见于血瘀日久的患者。

（3）耳内病变：耳内流脓水，称为脓耳，多由肝胆湿热熏蒸所致；后期转虚，则多属肾阴不足，虚火上炎。

3. 望鼻

（1）鼻之色泽：鼻端微黄明润，为新病而胃气未伤；或久病胃气来复。鼻端色白，多属气血亏虚；鼻端色赤，多属肺、脾、胃蕴热；鼻端色青，多为阴寒腹痛；鼻端色黑，多为肾虚寒水内停；鼻端枯槁晦暗，为胃气已衰，属病危。

（2）鼻之形态：鼻头红肿生疮，多属胃热或血热；鼻端生红色粉刺，称为酒渣鼻，多因肺胃蕴热，侵入血络所致；鼻柱溃陷，多见于梅毒或麻风病。鼻翼翕动，多因痰热阻肺，肺失宣降，见于哮病、喘病等。

（3）鼻内病变：鼻流清涕，为外感风寒或阳气虚弱；鼻流浊涕，属外感风热或肺胃蕴热；鼻流腥臭脓涕，日久不愈者，为鼻渊，乃外感风热或肝胆湿热上逆于鼻所致；鼻腔出血，称为鼻衄，多因邪热灼伤鼻络，或阴虚肺燥所致。

4. 望口与唇

（1）口唇色泽：正常人唇色红润，是胃气充足、气血和畅的表现。唇色淡白，为血虚或失血所致；唇色紫黯或黯黑，为血瘀所致，多见于心气虚、心阳虚或呼吸极为困难的患者。

（2）口唇形态：唇裂如兔唇，多为先天发育畸形所致；口唇干燥，说明津液已伤；口唇糜烂，多为脾胃积热上蒸所致；口角流涎，见于小儿多属脾气虚弱，或风中络脉、中风后遗症；口腔糜烂，为口疮，多由心脾积热上蒸所致；小儿口腔黏膜、舌上满布片状白屑，状如鹅口，为鹅口疮，多因湿热秽浊之气上蒸于口所致；若小儿口腔颊黏膜（即第二磨牙处黏膜）出现针头大小的灰白色斑点，周围绕以红晕，称为麻疹黏膜斑，为麻疹将出之兆。

（3）口唇动态：口唇的异常动态有：①口张：即口开而不闭，属虚证；②口噤：即口闭难开，牙关紧急，属实证；③口撮：即上下口唇紧缩，多为正邪交争所致；④口歪：即口角向一侧歪斜，多为风痰阻络；⑤口振：即战栗鼓颔，口唇振摇，为阳衰寒盛或正邪剧争；⑥口动：即口唇频繁开合，不能自禁或口角掣动不止，多属热极生风或脾虚生风。

5. 望齿与龈

（1）察牙齿：正常人牙齿洁白润泽而坚固，是肾气充足、津液未伤的表现。①牙齿色泽：若牙齿干燥，为胃阴已伤；牙齿光燥如石，为阳明热盛，津液大伤；牙齿燥如枯骨，多为肾阴枯竭、精不上荣。②牙齿动态：牙关紧急，多属风痰阻络或热极生风；咬牙龃齿，多为热盛动风。

（2）望牙龈：正常人牙龈淡红而润泽，是胃气充足，气血调和的表现。①牙龈色泽：表现为牙龈淡白，多属血虚或失血；牙龈红肿疼痛，多为胃火亢盛。②牙龈形态：表现为牙缝出血，为齿衄，兼齿龈红肿疼痛者，属胃火亢盛；若齿龈不红不痛而微肿者，多为虚火上炎或脾不统血所致。龈肉萎缩，牙根暴露，牙齿松动，为"牙宣"，多属肾虚或胃阴不足所致。

6. 望咽喉 正常人咽喉色淡红润泽，不痛不肿，呼吸通畅，发音正常，食物下咽顺利。

（1）咽喉色泽：若咽部红肿灼痛明显，多由肺胃热毒壅盛所致；若咽部嫩红，肿痛不显，多由肾阴亏虚，虚火上炎所致；咽部淡红漫肿，多由痰湿凝聚所致。

（2）咽喉形态：一侧或两侧喉核红肿，形如乳头或蚕蛾，表面或有黄白色脓点，为"乳蛾"，属肺胃热盛或虚火上炎所致。咽部溃烂处表面所覆盖的一层黄白或灰白色膜，称为假（伪）膜，若假膜松厚，容易拭去者，属肺胃热浊上壅于咽；若假膜坚韧，不易拭去，重剥出血，很快复生者，为"白喉"，属烈性传染病。

（三）望躯体

1. 望颈项 正常人颈项直立，两侧对称，气管居中，安静时颈侧动脉搏动不明显，其异常表现有：

（1）瘿瘤：颈前结喉处有肿块突起，或大或小，或单侧或双侧，可随吞咽而上下移动，多由肝郁气滞痰凝所致，或受地方水土影响。

（2）瘰疬：颈侧颌下有肿块如豆，累累如串珠，多因虚火内灼，炼液成痰，或外感风火时毒，夹痰结于颈部所致。

（3）颈瘘：指颈部痈肿、瘰疬溃破后，久不收口，形成瘘管，多因痰火久结，气血凝滞，疮孔不收成瘘。

（4）项痈、颈痈：指项部或颈部两侧焮红漫肿，疼痛灼热，甚至溃烂流脓，多由风热邪毒蕴蒸，气血壅滞、痰毒互结于颈项所致。

2. 望胸胁

（1）外形：正常人的胸廓呈扁圆柱形，两侧对称，左右径大于前后径（比例约为1.5:1），小儿和老人左右径略大于前后径或几乎相等。常见的胸廓变形有：①扁平胸：即胸廓前后径不及左右径的一半，呈扁平状，常见于肺肾阴虚或气阴两虚的患者。②桶状胸：即胸廓前后径增大，约等于左右径，甚至超过左右径，肋间隙增宽且饱满，胸廓呈圆桶状，多因久病咳喘，肺肾气虚，肺气壅滞而成。③鸡胸：即肋骨下部明显前突，肋骨侧壁凹陷，形似鸡胸，多见于小儿佝偻病。

（2）呼吸：正常人胸廓左右对称，呼吸均匀，节律整齐，每分钟16~18次。常见的呼吸异常有：①呼吸形式异常：即两侧胸部呼吸不对称，即胸部一侧呼吸较另一侧明显减弱，为减弱一侧胸部有病。②呼吸时间、强度异常：即吸气困难易导致吸气时间延长，可见于急喉风、白喉等患者；呼气困难易导致呼气时间延长，伴口张目突，端坐呼吸，可见于哮病、肺胀等。

3. 望腰背

（1）外形：正常人腰背部两侧对称，脊柱居中。腰背部的异常改变主要有：①脊柱后突：指脊骨过度后弯，致使前胸塌陷，背部凸起，俗称驼背，又名龟背，多由肾气亏虚、发育异常，或脊椎疾病所致，亦可见于老年人。②脊柱侧弯：指脊柱偏离正中线，向左或右侧歪曲，多由于先天肾精不足，或坐姿不良所致，亦可见一侧胸部有疾患的患者。③脊疳：指患者极度消瘦，以致脊骨突出似锯，为脏腑精气极度衰损之象。

（2）动态：正常人腰背俯仰转侧自如，其动态异常表现主要有：①角弓反张：指患者脊背后弯，反折如弓，常兼颈项强直，四肢抽搐，为肝风内动，筋脉拘急之象。②腰部拘急：指腰部疼痛，活动受限，转侧不利，多因寒湿内侵，腰部拘急，或跌仆闪挫，局部气滞血瘀所致。

4. 望腹部 正常人腹部平坦、对称，直立时腹部可稍隆起，约与胸平齐，仰卧时则稍凹陷。腹部外形常见的异常表现有：

（1）腹部膨隆：指仰卧时腹壁明显高于胸耻连线。若腹部胀大，周身浮肿，为水肿病；若单腹膨胀，四肢消瘦，多属臌胀；若仅见腹部膨隆，多见于积聚等病。

（2）腹部凹陷：指仰卧时腹壁明显低于胸耻连线。新病为剧烈吐泻，津液大伤；久病为脾胃虚弱，气血不足，或伴肉削著骨者，为脏腑精血耗竭，属病危。

（3）腹大坚满，腹壁青筋怒张：多见于肝郁脾虚，湿停瘀阻之臌胀重证。

（四）望皮肤

望皮肤主要诊察皮肤的色泽、形态改变及皮肤的异常病证等。

1. 皮肤色泽

（1）皮肤发赤：皮肤发赤，色如涂丹者，称为丹毒。发于头面者称抱头火丹；发于小腿者称流火；发于全身，游走不定者称赤游丹，多由风热或湿热化火所致，亦可因外感邪毒所致。

（2）皮肤发黄：面、目、皮肤、小便俱黄者，为黄疸。

（3）皮肤色黑：皮肤色黑而晦暗，多由肾阳虚衰，血行不畅所致；若色黑干枯不荣，多由劳伤肾精，肌肤失养所致。

（4）皮肤白斑：皮肤局部明显变白，斑片大小不等，界限清楚，且无异常感觉，称为白癜风，多因风湿侵袭，气血失和，血不荣肤所致。

2. **皮肤形态** 皮肤干燥，干枯无华，甚至皲裂、脱屑，多因阴津已伤，营血亏虚，肌肤失养，或因外邪侵袭，气血滞涩所致；皮肤干枯粗糙，状若鱼鳞，属瘀血日久，肌肤失养所致。

3. **皮肤病证**

（1）斑疹：是全身性疾病表现于皮肤的症状，二者虽经常并称，但实质有别。①斑：即皮肤黏膜出现深红色或青紫色片状斑块，平铺于皮肤，抚之不碍手，压之不退色者，称为斑。凡色深红或紫红伴实热见症者为阳斑；色青或淡紫，隐隐稀少伴气虚见症者为阴斑。②疹：即皮肤出现红色或紫红色粟粒状疹点，高出皮肤，抚之碍手，压之退色者，称为疹。

（2）水疱：①白㾦：又名白疹，是皮肤出现的一种白色小疱疹，晶莹如粟，高出皮肤，擦破流水，多发于颈胸部，四肢偶见，多因外感湿热郁于肌表，常见于湿温病。②湿疹：即周身或局部皮肤出现红斑、瘙痒，迅速形成丘疹、水泡，破后渗液，形成红色湿润之糜烂面，多因湿热蕴结，复感风邪，郁于肌肤而发。③水痘：多见于小儿，皮肤出现粉红色斑丘疹，形成椭圆形的小水疱，晶莹透亮，分批出现，皮薄易破，浆液稀薄，常兼有轻度恶寒发热，多因外感时邪，内蕴湿热所致。

（3）疮疡：指发于皮肉筋骨之间，为化脓性外科疾患。①痈：是指患部红肿高大，根盘紧束，焮热疼痛，易于成脓，已脓易溃，脓液黏稠，疮口易敛，多为湿热火毒蕴结，气血壅滞所致，多属阳证。②疽：是指患部漫肿无头，皮色不变或晦暗，不热少痛麻木，难于成脓，已脓难溃，脓汁稀薄，疮口难敛，溃后易伤筋骨，多为气血亏虚，阴寒凝滞而发，多属阴证。③疔：是指患部细小如粟，顶白，邪毒深重，根深如钉，易于扩散，多因外感疫毒、火毒等所致。④疖：是指患部形小而圆，红肿热痛不甚，脓出则愈，多因外感热毒或湿热蕴结所致。

三、望排出物

望排出物是观察患者的分泌物、排泄物和某些排出体外的病理产物，来诊察疾病的一种方法。一般来说，排出物色白、质稀者，多属虚证、寒证；色黄、质稠者，多属实证、热证。

（一）望痰涎

痰是机体水液代谢失常所形成的一种病理产物，望痰对诊察肺、脾、肾三脏功能及病邪性质有一定意义。

痰白清稀者，多属寒痰；痰黄稠有块，多属热痰；痰少而黏，难于咳出者，多属燥痰；痰白滑量多，易于咳出者，多属湿痰；痰中带血，色鲜红者，称为咯血；咯吐脓血痰，气腥臭者，为肺痈。

口流清涎量多者，多属脾胃虚寒；口中时吐黏涎者，多属脾胃湿热；小儿口角流涎，涎渍颐下，多由脾虚不能摄津所致，亦可见于消化不良。

（二）望呕吐物

呕吐物清稀无酸臭味，或呕吐清水痰涎者，多因胃阳不足，导致水饮停于胃，胃失和降所致。呕吐物秽浊有酸臭味，多因热邪犯胃，胃失和降所致。呕吐不消化食物，味酸腐，多属伤食。呕吐黄绿色苦水，多属肝胆郁热或湿热。吐血暗红或紫暗有块，夹有食物残渣，多属胃火伤络，或肝火犯胃，或胃脘血瘀所致。

（三）望二便

1. 望大便 大便清稀水样，多属寒湿泄泻；大便黄褐如糜而臭，多属湿热泄泻；大便夹有黏冻、脓血，为湿热蕴结大肠，肠络受损所致，多见于痢疾或肠癌；大便燥结，干如羊屎，排出困难，多因热盛伤津或阴血亏虚，肠失濡润所致。大便带血，称为便血，若色鲜红，附在大便表面或排便前后滴血者为近血；若色紫暗或如柏油状，与大便混合者为远血。

2. 望小便 小便清长量多，多属虚寒证；小便黄赤而短，多属热证。尿中带血，多因热伤血络，或湿热蕴结膀胱所致。尿中有砂石，多因湿热蕴结下焦，煎熬尿液，杂质久而结为砂石。小便浑浊如米泔水，或滑腻如脂膏，称为尿浊，多因脾肾亏虚，或湿热下注，清浊不分并趋于下所致。

四、望小儿指纹

望小儿指纹是通过观察3岁以下小儿示指掌侧前缘部浅表络脉的形色变化来诊察病情的一种方法。

示指掌侧前缘络脉为寸口脉的分支，在一定程度上可以反映寸口脉的变化，故望小儿指纹与诊寸口脉的意义相同。由于3岁以内小儿寸口脉位短小，诊脉时又常哭闹不宁，而示指络脉易于观察。

（一）正常小儿指纹

小儿正常指纹在示指掌侧前缘，隐隐显露于掌指横纹附近，纹色浅红，呈单枝且粗细适中，受光线、年龄、体型、季节等多种因素的影响。

观察小儿指纹时，医生用左手拇指和示指握住小儿示指末端，再用右手拇指的侧缘，在小儿示指掌侧前缘从指尖向指根部推擦几次，用力要适中，使指纹显露，便于观察。

（二）异常小儿指纹

对小儿异常指纹的观察，其要点可归纳为三关测轻重，浮沉分表里，红紫辨寒热，淡滞定虚实。

1. 三关测轻重 小儿示指按指节可分为三关：示指第一节，即掌指横纹至第二节横纹之间为风关；第二节，即第二节横纹至第三节横纹之间为气关；第三节，即第三节横纹至指端为命关（图7-2）。根据指纹在示指三关显现的部位，可以推测邪气的浅深和病情的轻重。

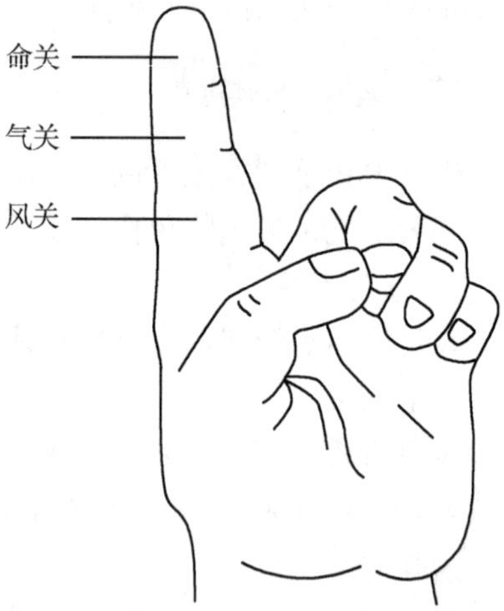

指纹显于风关者，是邪气入络，邪浅病轻，可见于外感初起；指纹达于气关者，是邪气入经，邪深病重；指纹达于命关者，是邪入脏腑，病情严重；指纹直达指端（称透关射甲），提示病情凶险，预后不良。

2. 浮沉分表里 指纹浮而显露，多为外邪袭表，正邪相争，气血趋于表所致，见于外感表证；指纹沉隐不显，多因邪气内困，阻滞气血，见于内伤里证。

3. 红紫辨寒热 指纹偏红，属外感表证、寒证；指纹紫红，属里热证；指纹色青，主痛、惊风；指纹淡白，属脾虚、疳积；指纹紫黑，为血络郁闭，病属危重。一般来说，纹色浅淡者，多属虚证，是正气不足；纹色深暗者，多属实证，是邪气有余。

图 7-2 小儿示指脉络三关示意图

4. 淡滞定虚实 指纹浅淡而纤细，多属虚证，因气血不足，脉络不充所致；指纹浓滞而粗，多属实证，因邪正相争，气血壅滞所致。

五、舌诊

舌诊，是通过观察患者舌质和舌苔的变化以诊察疾病的一种方法。

（一）舌诊基础

舌与脏腑经络密切相关，因而脏腑的病变，可以通过舌象的变化反映出来，其与心、脾胃的关系更为密切。各脏腑反映于舌面，具有一定的分布规律，即舌尖属心肺，舌边属肝胆，舌中属脾胃，舌根属肾（图7-3）。

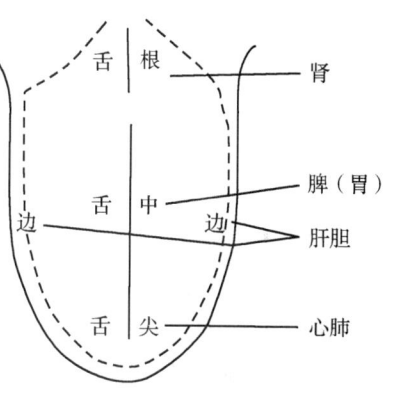

图7-3 舌面脏腑分属示意图

舌体的形质和舌色，与气血的盛衰和运行状态有关；舌苔和舌体的润燥，与津液的盈亏有关。因此通过观察舌质、舌苔的颜色、形态、润燥等，可以判断气血的盛衰、津液的盈亏。心神的主宰和协调舌正常功能的发挥，因此舌体运动、语言、味觉可以反映心神的情况。

（二）舌诊的方法与注意事项

1. 舌诊体位和伸舌姿态 望舌时患者应面向自然光线，或坐或仰卧，头略扬起，自然地将舌伸出口外，舌体放松，舌面平展，舌尖略向下，尽量张口使舌体充分暴露。

2. 诊舌的方法

（1）按顺序观察舌象：望舌一般可按舌尖-舌中-舌边-舌根的顺序进行。此外，还要注意舌下络脉的观察。

（2）刮舌法和揩舌法：刮舌法是指以适中的力量，用消毒压舌板的边缘，在舌面上由后向前刮3~5次；揩舌法是指用消毒纱布裹于手指上，蘸少许生理盐水在舌面上揩抹数次。此二法目的是为观察苔底，鉴别舌苔有根无根、苔的松腐与坚敛，排除染苔。若舌苔刮之不去或刮而留下污迹，多为里实有邪；若刮之易去，刮后舌体明净光滑，则多属虚证。

为了保障舌诊的真实性和可靠性，应尽量减少或避免光线、饮食或药物、口腔等各种非疾病因素对舌象的影响。

（三）舌诊的内容和正常舌象

舌诊主要是观察舌质和舌苔两个方面的变化。望舌质包括望舌的颜色、形质和动态，可诊察脏腑的虚实，气血的盛衰；望舌苔包括望苔质和苔色，可诊察病邪的性质、浅深以及邪正的消长。望舌时，必须全面观察舌质与舌苔，并进行综合分析，才能对病情做出正确的判断。

正常的舌象特征是：舌体柔软灵活，大小适中，舌色淡红明润，舌苔薄白均匀，苔质干湿适中，简称"淡红色，薄白苔"。

舌质或舌苔受年龄、性别、体质、气候等因素影响变化，属于生理性变异。

（四）望舌质

望舌质包括观察舌的神气、色泽、形质、动态以及舌下络脉五部分。

1. 察舌神 察舌神是通过观察舌质的色泽和动态而得出的总体印象。凡舌质红活、鲜明、润泽，舌体运动灵活，为荣舌，提示津液充足，气血充盈，是舌有神的表现；凡舌质暗滞、枯涩，运动失灵，缺乏生机，提示津液耗竭，气血大亏，为心神衰败之恶候。

2. 望舌色 舌色一般分为淡红舌、淡白舌、红舌、绛舌、青紫舌五种。

（1）淡红舌

【舌象特征】舌色润泽淡红，白中透红。

【临床意义】舌淡红反映心气旺盛，胃气强盛，为气血调和之象，多见于健康人、外感病初期、内伤杂病，提示阴阳平和，或为疾病转愈之佳兆。

（2）淡白舌

【舌象特征】比正常舌色浅淡，白多红少。

【临床意义】主气血两虚、阳虚。气血亏虚，血不上荣，或阳气不足，运血无力，均可导致舌色浅淡。

> **考点提示**：舌色有哪些变化？其临床意义是什么？

（3）红舌

【舌象特征】较正常舌色红，甚至呈鲜红色。

【临床意义】主热证，有虚、实之分。为邪热亢盛，气血蒸腾，舌部血脉充盈所致。全舌老红，苔黄者，为实热证；舌体略小，鲜红少苔，或光红无苔，或有裂纹者，为虚热证。

（4）绛舌

【舌象特征】较红舌颜色更深，或略带暗红色。

【临床意义】主热入营血、阴虚火旺。绛舌多由红舌发展而成，多由热入营血，耗伤营阴，血行瘀滞；或阴虚水涸，虚火上炎所致。

（5）青紫舌

【舌象特征】全舌呈紫色，为红绛舌加深加暗而成。在淡白舌中泛现紫色者，称为淡紫舌；在绛舌中泛现紫色者，称为绛紫舌。

【临床意义】主血瘀、热极、寒极、酒毒。

3. **望舌形**　舌形是指舌的形状，包括老嫩、胖瘦、裂纹、点刺等方面的特征。

（1）老嫩舌

【舌象特征】舌质纹理细腻，浮胖娇嫩，舌色浅淡者，为娇嫩舌；舌质纹理粗糙或皱缩，坚敛而不柔软，舌色较暗者，为苍老舌。

【临床意义】嫩舌多见于虚证；老舌多见于实证。

（2）胖瘦舌

【舌象特征】舌体较正常舌大而厚，伸舌满口，称为胖大舌。舌体肿大满嘴，甚至不能闭口，舌体不能缩回，称为肿胀舌。舌体比正常舌瘦小而薄，称为瘦薄舌。

【临床意义】胖大舌多主水湿内停、痰湿热毒上泛，多由气虚、阳虚、水液内停所致，胖大舌常兼见舌边齿痕。瘦薄舌由气血阴液不足，不能充养舌体所致。

（3）裂纹舌

【舌象特征】舌面上出现裂纹、裂沟，深浅不一，而裂沟中无舌苔覆盖。

【临床意义】主热证、阴虚证。健康人舌面上有纵、横裂纹，且无不适症状，为先天性裂纹舌，不属病态。

（4）点刺舌

【舌象特征】点，是指突起于舌面的红色或紫红色星点，其中大者为星，称红星舌；小者为点，称红点舌。刺，是指舌乳头突起如刺，摸之棘手的红色或黄黑色点刺，称为芒刺舌（点刺多见于舌尖部）。

【临床意义】主脏腑热极，血分热盛。点刺越多，提示邪热愈甚。

4. **望舌态**　舌态，即舌体的动态。舌态的异常，包括痿软、强硬、颤动、吐弄、歪斜、短缩等。

（1）痿软舌：舌体软弱无力，不能随意回缩，主阴液亏损，或气血俱虚。

（2）强硬舌：舌失柔和，屈伸不利，或不能转动，板硬强直，伴语言謇涩，主热入心包、高热伤津或风痰阻络。

（3）颤动舌：舌体不自主地震颤、抖动。轻者伸舌时颤动；重者不伸舌时亦抖颤难宁，主肝风内动。

（4）吐弄舌：舌伸出口外，不即回缩者，称为吐舌；舌反复吐出而即收回，或舌反复舐口唇上下左右，摇动不宁者，称为弄舌，主心脾有热。

（5）歪斜舌：伸舌时舌体偏向一侧，或左或右，多见于中风或中风先兆。

（6）短缩舌：舌体卷短、紧缩，不能伸长，甚至舌不抵齿，主病危。

5. **望舌下络脉** 舌系带两侧各有一条纵行的大络脉，称为舌下络脉。正常的舌下络脉，长度不超过舌尖至舌下肉阜连线的五分之三，颜色暗红，脉络无怒张、紧束、弯曲、增生，排列有序。

（五）望舌苔

舌苔是附着于舌面的一层苔状物，由脾胃阳气蒸化胃中水谷之气上聚于舌面而成。正常的舌苔表现为薄白均匀，干湿适中，舌面的中部和根部稍厚。望舌苔主要是观察苔色和苔质的变化。

1. **望苔质** 苔质的变化包括厚薄、润燥、腻腐、剥落、真假等。

> **考点提示**：望舌苔主要观察舌苔的哪些方面？各有何临床意义？

（1）薄厚苔：薄苔是指透过舌苔能隐隐见到舌质者，又称"见底苔"；若透过舌苔见不到苔下的舌质，称为厚苔，又称"不见底苔"。主邪正盛衰和邪气浅深。舌苔薄白，可见于正常人，亦主表证或病轻之里证。舌苔由薄变厚，提示邪气渐盛，或表邪入里，为病进；舌苔由厚变薄，舌上复生薄白新苔，提示邪去正复，为病退。

（2）润燥苔：舌苔润泽有津，干湿适中，称为润苔；舌面水分过多，伸舌欲滴，扪之湿滑，称为滑苔。舌苔干燥，扪之无津，甚则干裂，称为燥苔；苔质粗糙，水分极少，扪之碍手，称为糙苔。润苔提示津液未伤；滑苔为水湿内聚的表现，主痰饮、主湿；燥苔主津液已伤；糙苔多由燥苔加重而成。

（3）腐腻苔：苔质颗粒细腻致密，融合成片，如涂有油腻之物，中厚边薄，紧贴舌面，揩之不去，刮之不脱，称为腻苔。苔质颗粒粗大，质地疏松，状如豆腐渣堆积于舌面，边中皆厚，揩之易去，称为腐苔，主痰浊、食积。若舌上黏厚一层，有如疮脓，则称脓腐苔，主内痈。

（4）剥落苔：舌苔全部或部分脱落，脱落处光滑无苔，称为剥苔。主胃气不足，胃阴枯竭或气血两虚。

（5）有根、无根苔：舌苔紧贴于舌面，中厚边薄，不易脱落，脱后新苔渐生者，称为有根苔；舌苔疏松浮于舌面，苔易刮脱，不易复生，或舌面光剥如镜者，称为无根苔。有根苔是有胃气的征象，提示气血有源，预后良好；无根苔提示胃气衰败，气血乏源，预后不良。

2. **望苔色** 苔色可分为白苔、黄苔、灰黑苔三类，既可单独出现，也可相兼出现。

（1）白苔

【舌苔特征】舌面上附着的白色苔状物，称为白苔。白苔有厚薄、润燥、滑腻之分。

【临床意义】主表证、寒证、湿证，亦可见于热证。苔薄白而润，可为正常舌象，或为表证初起，或为里证病轻，或为阳虚内寒。苔薄白而滑，多为外感寒湿，或脾肾阳虚，水湿内停。苔白厚如积粉，扪之不燥者，称为积粉苔，常见于瘟疫或内痈。苔白而燥裂，粗糙如砂石，提示邪热炽盛，津液大亏。

（2）黄苔

【舌苔特征】黄苔有淡黄、深黄、焦黄之分。苔呈浅黄色，称为淡黄苔或微黄苔；苔色黄而深厚,称为深黄苔或正黄苔;舌苔深黄,中带黑褐色,称为焦黄苔或老黄苔。

【临床意义】主热证、里证。淡黄苔为热轻,深黄苔为热甚,焦黄苔为热极。舌苔由白转黄,或黄白相间,为外感表邪化热入里。舌苔薄黄,提示邪热较轻,多见于风热表证,或风寒化热入里初期。

(3)灰黑苔

【舌苔特征】苔色浅黑,称为灰苔;苔色深灰,称为黑苔。灰苔与黑苔只是颜色浅深不同,其临床意义一致。

【临床意义】主热极或寒极。苔灰黑而干燥,为热极伤阴、阴虚火旺;苔灰黑而润滑,为阴盛阳虚,痰湿久郁。舌苔焦黑干燥,舌质干裂起刺,为热极津枯之征。

第二节 闻 诊

闻诊是指医生通过听声音和嗅气味来诊察疾病的方法。闻诊是中医诊法的重要内容,在诊察脏腑病证和判断疾病病机方面具有重要的临床意义。闻诊包括听声音和嗅气味两个方面。

一、听声音

听声音是指通过听辨患者言语气息的高低、强弱、清浊、缓急等变化,以及脏腑病变的各种异常声响,来诊察疾病的方法。正常声音是指人在生理状态下发出的声音,又称"常声"。异常声音是指人在病理状态下发出的声音,又称"病变声音"。

(一)语声

闻语声主要是了解患者语声的有无,语调的高低、强弱、清浊、钝锐,以及有无异常声响等。常见的语声异常有:

1. **语声重浊** 语音沉闷不清,称"语声重浊",简称"声重"。多因外感风寒,或痰湿阻滞,使得肺气失宣、鼻窍不通所致。

2. **音哑与失音** 发声嘶哑,称"音哑";语而无声,称"失音",古称"喑"。闻诊时须注意分清新病久病,新病多因外感风寒、风热,或痰浊壅肺,使得肺失清肃,清窍壅塞所致,多属实证,常称"金实不鸣";久病精气内伤,肺肾阴虚,虚火灼肺,使得肺失宣降,清窍失荣,多致虚证,常称"金破不鸣"。妇女妊娠后出现音哑或失音,称"子喑",多因胞胎阻碍经脉,肾精不能上荣所致,一般分娩后即愈。

一般而言,语声高亢洪亮有力,声音连续多言者,多为实证、热证、阳证;语声低微细弱,声音断续懒言者,多为虚证、寒证、阴证。

(二)语言

语言是神明活动的表现之一,常人语言清晰,言意相符,即所谓"言为心声"。所以语言的异常变化,主要反映心神的病变。

1. **谵语** 神志不清,语无伦次,声高有力,称"谵语",多因热扰心神所致。

2. **郑声** 神志不清,语言重复,时断时续,声音低弱,称"郑声",多因脏气衰竭、心神散乱所致。

3. **独语** 自言自语,喃喃不休,首尾不续,见人则止,称"独语",多因心气虚弱,神气不足,或气郁痰阻、蒙蔽心神所致,常见于癫病、郁病。

4. **错语** 神志清楚,语言时有错乱,语后自知言错,称"错语"。错语有虚实之分,虚证多因心脾两虚、心神失养所致;实证多因痰浊、瘀血、气郁等阻遏心神所致。

5. **狂言** 精神错乱,狂躁妄言,语无伦次,骂詈而不避亲疏,称"狂言",多因痰火扰心所致。

（三）呼吸

听呼吸主要是了解患者呼吸频率的快慢，气息的强弱粗细，呼吸音的清浊等。正常呼吸频率为16~20次/分，且均匀通畅，不疾不徐。呼吸气粗而快，多属热证、实证；呼吸气微而慢，多属虚证、寒证。

1. **喘** 呼吸困难，短促急迫，甚则张口抬肩，鼻翼煽动，不能平卧，称"喘"。喘分虚实，喘发急骤，气粗声高息涌，胸中胀闷，唯以呼出为快，属实证；喘发徐缓，气怯声低息微，息短不续，动则加甚，唯以深吸为快，属虚证。

2. **哮** 呼吸急促似喘，喉间有哮鸣音，称"哮"。

喘以气息急迫、呼吸困难为主，哮以喉间哮鸣声为要；喘不必兼哮，哮必兼喘。临床上哮与喘多同时出现，故常并称"哮喘"。

3. **气短** 轻度呼吸困难，呼吸短促而不相接续，气少不足以息，称"气短"。气短似喘而不抬肩，息促而不接续，气急而无痰鸣，即自觉短促。

4. **少气** 呼吸微弱声低，气少不足以息，言语无力，称"少气"。

（四）咳嗽

咳嗽是肺失肃降、肺气上逆的表现。咳声重浊沉闷，多属实证；咳声轻清低微，多属虚证；咳声不扬，痰稠色黄，不易咳出，多属热证。咳声沉闷，痰多易咳出，多因痰湿阻肺所致；干咳无痰或少痰，多因燥邪犯肺，或阴虚肺燥所致。咳声短促，呈阵发性、痉挛性，连续不断，咳声终止时有如鸡鸣样回声，称"顿咳"，又称"百日咳"，常见于小儿，多因风邪与伏痰搏结所致。咳声如犬吠，伴声音嘶哑，呼吸困难，常见于白喉，多因肺肾阴虚、火毒攻喉所致。

（五）呕吐

呕吐是胃失和降、胃气上逆的表现。有声有物谓之"呕"，有物无声谓之"吐"，有声无物谓之"干呕"，一般统称为"呕吐"。

一般呕声微弱，吐势徐缓，呕吐物清稀，属虚证、寒证。呕声壮厉，吐势较猛，呕吐物呈黏痰黄水，或酸或苦，属实证、热证。呕吐呈喷射状，多因热扰神明，或颅内有瘀血、肿瘤等所致。呕吐酸腐食糜，多因食滞胃脘、胃气上逆所致。

（六）呃逆

呃逆是因胃气上逆，气冲咽喉而发出的声短而频，呃呃作响的声音，古人称"哕"，俗称"打嗝儿"。新病呃逆，呃声响亮有力，多属寒邪，或热邪客胃所致；久病、重病呃逆不止，声低气怯无力，多属胃气衰败之危候。

（七）嗳气

嗳气是因胃气上逆，气冲咽喉而发出的一种声长而缓的声音。古称"噫"，俗称"打饱嗝"。嗳气酸腐，兼脘腹胀满，多因宿食内停所致；嗳气频作而响亮，嗳后脘腹胀减，并随情志变化而增减，多因肝气犯胃所致；嗳声低沉断续，兼纳差食少，多因胃虚气逆所致；嗳气频作，兼脘腹冷痛，得温痛减，多因寒邪客胃，或胃阳亏虚所致。

（八）太息

太息是因情绪抑郁、胸胁胀闷不畅而发出的一种长吁短叹声。又称"叹息"，多因情怀不遂、肝气郁结所致。

二、嗅气味

嗅气味是指通过嗅病体、排出物和病室的异常气味，来诊察疾病的方法。

（一）口气

口气是口中散发出的异常气味。口中散发臭气，称"口臭"；口气酸臭，伴食欲不振，脘腹胀满，多因食积胃肠所致；口气臭秽，多因胃热所致；口气腐臭，或兼咳吐脓血，多因脏腑溃腐脓疡所致；口气臭秽难闻，牙龈腐烂，多属牙疳。

（二）汗气

汗气是汗液散发出的气味。汗气腥膻，多因湿热久蕴皮肤，熏蒸津液所致；汗气臭秽，多属瘟疫病热毒内盛之征；腋下汗气阵阵膻臊难闻，称"狐臭"，多因湿热郁蒸所致。

（三）痰涕之气

正常状态下，人体可排出少量的痰和涕。若咳痰黄稠臭秽，多因肺热壅盛所致；咳吐脓血腥臭痰，多因痰热壅肺、血腐化脓所致；咳吐痰涎清稀味咸，多因寒饮停肺所致。鼻流清涕，多因外感风寒所致；鼻流浊涕腥秽如鱼脑者，属鼻渊，多因湿热熏蒸所致。

（四）呕吐物之气

呕吐物清稀无臭味，多因胃寒所致；气味腐臭秽浊，多因胃热所致；呕吐未消化食物，气味酸腐，多因食滞胃脘所致；呕吐脓血而腥臭，多因脏腑痈疡所致。

（五）排泄物之气

排泄物之气，包括二便以及妇人经、带等的异常气味。

大便臭秽难闻，多因肠道郁热所致；大便溏泻而腥，多因脾胃虚寒所致；大便泄泻臭如败卵，或夹有未消化食物，矢气酸臭，多因食积化腐所致。

小便臊臭，黄赤混浊，多因膀胱湿热所致；尿甜并散发烂苹果气味，则属消渴病。

妇女经血臭秽，多属热证；经血气腥，多属寒证。带下黄稠臭秽，多因湿热所致；带下清稀而腥，多因寒湿所致；带下奇臭色杂，常见于癌肿，病多危重。

（六）病室之气

病室气味是由病体及其排出物散发而充斥病室的气味。病室有腐臭气味，多见于疮疡溃腐患者；病室臭气触人，多见于瘟疫病患者；病室有尿臊气，多见于水肿病晚期患者；病室有烂苹果气味，多见于消渴病晚期患者。

第三节 问 诊

问诊是医生通过有目的地、有步骤地询问患者，以了解疾病的发生、发展、诊治经过、现在症状和与疾病有关的其他情况，并用以诊察疾病的方法。

一、问诊的意义及方法

问诊是医生通过询问患者（或患者家属），获得疾病的发生、发展、变化过程及诊治经过，以及患者的自觉症状、既往病史、生活习惯、饮食嗜好等，是分析病情、判断病位、掌握病性、正确辨证不可缺少的重要依据。

医生问诊应在较安静适宜的环境下进行；询问病情，切忌使用医学术语；问诊时应重视患者的主诉，要善于抓住主诉，并围绕主诉深入询问。

二、问诊的内容

问诊的内容主要包括：一般情况、主诉、现病史、既往史、个人生活史、家族史等，问诊时应根据就诊对象，进行有针对性的、灵活的问诊。

（一）一般情况

一般情况，包括患者的姓名、性别、年龄、婚否、民族、职业、籍贯、工作单位、现住址等。询问一般情况，一是对患者的诊断和治疗负责，便于病历的书写和查询；二能让医生获得与疾病有关的翔实资料，为诊治疾病提供根据。

（二）主诉

主诉是患者就诊时最迫切需要解决的最痛苦的症状、体征及持续时间。主诉是患者就诊的主要原因，通过主诉常可初步估计疾病的范畴、类别和病势的轻重、缓急。询问主诉时应注意：一是要善于抓住主诉；二是要以主诉为中心，进一步问清其部位、性质、程度、时间等。

（三）现病史

现病史是指围绕主诉从起病到此次就诊时，疾病的发生、发展、变化，以及诊治经过。问现病史一般包括发病情况、病变过程、诊治经过等，还应了解既往诊断和治疗的情况。

（四）既往病史

既往病史，又称"过去病史"，主要包括患者平素健康状况和既往患病情况。询问既往病史，应重点询问患者曾患过何种疾病，何时何地接受过何种预防接种，有无药物或其他物品的过敏史，是否做过何种手术等，对诊断、治疗现在疾患有一定指导作用。

（五）个人生活史

个人生活史，主要包括生活经历、精神情志、生活起居、饮食嗜好、婚姻生育等。

（六）家族史

家族史，包括父母、兄弟姐妹、子女等直系亲属和配偶的健康和患病情况。询问患者的家族病史，对某些与生活密切接触相关的遗传病、传染病，具有重要的诊断意义。

三、问现在症状

问现在症，主要是询问患者就诊时所感到的一切痛苦和不适，以及与其病情相关的全身情况。

问现在症的内容十分丰富，明代医学家张景岳在《景岳全书·传忠录·十问篇》中创造性地提出了"十问"的内容，在此基础上，清代医学家陈修园在《医学实在易》中总结出了"十问歌"，即"一问寒热二问汗，三问头身四问便，五问饮食六问胸，七聋八渴俱当辨，九问旧病十问因，再兼服药参机变，妇女尤必问经期，迟速闭崩皆可见，再添片语告儿科，天花麻疹全占验。"

"十问歌"言简意赅，流传至今，在临床上仍有重要的指导意义。

十问的内容是问诊的纲领，但并不是说每个患者、每种疾病都必须依此顺序询问，而应该有目的地结合病情灵活掌握，再结合其他三诊的资料，就可做出较明确的诊断，即所谓"四诊合参"。

（一）问寒热

问寒热是指询问患者有无怕冷或发热的感觉。寒与热是辨别病邪性质和机体阴阳盛衰的重要依据，是问诊的重点内容。寒与热的产生，取决于病邪的性质和机体阴阳的盛衰，是正邪交争、阴阳盛衰的反映。

寒指寒冷感觉，根据其临床表现，有恶寒、畏寒、恶风之别。患者自觉怕冷，近火取暖，多加衣被，寒冷仍不能缓解，称"恶寒"；患者身寒怕冷，加衣覆被，或近火取暖，寒冷缓解，称"畏寒"；患者遇风觉冷，避风则缓，称"恶风"。

热指发热感觉，即体温高于正常，或患者体温正常，但自觉全身或某一局部发热。

一般而言，阳盛则热，阴盛则寒，阴虚则热，阳虚则寒。故询问患者恶寒与发热的情况，可辨别病变的性质和阴阳盛衰的变化。

问寒热，首先要问患者有无怕冷或发热的症状，其次，再问怕冷与发热是否同时出现，寒热的轻重，出现的时间，持续的长短以及伴随的症状等。临床常见的寒热症状有恶寒发热、但寒不热、但热不寒、寒热往来等。

1. 恶寒发热 患者恶寒与发热同时出现，称"恶寒发热"。恶寒发热，是诊断外感表证的重要依据，故曰"有一分恶寒，便有一分表证"。临床根据感受外邪的性质不同，将恶寒发热分为恶寒重发热轻、发热重恶寒轻和发热轻而恶风三种类型。

恶寒重发热轻，主风寒表证，亦主风寒湿表证。发热重恶寒轻，主风热表证，亦主暑热证。发热轻而恶风，主风邪袭表证，亦主燥邪伤表证。

外感表证的寒热轻重，不仅可以判断病邪性质，而且可以诊察邪正盛衰。恶寒发热皆重，提示邪正俱盛；恶寒发热皆轻，提示邪轻正衰；恶寒重发热轻，提示邪盛正衰。

2. 但寒不热 患者只感怕冷而不觉发热，称"但寒不热"。但寒不热，主里寒证，多因素体阳虚，或寒邪直中，损伤阳气所致；若患者突然恶寒，四肢不温，或腹部冷痛，脉沉实有力，多因感受寒邪，阳气郁遏，主里实寒证；肌表失于温煦，恶寒全身发抖，称"寒战"，多因邪正相争剧烈所致；若患者畏寒肢冷，得温可缓，脉沉迟无力，多为里虚寒证。

3. 但热不寒 患者只感发热，不觉怕冷，甚反恶热，称"但热不寒"，主里热证。临床根据发热的轻重、时间、特点和兼症的不同，分为壮热、潮热、微热三种类型。

> **考点提示**：患者只感发热，不觉怕冷，甚反恶热，称"但热不寒"，主里热证，分为壮热、潮热、微热三种类型。

（1）壮热：患者高热（体温39℃以上）持续不退，不恶寒反恶热，称"壮热"，主里实热证，症见面赤、汗多、烦渴饮冷、脉洪大等，多因风寒入里化热，或风热内传、邪正相搏、阳热炽盛所致。

（2）潮热：患者定时发热，或定时热甚，如潮汐之有定时，称"潮热"。临床常见三种类型：①日晡潮热：患者日晡即申时（下午3~5时）发热明显，或热势加甚，又称"日晡潮热"。多因胃肠燥热，日晡所阳明经气旺盛，邪热与正气交争加剧所致。②湿温潮热：患者午后发热明显，并见身热不扬（肌肤初扪之不觉很热，久扪即感灼手）。多兼见头身困重、胸闷、呕恶等症，常见于湿温病。③阴虚潮热：患者午后及夜间发热，又称"骨蒸潮热"。其特点为五心烦热、骨蒸发热，多兼见盗汗、颧红、舌红少津等症，常见于阴虚内热证。

（3）微热：发热不高（一般不超过38℃），或体温正常仅自觉发热，称"微热"。其特点是发病时间较长，病因与病证较复杂，热势不高，但发热长期不退，临床常见气虚发热、阴虚发热、小儿夏季热等。

4. 寒热往来 恶寒与发热交替发作，称"寒热往来"，又称"往来寒热"，多因邪正交争，互为进退所致。临床寒热往来，一日数发无定时，多见于少阳病；若患者寒战与高热交替发作，发有定时，每日发作一次，或两三日发作一次，多见于疟疾。

（二）问汗

汗具有调整阴阳、滋润皮肤、调节体温等作用，通过询问患者汗出的情况，可以判断病邪的性质及人体阴阳盛衰。问汗应注意了解患者有汗无汗，出汗的时间、多少、部位及其兼症等。

> **考点提示**：患者汗出情况有何临床意义？

1. 汗出有无 询问汗出的有无，是判断感受病邪的性质和卫气盛衰的重要依据。一般来讲，表证有汗主风寒表虚证、风热表证，因风性开泄，玄府开张而汗出；表证无汗主风寒表实证，多兼恶寒重、发热轻、头身痛、脉浮紧等，因寒性收引，玄府闭塞而无汗；里证汗出主阳盛实热、阴虚内热、阳气亏虚、亡阴、亡阳等证；里证无汗主阳气亏虚、津血亏耗证。

2. **特殊汗出** 是指某些特殊性的病理性汗出，主要有下列四种：

（1）自汗：经常日间汗出不止，活动后更甚，称"自汗"，主气虚证、阳虚证。

（2）盗汗：熟睡后汗出，醒后汗止，称"盗汗"，主阴虚内热证、气阴两虚证。

（3）脱汗：在疾病的危重阶段，突见大汗不止，称"脱汗"，又称"绝汗"，主亡阴、亡阳证。若病势危重，大汗淋漓，汗稀而凉，伴身凉肢厥，脉微欲绝，属亡阳之汗；病势危重，汗出如油，热而黏手，伴高热烦渴，脉细数疾，属亡阴之汗。

（4）战汗：病势深重阶段，先见寒战不已，持续一段时间，而后大汗出，称战汗。战汗是邪正相争、病变发展的转折点。汗出热退，脉静身凉，是邪去正复之象；若汗出而身热不减，仍烦躁不安，脉来疾急，为邪胜正衰之危候。

3. **局部汗出** 出汗局限于身体某一部位，称"局部汗出"。对于局部汗出，问诊时应重点询问汗出的具体部位及伴随症状，以便审证求因。

（1）头汗：仅见头颈部汗出，称"头汗"。多因上焦热盛，或中焦湿热熏蒸，迫津上泄所致。

（2）半身汗出：身体一半出汗，或左侧、或右侧，或上半身或下半身，称"半身汗出"，多因经脉阻滞，营卫不周，气血失和所致，多见于中风、痿证、截瘫等。

（3）手足心汗：汗出局限于手足心，称"手足心汗"。手足心汗出过多，多因阳气内郁、阴虚阳亢、中焦湿热郁蒸所致。

（4）心胸汗：心胸部易汗出或汗出过多，称"心胸汗"。心胸汗多属虚证，常见于心气虚、心阳虚、心脾两虚、心肾不交证等。

（三）问疼痛

疼痛发生的机制有二：一是"不通则痛"，属因实致痛，多因阻滞脏腑经络，闭塞气机，使气血运行不畅；二是"不荣则痛"，属因虚致痛，多因气血不足，或阴精亏损，使脏腑经络失养所致。

问疼痛，应注意询问疼痛的部位、性质、程度、时间、诱发因素和伴随症状等。

> **考点提示**：患者疼痛发生的机制：一是"不通则痛"，属因实致痛，多因阻滞脏腑经络，气血运行不畅；二是"不荣则痛"，属因虚致痛，多因气血不足，或阴精亏损，使脏腑经络失养所致。

1. **问疼痛的部位**

（1）头痛：指整个头部或某一部位的疼痛。根据头痛部位，可确定病在何经，如前额连眉棱骨痛，属阳明经头痛；后枕痛连项，属太阳经头痛；两侧头痛，属少阳经头痛；颠顶痛，属厥阴经头痛等。

（2）胸胁痛：胸痛，指胸部正中或两侧疼痛。胸痛多为心肺病变，"虚里"憋闷，或痛彻臂内，痛如针刺，多因血瘀心脉所致；胸痛而咳吐脓血腥臭痰，常见于肺痈；腋下肋间饱满疼痛，多因悬饮所致。胁痛，指胁的一侧或两侧疼痛。胁痛多与肝胆病变有关，多因肝郁气滞、肝胆湿热、肝胆火盛以及悬饮等病证所致。

（3）脘痛：指上腹部剑突下疼痛，又称"胃脘痛"。脘痛常因胃失和降、气机不畅而致。进食后痛势加剧或拒按，多属实证；进食后疼痛缓解或喜按，多属虚证。胃脘冷痛，得温则减，多属寒证；胃脘灼痛，喜凉恶热，多属热证。

（4）腹痛：腹部疼痛多与所属脏腑病变有关。腹痛即泄，泄后痛减，多因肝郁脾虚所致；大腹隐痛，喜温喜按，食少便溏，多因脾胃虚弱所致；下痢脓血，多因大肠湿热痢疾所致；少腹绞痛，兼尿有砂石、血尿，常见于血淋；右下腹绞痛，反跳痛，常见于肠痈。

（5）腰痛：指腰脊正中或腰部两侧疼痛，多与肾病有关。腰脊或腰骶部冷痛，多属寒湿痹证；腰脊刺痛，多因瘀血阻络所致；两侧腰部空痛，多属肾虚；腰部绞痛或钝痛、叩击痛，伴尿有砂石、尿血，多属石淋。

（6）四肢痛：指四肢关节、肌肉、筋脉疼痛。上肢疼痛，痛连肩背，手指麻木，多因寒瘀阻络或气血亏损所致；下肢关节疼痛，多因风寒湿痹或热痹所致；足跟或胫膝酸痛，多因肾虚所致，常见于年老体衰之人。

2. 疼痛的性质

（1）胀痛：指疼痛而伴有胀满的感觉，其特点是时发时止、排气稍舒，多因气滞所致，多发于胸胁、脘腹、四肢等处。

（2）刺痛：指疼痛如针刺的感觉，其特点是范围小，夜间为甚，部位多固定不移，按之痛甚或拒按，以胸胁、脘腹、头部等处为多见。

（3）走窜痛：指痛处游走不定，或走窜攻痛，痛处不固定，时此时彼，甚则感觉不到固定的疼痛部位。胸胁、脘腹走窜不定的疼痛，常称"窜痛"；肢体、关节疼痛而游走不定，常称"游走痛"。

（4）绞痛：指疼痛剧烈如刀绞，多疼痛难忍，多因有形实邪阻闭，或寒邪凝滞、气滞血瘀所致，常见于真心痛、结石、蛔厥等。

（5）掣痛：指痛处抽掣或牵引它处而痛，常呈放射状，或有起止点，有牵扯感，多因经脉失养，或经脉阻滞所致。

（6）灼痛：指疼痛有灼热感而喜冷，属热邪致痛，多因火邪窜络，或阴虚火旺所致。

（7）冷痛：指疼痛有冷感而喜暖，若因寒邪阻络而致，属实证；若因阳气不足、脏腑肢体失于温煦所致，属虚证。

（8）隐痛：指疼痛不甚剧烈，尚可忍耐，但绵绵不休。多因精血亏损，或阳气不足、肌体失养所致。

（9）重痛：指疼痛而感沉重，多因湿邪困阻气机所致，以头部、四肢、腰及全身为多见。

（10）空痛：指疼痛而感空虚，多因气血精髓亏虚、组织器官失养所致，以头部和小腹部为多见。

总之，凡新病疼痛，痛势较剧，持续不解，痛而拒按，多属实证；久病疼痛，痛势较轻，时痛时止，痛而喜按，多属虚证。

（四）问头身胸腹不适

问头身胸腹不适，是指问头身胸腹除疼痛以外的其他不适症状。

1. 头晕 患者自觉眩晕，轻者闭目即止，重则自觉四周旋转，站立不稳，称"头晕"。头晕的致病原因较复杂，问诊时应注意了解引发或加重头晕的因素及兼症。

2. 心悸 自觉心脏搏动加快、心慌、悸动不安，甚至不能自主，称"心悸"。心悸多与心的病变有关。因受惊而心悸，或心悸易惊、恐惧不安，称"惊悸"，惊悸多时发时止，全身情况较好，病情较轻。心慌不已，心脏搏动剧烈上至心胸，下至脐腹，称"怔忡"。怔忡较心慌、惊悸严重，持续时间较长，全身情况较差，多因情志过激、劳累过度所致。

3. 胸闷、胁胀 胸部感觉痞塞满闷，称"胸闷"；胁部一侧或两侧感觉胀满不舒，称"胁胀"。胸闷多与心、肺、肝等病变有关；胁胀多与肝胆及其经脉病变有关。

胸闷兼心悸、气短，多因心气不足或心阳不振所致；胸闷兼心痛如刺，多因心血瘀阻所致；胸闷兼痰多，多因痰湿内阻、肺气壅滞所致；胸闷胁胀而善太息，多因肝气郁结所致。

4. **脘痞** 自觉脘部胀满不舒，称"脘痞"，又称"脘胀"。脘痞多与脾胃病变有关。

5. **腹胀** 自觉腹部胀满痞塞，如物支撑，称"腹胀"，腹胀多与胃肠气机不畅有关。腹胀如鼓，皮色苍黄，腹壁青筋暴露，称"臌胀"；小儿腹胀而大，面黄肌瘦，纳呆，多属疳积。

6. **身重** 身体感觉沉重，如负重物，转侧挪动困难，称"身重"，多因水湿滞留于肌肤、骨节所致。

（五）问睡眠

正常情况下，人体卫气昼行于阳经，阳气盛则醒，夜行于阴经，阴气盛则眠。问睡眠应注意询问睡眠时间的长短、入睡的难易、有无多梦等，睡眠失常主要有失眠和嗜睡两种。

1. **失眠** 经常不易入睡，或睡而易醒，醒后不能复睡，或睡眠不深，时常惊醒，或彻夜不眠，称"失眠"，又称"不寐""不得眠"。失眠以持久不能获得正常睡眠（睡眠时间不够，睡眠深度不够），以及醒后不能消除疲劳、恢复体力和精力，常伴多梦为诊断依据。

失眠应注意辨清虚实，虚证多因阴虚火旺、心脾两虚、心胆气虚、心肾不交所致；实证多因心火、肝火、痰热、食积、瘀血所致。

2. **嗜睡** 患者不论昼夜，神疲困倦，睡意很浓，经常不自主的入睡，称"嗜睡"，又称"多寐""多眠"。嗜睡多因阳虚阴盛所致，常见于痰湿困脾、脾胃虚弱、心肾阳衰等证。

（六）问饮食口味

饮食是水谷精气生化之源，是维持人体正常生命运动的物质基础。问饮食口味，可了解脾胃及相关脏腑功能的盛衰有着重要的诊断意义。

1. **口渴与饮水** 口渴，指口干渴的感觉；饮水，指实际饮水的多少。问口渴与饮水的情况，可以了解患者津液的盛衰和输布情况，以及疾病的寒热虚实。

（1）口不渴：口不觉干渴而不欲饮水，称"口不渴"。口不渴提示津液未伤，多见于寒证、湿证，亦见于热病但燥热不盛之证。

（2）口渴多饮：指口渴而饮水较多，称"口渴多饮"。口渴多饮揭示津液已耗，多见于燥证、热证。

（3）渴不多饮：口渴但饮水不多，称"渴不多饮"。渴不多饮常见于阴虚、湿热、痰饮、瘀血以及热入营分等证。

2. **食欲与食量** 进食的需求程度和对饮食的欣快感觉，称"食欲"。进食数量，称"食量"。问食欲与食量，可了解脾胃功能的强弱，判断疾病的预后转归。

（1）食欲减退：食欲减退是疾病过程中常见的病理现象，不想进食，或食之无味，食量减少，称"不欲食"，又称"食欲缺乏""食欲不振"；因不欲食导致进食量减少，称"纳少"；无饥饿感和进食要求，即无食欲，称"纳呆"。

（2）厌食：厌恶饮食，或恶闻食气，称"厌食"，又称"恶食"。孕妇出现厌食反应，多因妊娠后冲脉之气上逆，胃失和降所致，一般多属生理现象；孕妇厌食严重，称"妊娠恶阻"，是妊娠期常见的疾患。

（3）多食易饥：食欲过于旺盛，进食量多，食后不久即感饥饿，称"多食易饥"，又称"消谷善饥"。多因胃火炽盛、腐熟太过所致。

（4）饥不欲食：有饥饿感，但不想进食，或进食不多，称"饥不欲食"。多因胃阴不足、虚火内扰所致，亦可见于蛔虫内扰。

（5）饮食偏嗜：常人因地域与生活习惯不同，常有饮食偏嗜，若偏嗜太甚，则有可能导致病变。嗜食生米、泥土等，称"嗜食异物"，常见于小儿，多属虫病。

3. **口味** 口味，指口中有无异常的味觉、气味。口味异常，可反映脾胃及其他脏腑病变。

（1）口淡：口中无味，味觉减退，称"口淡"，多属脾胃气虚，亦可见于寒证。

（2）口甘：口中自觉有甜味，又称"口甜"，多属湿热困脾或脾虚所致。

（3）口苦：口中自觉有苦味，称"口苦"，多见于肝胆火旺，或胃中有火。

（4）口酸：口中自觉有酸味，甚则闻之有酸腐气味，称"口酸"，多因肝胃不和，或食滞腐化所致。

（5）口咸：口中自觉有咸味，称"口咸"，多因肾虚，或寒水上泛所致。

（6）口涩：口中自觉有涩味，如食生柿子，称"口涩"，多因燥热伤津，或脏腑气火上逆所致。

（7）口黏腻：口中黏腻不爽，称"口黏腻"，口黏腻常兼舌苔厚腻，多因湿浊停滞、痰饮食积所致。

（七）问二便

问二便应注意询问大小便的性状、颜色、气味、时间、量的多少、排便次数、排便时的感觉，以及兼症等。

1. 问大便　健康人一般每日或隔日大便一次，色黄呈圆柱状，干湿适中，排便通畅，排便时无不适感。大便异常主要包括便次、便质以及排便感觉的异常。

（1）便次异常：①便秘：大便秘结不通，或蹲厕时间延长，或欲便而艰涩不畅，或便次减少，称"便秘"，又称"大便难"。实证多因邪滞肠道，腑气不通所致；虚证多因气血阴阳不足，或肠道失润，或推动无力所致。②泄泻：便次增多，便质稀薄，甚至便稀如水样，称"泄泻"。泻下黄褐稀水，兼肛门灼热，腹痛，舌红苔黄腻，多为大肠湿热；黎明前腹痛作泄，泄后痛减，兼形寒肢冷，腰膝酸软，称"五更泻"，多因脾肾阳虚、寒湿积滞所致。

（2）便质异常：①完谷不化：大便中经常夹杂较多未消化的食物，称"完谷不化"，多因脾胃虚寒，或肾阳虚衰所致。②溏结不调：大便时干时稀，称"溏结不调"，多因肝郁脾虚、肝脾不调所致。③便血：大便带血，称"便血"，多因胃肠脉络受损所致。大便中夹有脓血黏液，兼里急后重，多见于痢疾，多因肠道湿热所致。先便后血，便血紫暗，或如柏油，则属远血；先血后便，便血鲜红，则属近血。

（3）排便感异常：①肛门灼热：排便时肛门有灼热感，称"肛门灼热"，多因大肠湿热下注，或大肠郁热下迫所致。②里急后重：腹痛窘迫，时时欲便，肛门重坠，便出不爽，称"里急后重"，多因湿热内阻、肠道气滞所致。③排便不爽：排便不通畅，总感滞涩难尽，称"排便不爽"，多因大肠湿热、肝脾乘脾、食滞肠道，或脾虚气陷所致。④滑泻失禁：大便不能控制，滑出不禁，甚则便出而不自知，称"滑泻失禁"，又称"滑泻"，多因脾肾虚衰、肛门失约所致。⑤肛门气坠：肛门有下坠感，称"肛门气坠"，多因脾虚气陷所致，常兼脱肛，常于劳累或排便后加重。

2. 问小便　小便乃津液所化，询问小便可诊察体内津液的盈亏和有关脏腑气化功能。一般应询问尿量、次数及排尿异常感觉等。

（1）尿量异常：①尿量、尿次明显多于常人，称"尿量增多"。小便清长量多，畏寒喜暖者，多属虚寒证；消瘦，多饮，多食，多尿，属消渴病。②尿量、尿次明显少于常人，称"尿量减少"。多因热盛、汗下吐泻伤津，或肺脾肾功能失调、水湿内停所致。

（2）尿次异常：①小便频数：排尿次数增多，时欲小便，称"小便频数"，简称"尿频"。新病小便频数，短赤急迫，多因下焦湿热、膀胱气化不利所致；小便频数，量多色清，夜间尤甚，多因肾阳不足、肾气不固、膀胱失约所致。②癃闭：小便不畅，点滴而出，称"癃"；小便不通，点滴不出，称"闭"，二者统称"癃闭"。多因肾阳不足、气化失司，或湿热下注、瘀血、结石阻滞所致。

（3）排尿感异常：①小便涩痛：小便排出不畅而痛，称"小便涩痛"，多因湿热蕴结下焦、膀胱气化不利所致。②余沥不尽：排尿后仍有少量尿液点滴流出，称"余沥不尽"，多因肾气虚弱、肾关不固、开合失司所致。③小便失禁：清醒时小便不能随意控制而自遗，称"小便失禁",多因肾气不足、膀胱失约所致。神昏而小便自遗,属膀胱失约的危重证候。④遗尿:睡眠中小便自行排出,称"遗尿",俗称"尿床"。多因肾气不足、膀胱失固所致。

(八)问妇女

妇女的月经、带下、妊娠、产育等异常变化,不仅是妇科常见疾患,也是全身病理的反映。因此,妇女患者应注意询问经带妊产等情况,以便作为诊断妇科或其他疾病的依据。

1. 问月经 月经是妇女有规律的、周期性的子宫出血。正常月经是13~15岁初潮,周期约28天左右,一般行经3~7天,经量适中,经色正红无块。问月经应注意了解月经的周期,行经的天数,月经的量、色、质,有无闭经或行经腹痛,末次月经日期,以及初潮或绝经年龄等情况。

(1)经期异常:①月经先期:月经连续2个周期出现提前7天以上,称"月经先期",又称"月经超前"。多因气虚统摄无权、冲任不固,或肝郁血热、阳热炽盛、阴虚火旺、热扰冲任所致。②月经后期:月经连续2个周期出现延后7天以上,称"月经后期",多因营血亏损、冲任空虚,或气滞、寒凝、血瘀,冲任受阻所致。③经期错乱:月经连续2个周期出现或前或后,差错在7天以上,称"经期错乱",又称"月经先后不定期"。多因肝郁气滞,或脾肾虚损,或瘀血阻滞,使冲任不调、血海蓄溢失常所致。

(2)经量异常:①月经过多:月经周期基本正常,经量较常量明显增多,称"月经过多"。多因血热,或脾肾气虚,或瘀阻胞络所致。②崩漏:不在行经期间,阴道内大量出血,或持续下血,淋漓不止,称"崩漏"。崩漏来势急,出血量多,称"崩",又称"崩中";来势缓,出血量少,称"漏",又称"漏下"。③月经过少:月经周期基本正常,经量较常量明显减少,甚或点滴即净,称"月经过少"。多因营血衰少,血海亏虚,或肾气亏虚,精血不足,或寒凝、血瘀、痰湿阻滞所致。④闭经:女子发育成熟后,月经应来不来,或曾来而中断,未受孕而闭止3个月以上,称"闭经"。多因气虚血亏,或气滞血瘀、寒凝痰阻,胞脉不通所致。

(3)经色、经质异常:正常月经颜色正红,经质不稀不稠,不夹杂血块。色淡红质稀,多因血虚不荣所致;色深红质稠,多因血热内炽所致;经色紫暗,夹有血块,兼小腹冷痛,多因寒凝血瘀所致。

(4)痛经:经期或行经前后,小腹周期性疼痛,或痛引腰骶,甚至剧痛不能忍受,称"痛经",又称"经行腹痛"。经前或经期小腹胀痛或刺痛,多因气滞或血瘀所致;小腹冷痛,遇温则减轻,多因寒凝或阳虚所致;经期或经后小腹隐痛,多因气血两虚、胞脉失养所致。

2. 问带下 带下指妇女阴道内的一种少量乳白色、无臭的分泌物,具有润泽阴道的作用。问诊时应注意了解带下的量、色、质、味等。①白带:带下色白量多,质稀如涕,淋漓不绝,多因脾肾阳虚、寒湿下注所致。②黄带:带下色黄,质黏臭秽,多因湿热下注所致。③赤白带:白带中混有血液,赤白杂见,多因肝经郁热,或湿热下注所致。一般而言,带下色白清稀,无臭,多属虚证、寒证;带下色黄或赤,黏稠臭秽,多属实证、热证。

(九)问小儿

儿科古称"哑科",小儿问诊比较困难,临床主要通过询问陪诊者来获得有关疾病的资料。

小儿具有脏腑娇嫩,形气未充,生机蓬勃,发育迅速等生理特点,故病理上发病较快,变化较多,易虚易实。问小儿病要结合小儿的生理特点,着重询问下列几个方面:

1. 出生前后情况 新生儿(出生后至1个月)的疾病多与先天因素或分娩情况有关。问诊时应着重询问妊娠期及产育期母亲的营养健康状况,以便了解小儿的先天情况。婴幼儿(1个月至3周岁)发育较快,且脾胃功能尚不健全,喂养不当,易患营养不足、腹泻以及"五软""五迟"等病。问诊时,应重点询问小儿后天营养状况和生长发育是否正常。

2. 预防接种、传染病史 小儿6个月至5周岁之间,先天免疫力逐渐消失,而后天的免疫功能尚未形成,预防接种可帮小儿建立后天免疫功能,以减少感染发病。了解小儿是否曾患某些传染病，如麻疹、水痘、百日咳等，是否获得终身免疫力。

3. **问发病原因** 小儿脏腑娇嫩，抵抗力弱，调节功能低下，易受气候、环境影响，感受六淫邪气；小儿脾胃薄弱，极易伤食；婴幼儿脑神经发育不完善，易受惊吓，而出现哭闹、惊叫等病证。

第四节 切　诊

切诊是指医生用手的触觉在患者的体表进行触、摸、按、压，以诊察疾病的方法。切诊分为脉诊和按诊两部分。

一、脉诊

脉诊又称"切脉"，是医生用手指切按患者的动脉搏动，体验脉动应指的形象，了解和判断病证的一种诊病方法。

脉象是在全身各脏腑组织相互协调作用下，血液在脉内循行过程中所表现出来的综合反应。人体脏腑组织发生障碍，会影响到血液的运行，敏感地反映到脉象中，因而通过诊脉，从脉象的细微变化察知相关脏腑组织病变。

（一）脉诊的部位、方法与注意事项

1. **脉诊的部位** 寸口，在腕后桡动脉所在的部位，又称为气口或脉口。寸口分寸、关、尺三部，以腕后的高骨（桡骨茎突）为标志，高骨内后侧的部位为关，关部之前（腕端）为寸，关部之后（肘端）为尺。两手各有寸、关、尺三部，统称两手六部脉（图7-4）。

寸、关、尺三部又各分浮、中、沉三候，这就是寸口诊法的三部九候诊脉方法。《难经·十八难》指出："三部者，寸、关、尺也；九候者，浮、中、沉也。"

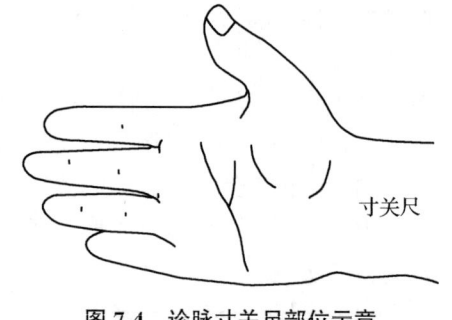

图7-4　诊脉寸关尺部位示意

寸、关、尺三部分候脏腑为左寸候心、左关候肝、左尺候肾；右寸候肺、右关候脾、右尺候肾（命门）。

诊脉独取寸口的诊病原理：一是因为寸口为手太阴肺经原穴太渊之所在，十二经脉之气汇聚于此，故称其为"脉之大会"；二是因"肺朝百脉"，故寸口脉气能够反映五脏六腑的气血状况；三是寸口脉在腕后，肌肤薄嫩，脉易暴露，切按方便。

2. **诊脉的方法与注意事项**

（1）时间：早在《内经》中就指出，平旦（清晨）是诊脉的最佳时段，较易诊得真实脉象。诊脉时先让患者休息片刻，使其调匀呼吸，气血平静，同时保持诊室安静，以保证切脉的准确性，每手诊脉的时间至少在1分钟以上。

（2）体位：诊脉时要让患者采取正坐位或仰卧位，手臂自然放平，和心脏处于同一水平，直腕，手心向上，在腕关节下垫上脉枕，有利于气血运行。

（3）指法：诊脉时，医生用右手按诊患者的左手，用左手按诊患者的右手。指法应注意：①三指平齐（指诊者手指指端要平齐），手指略呈弓形倾斜。②定位与布指：下指时，首先用中指端按在高骨（桡骨茎突）内侧关部，再用示指按关前的寸部，无名指放在中指之后的尺上。布指以适中为度，部位取准为要。③举、按、寻：举、按、寻是指诊脉时运用指力，以探求、辨别最佳脉象的指法。用指轻按在皮肤上称"举"，又称"浮取"或"轻取"。手指用力适中，按至肌肉以体察脉象，称为"中取"。用指重按在筋骨间称"按"，也称"沉取"或

"重取"。指力从轻到重，从重到轻，左右前后推寻，以探求脉动最明显的特征，称"寻"。举、按、寻是临床必须掌握的切脉技巧。④总按与单按：三指同样的指力按诊三部脉象，此谓"总按"；一指单按寸、关、尺中的一部，以重点体会某一部位的脉象特征，谓之"单按"。在临床诊脉时单按、总按应结合使用。

（4）平息：诊脉时，医生调匀呼吸，有助于思想集中，医者调匀呼吸，使呼吸自然均匀，用医生的一呼一吸作为计算患者脉率至数的时间单位。

（二）平脉脉象

1. 平脉概念 平脉是指正常人在生理条件下出现的脉象，又称正常脉象，简称"常脉"。平脉的表现是：三部有脉，一息四至或五至（相当于70~80次/分），不沉不浮，不大不小，不疾不徐，从容和缓，柔和有力，节律整齐，尺脉虽沉但重按有力。

> **考点提示**：平脉的概念、特征及临床意义。

2. 平脉特征 平脉应具有"胃、神、根"三大特征。①有胃：有胃气的脉象特征是从容、和缓、流利。不论浮沉迟数，但有柔和有力之象，即是有胃气。②有神：脉象有神的形态特征是节律整齐，柔和有力。不论何种病脉，只要节律不乱和有柔和之象，即可判断为有神。通过诊察脉象之神，可判断气血与心神的得失。③有根：有根之脉的特征主要表现为沉取应指有力，尺部尤显。诊察脉象根之有无，可判断肾精肾气的盛衰。综上所述，脉之有胃、有神、有根的特点，乃精、气、神在脉象中的综合反应。

3. 特殊常脉 有些人因为血脉循行走向的变异，其脉不见寸口，从尺部斜向手背，名曰斜飞脉；若完全显现于寸口的背侧，名叫反关脉；还有出现于腕部其他位置的。这些都属于生理性的特异脉位，即桡动脉解剖位置的变异，不属病脉。

（三）常见病脉及其临床意义

疾病反映在脉象的变化叫病脉。以浮、沉、迟、数、虚、实六脉为纲统脉，从位、数、形、势四个方面进行学习，易于掌握，便于运用。

1. 临床常见脉象特征及意义

（1）浮脉

【特征】"轻手可举，泛泛在上，如水漂木。"（《崔嘉彦脉诀》）轻取即得，重按稍减而不空。

【主病】主表证。

【分析】浮，有漂浮之意。浮脉主表，外邪袭表，卫气急起而与邪抗争，邪气随之鼓动于外，脉搏应指而浮。

（2）洪脉

【特征】洪脉极大，状如洪水，来盛去衰，滔滔满指。

【主病】主邪热亢盛。

【分析】洪脉脉幅宽大，是邪热亢盛，充斥脉道，脉道扩大，气盛血涌，血流量增加，因而搏指有力。

（3）沉脉

【特征】轻取不应，重按始得；"举之不足，按之有余。"

【主病】主里证。

【分析】邪郁于里，气血内困则脉沉有力；脏腑虚弱，正气不足，阳气虚陷，不能升举，气鼓动无力，故脉沉而无力。脉有力为里实，无力为里虚。

（4）迟脉

【特征】脉来迟慢，一息脉动三至~四至（相当于脉搏每分钟60次以下）。

【主病】主寒证。

【分析】多因阳气虚损，无力鼓动，致使脉来迟慢无力；或寒凝气滞，阳气失其温运，故脉来迟慢有力；亦可见于里实热证，因邪热内聚，阳气受到郁遏，阻滞血脉的正常运行，故也可见迟脉，但按之实而有力。

（5）缓脉

【特征】一息四至，来去怠缓或脉形弛缓，缺乏紧张度。

【主病】主湿病，主脾胃虚弱。

【分析】不紧不急为缓。湿性黏滞，气机为湿所困，或脾胃虚弱，气血不足以充盈鼓动，故脉见来去怠缓。若有病之人脉象转缓，是正气恢复的象征。

（6）涩脉

【特征】脉细而迟，往来艰涩不畅，如轻刀刮竹。

【主病】主伤精，血少，气滞血瘀，痰食内停。

【分析】涩，艰滞也。津血亏损，血脉不充，或气虚无力推动血行，脉道失其濡润，以至脉气往来艰涩，故脉涩而无力。

（7）结脉

【特征】脉来缓慢，时有一止，止无定数。

【主病】主阴盛气结，寒痰血瘀，癥瘕积聚。

【分析】因气血痰食，积滞不散，以致心阳涩滞，血脉运行不畅，故脉来结而有力；或因气血渐衰，心阳不振，脉气运行无力而涩滞，故见结而无力。

> **考点提示**：结、代、促三脉脉象特征及主病有何异同。

（8）代脉

【特征】脉来迟中一止，止有定数，良久复来，脉搏间歇时间较长。

【主病】主脏气衰微，也主风证、痛证、惊恐。

【分析】因脉气衰微，气血两虚，元气不足，不能推动血行而致脉来迟中见有歇止，不能自还，良久复来；或因突然惊恐，致使脉气不能相接所致。

（9）数脉

【特征】一息脉来五至以上（每分钟90次以上），来去较快。

【主病】主热证。

【分析】因邪热亢盛，气血运行加速，故数而有力；阴虚内热，则脉数无力或细数；虚阳外浮，则脉数大无力，按之豁然内空。

（10）促脉

【特征】脉来数而时有一止，止无定数。

【主病】主阳盛实热，气血、痰饮、宿食停滞，亦主气血虚衰。

【分析】因血随气行，热则气血行速，故脉来急数，数而时止；也可因气郁、血瘀、食滞、痰停之邪，阻滞血行而见数中时止；促而细小无力者，为心力衰竭，阴血衰少，多为虚脱之象。

（11）细脉

【特征】脉细如线，应指明显。

【主病】主气血两虚，诸虚劳损，又主湿病。

【分析】气虚无力推运血行，营血亏少不能充盈脉管，以致脉管收缩变细，故脉体细小而软弱无力，形细如线。当湿邪所伤，阻遏脉道，也可见有细脉。

（12）弱脉

【特征】极软而沉细。

【主病】主气血不足之证。

【分析】脉为血之府，气血亏少，不能充盈脉道，故脉道缩窄，脉形细；气血不足，无力鼓动脉搏，故见脉位深而应指无力。切脉时沉取方得，细而无力。

（13）实脉

【特征】脉满本位，三部举按均有力。脉来充盛有力，其势来盛去亦盛。

【主病】主实证。

【分析】邪气亢盛，正气不虚，正邪相搏，气血壅盛，充盈脉管，故脉道坚实，应指有力。平人也可见到实脉，为正气充实、脏腑机能正常之象。

（14）滑脉

【特征】往来流利，如盘走珠，应指圆滑。

【主病】主痰饮、食滞、实热。

【分析】实邪郁滞体内，致使气实血涌，血流加快，冲动脉管，故致脉来流利圆滑。妇女妊娠期亦可见有滑数，为气血充盈而调和的表现。

（15）紧脉

【特征】脉来绷急，状如牵绳转索。

【主病】主寒，主痛，主宿食。

【分析】寒邪侵犯人体，寒邪与正气相争，以致脉道约束拘急，故见脉来绷急，挺急而劲，状如绳索。脉见浮紧为寒邪束表，沉紧为里寒。剧痛、宿食见紧脉，也是寒邪、积滞与正气相搏，气机收引，脉道紧束，脉来绷急，状如切绳。

（16）弦脉

【特征】端直而长，如按琴弦。脉势较强而硬。

【主病】主肝胆病、诸痛、痰饮、疟疾。

【分析】肝主疏泄，调畅气机，脉以柔和为贵，邪气犯肝，疏泄失职，气机不利，疼痛或痰饮，可阻滞气机，故脉气紧张，而出现弦脉。少阳胆气不利，也见弦脉。

2. **真脏脉** 凡脉无胃、无神、无根，称为"真脏脉"，又称为怪脉、鬼祟脉、败脉、死脉、绝脉，多见于疾病的后期，脏腑之气衰竭、胃气败绝的病证。元代医家危亦林《世医得效方》在《内经》的基础上将真脏脉归类为"七绝脉"，包括：釜沸脉、鱼翔脉、虾游脉、屋漏脉、雀啄脉、解索脉、弹石脉。现代医学认为，真脏脉绝大部分是心律失常的脉象，且多数是心脏器质性病变造成的。

二、按诊

按诊是医生用手触、摸、推、按患者身体某些部位，以了解局部冷热、润燥、软硬、压痛、痞块或其他异常变化，从而推断疾病部位、性质和病情轻重等情况的一种诊病方法。

（一）按诊的方法与注意事项

根据按诊的目的和准备检查的部位不同，应采取不同的体位和手法。诊前需选择好体位，充分暴露按诊部位，一般患者应取坐位或仰卧位，医生可面对患者而坐或站立进行。按诊的手法主要有触、摸、按、叩四法。

按诊时应注意：医生举止要稳重大方，态度要严肃认真，手法要轻巧柔和，避免突然暴力或冷手按诊。争取患者的主动配合，使患者能准确地反映病位的感觉。要边检查边注意观察患者的表情变化，以了解病痛所在的准确部位及程度。

（二）按诊的内容

按诊的运用相当广泛，临床上常用的有按肌肤、按手足、按胸胁、按脘腹、按腧穴等。

1. **按肌肤** 通过诊查肌肤的寒热、润燥、滑涩、疼痛、肿胀、疮疡等不同情况反映，来分析疾病的寒热、虚实及气血、阴阳盛衰的诊断方法。

（1）诊寒热：按肌肤的寒热可了解人体阴阳的盛衰、表里虚实和邪气的轻重。肌肤寒冷、体温偏低者多为阴证、寒症或阳虚；肌肤灼热，体温升高者为阳证、热证或阴虚。身热初按热甚，久按热反转轻者为热在表；久按其热反甚者为热在里。

（2）诊润燥滑涩：通过触摸皮肤的滑润和燥涩，可以了解汗出与否及气血津液的盈亏。新病皮肤多润滑而有光泽，为气血未伤之表现；久病肌肤枯涩者，为气血两伤；肌肤甲错者，多为血虚失荣或瘀血所致。

（3）诊疼痛疮疡：通过触摸肌肤感觉疼痛的程度，可以分辨疾病的虚实。如肌肤濡软，按之痛减者，为虚证；硬痛拒按者，为实证；轻按即痛者，病在表浅；重按方痛者，病在深部。触按疮疡，若肿硬不热者，属寒证；肿处灼手而压痛者，属热证；患处坚硬多无脓；边硬顶软的已成脓。

（4）诊肿胀：用手按压肌肤肿胀程度，以辨别水肿和气肿。按之凹陷，不能即起者，为水肿；按之凹陷，举手即起者，为气肿。

2. **按手足** 按手足是通过触摸患者手足的冷热，来判断疾病的寒热虚实。凡手足俱冷者，是阳虚寒盛，属寒证；手足俱热者，多为阳热炽盛，属热证。亦有因阳热内郁，不得外达而四肢厥冷的里热证，即热深厥亦深的表现，应注意鉴别。

若手足背热甚者，多为外感发热；手足心热甚者，多为内伤发热。手心热与额上热比较，若额上热甚于手心热者为表热；手心热甚于额上热者为里热。

3. **按胸胁** 根据病情的需要，有目的地对前胸和胁肋部进行触摸、按压或叩击，以了解局部及内脏病变的情况。胸内藏心、肺，胁内包含肝、胆，所以胸胁按诊主要是诊察心、肺、肝、胆等脏腑的病变。按胸胁包括按胸部和按胁部两部分。

（1）按胸部：胸为心肺之所居，按胸部可以了解心肺的病变情况。前胸高起，叩之膨膨然，其音清者，多为肺胀，亦见于气胸；若按之胸痛，叩之音浊者，常为饮停胸膈或痰热壅肺；若胸部外伤则可见局部青紫肿胀而拒按。

（2）按虚里：虚里位于左第四、五肋间，心尖搏动处，为诸脉之所宗。按虚里可测知宗气强弱、疾病虚实、预后吉凶。正常情况下，虚里搏动不显，按之应手，其搏动范围直径为2~2.5 cm，动而不紧，缓而不怠，节律清晰。

虚里按之其动微弱者为不及，是宗气内虚之征。若动而应衣为太过，是宗气外泄之象。

（3）按胁部：肝胆位居右胁，肝胆经脉分布两胁，故按胁肋主要是了解肝胆疾病。胁痛喜按，按之空虚无力为肝虚。胁下肿块，刺痛拒按为气滞血瘀。疟疾后左胁下可触及痞块，按之硬者为疟母。

4. **按脘腹** 胃脘相当于上腹中部（在剑突下的部位称心下）；脐上部位称大腹；脐周部位为脐腹；脐下部位至耻骨上缘称小腹；小腹的两侧称为少腹。按脘腹的主要内容如下：

（1）按胃脘部：胃脘痞满，按之较硬而痛者属实证，主实邪聚结胃脘；按之濡软无痛者属虚证，主胃腑虚弱；按之有形而胀痛，推之辘辘有声，为胃中有水饮。

（2）按腹部：腹满按之饱满充实有弹性、有压痛者，多为实满；腹满按之虚软无弹性、无压痛者，多为虚满。腹部高度胀大，如鼓之状，称为臌胀，其鉴别方法如下：医者两手置于腹部两侧对应位置，一手轻轻叩拍腹壁，另一手有动感，按之如囊裹水者为水臌；若叩拍时另一手无波动感，且叩击音如鼓音者，为气臌。右少腹痛剧，按之痛甚或有反跳痛者，为肠痈。左少腹作痛伴便秘，按之累累有硬块者，为肠中宿粪。腹部肿块，凡推之不移，痛有定处者，为癥积，病在血分；推之可移，痛无定处或聚散不定者，为瘕聚，病在气分。

> **知识拓展**
>
> 触、摸、按三法的区别表现在指力的轻重不同，所到达的部位深浅有别。触法用手轻诊于皮肤；摸法稍用力达于肌层；按法是重指力诊筋骨或腹腔深部。

5. 按腧穴 腧穴是脏腑经络之气转输之处，是脏腑病变反映于体表的反应点。按腧穴指按压身体上某些特定穴位，通过穴位的变化和反应来判断脏腑某些疾病。按腧穴要注意发现穴位上是否有结节或条索状物，其异常反应主要为压痛感或其他敏感反应，然后结合望、闻、问诊所得资料综合分析判断内脏疾病。

| 学习小结 |

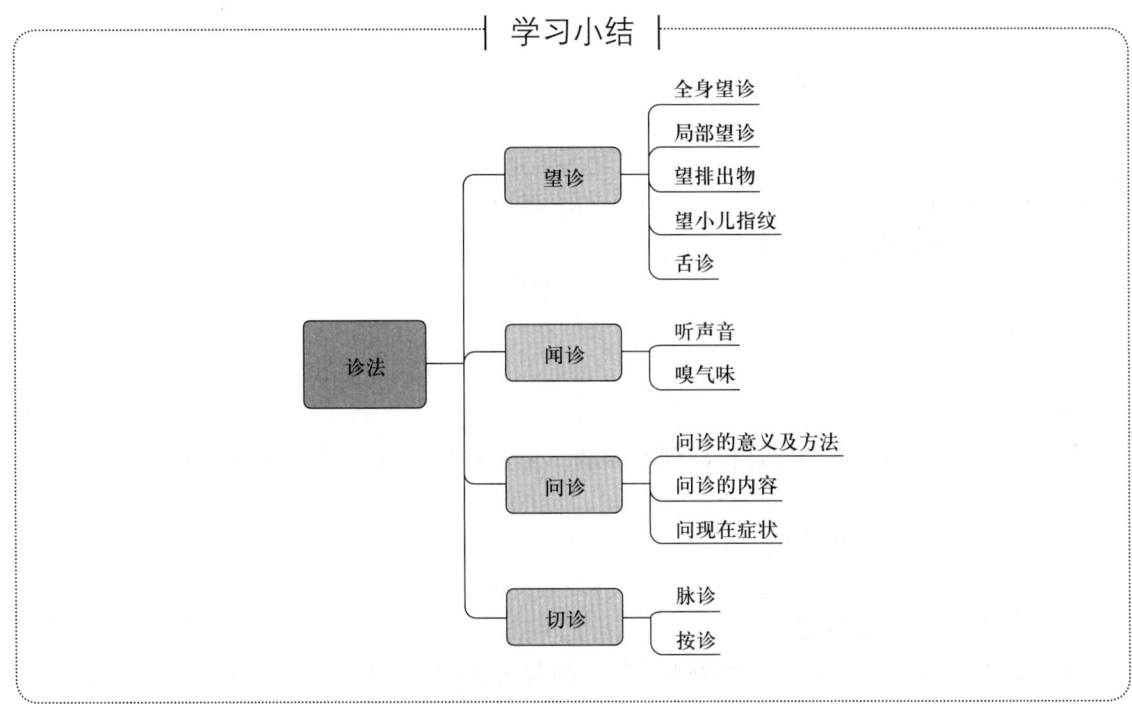

◆ 目标检测 ◆

A1 型题
1. 头发突然大片脱落，称为斑秃，多属
   A. 精血亏虚　　　　B. 血虚生风　　　　C. 饮食积滞
   D. 肾虚　　　　　　E. 血热
2. 裂纹舌提示
   A. 中毒　　　　　　B. 水湿停滞　　　　C. 心脾两虚
   D. 阴液亏虚　　　　E. 热郁

3. 病室内有尿臊味多见于
   A. 水肿病晚期　　　　　　B. 消渴病　　　　　　　　C. 食积肠胃
   D. 肺痈　　　　　　　　　E. 湿热下注
4. 消谷善饥为
   A. 脾胃虚弱　　　　　　　B. 胃阴不足　　　　　　　C. 胃火炽盛
   D. 虫积　　　　　　　　　E. 肝胆湿热
5. 患者面色淡白，形体消瘦，精神不振，动作迟缓，气短懒言，声低气怯，此属
   A. 得神　　B. 少神　　C. 失神　　D. 假神　　E. 神乱
6. 久病或重病的患者，本不能食，突然能食，此为
   A. 神志异常　　　　　　　B. 无神　　　　　　　　　C. 少神
   D. 假神　　　　　　　　　E. 得神
7. 下列哪一种舌象为正常舌
   A. 红舌　　　　　　　　　B. 淡红舌　　　　　　　　C. 淡白舌
   D. 紫舌　　　　　　　　　E. 猪腰舌
8. 脉来急数而时一止，止无定数，指的是何脉
   A. 疾脉　　B. 促脉　　C. 结脉　　D. 动脉　　E. 代脉
9. 饥不欲食见于
   A. 脾气虚证　　　　　　　B. 脾阳虚证　　　　　　　C. 胃气虚证
   D. 胃阴虚证　　　　　　　E. 胃阳虚证
10. 舌苔有根无据主要辨别
    A. 正邪盛衰　　　　　　　B. 气血盛衰　　　　　　　C. 胃气存亡
    D. 津液存亡　　　　　　　E. 肾气存亡

A2 型题

11. 张某，男，65 岁。患者腹部积块质软不坚，固定不移，胀痛不适，舌苔薄，脉弦，属于什么病
    A. 腹痛　　B. 聚证　　C. 胃痛　　D. 积证　　E. 呕吐
12. 李某，男，45 岁。颈部出现疮疡红肿高大，根盘紧束，灼热疼痛，苔黄，脉数为
    A. 疽　　　B. 痈　　　C. 疔　　　D. 疖　　　E. 热气疮
13. 王某，女，5 岁。皮肤生椭圆形水疱，晶莹明亮，顶满无脐，浆液稀薄，诊断为
    A. 天花　　B. 水痘　　C. 白痦　　D. 湿疹　　E. 热气疮

（赵晓旻）

第八章 辨证施护

要点导航

1. 说明辨证和施护的相互联系。
2. 描述八纲辨证、脏腑辨证、卫气营血辨证的分类。
3. 归纳八纲辨证、脏腑辨证、卫气营血辨证的护理措施。

辨证，就是将四诊（望、闻、问、切）所收集的资料、症状和体征，通过分析，辨清病因、病位、病性及邪正关系，概括判断为何种病、何种证。施护，则是根据辨证的结果确定相应的护理方法。辨证是决定护理的前提和依据，施护是护理疾病的手段和方法。通过施护的效果可以检验辨证的正确与否。

辨证和施护在护理疾病的过程中是相互联系和不可分割的两个方面，又是理论联系实际的具体体现。辨证施护注重人、病、证三者之间的关系，是中医护理的精华，是指导中医临床护理的基本原则。

第一节 八纲辨证

八纲辨证是根据四诊所获得的资料进行综合分析，以概括病变的大体类别、部位、病邪的性质及邪正盛衰等多方面的情况，从而归纳为阴证、阳证、表证、里证、寒证、热证、虚证、实证等八类不同的证候。

一、表里辨证

表里辨证是辨别病变部位、病情轻重和病势趋向的一对纲领。

（一）表证

表证，是指六淫病邪经口鼻、皮毛侵入机体所产生的证候。一般有起病急、病位浅、病情轻、病程短的特点。症见恶寒发热、头身疼痛、鼻塞流涕、咳嗽咽痛，舌苔薄，脉浮等。

【护理措施】辛散解表

1. 密切观察患者体温、呼吸、舌象等变化，防止表证内传，入里化热。
2. 表证以汗为法，汗出不及则病邪不去，汗出太过则伤阴耗气，所以在发汗中，要掌握发汗的程度，可根据情况或覆加衣被，或饮热稀粥，以助药力。
3. 表证采用的解表药多属辛散之品，不宜久煎。

4. 根据季节气候及病因的不同，采用不同的护理方式。冬季寒证应保持室内温度；夏季热证应注意通风避暑。

5. 宜食用清淡、细软易于消化饮食，多饮开水，少食辛辣、油腻之物。

6. 表虚证者经常用干毛巾擦汗，及时更换衣被，忌汗出当风。

7. 表实证者以遍身微汗为宜，热退药止。

（二）里证

里证，泛指脏腑、气血、津液、骨髓等受病所导致的证候。里证的范围极为广泛，涉及脏腑、气血等各方面，基本特点是以脏腑症状为主要表现，起病可急可缓、病位较深、病情较重、病程较长的特点。

【护理措施】里证病因复杂，病位广泛，病情较重，临床应根据具体病情进行辨证施护。

1. 里证多由表证传变而来，应及时对表证进行治疗和调护防止发生传变。在护理过程中应密切观察患者的体温、呼吸、舌象、脉象等变化，发生异常应及时报告医生，以免贻误病情。

2. 里证病程较长，容易使患者产生烦躁情绪，护理中要注意情志调护，使患者安心休息，静心养病。

3. 里寒证宜用温热之剂；注意保暖，以防风寒侵袭；进温补类膳食，忌食生冷寒凉之物。

4. 里热证宜用清热之剂；注意通风降温，可使用物理降温法；可进清补类膳食，可多饮清凉饮料。

（三）表证与里证的鉴别（表8-1）

表 8-1 表证与里证鉴别表

证型	病情	病程	病位	寒热	内脏证候	舌象	脉象
表证	轻	短	浅（皮肤、肌肉、经络）	并见	不明显	少变化	浮
里证	重	长	深（脏腑、气血、骨髓）	单见	明显	多变化	沉

二、寒热辨证

寒热是辨别疾病性质的一对纲领。寒热是阴阳偏盛偏衰的具体表现，辨寒热就是辨阴阳之盛衰。

（一）寒证

寒证，是感受寒邪或阴盛阳虚，机体功能活动衰退所表现的证候。临床以恶寒或畏寒喜暖、面色苍白、口淡不渴、肢冷蜷卧、舌淡苔白而润滑、脉迟或紧等为主。

【护理措施】温经散寒

1. 要注意保暖，如加覆衣被，饮温热之品，保持室内温暖。

2. 饮食方面，采用温补膳食如姜、葱、蒜、胡椒等，忌食生冷之品。

3. 可利用针灸、推拿、按摩、热敷等方法以促进血液循环，驱除寒邪。

4. 温里药多为辛热峻燥之品，故阴虚内热者忌用；药物应温服，若遇寒极拒药时，可加反佐之品以引药下行。

5. 实寒证以温里散寒、通络药物为主，可适当配合局部热敷。

6. 虚寒证以温补散寒药物为主，如姜、蒜之类，尤其注意防寒保暖。

（二）热证

热证，是感受热邪或阳盛阴虚，机体功能活动亢进所表现的证候。临床以发热喜凉、面红目赤、口渴喜冷饮、小便短赤、大便秘结、舌红苔黄而干燥、脉数等为主。

【护理措施】滋阴、清热

1. 清泻里热，宜用寒凉之清热药。应保持室内凉爽通风，及时擦汗，防汗出太过导致寒凉外邪乘虚而入。

2. 饮食多用清凉之品，以凉性瓜果、蔬菜、饮品为宜，热病多耗气伤津，应注意休息，并适当地补充水液，必要时采用静脉补液以防虚脱。

3. 严密观察发热程度及汗出、神志等状况，及时处理突发情况。

4. 服药时宜凉服或微温服，清热药多为寒凉之品，易伤人体阳气，应中病即止，不可久服。

5. 实热证体温过高者，注意补液及物理降温。可配合针刺合谷、曲池穴或十宣穴放血以退热。

6. 虚热证以养阴退热为主，可用沙参、山药、粳米等煮粥食用，或以沙参、麦冬煎水代茶饮。

（三）寒证与热证的鉴别（表 8-2）

表 8-2 寒证与热证鉴别表

证型	寒热	口渴与否	面色	四肢	大便	小便	舌象	脉象
寒证	恶寒喜热	不渴	苍白	不温	稀溏	清长	舌淡苔白滑	迟或紧
热证	恶热喜冷	渴喜冷饮	红赤	灼热	燥结	短赤	舌红苔黄干	数

三、虚实辨证

虚实是辨别邪正盛衰的一对纲领。

（一）虚证

虚证，是对人体正气不足、脏腑功能衰退所产生的各种虚弱证候的概括。虚证又有血虚、气虚、阴虚、阳虚的区别。

1. **血虚证** 临床以面色萎黄、唇色淡白、眩晕耳鸣、月经量少或经闭，舌质淡，脉细为主。

2. **气虚证** 临床以面白无华、少气懒言、神疲乏力，舌淡，脉虚弱为主。

3. **阴虚证** 临床以午后潮热、盗汗、颧红、手足心热，舌红少苔，脉细数为主。

4. **阳虚证** 临床以形寒肢冷、面色㿠白、自汗、口淡不渴，舌淡苔白，脉弱为主。

【护理措施】虚则补之

1. **血虚证** 以服用补血药物为主，但不宜单用补血药，而应适当配伍补气药，以达到益气生血的目的。饮食可用当归、黄芪、大枣煮粥服用，平时多饮用红糖水。

2. **气虚证** 以补气为主，饮食上可参照血虚证的调护。要注意避风寒，适寒温，尽量减少伤风感冒。生活起居要有规律，做到动静结合，劳逸适度，根据自己体力的情况，可适当选择户外活动，如散步气功锻炼、打太极拳等。吸烟嗜酒有损正气，应当戒除。

3. **阴虚证** 以滋阴为主。少食辛辣、厚味、油腻之品。由于过分的情志刺激可导致气阴耗伤，因此应保持情绪稳定，心情舒畅乐观。

4. **阳虚证** 以温阳散寒为主。可食用由肉桂、生姜等制成的药粥。注意防寒保暖，尽量避免风邪外袭。

（二）实证

实证，是对人体感受外邪或体内病理产物蓄积而形成的各种证候的概括。由于邪气的性质及所在部位的不同，常见的临床表现有发热、形体壮实、声高气粗、胸胁脘腹胀痛并且拒按，苔厚腻，脉实有力等。

【护理措施】实者泻之

1. 注意用药的时间和用量，实证用药多为消导峻猛之剂，为防止用药太过伤及正气，应邪去药止。

2. 少食过于辛热或过于寒凉、油腻之品。

3. 根据患者的病情调节室内环境，做好心理安慰工作。

4. 实证病情进展多迅速，要做好监护工作，密切观察患者出现的变化，以防止病情恶化。

（三）虚证与实证的鉴别（表8-3）

表8-3 虚证与实证鉴别表

证型	病程	体质	声息	疼痛	大便	小便	舌象	脉象
虚证	长（久病）	虚弱	声低息微	隐痛喜按	稀溏	清长	舌淡苔少	细弱无力
实证	短（新病）	强壮	声高气粗	痛剧拒按	秘结	短赤	舌苍老苔厚	实而有力

四、阴阳辨证

阴阳是概括病证类别的一对纲领，即表、热、实属阳，里、寒、虚属阴，为八纲的总纲。

（一）阴证

阴证，是机体阳气虚衰、阴寒内盛所表现的证候。临床常见精神萎靡、面色苍白、气短声低、畏寒肢冷、口淡不渴、小便清长、大便溏泄、舌淡胖嫩、苔白，脉迟弱等。

【护理措施】以温补散寒药物为主，尤其注意防寒保暖。

（二）阳证

阳证，是机体热邪壅盛所表现的证候。临床常见身热面赤、精神烦躁、呼吸气粗、口渴喜冷饮、小便短赤、大便秘结、舌红绛、苔黄，脉滑洪实等。

【护理措施】清泻里热，宜用寒凉之清热药。或采用物理降温、静脉补液。

（三）亡阴证与亡阳证

亡阴证与亡阳证均是疾病过程中的危重证候。一般在高热大汗或发汗太过，或剧烈吐泻、失血过多等阴液或阳气迅速亡失的情况下出现。

1. **亡阴证** 是指体内阴液突然大量丢失或耗损，阴液严重亏乏的危重证候。其临床表现为汗出如油、呼吸短促、身热肢温、烦躁不安、口渴喜冷饮、面色潮红、皮肤皱瘪、舌红而干，脉细数无力。

【护理措施】以滋养阴液为主，需要大量补液。密切观察神志、面色、二便、血压等变化，对于症状较轻，能自行进食的患者，可服用以滋阴药物为主制成的药粥。对于症状较重者则要进行静脉输液等抢救措施。

2. **亡阳证** 指体内阳气极度耗损而表现出来的各脏腑功能衰微的表现。其临床表现为冷汗淋漓、面色苍白、神情淡漠、肌肤不温、手足冰凉、呼吸微弱、口不渴或渴喜热饮、舌质淡，脉微欲绝。

【护理措施】回阳救逆为主。

要密切注意神志、面色、四肢厥逆、二便、脉搏、血压等，如服药汗止、肢体渐温、脉渐有力，为阳气来复，病情好转；反之，如汗出不止、厥逆加重、烦躁不安、脉细无根等，为病情恶化，应及时与医生取得联系，采取紧急救助措施。

（四）亡阴证与亡阳证的鉴别（见表 8-4）。

表 8-4 亡阴证与亡阳证鉴别表

证型	汗	四肢	其他症状	舌象	脉象
亡阴	汗热，味咸而黏	尚温畏热	面色潮红，全身灼热，烦躁，气促，渴喜冷饮	红绛而干	细数无力
亡阳	汗冷，味淡不黏	厥冷畏寒	面色苍白，全身发凉，淡漠，气微，口不渴或喜热饮	淡白滑润	微细欲绝

五、八纲之间的相互关系

八纲之间是互相联系的，在一定条件下，每对纲领之间还可以相互转化，如表邪入里，里邪出表，寒证化热，热证转寒，实证转虚，因虚致实，从阴转阳，从阳转阴。表里、寒热、虚实也常同时并见，如表里同病，寒热、虚实错杂等。在疾病发展到一定阶段，还可以出现与疾病性质相反的假象，如真寒假热等。因此，运用八纲辨证，既要掌握八纲各自不同的证候特点，又要认真分辨各纲领之间的相互关系，细察其相兼、错杂、真假和转化等复杂的情况，才能对疾病作出全面正确的护理诊断。

> ➤ **考点提示**：八纲为阴证、阳证、表证、里证、寒证、热证、虚证、实证等八类不同的证候；虚实是辨别邪正盛衰的一对纲领；阴阳是概括病证类别的一对纲领。

第二节　脏腑病辨证

脏腑辨证是以脏腑为基础，根据脏腑的生理功能、病理变化，通过对四诊所收集的资料分析综合，借以推究病因病机，判断疾病的部位、性质、正邪盛衰的一种辨证方法。

> ➤ **考点提示**：脏腑病辨证包括心与小肠病辨证、肺与大肠病辨证、脾与胃病辨证、肝与胆病辨证、肾与膀胱病辨证。

一、心与小肠病辨证

心的主要功能是主血脉、主神明。小肠的主要功能为受盛化物、泌别清浊。

（一）心气虚证、心阳虚证及心阳暴脱

【临床表现】心悸、气短、活动时加重、自汗、脉细弱或结代为共同症状。兼见面白无华、乏力、舌淡苔白为心气虚；兼见形寒肢冷、心胸憋闷、舌淡胖嫩或紫暗为心阳虚；兼见冷汗淋漓、四肢厥冷、口唇发绀、神志不清、呼吸微弱、脉微欲绝等为心阳暴脱。

【护理措施】心气虚证以补益心气为主，心阳虚证以振奋心阳为主，心阳暴脱则需回阳救逆，用药多为桂枝、附子、人参等。饮食多食温热助阳之物，如羊肉、狗肉等，忌食生冷，室内应温暖，出户外要注意保暖。配合针灸、推拿、拔罐疗法以增强疗效；活动适量勿过度。

（二）心血虚证、心阴虚证

【临床表现】心悸、失眠、健忘、多梦为共同症状。兼见面白无华、眩晕，唇舌色淡，脉

细为心血虚；兼见心烦、颧红、潮热、五心烦热、盗汗、咽干口燥、舌红少津，脉细数为心阴虚。

【护理措施】心血虚证以补益心血为主，用归脾丸之类；心阴虚证以滋阴降火养心为主，用天王补心丹；血虚证多食赤小豆、红枣、动物内脏等；阴虚证多食果汁、龟、鳖、清炖食物以滋阴潜阳。

（三）心火亢盛证

【临床表现】心胸烦热、面赤口渴，或口舌生疮，舌尖红赤、苔黄，脉数等。

【护理措施】以清心泻火为原则，用大黄黄连泻心汤加减。对于口舌生疮较为严重者，可局部涂敷清热泻火之散剂，饮食应注意少食辛辣、酒酪之品，以免湿热内生。嘱患者调节情志保持心情舒畅，以免气郁化火。

（四）心血瘀阻证

【临床表现】心悸怔忡，心胸憋闷、刺痛，痛引肩背内臂，时发时止，舌质紫暗或见瘀点、瘀斑，脉细涩或结代等。

【护理措施】以活血化瘀、温通心阳为主，用桃仁、红花之类。饮食应有节制，宜营养丰富而易于消化，忌过饥、过饱、烟酒、浓茶，宜低脂、低盐饮食。嘱患者保持心情舒畅，当出现心前区疼痛症状时，嘱患者立刻服药，切勿麻痹大意，以免造成严重后果。

（五）痰迷心窍证

【临床表现】精神抑郁、表情淡漠、喃喃自语、举止失常、或突然晕倒、不省人事、口吐痰涎、喉中痰鸣、两目上视、手足抽搐、或脘闷作恶、意识模糊、甚则昏迷，舌淡嫩、苔白腻，脉滑等。

【护理措施】以涤痰开窍为原则，用导痰汤合苏合香丸。饮食应少食肥甘厚腻、酒酪之品。避免患者受到精神刺激，鼓励患者多参加户外活动，保持心情愉快。

（六）小肠实热证

【临床表现】发热、心烦、口渴、口舌生疮、小便赤涩、尿道灼热或尿血，舌红苔黄，脉数等。

【护理措施】以清泻小肠实热为原则，用导赤散加减。饮食以清淡食品为主，少食辛辣燥热之品，慎起居，调情志。

二、肺与大肠病辨证

肺的主要功能是主气、司呼吸，宣发肃降，通调水道，朝百脉、主治节。大肠的主要功能为传化糟粕。

（一）肺气虚证

【临床表现】咳喘无力、声音低微、倦怠无力、动则气短、少气短息、痰液清稀、面色淡白，或自汗、畏风，易于感冒，舌淡苔白，脉虚弱等。

【护理措施】以补肺益气为原则，方如玉屏风散。饮食宜清淡可口、营养适当，可食用以薏苡仁、黄芪、扁豆、百合等为主的药粥。慎起居，避风寒，加强体育锻炼。

（二）肺阴虚证

【临床表现】干咳无痰、痰少黏稠、不易咳出，口燥咽干、声音嘶哑，形体消瘦、午后潮热、颧红、盗汗，舌红少津，脉细数等。

【护理措施】以滋阴润肺为主，方如沙参麦冬汤加减。宜饮食清凉滋润之品，如梨、枇杷、蜂蜜、甲鱼、银耳等，忌食辛辣油腻、烟酒以防伤阴助火。并应经常观察患者的体温和病情变化，室内宜湿润，温度要适宜，空气要清新。

（三）风寒袭肺证

【临床表现】咳嗽、痰稀色白、鼻塞流清涕，或兼恶寒发热、无汗、头身疼痛，苔薄白，脉浮紧等。

【护理措施】以疏风散寒、宣肺为主，方如麻黄汤。饮食以清淡易于消化为原则，忌食生冷油腻制品，注意保暖、避风寒。

（四）风热犯肺证

【临床表现】咳嗽、咳痰黄稠、发热、微恶风寒，头痛，口微渴、咽痛，舌尖红、苔薄黄，脉浮数等。

【护理措施】以疏风清热、辛凉解表为主。方用桑菊饮。饮食上以清淡易消化为主，忌食辛辣、肥甘厚味。

（五）燥邪犯肺证

【临床表现】干咳无痰、或痰少而黏，口、唇、咽、鼻干燥，尿少，苔薄干燥少津，脉浮数或细数等。

【护理措施】以疏风润肺为主，用疏风润肺之品如桑杏汤。宜食用藕粉、梨、西瓜、蜂蜜等食物以清凉润肺。室内空气宜湿润，可常在地面洒水，空气流通，避免直接吹风，以免加重病情。

（六）痰热壅肺证

【临床表现】咳嗽、咳痰黄稠，发热口渴，呼吸气促、鼻翼翕动，或痰中带血，或咳吐脓血腥臭痰，胸痛，烦躁不安，小便黄、大便秘结，舌红、苔黄腻，脉滑数等。

【护理措施】以清热化痰、宣肺为主，方如定喘汤或麻杏甘石汤加减。饮食上可食梨、橘、蜂蜜等消润化痰降气之品。病室宜经常通风，温度不要过高，保持一定的湿度。

（七）大肠湿热证

【临床表现】腹痛泄泻、下痢脓血、里急后重、肛门灼热、小便短赤、发热口渴，舌红、苔黄腻，脉滑数等。

【护理措施】以化湿解毒、调气行血为原则，方用芍药汤加减。在夏秋流行季节，应采取积极有效的预防措施，如搞好环境和饮食卫生、消灭苍蝇等。亦可用大蒜预防或食用生蒜瓣，每次1~3瓣，每日2~3次；或将大蒜瓣放入菜食中食用；或用马齿苋、绿豆适量煎汤饮用；或将马齿苋、茶叶共研细末，大蒜瓣捣泥拌和，入糊为丸，如龙眼大小，每次1丸，每日2次，连服1周。

三、脾与胃病辨证

脾的主要功能是主运化、主统血、主升清。胃的主要功能是主受纳、腐熟水谷，胃气主降。

（一）脾气虚证

【临床表现】食少、纳呆、食后胀满尤甚、便溏、少气懒言、四肢倦怠、面色萎黄，舌淡、苔白，脉缓弱无力等。

【护理措施】以补脾益气为原则，以补益药为主，方如四君子汤。注意服药时不要吃萝卜等物，以免降低药效。保持心情舒畅。

（二）脾阳虚证

【临床表现】腹胀纳少、脘腹冷痛、喜温喜按、口淡不渴、四肢不温、大便稀溏，或肢体水肿，舌质淡胖或有齿痕、苔白滑，脉沉迟无力等。

【护理措施】以温补脾阳为原则，方用真武汤。忌食过于生冷、寒凉之品，以免寒凉伤中，再伤脾阳。慎起居，调情志，避风寒。

（三）中气下陷证

【临床表现】脘腹坠胀、便意频数、肛门重坠，或久痢不止、甚则脱肛，胃、肾、子宫等内脏下垂，伴有少气无力，头晕目眩，舌淡，苔白，脉虚弱等。

【护理措施】以补中益气为原则，方如补中益气汤。饮食多以补益中气的食物为主，如食用人参、黄芪、白术等制成的药粥，保持心情舒畅，增强战胜疾病的信心。

（四）脾不统血证

【临床表现】面色无华、食少便溏、神疲乏力、少气懒言，便血、尿血、肌衄、鼻衄、齿衄，或妇女月经过多、崩漏，舌淡，脉细弱等。

【护理措施】以健脾益气为主，方用归脾汤加减。注意观察出血部位、血量等，必要时予以急救处理。宜进食清淡、易于消化、富有营养的食物，如肉、蛋、奶等。

（五）寒湿困脾证

【临床表现】脘腹痞闷、不思饮食、泛恶欲吐、口黏不爽、腹痛便溏、头身重困、肢体水肿，舌淡胖、苔白腻，脉濡缓等。

【护理措施】以散寒除湿为原则，方用实脾饮。宜食易消化食物，忌生冷、肥甘、厚腻之品，注意饮食清洁，生活环境不宜过于潮湿。

（六）胃火炽盛证

【临床表现】胃脘灼痛、吞酸嘈杂、渴喜冷饮、消谷善饥、口臭，或牙龈肿痛、齿衄，大便秘结、小便短黄，舌红、苔黄，脉滑数等。

【护理措施】以清胃泻火为主，方如清胃散。饮食上少食用辛辣、温燥之物，多食用清凉的蔬菜、水果。

> 肖某，女，40岁。症见面色无华，食少，神疲乏力，少气懒言，便溏，便血，时常牙龈出血，月经过多，舌淡，脉细弱等，辨证为脾不统血证，可用归脾汤治之。护理上注意观察出血部位、血量等，宜进食清淡、易于消化、富有营养的食物，如肉、蛋、奶等。因有出血情况，亦可以食用乌鸡、黄芪、当归等物补益气血。

四、肝与胆病辨证

肝的主要功能是主疏泄、主藏血。胆的主要功能是贮藏、排泄胆汁，以助消化。

（一）肝气郁结证

【临床表现】精神抑郁、胸胁或少腹胀闷窜痛、善太息、纳呆、嗳气，或咽部有异物感，或颈部瘿瘤，或胁下痞块，妇女可见乳房胀痛、月经不调，甚则闭经，脉弦等。

【护理措施】以疏肝理气为原则，方如柴胡疏肝散，注意情志护理，因为情绪好坏直接影响治疗效果，应关心患者消除其疑虑，保持心情愉快，以增强疗效。饮食宜清淡，以理气、疏肝食品为佳，忌食肥甘、厚味、化火之品。

（二）肝火上炎证

【临床表现】头晕胀痛、面红目赤、急躁易怒、口苦咽干、胁肋灼痛、耳鸣耳聋、大便秘结、小便短黄、目赤肿痛，舌红、苔黄，脉弦数等。

【护理措施】以清肝泻火为原则，方用龙胆泻肝汤。注意情志护理，避免急躁易怒，保持心情舒畅、情绪稳定。

(三)肝血虚证

【临床表现】眩晕耳鸣、面白无华、爪甲不荣、两目干涩、视物模糊,或见肢体麻木、筋脉拘挛,月经量少或闭经,舌淡,脉细等。

【护理措施】以养肝血为原则,方用加味四物汤,可食用具有补血功效的药物制成的药粥,如莲子红枣粥等。

(四)肝阴虚证

【临床表现】头晕耳鸣、胁肋隐痛、两目干涩、咽干口燥、五心烦热、潮热盗汗,舌红少津,脉弦细数等。

【护理措施】以滋养肝阴为原则,方用一贯煎,可食用具有滋阴功效的药物制成的药粥,如枸杞菊花粥等。

(五)肝阳上亢证

【临床表现】头目胀痛、眩晕耳鸣、面部烘热、头重脚轻、急躁易怒、口苦咽干、失眠多梦、腰膝酸软,舌红少苔,脉弦细数等。

【护理措施】以平肝潜阳为原则,方用天麻钩藤饮,病室要保持安静舒适,避免噪声,室内光线要柔和,光线不要太强。患者要保证充足的睡眠,注意劳逸结合,眩晕发作时要卧床休息,闭目养神,少做或不做旋转、弯腰等动作,以免诱发或加重病情。对重症患者要密切注意血压、呼吸、神志、脉搏等情况,以便及时采取处理措施。患者要保持情绪稳定,心情愉快。饮食宜清淡易消化,多吃蔬菜、水果,忌烟酒、油腻辛辣之品;少食鱼腥发物。

(六)肝风内动证

【临床表现】患者出现以眩晕、麻木、抽搐、颤抖等具有"动摇"特点为主的一类证候。可分为肝阳化风、热极生风、血虚生风几种类型。

【护理措施】肝阳化风证以平肝潜阳息风为原则,方用镇肝熄风汤;热极生风以清热息风为原则,方用犀角羚羊汤(犀角已禁用,以水牛角代之);血虚生风证以养肝血为原则,方用加味四物汤,可食用具有补血功效的药物制成的药粥。饮食宜清淡甘寒,多食绿豆、芹菜、冬瓜、黄瓜、梨等。对患者多做思想工作,解除因突发此病而产生的急躁、恐惧、忧虑等情绪,避免精神刺激。对于肢体处于痉挛状态者,可适当按摩,以缓解肌肉的拘挛,切忌强劲拉伸。

(七)肝胆湿热证

【临床表现】胁肋胀痛、灼热,口苦,纳呆,大便不爽,小便短黄,或身目发黄,或见阴囊湿疹、睾丸肿胀热痛,带下黄臭、外阴瘙痒,苔黄腻,脉弦滑数等。

【护理措施】以清利湿热为原则,方用龙胆泻肝汤。保持患者精神愉快,情绪稳定,气机条达,这样对预防和疗护都有积极重要的意义。忌酒,忌食辛辣、肥甘、生冷、不洁之品。注意香燥理气药物不宜过量或长期服用。

五、肾与膀胱病辨证

肾的主要功能是藏精、主水、主纳气。膀胱的主要功能为贮尿、排尿。

(一)肾阴虚证

【临床表现】腰膝酸软、耳鸣耳聋、形体消瘦、五心烦热、潮热、盗汗,女子经闭、不孕,舌红、苔少而干,脉细数等。

【护理措施】以滋阴补肾为原则,方用六味地黄丸。饮食可以滋阴的食物为主,如甲鱼、枸杞子等。注意劳逸结合,节制房事。

(二)肾阳虚证

【临床表现】腰膝酸软、形寒肢冷、面色淡白、头晕耳鸣、神疲乏力,男子阳痿早泄,女子宫寒不孕,小便清长、夜尿频多、水肿,或五更泄,舌淡胖,脉沉弱两尺尤甚。

【护理措施】以温阳行水为原则，方用金匮肾气丸，饮食上可食用狗肉、羊肉等补肾助阳之类食物，要劳逸结合，节制房事。

（三）肾气不固证

【临床表现】腰膝酸软、神疲乏力，小便频数，或余沥不尽、夜尿多，男子滑精早泄，女子月经淋漓不尽、白带清稀、胎动易滑，舌淡，苔白，脉沉弱等。

【护理措施】以固摄肾气为原则，方用金锁固精丸。饮食多以固涩食物为主，如五味子、益智仁等。要注意劳逸适度，房事适度。

（四）肾虚水泛证

【临床表现】全身水肿，腰以下为甚，按之没指，腹部胀满，小便短少，腰膝酸冷，或见心悸、气短、喘咳痰鸣，舌淡胖嫩有齿痕、苔白滑，脉沉弱等。

【护理措施】以温补肾阳、化气利水为原则，方用济生肾气丸。应无盐饮食，待肿势渐退再逐步改为低盐，最后恢复普通饮食；忌辛辣、烟、酒等刺激，若因营养障碍导致水肿，不必过于强调忌盐。注意调摄生活，起居有时，预防感冒，不宜过度疲劳，尤应节制房事，以防伤真元。

（五）膀胱湿热证

【临床表现】尿急、尿频，尿道灼热疼痛，尿血，尿有砂石。可伴有发热、腰痛，舌红、苔黄腻，脉滑数等。

【护理措施】以清利湿热为原则，方用八正散。饮食可食用赤小豆、绿豆煮汤代茶饮。可根据砂石存在的部位，指导患者做适当的跳跃运动，以促进砂石的排出。密切观察尿液的量、色、质等变化。

六、脏腑兼病辨证

两个或两个以上脏腑同时发病者，称为脏腑兼病。

（一）心脾两虚证

【临床表现】心悸健忘、失眠多梦、饮食减少、腹胀便溏、倦怠乏力、面色萎黄，或皮下出血，妇人月经量多色淡，或崩漏或经少、经闭，舌淡，脉细弱等。

【护理措施】以益气健脾、补血养心为原则，方用归脾丸。加强饮食护理，多食补益类食物，保证充分的休息和睡眠，加强体育锻炼。

（二）肝脾不调证

【临床表现】胁肋胀满、窜痛，情志抑郁，纳呆、腹胀、便溏，腹痛欲泻、泻后痛减，苔白腻，脉弦等。

【护理措施】以疏肝理气健脾为原则，方用柴胡疏肝散，指导患者调摄精神，保持心情舒畅，多参加社会和文娱活动，饮食宜食清淡、易消化食物。

（三）脾肾阳虚证

【临床表现】形寒肢冷、腰膝下腹冷痛、久泄久痢、五更泄泻、面浮肢肿、小便不利，舌质淡胖，脉沉弱等。

【护理措施】以温补脾肾为原则，方用附子理中丸。病室宜温暖，做好腹部保暖。饮食宜清淡。

脏腑辨证基于八纲辨证，与脏象紧密结合，是临床应用最为广泛的一种辨证方法。

第三节 卫气营血辨证

卫气营血辨证是用于外感温热病的辨证方法。温热病是指感受温热病邪所引起的急性发热性疾病的总称。卫气营血辨证将外感温热病发展过程分为卫、气、营、血四个阶段，其中病在卫分病情较轻浅，邪尚在表；病到气分病情较重，邪已入里；病至营分病情更重，邪热入于心营；病到血分则病情最重，邪已深入肝肾。

外感温热病多起于卫分，渐次内传气分、营分、血分。但由于病邪有性质和轻重的不同，患者有体质强弱的差异，所以临床上外感温热病也有起病从营分或气分开始，或卫分证不经气分阶段，直接传入营分、血分；营分证又可转出气分而复变为气分证。因此，辨证时须根据病情的不同表现进行具体分析，才能作出正确的诊断和治疗。

一、卫分证

卫分证是外感温热病的初期，温热之邪侵袭肌表，卫气功能失常所表现的表热证。肺主气属卫，与皮毛相表里，外邪上受，首先犯肺，肺气失宣，卫气被遏，出现一系列卫表症状。

【临床表现】发热、微恶风寒、无汗或少汗、口微渴、头痛、身痛、咳嗽、咽红肿痛，舌边尖红、苔薄白，脉浮数。

【护理措施】注意观察体温的变化，保持室内空气流通、新鲜，湿度适宜。可食新鲜蔬菜、水果，忌食辛辣、油腻之品。解表发汗汤剂宜温服，多饮热开水，服药后卧床盖被，以助汗出，避免直接当风，复感外邪。

二、气分证

气分证是温热病的化热阶段，多由卫分证不解，邪热内传，或温热病邪直入气分所致，属里热实证。由于病邪侵犯脏腑部位不同，可有不同证型。

【临床表现】热势壮盛，不恶寒、反恶热，汗多渴喜凉饮，心烦，尿赤，舌红、苔黄、脉数有力；或兼咳喘、胸痛、咳痰黄稠；或兼心烦懊恼、坐卧不安；或兼潮热、腹痛拒按，或时有谵语、狂乱，大便秘结，苔黄燥或焦黑起刺，脉沉有力。

【护理措施】注意观察体温、寒热、汗出、咳嗽、痰色、舌苔、脉象的变化。汗多者应及时擦干，勤换衣服。保持室内通风凉爽。饮食宜清淡、细软、易消化，多吃蔬菜、水果，忌食煎炸、油味之品。

三、营分证

营分证是温热病邪内陷深重阶段，多经气分传入，或病邪不经气分直接内陷心包所致，属里热实证，但已兼有虚象。常见有热伤营阴、热入心包等证。

【临床表现】身热夜甚、口干不欲饮、心烦不寐，甚或神昏谵语、斑疹隐隐，舌红绛，脉细数。

【护理措施】观察体温、寒热汗出、面色、舌苔、脉象的变化。给予富有营养、易消化的大量新鲜果汁，以西瓜汁、橘子水为宜。中药汤剂宜少量多次频服。

四、血分证

血分证是温热病发展的极盛阶段，既可表现为里实热证，也可兼有虚象，而成为虚实夹杂。血分证虽然复杂，但以耗血、动血、伤阴、动风为主要病变特点。

【临床表现】身热、躁扰不安，甚或神昏谵狂，吐血、衄血、便血、尿血，斑疹显露、色紫或黑质深络，或见抽搐、颈项强直、角弓反张、目睛上视、牙关紧闭，脉弦数；或见持续低热、夜热早凉、五心烦热、口干咽燥、肢体干瘦，舌红少津，脉细数；或见手足蠕动、时而抽搐等。

【护理措施】注意观察患者的神志、面色、唇甲、舌脉等情况，观察出血的部位及色、质、量等。保持室内环境清静和适宜的温、湿度。饮食宜清淡、富营养、易消化，忌辛辣、烟酒、油炸品。宜凉服汤药，或少量多次频频喂服。避免情绪刺激郁怒动火，影响病情。

| 学习小结 |

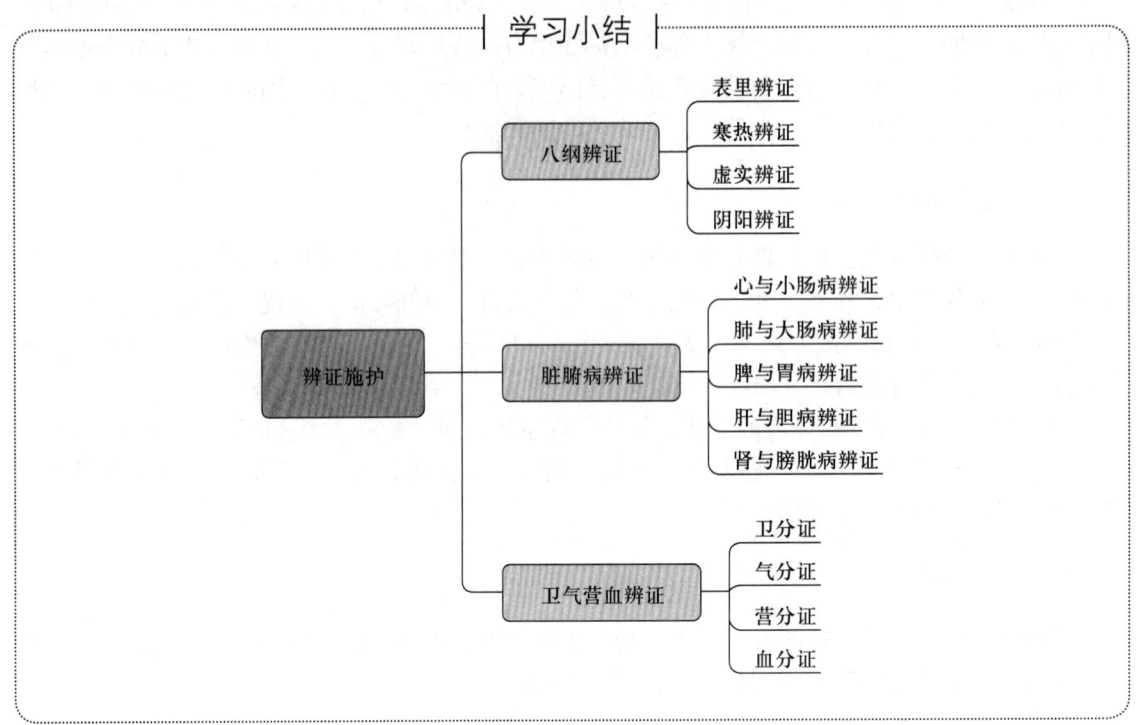

目标检测

A1 型题

1. 表证与里证最主要的鉴别点是
   A. 脉浮或不浮　　B. 舌苔白或黄　　C. 有无头身疼痛
   D. 有无恶寒发热　　E. 有无咳嗽
2. 虚实辨证在八纲中用以鉴别
   A. 病变的部位　　B. 病变的性质　　C. 疾病的类别
   D. 邪正的盛衰　　E. 疾病的轻重
3. 下列哪个为八纲的总纲
   A. 表里　　B. 阴阳　　C. 寒热
   D. 虚实　　E. 以上都不是
4. 属于辨别疾病性质的一对纲领的是
   A. 寒热　　B. 虚实　　C. 表里
   D. 阴阳　　E. 以上都不是
5. 除哪一项外，均是营分证候的临床表现
   A. 身热夜甚　　B. 口渴不甚　　C. 斑疹透露
   D. 心烦不寐　　E. 斑疹隐现
6. 属于辨别病变部位、病情轻重和病势趋向的一对纲领。
   A. 表里　　B. 阴阳　　C. 寒热　　D. 虚实　　E. 以上都不是

7. 以下属于疾病过程中的危重证候的是
   A. 阴虚　　　B. 气虚　　　C. 阳虚　　　D. 血虚　　　E. 亡阳
8. 出现吐血、衄血、便血、尿血等症状属于卫气营血证的
   A. 血分证　　　　　　　B. 卫分证　　　　　　　C. 气分证
   D. 营分证　　　　　　　E. 以上都不是
9. 属于脾肾阳虚证的表现的是
   A. 五更泻　　　　　　　B. 自汗　　　　　　　　C. 心烦
   D. 头痛　　　　　　　　E. 发热
10. 属于中气下陷证的表现的是
    A. 盗汗　　　　　　　　B. 自汗　　　　　　　　C. 脱肛
    D. 腰膝酸软　　　　　　E. 发热
11. 具有"动摇"特点为主的一类证候的是
    A. 肾阳虚证　　　　　　B. 肝火上炎　　　　　　C. 肝风内动
    D. 肾气不固证　　　　　E. 肝胆湿热
12. 属于肝气郁结的症状表现的是
    A. 身热夜甚　　　　　　B. 胸胁胀满　　　　　　C. 腰膝酸软
    D. 心烦不寐　　　　　　E. 盗汗

A2 型题

13. 张某，男，30岁。吹风后出现咳嗽，咳痰黄稠，发热，微恶风寒，头痛，口微渴，咽痛，舌尖红，苔薄黄，脉浮数等症状，此情况可辨证为
    A. 风寒袭肺　　　　　　B. 风热犯肺　　　　　　C. 燥邪犯肺
    D. 痰热壅肺　　　　　　E. 肺气虚

14. 刘某，女，42岁。腹部痞闷，纳呆，恶心呕吐，大便溏，小便赤，面目肌肤发黄，色泽鲜明，舌红苔黄腻，脉濡数等症状，此种情况属于
    A. 脾胃湿热　　　　　　B. 肝胆湿热　　　　　　C. 大肠湿热
    D. 寒湿困脾　　　　　　E. 小肠湿热

15. 王某，男，40岁。身体消瘦，午后潮热，盗汗，五心烦热，咳嗽痰少，声嘶，腰膝酸软，舌质红，脉细数等症状，此证属于
    A. 肺阴虚　　　　　　　B. 肾阴虚　　　　　　　C. 肺肾阴虚
    D. 心肾阴虚　　　　　　E. 肝阴虚

16. 杨某，女，21岁。咳嗽，吐痰清稀色白，恶寒发热，头痛，无汗，苔薄白，脉浮紧等症状，此证属于
    A. 肺气虚　　　　　　　B. 风寒束肺　　　　　　C. 痰热壅肺
    D. 痰浊阻肺　　　　　　E. 肺阴虚

17. 赵某，男，66岁。眩晕欲仆，头痛如掣，肢体麻木，手足震颤，舌质红，脉弦细。此证为
    A. 肝阳上亢　　　　　　B. 肝火上炎　　　　　　C. 肝阳化风
    D. 热极生风　　　　　　E. 肝胆湿热

（李新红）

第九章 预防及护理原则

 要点导航

1. 描述预防的意义。
2. 归纳预防的方法。
3. 知道中医常见病证的护理原则。
4. 能根据患者的具体情况选用适当的护理方法。

预防与护理原则，是在整体观念和辨证论治指导下制定的预防、治疗、调护疾病所应遵循的基本原则，对临床处方用药有着重要的指导作用。中医学不仅重视疾病的治疗和调护，更重视疾病的预防，预防为主是我国卫生工作的四大方针之一，且位于卫生工作首位。

第一节 预 防

预防是指采取一定的措施，防止疾病的发生与发展，以维护人体的健康状态。中医学历来重视对疾病的预防。早在《素问·四气调神大论》中就指出："圣人不治已病治未病，不治已乱治未乱……夫病已成而后药之，乱已成而后治之，譬犹渴而穿井，斗而铸锥，不亦晚乎！"强调防重于治的思想，对后世预防医学的发展起到重要的指导作用。所谓预防，包括未病先防和既病防变两方面内容。

一、未病先防

未病先防是指在疾病未发生之前，采取各种预防措施，避免致病因素的侵害，以防止疾病的发生。疾病的发病关系到正邪两个方面：正气不足是疾病发生的内在原因，邪气是发病的重要条件。因此，未病先防应从正邪两方面着手。

（一）养生以增强正气

养生，主要是未病时的一种自身预防保健活动，从预防的角度看，可增强自身的体质，提高人体的正气，从而增强机体的抗病能力。体质的强弱，直接决定着正气的盛衰。正气强，则抗病力强；正气弱，抗病力亦弱。体质主要与先天禀赋有关，但与后天的饮食、锻炼、精神情志等因素也有着密切的关系。故应注意从先、后天两方面采取措施，增强正气以提高机体的抗病能力。

1. 顺应自然 《灵枢·邪客》说："人与天地相应。"即言人体的生理活动与自然界的变化规律是相适应的。从养生的角度而言，人体自身虽具有一定的适应能力，但人们要了解和掌握自然变化规律，主动地采取养生措施以适应其变化，这样才能使各种生理机能与自然界的节律相应而协调有序，保持健康，增强正气，避免邪气的侵害，从而预防疾病的发生。中医学倡导顺应自然的衣着和饮食调配，起居有常，动静合宜等，均是这方面的较好体现。

2. 养性调神 中医学非常重视人的情志活动与身体健康的关系，七情太过，不仅可直接伤及脏腑，引起气机紊乱而发病，也可损伤人体正气，使人体的自我调节能力减退。所以，养性调神是养生的一个重要方面。传统气功中的炼意调神内容，即含此原理。除此之外，通过养性调神，还可改善气质，优化性格，增强自身的心理调摄能力，起到预防疾病、健康长寿的功用。

要做好养性调神，一是要注意避免来自内外环境的不良刺激，二是要提高人体自身心理的调摄能力。

3. 护肾保精 中医历来强调肾精对人体生命活动的重要性，体现在养生上，即有护肾保精的主张。男女间适度的性生活，是生理所需，对身体是无害的。但性生活要消耗肾精肾气，而肾精肾气，关系到人体的生长、发育、生殖等功能及机体阴阳平衡的调节，性生活过度，必致肾精肾气亏损而使人易于衰老或患病，故中医学将房劳过度看做是疾病的主要病因之一。护肾保精之法除房室有节外，尚有运动保健、按摩固肾、食疗保肾、针灸药物调治等，从而使人体精充气足、形健神旺，达到预防疾病、健康长寿的目的。

4. 体魄锻炼 古人养生，注重"形神合一""形动神静"。所谓"形动"，即加强形体的锻炼。传统的健身术有太极拳、易筋经、八段锦等。中医学认为，锻炼形体可以促进气血流畅，使人体肌肉筋骨强健，脏腑功能旺盛，并可借形动以济神静，从而使身体健康，益寿延年，预防疾病。形体锻炼要点有三：一是运动量要适度，要因人制宜，做到"形劳而不倦"；二是要循序渐进，运动量由小到大；三是要持之以恒，方能收效。

5. 调摄饮食 调摄饮食主要包括注意饮食宜忌及药膳保健两个方面。

（1）注意饮食宜忌：一是提倡饮食的定时定量，不可过饥过饱。二是注意饮食卫生，不吃不洁、腐败变质的食物或自死、疫死的家畜，防止得肠胃疾病、寄生虫病或食物中毒。三是克服饮食偏嗜，如五味要搭配适合，不可偏嗜某味，以防某脏之气偏盛；食物与药性一样，也有寒温之分，故食性最好是寒温适宜，或依据体质而调配：体质偏热之人，宜食寒凉而忌温热之品，体质偏寒之人则反之；另外，各种食物含有不同的养分，故要调配适宜，不可偏食。此外，从预防的角度看，某些易使旧病复发或加重的"发物"亦不宜食。

（2）药膳保健：药膳是在中医学理论指导下，将食物与中药，以及食物的辅料、调料等相配合，通过加工调制而成的膳食。药膳兼有药、食二者之长，具有防治疾病和保健强身的作用。药膳常用的中药如茯苓、枸杞子、黄芪、黄精、何首乌、桑葚、莲子、百合、薏苡仁、山药、芡实、菊花等，药性多平和，可以长期服用，适应面较广。但正确的食用方法还应做到辨证施膳，因时、因人、因地制宜等。

6. 针灸、推拿、药物调养 药物调养是长期服食一些对身体有益的药物以扶助正气，平调体内阴阳，从而达到健身防病益寿的目的。其对象多为体质偏差较大或体弱多病者，前者则应根据患者的阴阳气血的偏颇而选用有针对性的药物，后者则以补益脾胃、肝肾为主。

推拿，是通过各种手法，作用于体表的特定部位，以调节机体生理病理状况，达到治疗效果和保健强身的一种方法。

针灸包括针法和灸法，即通过针刺手法或艾灸的物理热效应及艾绒的药性对穴位的特异刺激作用，通过经络系统的感应传导及调节机能，而使人身气血阴阳得到调整而恢复平衡，从而发挥其治疗保健及防病效能。

(二)防止病邪侵害

邪气是导致发病的重要条件,有时甚至起着主导作用。所以,未病先防除了要增强正气,提高机体的抗病能力外,还应注意防止邪气的侵害。

1. **顺应四时,避邪防病**　中医学自古以来便提倡"虚邪贼风,避之有时"(《素问·上古天真论》)。由于四季气候有寒热温凉的变化,因此必须随之采取相应措施,以防止病邪的侵害,保护身体健康。如冬天应注意防寒保暖、夏天要防暑降温,在气候反常或遇到传染病流行时,更要避之有时,有的传染病还应隔离治疗等。如时行感冒流行时,应尽量减少在公共场所活动,以免感邪发病;痄腮流行期间,应避免小儿与之接触,或接触时注意防护,以防病邪侵袭等,都是防止疾病发生的重要措施。

2. **药物预防,人工免疫**　药物预防是中医药学的一大特点。应用药物能增强机体体质,提高抗邪能力,可预防某些疾病的发生。近年来应用中药预防疾病的方法也很多,如用板蓝根等预防感冒,大蒜预防肠道疾病,茵陈、山栀预防肝炎等,都是简便易行、行之有效的方法。

二、既病防变

既病防变是指疾病发生后,应早期诊断、早期治疗,以防止病情的发展与转变。

(一)早期诊治

疾病的发生和发展有一个过程,往往是由表入里,由浅入深,逐步加重。因此,要抓住时机,尽早控制病情。一般来说,在疾病初期,病位表浅,病情较轻,正气未衰,较易治愈,应积极治疗。倘若延误,病邪就会由表入里,由浅入深,病情愈来愈深重,治疗也愈困难。因此,必须做到早期诊治才能控制疾病的传变,这是防治的重要原则。

(二)控制传变

控制传变,是指根据不同疾病的传变途径与发展规律,采取相应措施先安未受邪之地,以防止疾病的进一步发展和传变。疾病的传变往往有一定规律,其中外感热病多按六经或卫气营血传变规律传变;内伤杂病则多以脏腑、五行生克规律和经络传变。掌握了疾病的传变规律后,在治疗及调护时就可以采取有效的措施,控制疾病的发展和传变。如《金匮要略》指出:"见肝之病,知肝传脾,当先实脾。"即是指临床治疗肝病时,常需配合健脾和胃之法,以调理脾胃,使脾气旺盛不受邪侵,则可防止肝病传脾。这是五行相克规律预防疾病转变的具体应用。在临床护理工作中,要密切观察病情变化,掌握疾病发生、发展和传变规律,以免病邪步步深入,侵犯内脏,使病情愈加严重,给治疗和护理增加困难。

第二节　护理原则

护理原则,是护理疾病时所必须遵循的基本原则。它是在整体观念和辨证论治精神指导下而制定的护理疾病的准则,对中医临床护理具有重要的指导意义。

护理原则的基本内容包括扶正祛邪、施护求本、标本缓急、调整阴阳、三因制宜等。

一、扶正祛邪

疾病的发生、发展过程,从邪正关系来说,是正气与邪气矛盾双方互相斗争的过程。正邪斗争的胜负,决定着疾病的发生、发展及其转归。因而治疗疾病,就要扶助正气,祛除邪气,改变邪正双方的力量对比,使之有利于疾病向痊愈的方向转化。

(一)扶正与祛邪的概念

1. **扶正**　即扶助正气,就是采用扶助正气的药物或护理方法,以增强体质,提高机体的抗邪能力，从而驱除邪气的方法。

2. **祛邪** 即祛除邪气，就是采用祛除邪气的药物或其他调护方法以祛除病邪，使邪去正复的方法。

（二）扶正祛邪的临床应用

运用扶正祛邪法则，首先要认真细致地观察和分析正邪双方的消长盛衰情况，并根据正邪在矛盾斗争中的地位，决定扶正与祛邪的主次和先后。一般有如下几种情况。

1. **扶正** 适用于正气虚而邪气不盛的虚性病证。气虚、血虚、阴虚、阳虚的患者，可分别采用益气、养血、滋阴、壮阳的方法。如阳虚患者多怕冷，治疗时应采用补阳的方法，护理时应注意加盖衣被，避风寒，尽量安排在阳面病房等。

2. **祛邪** 适用于邪气盛而正气未衰的实性病证。患者感受的邪气种类不同，病变的部位有别等，采用的祛邪方法也因之而异。如邪在表，宜用发汗解表法；邪在胸膈，可用吐法；邪在肠胃，可根据情况采用下法、清法、消法等。实证多采用泻实祛邪之品，故药后应加强观察，中病即止。攻下之品宜空腹服用。

3. **先扶正后祛邪** 适用于正虚邪实，以正虚为主的病证。因患者正气过于虚弱，若先攻邪，则反而更伤正气，故应先扶正，待正气有所恢复后再祛邪。如某些虫积患者，因正气太虚弱，应先健脾以扶正，待正气得到一定恢复之后，再驱虫消积。

4. **先祛邪后扶正** 适用于邪盛正虚、以邪实为主的病证。患者正气虽虚，但尚耐攻伐时，当先祛邪后扶正。若先扶正，反会助邪，因此要先祛邪，待邪气祛除后再补益正气。如瘀血所致的崩漏，既有瘀血，又有失血，瘀血不去，则崩漏不止，故应先祛瘀而后补血。

5. **扶正与祛邪兼用** 适用于正虚邪实，但二者均不甚重的病证。在具体应用时，并非不分主次，还是应分清是以正虚为主，还是以邪实为主。正虚为主的，应以扶正为主，兼顾祛邪；而邪实为主的，则以祛邪为主，兼以扶正。如气虚之人感冒风寒，应以发散风寒祛邪为主，兼以补气顾虚；又如脾虚不运，致饮食停积，则应以补益脾胃治虚为主，同时加入适量的消导之品祛其实，如此可获捷效。

扶正与祛邪并用时，必须以"扶正不留邪，祛邪不伤正"为原则。临床必须详辨证候，根据具体情况灵活运用。

二、施护求本

在一般情况下，多数疾病的临床表现与它的本质是一致的，但在某些情况下，有些疾病会出现某些看似和本质相矛盾，甚至相反的临床表现，即所谓假象。因此，针对疾病的现象（包括假象）而言，就有正护与反护的不同。

（一）正护

正护指疾病的临床表现和其本质相一致的情况下所确定的治疗与护理原则。临床上大多数疾病的外在征象与病变本质是相一致的，如热证见热象、寒证见寒象等，故正护是临床最为常用的治疗与护理原则。正护主要包括以下几个方面的内容：

> **考点提示**：正护包括寒者热之、热者寒之、虚则补之、实则泻之；反护包括热因热用、寒因寒用、塞因塞用、通因通用。

1. **寒者热之** 是指寒性病证出现寒象，用温热的方药或方法来治疗和护理。如表寒证用辛温解表的方药，里寒证用辛热温里的方药，寒证给予温热饮食调护等。

2. **热者寒之** 是指热性病证出现热象，用寒凉的方药或方法来治疗和护理。如表热证用辛凉解表的方药，里热证用苦寒清里的方药，或发热患者给予清凉饮料、物理降温、调低病室温度、清淡饮食等护理方法。

3. **虚则补之** 是指虚损性病证出现虚象，用有补益作用的方药或方法来治疗和护理。如阳虚用温阳的方药，阴虚用滋阴的方药，气虚用益气的方药，血虚用补血的方药，或从饮食、起居等方面，对各种正气亏虚的病证进行相应的调护。

4. **实则泻之** 是指实性病证出现实象，用攻逐邪实的方药或方法来治疗和护理。如食滞用消食导滞的方药，水饮内停用逐水的方药，瘀血用活血化瘀的方药，湿盛用祛湿的方药，或在饮食、情志、生活起居等方面，对邪气亢盛的病证给予相应的调护。

（二）反护

反护指当疾病的临床表现和其本质不相一致的情况下，顺从病证的外在假象而采取的治疗与护理原则。实质上，反护仍是治病求本的原则指导下确立的治疗与护理的方法。反护主要包括以下内容：

1. **热因热用** 是指用热性药物、温热法来治疗和护理具有假热征象的病证，又称以热治热，适用于阴盛格阳的真寒假热证。阴寒内盛，格阳于外，既可出现烦热、面赤、脉大等假热征象，也可出现下利清谷、小便清长、四肢厥冷等真寒的表现。应采用顺从假热而用温热药和温热护理法，如及时加盖衣被，饮食宜温热等治其真寒，真寒一去则假热自然就会消除。

2. **寒因寒用** 是指用寒性药物、寒凉法来治疗和护理具有假寒征象的病证，适用于阳盛格阴的真热假寒证。里热太甚，格阴于外，阳气不达四末，可出现四肢厥冷、脉沉等假寒征象，又可出现壮热心烦、口渴喜冷饮、小便短赤、大便干结等真热征象，故治疗和护理上应用寒凉的药物或方法治其真热，如护理时注意穿衣宜稍少，室温宜偏凉，饮食上给予清凉饮料，汤药凉服等。真热祛除，四肢厥冷等假寒之象也随之消失。

> **知识拓展**
>
> 制方用药的反佐法，在治大寒证的温热药中佐少许寒凉药，在治大热证的寒凉药中佐少许温热药。服药方法上的反佐，是指汤药内服的反佐法，即热证用寒凉药治疗，采用温服的方法；寒证用温热药治疗，采用凉服的方法。其目的都是为了避免由于寒热格拒发生药物下咽即吐的现象，而影响治疗效果。

3. **塞因塞用** 是指用补益的药物或方法治疗和护理具有闭塞症状的虚证，又称以补开塞。适用于因虚而闭阻的真虚假实证。如中气不足、脾阳不运，可导致腹胀、便秘，此为闭塞之假象，不能用通利的方法，否则会更加耗伤脾气；应用补中益气、温运脾阳的治疗和护理方法，虚损得补，腹胀、便秘自然会痊愈。

4. **通因通用** 是指用通利的药物或方法治疗和护理具有通泻症状的实证，适用于因实邪内阻出现通泻症状的真实假虚证。如伤食所致的腹泻，腹泻为通泻的假虚征象，不能用补益药以收涩，否则会妨碍外邪去除，应采用具有通利作用的消食导滞药及方法治疗和护理以祛除病邪。病邪一去，腹泻的症状自然会停止。

三、标本缓急

"标"与"本"是相对而言的，用以说明病变过程中各种矛盾的主次关系。一般本为疾病的主要矛盾，标为疾病的次要矛盾。在不同情况下，标与本有不同的含义，并随疾病发展变化的具体情况而定。如以正邪而言，正气为本，邪气为标；以病因和症状而论，病因为本，症状为标；以病变部位来分，内脏为本，体表为标；以发病先后来说，旧病、原发病为本，新病、继发病为标等。

临床上病情千变万化，只有充分搜集疾病各方面的信息，并在中医基础理论的指导下，进行综合分析，才能准确地判断疾病的标本情况，找出疾病的根本原因，并针对其"本"确立恰当的治疗与护理方法。掌握疾病的标本，就能分清主次，抓住治疗的关键，有利于从复杂的疾病矛盾中找出和处理其主要矛盾或矛盾的主要方面。既然在疾病过程中，常有标本主次的不同，因而治疗和护理上就有治标与治本的先后缓急之分。

（一）急则护（治）标

指在标病甚急的情况下，如不先护（治）其标病，患者会较为痛苦，甚至危及患者生命或影响本病的总体治疗，故采取先治标病的方法。如肝病出现因腹水胀满、二便不通而致的呼吸喘促的危急症状时，治疗和护理应立足于先解决标病甚急的腹水及二便不通等，待腹水消减、二便通畅以后再护（治）肝之本病。又如大出血的患者，无论属于何种出血，均应当首先止血以护（治）其标，而后针对病因以护（治）其本。

（二）缓则护（治）本

指在病情缓和，暂无危急病状的情况下，针对疾病的根本治疗与护理的方法。因标病根源于本病，本病得护（治），标病自然会随之而除。如肺痨咳嗽，其本多为肺肾阴虚，故治疗和护理不应用一般的止咳法护（治）其标，而应滋养肺肾之阴护（治）其本，并配合饮食调护、服药护理、情志护理、体育锻炼等，使本病得愈，则咳嗽也自然会消除。

（三）标本同护（治）

标病本病同时俱急，在时间、条件上又不允许单一护（治）标或单一护（治）本时，可采取标本同护（治）之法，以提高疗效，缩短病程。如原患肾炎，又复患风寒感冒，出现恶寒无汗、咳嗽胸满、腰痛尿少、全身浮肿时，病之本在肾虚水泛，病之标在风寒束肺，两者俱急，可采取解表与温阳化水同时并举的治疗和护理方法。

总之，在辨证施护（治）中，分清标与本，是抓主要矛盾，解决主要矛盾的一种方法。如果标本不明，主次不分，势必影响治疗与护理效果，甚至延误病情而危及患者生命。由于疾病标本关系可在一定条件下相互转化，因此，注意掌握标本相互转化的规律，对实施治疗与护理是很重要的。

四、调整阴阳

疾病的发生，其本质是由于阴阳的相对平衡遭到破坏，出现偏盛偏衰的结果。因此，调整阴阳，补偏救弊，恢复阴阳的相对平衡，促使阴平阳秘，是临床常用的根本法则之一。

（一）损其偏盛

损其偏盛，又称损其有余，是指对于阴或阳的一方过盛有余的病证，采用"实则泻之"的治疗与护理方法。如阳热亢盛的实热证，应"治热以寒"，用"热者寒之"的方法，以泻其偏盛之阳热。用药宜清热泻火，方选白虎汤、黄芩汤等加减。护理时应密切观察患者的发热、神志、汗出、舌苔、脉象等方面的表现及变化。病室宜通风凉爽，并可根据患者体温情况及环境气温因素，适当采取必要的物理降温；汗出过多者，及时更换衣被，防止压疮发生。饮食宜清淡、易消化的流质或半流质食物；可多饮清凉饮料，如西瓜汁、绿豆汤等。高热可给金银花、板蓝根水，咽痛者可含服喉片等。

同样，阴寒内盛的实寒证，则应"治寒以热"，用"寒者热之"的治疗与护理方法以消解偏盛之阴寒。用药宜温里祛寒，方选良附丸、理中丸等加减。护理时注意观察患者的寒热、面色、舌苔、脉象、二便等方面的表现及变化，必要时可用热敷法以温散寒邪。病室宜温暖，应及时添加衣被，以防寒保暖。饮食宜温热，如牛肉、羊肉等；忌生冷寒凉之品。

（二）补其偏衰

补其偏衰，又称补其不足，即对于阴或阳的一方虚损不足的病证，采用"虚则补之"的治疗与护理方法。如阴虚不足以制阳，表现为阴虚阳亢的虚热证时，则应滋阴以制阳，方选青蒿鳖甲汤、秦艽鳖甲散等加减。饮食宜清补，如桑葚、银耳、山药、粳米等煮粥食；忌燥烈伤阴之品。热证患者情绪易于激动，应注意稳定其情绪，以利康复。

阳虚不能制阴，表现为阳虚阴盛的虚寒证时，则应扶阳以制阴，宜温补阳气，方选理中汤、右归丸等加减。温补类药物宜文火煎煮，饭前热服。饮食宜温补，多食羊肉、韭菜等，或温黄酒少量饭前服用；忌生冷寒凉之品。

五、三因制宜

三因制宜，包括因时、因地、因人制宜。即治疗与调护疾病要根据季节、地域环境，以及患者个体的性别、年龄、体质、生活习惯等不同而制订适宜的方法。这也是医护人员工作中必须遵循的一个基本原则。

（一）因时制宜

四时气候的变化，对人体的生理、病理有一定的影响，而反常的气候则更是诱发疾病的重要条件。根据不同季节气候特点来确定治疗与调护原则，称为因时制宜。如夏季人体肌肤腠理疏松，汗出较多，即使外感风寒，用药也不宜过于辛温发散，以防开泄太过；在护理上可给予清凉饮料以补充津液、清降暑热。冬季则腠理致密，出汗较少，外感风寒时可适当重用辛温发散之品；在护理上尤为重视保暖防寒，可饮食热粥以助汗，使寒从汗解。

> **考点提示**：三因制宜包括因时、因地、因人制宜。

（二）因地制宜

不同的地理环境、生活习惯及生活条件，可直接影响到人体的生理与病理变化。因此，根据不同地区的地理环境特点来确定治疗与调护原则，称为因地制宜。如西北地区高寒少雨，病多风寒，治宜辛温祛风散寒，而寒凉之剂就必须慎用；在护理上注意防寒保暖，保持室内空气温暖、湿润，避免汗出当风等。江南一带，气候潮湿温暖，病多温热或湿热，治宜清热化湿，而温热之剂就必须慎用；在护理上应注意室内通风，保持凉爽，宜多给西瓜、甘蔗、荸荠、绿豆汤、酸梅汤、各种果汁等清凉饮料。

（三）因人制宜

根据患者的不同年龄、性别、生活习惯、体质强弱等特点，来制订治疗与调护原则，称为因人制宜。

1. **年龄** 年龄不同，其生理状况和病变特点亦不同。对老年人、青壮年和小儿要采取相应地治疗与调护措施，不可千篇一律。老年人脏腑功能减退，气血衰少，患病多虚证或虚实夹杂，治疗应注意扶正补虚，有实邪应攻伐者，药量也要慎重，以免伤正。小儿生机旺盛，但脏腑娇嫩，气血未充，易寒易热，病情变化较快，故治疗小儿病，忌投峻攻，慎用补益，药量宜轻。青壮年生机旺盛，体质强壮，患者多热证、实证，若用攻伐之品剂量可稍重。

2. **性别** 男女性别不同，各有其生理特点。对于妇女而言，有经、带、胎、产等情况，治疗用药应加以考虑。如妇女在妊娠和月经期，当慎用或禁用峻下、破血、滑利、走窜和有毒药品；产后诸疾的治疗、护理，又应考虑气血亏虚及恶露等情况。而男子有遗精、滑精、阳痿、早泄等病证，治疗此类疾病时，应及时针对这些病证的特点处方用药和护理。

3. **体质** 人的体质有强弱不同和阴阳之偏，所以在治疗和调护时应有一定的区别。对于阳盛或阴虚之体，应慎用温热伤阴之品；阳虚或阴盛之体，慎用寒凉伤阳之品；如强壮之体，耐受攻伐，泻实清热，用药可重；体弱之人，不耐攻伐，清热泻实，药量宜轻。此外，肥人多痰，瘦人多火，以及某些疾病与患者的职业、生活习惯等有关，在治疗与调护时也应注意。

三因制宜的原则，充分体现了中医学的整体观念，反映了辨证施护在实际应用中的原则性和灵活性。在临床治疗与调护中，只有全面、系统地看问题，具体情况具体分析，因时、因地、因人制宜，才能确定正确的治疗与调护原则和方法，取得理想的治疗和护理效果。

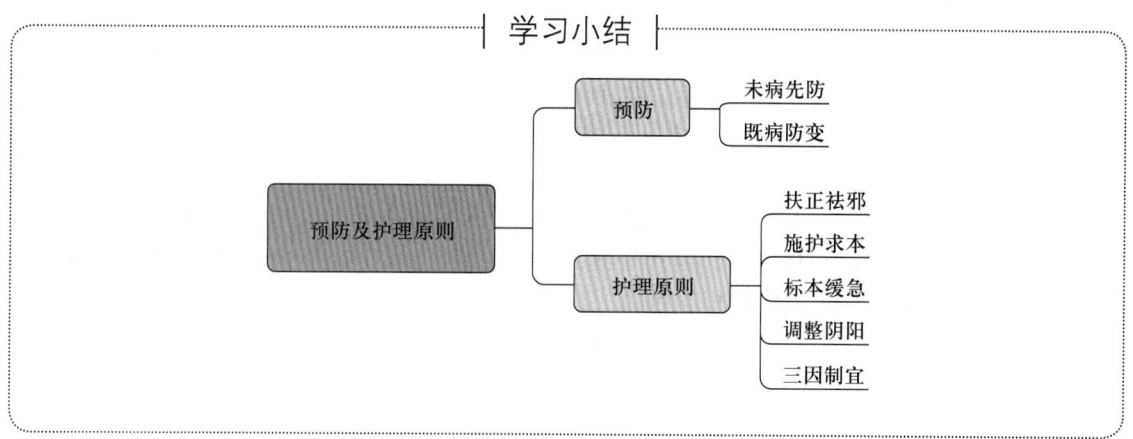

目标检测

A1 型题

1. 就病变过程中矛盾主次关系而言，其标本之划分，下列何项表述是错误的
   A. 正气为本，邪气为标　　　　　　　　B. 病因为标，症状为本
   C. 先病为本，后病为标　　　　　　　　D. 原发病为本，继发病为标
   E. 脏腑病为本，肌表经络病为标
2. 下列何项属正护（治）
   A. 标本兼治　　　　　B. 塞因塞用　　　　　C. 寒者热之
   D. 因人制宜　　　　　E. 寒因寒用
3. 正虚邪实可耐攻伐的患者宜采用
   A. 扶正为主　　　　　B. 祛邪为主　　　　　C. 扶正祛邪并用
   D. 先扶正后祛邪　　　E. 先祛邪后扶正
4. 适用急则护（治）标治的是
   A. 阴虚咳嗽　　　　　B. 持续低热　　　　　C. 大小便不通
   D. 慢性胃痛　　　　　E. 下肢水肿
5. 下列何项属反护（治）
   A. 用寒远寒　　　　　B. 用热远热　　　　　C. 塞因塞用
   D. 热者寒之　　　　　E. 寒者热之
6. 下列哪项不属于扶正治则指导下确定的治法
   A. 发汗　　B. 滋阴　　C. 养血　　D. 益气　　E. 扶阳
7. 以下哪些属于因时制宜的内容
   A. 热者寒之　　　　　B. 寒因寒用　　　　　C. 寒者热之
   D. 用热远热　　　　　E. 热因热用

8. 防止病邪侵害是中医养生原则之一，其内容不包括
   A. 顺应四时　　　　　B. 药物预防　　　　　C. 避疫毒
   D. 适度运动　　　　　E. 虚邪贼风，避之有时
9. 寒性病证出现寒象，用温热的方法来护理，称为
   A. 寒者热之　　　　　B. 热者寒之　　　　　C. 寒因寒用
   D. 塞因塞用　　　　　E. 以上皆非
10. "热者寒之"属于
    A. 正护　　　　　　　B. 反护　　　　　　　C. 扶正
    D. 护标　　　　　　　E. 标本同护

A2 型题

11. 张某，男，38岁。咳嗽咳痰，痰中带血10余年，伴见形体消瘦，口燥咽干，两颧潮红，五心烦热，潮热盗汗，小便短赤，大便干结，舌红少津，脉细数。诊断为肺阴虚证，对此患者应采取的护理原则为
    A. 寒者热之　　　　　B. 热者寒之　　　　　C. 寒因寒用
    D. 塞因塞用　　　　　E. 虚则补之

（苏新民）

第十章 方药知识及用药护理

> **要点导航**
> 1. 学会中药的用药禁忌、中药汤剂煎煮方法。
> 2. 归纳中药性能、中药的应用、中医用药"八法"及其护理方法。
> 3. 描述中药的常用剂型、方剂的组方原则。
> 4. 能辨证地选择合适的药膳,知道常用药膳的制作与功效运用。

第一节 中药与方剂基础知识

一、中药基础知识

中药是指在中医理论指导下,用于预防、治疗、诊断疾病并具有康复与保健作用的物质。中药主要来源于天然药物及其加工品,包括植物药、动物药、矿物药等。因植物药居多,且使用最为广泛,故有"诸药以草为本"的说法,自古人们将中药称为"本草"。

(一)中药的性能

中药性能,又称中药药性理论,是对中药作用基本性质和特征的高度概括,其主要内容有:四气五味、归经、升降浮沉、毒性等。

1. 四气五味

(1)四气:又称四性,即药物具有的温、热、寒、凉四种不同的药性,是根据药物作用于机体所发生的反应和对疾病所产生的治疗效果而概括的,因此它是与疾病属性的寒热相对而言的。

温、热属阳,温次于热,具有温里散寒、温通助阳等作用,能减轻或消除寒证,因此适用于阴寒证。寒、凉属阴,凉次于寒,具有清热泻火、凉血解毒等作用,能减轻或消除热证,因此适用于阳热证。

此外,还有一类药物,其药性平和,作用较缓,寒热偏向不明显,称平性药。这类药物实质上仍有偏温和偏凉的不同,因此其并未超出四气的范畴。

(2)五味:即药物的辛、甘、酸、苦、咸五种味道。还有些药物具有淡味或涩味,但淡附于甘、涩附于酸,因此仍称五味。药味的确定主要基于两方面:一是根据口尝身受的结果,二是根据临床治疗所反映的效果。不同味的药物有不同的作用,味同的药物作用具有相近或共同之处。

辛:能散、能行,具有发散、行气、行血的作用。辛味药多用以治疗表证及气滞血瘀证,一般解表、行气、活血类药物多具辛味。如麻黄、苏叶、木香、红花等。

甘：能补、能缓、能和，具有补益、和中、缓急、调和药性等作用。甘味药多用以治疗正气虚弱、身体诸痛、调和药性及中毒解救，一般补虚、调和药性及止痛类的药物多具甘味。如人参、甘草、饴糖等。

酸：能收、能涩，具有收敛、固涩的作用。酸味药多用以治疗虚汗、久泻、久痢、遗精、滑精、尿频、遗尿、崩漏、带下、久咳等证，一般固表止汗、涩肠止泻、固精缩尿、固崩止带、敛肺止咳类药物多具酸味。如五味子、乌梅、五倍子、山茱萸、赤石脂等。

苦：能泻、能燥，具有清热、燥湿、降逆、泻下等作用。苦味药多用以治疗实热证、湿证、肺气上逆喘咳、热结便秘等证，一般清热泻火、清热燥湿、下气平喘、降逆止呕、通利大便类药物多具苦味。如黄芩、苍术、葶苈子、杏仁、半夏、大黄等。

咸：能软、能下，具有软坚散结、泻下的作用。咸味药多用以治疗瘰疬、瘿瘤、便秘等证。如海藻、芒硝等。

淡：具有渗湿利尿作用，适用于水肿、小便不利等证，如猪苓、薏苡仁、灯心草等。

涩：具有收敛、固涩作用，与酸味药功能相似，如龙骨、牡蛎、乌贼骨等。

《素问·至真要大论》说："辛甘发散为阳，酸苦涌泄为阴，咸味涌泄为阴，淡味渗泄为阳。"由此概括为辛、甘、淡味属阳；酸、苦、咸味属阴。

> **考点提示**：中药五味是指辛、甘、酸、苦、咸五种味道。掌握这五种味道的不同作用，并能列举常用药物。

2. 升降浮沉 指药物在人体的作用趋向，分为升浮和沉降两方面。升即上升，浮即发散，升浮药主向上、向外，具有解表、散寒、祛风、升阳、举陷、催吐、开窍等作用，治疗病位在表、在上及病势下陷的病证，适用于表证、泄泻、脱肛、闭证神昏等证；降即下降，沉即收敛，沉降药主向下、向内，具有清热、泻火、降逆、利水、通便等作用，治疗病位在里、在下及病势上逆的病证，适用于里热证、实热便秘、呕吐呃逆、喘咳、肝阳上亢、水肿等证。

药物的升降浮沉作用趋势，与药物的质地轻重、气味有密切关系。一般质地轻的（如花、叶、皮、枝等），气属温热，味为辛、甘、淡的药物，多为升浮药；质地重的（如果实、种子、矿物、贝壳等），气属寒凉，味为苦、酸（涩）、咸的药物，多为沉降药。此外，药物的炮制及配伍方法也会改变药物的升降浮沉：如酒制则升、姜炒则散、醋炒收敛、盐炒下行；若少量的升浮药配在大量的沉降药中，升浮之性随之下降，反之亦然。由此可见，药物的升降浮沉受多种因素影响，在一定条件下可有所改变，正如李时珍所云："一物之中，有根升梢降，生升熟降，是升降在物亦在人也。"（《本草纲目序列第一卷·升降浮沉》）

3. 归经 归，即药物作用的归属；经，即人体的脏腑、经络。归经是指药物对机体脏腑、经络的选择性治疗作用。

经络能沟通人体内外表里，人体有病变时，体表的疾病可以影响到内脏，内脏的病变也可以反映到体表，因此在治疗疾病时可根据归经理论进行针对性的治疗。如肝经病变，可见胁痛、抽搐，全蝎、钩藤归肝经而能治胁痛、定抽搐；肺经病变，可见胸闷、喘咳等证，桔梗、苏子归肺经而能宽胸、止咳喘；心经病变，可见心悸、失眠等证，朱砂、远志归心经能安神助眠等。头痛之证，若属太阳经者（项部），宜选羌活；若属少阳经者（两颞），宜选柴胡；若属阳明经者（前额），宜选葛根、白芷；若属厥阴经者（巅顶），宜选吴茱萸。

在应用药物时，除了使用归经理论之外，还需与药物的四气、五味、升降浮沉等理论结合起来，如此才能相得益彰。

4. 毒性 即药物的偏性，现代认为是药物对机体的损害性。毒性与不良反应不同，毒性对人体的危害性更大，甚至可危及生命。在使用毒性药物时，要明确其毒性，严格把握其适应证、禁忌证、安全剂量，并且要结合患者的病变部位、病情轻重及体质特点，把握"中病即止"的原则，观察用药后反应，若出现中毒症状要及时处理。

（二）中药的应用

1. 配伍 根据病情的需要及药性特点，选择两种或两种以上的药物配合使用。前人在长期的临床实践中，把药物的配伍关系总结为药物"七情"。

> **考点提示**：中药七情配伍的内容为单行、相须、相使、相畏、相杀、相恶、相反；掌握各种配伍的意义。

（1）单行：单用一味药治疗疾病。如独参汤，仅用人参一味补气固脱，具有药力专一、简便立验的特点。

（2）相须：性能相似的药物合用，以增强疗效。如治疗热结便秘，以大黄配芒硝增强攻下泻热的效果。

（3）相使：以一药为主，另一药为辅，辅药可提高主药的功效。如治疗脾虚水肿，以黄芪配茯苓，健脾利水的茯苓能增强黄芪补气利水的治疗效果。

（4）相畏：一种药物的毒性或不良反应被另一种药物减轻或消除。如半夏畏生姜，即半夏的毒性可通过配生姜以减轻或消除。

（5）相杀：一种药物能降低或消除另一种药物的毒性或不良反应。如生姜杀半夏，即生姜可以减轻或消除半夏的毒性。

（6）相恶：两药合用，一种药物能使另一药物功效降低、甚至丧失。如人参恶莱菔子，即莱菔子能削弱人参的补气作用。

（7）相反：两药合用，能产生剧烈的毒副作用。如甘草反甘遂，两者不能同用，否则产生毒性。

以上"七情"中，"单行"既不增效又不减效，既不增毒又不减毒，临床可根据需要选用；"相须""相使"表示增效，是临床常用的配伍方法；"相畏""相杀"表示减毒，应用毒性大的药物时需考虑使用；"相恶"表示减效，用药时应加以注意；"相反"表示增毒，原则上绝对禁止同用。

2. 禁忌

（1）配伍禁忌：某些药物不能合用，否则会降低药效或产生毒副作用，前面所述的"相恶""相反"即属于配伍禁忌。

古代医家将所总结的用药配伍禁忌经验，归纳为"十八反""十九畏"，并编成歌诀，便于记诵。提醒人们在临床使用时须慎重。

"十八反"：乌头反半夏、瓜蒌、贝母、白蔹、白及，甘草反海藻、大戟、甘遂、芫花，藜芦反人参、丹参、沙参、玄参、苦参、细辛、芍药。

"十九畏"：硫黄畏朴硝，水银畏砒霜，狼毒畏密陀僧，巴豆畏牵牛，丁香畏郁金，牙硝畏三棱，川乌、草乌畏犀角，人参畏五灵脂，官桂畏石脂。

> **知识拓展**
>
> **十八反歌诀**
>
> 本草明言十八反，半蒌贝蔹及攻乌；
>
> 藻戟遂芫俱战草，诸参辛芍叛藜芦。
>
> **十九畏歌诀**
>
> 硫黄原是火中精，朴硝一见便相争。
>
> 水银莫与砒霜见，狼毒最怕密陀僧。

巴豆性烈最为上，偏与牵牛不顺情。
丁香莫与郁金见，牙硝难合京三棱。
川乌草乌不顺犀，人参最怕五灵脂。
官桂善能调冷气，若逢石脂便相欺。
大凡修合看顺逆，炮爁炙煿莫相依。

（2）妊娠禁忌：妇女在妊娠期间，但凡能损害胎元，甚至引发堕胎的药物，属于妊娠禁忌。

根据药物对胎元损害程度的不同，分为禁用和慎用两大类：①禁用药：一般毒性较强，药性峻猛，如水银、砒霜、铅丹、硫黄、硇砂、巴豆、商陆、乌头、附子、马钱子、雄黄、大戟、芫花、牵牛子、麝香、三棱、莪术、干漆、水蛭、虻虫、地龙、蜈蚣等，临床上绝对不能使用；②慎用药：包括活血化瘀、行气破滞、攻逐泻下以及辛热滑利等类药物，如当归、桃仁、红花、蒲黄、五灵脂、牛膝、川芎、枳实、乳香、没药、丹皮、穿山甲、王不留行、芦荟、大黄、芒硝、干姜、皂角刺、肉桂、刘寄奴、厚朴、槟榔、郁金、瞿麦、木通、通草、滑石、薏苡仁、半夏、天南星、牛黄、瓜蒂、槐花、蝉衣、胆矾、葶苈子等，临床上需根据病情谨慎使用。

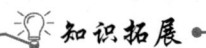

妊娠禁忌歌诀

蚖斑水蛭及虻虫，乌头附子配天雄。
野葛水银并巴豆，牛膝薏苡与蜈蚣。
三棱芫花代赭麝，大戟蝉蜕黄雌雄。
牙硝芒硝牡丹桂，槐花牵牛皂角同。
半夏南星与通草，瞿麦干姜桃仁通。
硇砂干漆蟹爪甲，地胆茅根与䗪虫。

（3）服药禁忌：服药期间对某些药物的禁忌，俗称"忌口"。服药期间，宜忌生冷、辛热、油腻、腥膻及刺激之品。此外，病情不同，禁忌有异，如热性病忌辛辣、油腻及煎炸之品；寒性病忌生冷之品；疮疡及皮肤病忌鱼虾蟹等腥膻发物。

> **考点提示**：中药用药禁忌包括配伍禁忌、妊娠禁忌及服药禁忌。十八反、十九畏、妊娠禁忌及服药禁忌的内容。

3. **剂量** 剂量即临床运用分量，包括三方面：单味药物的成人一日用量、方剂中药物的相对用量、制剂的实际用量。

剂量的大小，一般根据药物性能质地、方剂配伍、病情轻重、剂型，以及患者的体质、年龄而定。质地较轻，较易溶解的（如花、叶类），剂量宜小；质地较重，难以溶解的（如矿物、贝壳类），剂量宜大；药物单用时药量可较大，配伍时药量较小；一个方剂中，主药用量较大，辅药用量较小；毒性大、性峻烈的药物，剂量宜小，要严格掌握安全剂量；性质平和、无毒的药物，剂量可大；同样药物，入汤剂量宜大，入散剂、丸剂剂量宜小，作酒剂、浸膏剂剂量可稍大；急症、重病剂量宜大，慢性病、轻病剂量宜小；体质壮实者剂量宜大，年老体弱者剂量宜小；小儿用量较成人用量小，一般5岁以下用量为成人用量的1/4，6~15岁为成人量的1/2，16岁以上同成人。

一般情况下，除毒药、峻烈药及某些精制药物外，一般中药的常用剂量为 5~10 g，部分药物常用量较大为 15~30 g。

二、常用中药

（一）解表药

分类	药名	性味归经	功效	主治
辛温解表	麻黄	辛、微苦，温；归肺、膀胱经	发汗解表，宣肺平喘，利水消肿	风寒感冒；咳嗽气喘；风水水肿
	桂枝	辛、甘，温；归心、肺、膀胱经	发表解肌，温通经脉，助阳化气	风寒感冒；寒凝血滞诸痛证；痰饮、蓄水证；阳虚心悸
	紫苏	辛，温；归肺、脾经	解表散寒，行气宽中，安胎，解鱼蟹毒	风寒感冒；脾胃气滞，胸闷呕吐；气滞胎动证；鱼蟹中毒引起的腹痛吐泻
	生姜	辛，微温；归肺、脾、胃经	散寒解表，温中止呕，温肺，止咳化痰，解鱼蟹毒	风寒感冒；胃寒呕吐；肺寒咳嗽；鱼蟹、半夏、天南星中毒
	荆芥	辛，微温；归肺、肝经	祛风解表，透疹止痒，止血	外感表证；麻疹不透，风疹瘙痒；疮疡初起有表证；吐衄下血
	防风	辛、甘，微温；归膀胱、肝、脾经	祛风解表，胜湿止痛，止痉	外感表证；风疹瘙痒；风湿痹痛；破伤风证
	羌活	辛、苦，温；归膀胱、肾经	解表散寒，祛风胜湿，止痛	风寒表证，表证夹湿；风寒湿痹
	细辛	辛，温；有小毒；归肺、肾、心经	祛风散寒，通窍，止痛，温肺化饮	风寒表证，阳虚外感；鼻渊头痛，头风头痛，牙痛，风寒湿痹通；寒饮喘咳
	白芷	辛，温；归肺、胃经	发散风寒，通窍止痛，燥湿止带，消肿排脓	风寒感冒；头痛，牙痛，风湿痹痛；鼻渊；带下证
辛凉解表	薄荷	辛，凉；归肺、肝经	宣散风热，清利头目，利咽透疹，疏肝	风热感冒，温病初起；风热头痛，目赤，咽喉肿痛；麻疹不透，风疹瘙痒；肝郁气滞，胸闷胁痛
	牛蒡子	辛、苦，寒；归肺、胃经	疏散风热，宣肺利咽，解毒透疹，消肿疗疮	风热感冒，温病初起；麻疹不透，风疹瘙痒；热毒疮肿，痄腮
	蝉蜕	甘，寒；归肺、肝经	疏散风热，利咽开音，透疹止痒，明目退翳，息风止痉	风热感冒，温病初起；音哑咽痛；麻疹不透，风疹瘙痒；目赤翳障；急慢惊风，破伤风证
	桑叶	苦、甘，寒；归肺、肝经	疏散风热，清肺润燥，平肝明目，凉血止血	风热感冒，温病初起；肺热、燥热咳嗽；肝阳上亢眩晕；目赤肿痛；血热吐衄
	菊花	辛、甘、苦，微寒；归肝、肺经	疏散风热，平肝明目，清热解毒	风热感冒，温病初起；肝阳眩晕，肝风实证；目赤昏花；疮痈肿毒
	葛根	甘、辛，凉；归脾、胃经	解肌退热，透疹，生津止渴，升阳止泻	表证发热，项背强痛；麻疹不透；热病口渴，阴虚消渴；热泻热痢，脾虚泄泻
	柴胡	苦、辛，微寒，归肝、胆经	解表退热，疏肝解郁，升举阳气，截疟	邪在少阳，寒热往来，感冒发热；肝郁气滞证；气虚下陷，脏器脱垂

使用注意：使用发汗力强的解表药，需注意掌握剂量，中病即止，不可过汗，以免损伤阳气和津液；体虚多汗及热病后期津液亏耗者忌服；久患疮疡、淋病及失血患者，虽有表证，也要慎重使用；入汤剂不宜久煎，以免有效成分挥发过多而影响疗效。

（二）清热药

分类	药名	性味归经	功效	主治
清热泻火	石膏	辛、甘、大寒；归肺、胃经	生用清热泻火，除烦止渴；煅用敛疮生肌，收湿，止血	温热病气分实热证；肺热喘咳证；胃火牙痛、头痛，实热消渴；溃疡不敛，湿疹瘙痒，水火烫伤，外伤出血
	知母	苦、甘，寒；归肺、胃、肾经	清热泻火，生津润燥	热病烦渴，肺热、燥热咳嗽，阴虚劳嗽；阴虚火旺，潮热盗汗；内热消渴，阴虚肠燥便秘
	栀子	苦，寒；归心、肺、胃、三焦经	泻火除烦，清热利湿，凉血解毒	热病心烦；湿热黄疸、热淋、血淋；血热吐衄；热毒疮肿
	夏枯草	辛、苦，寒；归肝、胆经	清热泻火，明目，散结消肿	目赤肿痛，头痛眩晕，目珠夜痛；瘰疬、瘿瘤；乳痈肿痛
清热燥湿	黄芩	苦，寒；归肺、胆、脾、大肠、小肠经	清热燥湿，泻火解毒，止血，安胎	湿温、暑湿、湿热胸闷、黄疸、泻痢；热病烦渴，肺热喘咳；血热吐衄；痈肿疮毒；胎动不安
	黄连	苦，寒；归心、脾、胃、肝、胆、大肠经	清热燥湿，泻火解毒	湿热痞满，呕吐吞酸，湿热泻痢，黄疸，高热神昏，心火亢盛，心烦不寐，血热吐衄；痈疽肿毒，目赤牙痛；消渴；外治湿疹、湿疮、耳道流脓
	黄柏	苦，寒；归肾、膀胱、大肠经	清热燥湿，泻火解毒，退虚热	湿热带下、淋浊、脚气、足膝红肿；湿热黄疸、泻痢、湿疹、湿疮；热毒疮肿，口舌生疮，血热出血；阴虚盗汗，遗精，骨蒸潮热
清热解毒	金银花	甘，寒；归肺、心、胃经	清热解毒，疏散风热	外感热病，风热表证；痈肿疔疮；热毒血痢
	连翘	苦，微寒；归肺、心、小肠经	清热解毒，消肿散结，疏散风热	痈肿疮毒，瘰疬痰核；风热外感，温病初起，温热入营，高热烦渴，神昏发斑；热淋涩痛
	板蓝根	苦，寒；归心、胃经	清热解毒，凉血，利咽	外感发热，温病初起，咽喉肿痛；温病发斑，痄腮，丹毒，痈肿疮毒
	蒲公英	苦、甘，寒；归肝、胃经	清热解毒，消肿散结，利湿通淋，清肝明目	痈肿疔毒，乳痈内痈；热淋涩痛，湿热；目赤肿痛
	鱼腥草	辛，微寒；归肺经	清热解毒，消痈排脓，利尿通淋	肺痈吐脓，肺热咳嗽；热毒疮痈；湿热淋证、泻痢
	白头翁	苦，寒；归胃、大肠经	清热解毒，凉血止痢	热毒血痢；疮痈肿毒

续表

分类	药名	性味归经	功效	主治
清热凉血	生地黄	甘、苦，寒；归心、肝、肾经	清热凉血，养阴生津	热入营血，舌绛烦渴，斑疹吐衄；阴虚内热，骨蒸劳热；津伤口渴，内热消渴，肠燥便秘
	玄参	甘、苦、咸，微寒；归肺、胃、肾经	清热凉血，泻火解毒，滋阴	温邪入营，内陷心包，温毒发斑；热病伤阴，津伤便秘，骨蒸劳嗽；目赤肿痛，瘰疬，白喉，痈肿疮毒
	牡丹皮	苦、辛，微寒；归心、肝、肾经	清热凉血，活血祛瘀	温毒发斑，血热吐衄；温病伤阴，阴虚发热，夜热早凉，无汗骨蒸；血滞经闭、痛经、跌打伤痛；痈肿疮毒
	赤芍	苦，微寒；归肝经	清热凉血，散瘀止痛	温毒发斑，血热吐衄；目赤肿痛，痈肿疮毒；肝郁胁痛，经闭痛经，癥瘕腹痛，跌打损伤
清虚热	青蒿	苦、辛，寒；归肝、胆经	清透虚热，凉血除蒸，解暑，截疟	温病伤阴，夜热早凉，阴虚发热，劳热骨蒸，暑热外感，发热口渴；疟疾寒热
	地骨皮	甘，寒；归肺、肝、肾经	凉血除蒸，清肺降火	阴虚发热，盗汗骨蒸；肺热咳嗽；血热出血

使用注意：药性寒凉，易伤脾胃，凡脾胃虚弱、食少便溏者慎服；苦寒药物易化燥伤阴，因此热病伤阴或阴虚患者慎用；禁用于阴盛格阳或真寒假热证。

（三）泻下药

分类	药名	性味归经	功效	主治
攻下	大黄	苦，寒，归脾、胃、大肠、肝、心包经	泻下攻积，清热泻火，凉血解毒，逐瘀通经	积滞腹痛，实热便秘；血热吐衄，目赤，咽肿，齿龈肿痛；热毒疮疡，跌打损伤，烧烫伤；瘀血诸证；湿热痢疾、黄疸、淋证
	番泻叶	甘，苦，寒；归大肠经	泻热行滞，泻下通便，利水	热结便秘，秘滞腹痛，水肿胀满
	芒硝	咸、苦，寒；归胃、大肠经	泻下攻积，润燥软坚，清热消肿	积滞便秘；咽痛，口疮，目赤，痈疮肿毒；乳痈（外用）
润下	火麻仁	甘，平；归脾、胃、大肠经	润肠通便	血虚津亏，肠燥便秘
峻下	甘遂	苦，寒；有毒；归肺、肾、大肠经	泻水逐饮，消肿散结	水肿，臌胀，胸胁停饮；风痰癫痫；疮痈肿毒，气逆喘咳，二便不利

使用注意：泻下作用峻猛的药易伤正气及脾胃，故久病体弱、脾胃虚弱者慎用；妇女胎前产后及经期慎用或禁用；应用作用较强的泻下药时，当中病即止，以免伤胃气。

（四）祛风湿药

分类	药名	性味归经	功效	主治
祛风湿散寒	独活	辛、苦，温；归肾、膀胱经	祛风湿，止痛，解表	风寒湿痹；风寒表证夹湿；腰膝疼痛，少阴头痛；皮肤湿痒
祛风湿清热	秦艽	辛、苦，平；归胃、肝、胆经	祛风湿，通络止痛，退虚热，清湿热	风湿痹症；中风不遂；骨节酸痛，日晡潮热，小儿疳积发热
	防己	苦、辛，寒；归膀胱、肺经	祛风湿，止痛，利水消肿	风湿痹症；水肿脚气，小便不利，湿疹疮毒；高血压
祛风湿强筋骨	桑寄生	苦、甘，平；归肝、肾经	祛风湿，补肝肾，强筋骨，安胎	风湿痹症，腰膝酸软，筋骨无力；肝肾虚损、冲任不固所致胎漏、胎动不安及崩漏；高血压

使用注意：辛温性燥的祛风湿药，易伤阴耗血，故阴血亏虚者慎用。

（五）化湿药

药名	性味归经	功效	主治
苍术	辛、苦，温；归脾、胃、肝经	燥湿健脾，祛风湿，解表明目	湿阻中焦证，脘腹胀满，泄泻，水肿；风湿痹症；风寒夹湿表证；夜盲，眼目昏涩
藿香	辛，微温；归脾、胃、肺经	化湿，解暑，止呕	湿阻中焦证；暑湿或湿温初起；呕吐
厚朴	苦、辛，温；归脾、胃、肺、大肠经	燥湿消痰，下气除满	湿阻中焦，脘腹胀满；食积气滞，腹胀便秘；痰饮喘咳
砂仁	辛，温；归脾、胃、肾经	化湿行气，温脾止泻，理气安胎	湿阻中焦证；脾胃气滞证；脾胃虚寒，呕吐泄泻；妊娠恶阻，气滞胎动不安

使用注意：易耗气伤阴，故阴虚血燥、气虚者慎用；气味芳香，多含挥发油，故不宜久煎。

（六）利水渗湿药

分类	药名	性味归经	功效	主治
利水消肿	茯苓	甘、淡，平；归脾、心、肾经	利水渗湿，健脾，安神	小便不利，水肿，痰饮；脾虚泄泻；心悸，失眠
	薏苡仁	甘、淡，凉；归脾、胃、肺经	利水渗湿，健脾止泻，除痹，清热排脓	水肿，小便不利，脚气；脾虚泄泻；湿痹拘挛；肺痈，肠痈
	泽泻	甘，寒；归肾、膀胱经	利水渗湿，泄热	水肿，小便不利，泄泻；淋证，遗精
利尿通淋	车前子	甘，微寒；归肝、肾、肺、小肠经	清热利尿，通淋，渗湿止泻，明目，祛痰	淋证，水肿胀满；泄泻；目赤肿痛，目暗昏花，翳障；痰热咳嗽
利湿退黄	茵陈	苦、辛，微寒；归脾、胃、肝、胆经	清湿热，退黄疸，解毒疗疮	湿热黄疸，尿少；湿疮瘙痒；传染性黄疸型肝炎
	金钱草	甘、咸，微寒；归肝、胆、肾、膀胱经	清热利湿，退黄，利尿通淋，解毒消肿	湿热黄疸；石淋，热淋；痈肿疔疮，毒蛇咬伤；肝胆结石，尿路结石

使用注意：易耗伤津液，故阴虚津伤者慎用。

（七）温里药

药名	性味归经	功效	主治
附子	辛、甘，大热；有毒；归心、肾、脾经	回阳救逆，补火助阳，散寒止痛	亡阳证；阳虚证；寒痹证
干姜	辛，热；归脾、胃、心、肺经	温中散寒，回阳通脉，温肺化饮	脘腹冷痛，呕吐，泄泻；亡阳证；痰饮喘咳
肉桂	辛、甘，大热；归肾、脾、心、肝经	补火助阳，散寒止痛，温经通脉，引火归原	阳痿，宫冷，胃寒肢冷；肾虚作喘，阳虚眩晕，目赤咽痛，心腹冷痛，虚寒吐泻，寒疝；腰痛，胸痹，阴疽，闭经，痛经；虚阳上浮
吴茱萸	辛、苦，热；有小毒；归肝、脾、胃、肾经	散寒止痛，降逆止呕，助阳止泻	厥阴头痛，寒凝疼痛，胃寒呕吐；虚寒泄泻，行经腹痛，脘腹胀痛

使用注意：多辛热燥烈，易助火、伤津，故热证、阴虚证及孕妇忌用或慎用。

（八）理气药

药名	性味归经	功效	主治
陈皮	辛、苦，温；归脾、肺经	理气调中，燥湿化痰	脾胃气滞证；呕吐呃逆；湿痰、寒痰咳嗽；胸痹
枳实	苦、辛、酸，温；归脾、胃、大肠经	破气除痞，化痰消积	食积便秘腹胀；泻痢里急后重；痰湿阻滞之胸脘痞满，痰滞胸痹证；胃下垂，脱肛，子宫脱垂
木香	辛、苦，温；归脾、胃、大肠、胆、三焦经	行气止痛，健脾消食	脾胃气滞证；泻痢里急后重；食积不消，不思饮食；腹痛胁痛，疝气疼痛；胸痹
香附	辛、微苦、微甘，平；归肝、脾、三焦经	疏肝理气，调经止痛	肝郁气滞之胁痛、腹痛；月经不调，痛经，乳房胀痛；脾胃气滞，脘腹胀痛

使用注意：多辛香燥散，易耗气伤阴，故气虚、阴亏者慎用。

（九）消食药

药名	性味归经	功效	主治
山楂	酸、甘，微温；归脾、胃、肝经	消食化积，行气散瘀	饮食积滞；泻痢腹痛，疝气痛；瘀阻腹痛，痛经
神曲	甘、辛，温；归脾、胃经	消食和胃	饮食积滞
麦芽	甘，平；归脾、胃、肝经	消食健胃，回乳消胀，疏肝解郁	米面薯芋食滞；断乳，乳房胀痛；肝郁气滞或肝胃不和之胁痛、脘腹痛

使用注意：部分药物有耗气之弊，故气虚及无食积、痰滞者慎用。

（十）驱虫药

药名	性味归经	功效	主治
使君子	甘，温；归脾、胃经	杀虫消积	蛔虫病，蛲虫病；小儿疳积
槟榔	苦、辛，温；归胃、大肠经	杀虫，消积，行气，利水，截疟	肠道寄生虫；食积气滞，泻痢后重；水肿，脚气肿痛；疟疾

使用注意：空腹服；孕妇及老弱患者慎用。

（十一）止血药

分类	药名	性味归经	功效	主治
凉血止血	大蓟、小蓟	甘、苦，凉；归心、肝经	凉血止血，散瘀解毒消痈	血热出血证；热毒痈肿
	地榆	苦、酸、涩，微寒；归肝、大肠经	凉血止血，解毒敛疮	血热出血证；烫伤，湿疹，疮疡痈肿
	槐花	苦，微寒；归肝、大肠经	凉血止血，清肝泻火	血热出血证；目赤，头痛
化瘀止血	三七	甘、微苦，温；归肝、胃经	化瘀止血，活血定痛	出血证；跌打损伤，瘀血肿痛
	茜草	苦，寒；归肝经	凉血化瘀止血，通经	出血证；血瘀经闭，跌打损伤，风湿痹痛
	蒲黄	甘，平；归肝、心包经	止血，化瘀，利尿	出血证；瘀血痛证；血淋尿血
收敛止血	白及	苦、甘、涩，寒；归肺、胃、肝经	收敛止血，消肿生肌	出血证；痈肿疮疡，手足皲裂，水火烫伤
温经止血	艾叶	辛、苦，温；归肝、脾、肾经	温经止血，散寒调经，安胎	出血证；月经不调，痛经；胎动不安

使用注意：在使用凉血止血及收敛止血药时，注意止血不留瘀。

（十二）活血化瘀药

分类	药名	性味归经	功效	主治
活血止痛	川芎	辛，温；归肝、胆、心包经	活血行气，祛风止痛	血瘀气滞证；头痛，风湿痹痛
	延胡索	辛、苦，温；归心、肝、脾经	活血，行气，止痛	气血瘀滞痛证
	郁金	辛、苦，寒；归肝、胆、心经	活血止痛，行气解郁，清心凉血，利胆退黄	气滞血瘀痛证；热病神昏，癫痫痰闭；吐血，衄血，倒经，尿血，血淋；肝胆湿热黄疸、胆石症
活血通经	丹参	苦，微寒；归心、心包、肝经	活血调经，祛瘀止痛，凉血消痈，除烦安神	月经不调，经闭痛经，产后瘀滞腹痛；血瘀心痛，脘腹疼痛，癥瘕积聚，跌打损伤，风湿痹证；疮痈肿毒；热病烦躁神昏，心悸失眠
	红花	辛，温；归心、肝经	活血通经，祛瘀止痛	血瘀经闭，痛经，产后瘀滞腹痛，癥瘕积聚；胸痹心痛，血瘀腹痛，胁痛；跌打损伤，瘀滞肿痛；瘀滞斑疹色暗
	桃仁	苦、甘，平；归心、肝、大肠经	活血祛瘀，润肠通便，止咳平喘	瘀血阻滞诸证；肺痈，肠痈；肠燥便秘；咳嗽气喘；跌扑损伤；经闭，痛经
	益母草	辛、苦，微寒；归心、肝、膀胱经	活血调经，利水消肿，清热解毒	血滞经闭，痛经，经行不畅，产后恶露不尽，瘀滞腹痛；水肿，小便不利；跌打损伤，疮痈肿毒，皮肤瘾疹
	牛膝	苦、酸，平；归肝、肾经	活血通经，补肝肾，强筋骨，利水通淋，引火（血）下行	瘀血阻滞所致妇科经产诸疾及跌打损伤；腰膝酸软，下肢痿软；淋证，水肿，小便不利；头痛，眩晕，齿痛，口舌生疮，吐血，衄血

使用注意：女性月经量多、血虚经闭无瘀及出血无瘀者忌用；孕妇慎用或禁用。

（十三）化痰止咳平喘药

分类	药名	性味归经	功效	主治
温化寒痰	半夏	辛，温；有毒；归脾、胃、肺经	燥湿化痰，降逆止呕，消痞散结，外用消肿止痛	湿痰、寒痰证；呕吐；心下痞，结胸，梅核气；瘿瘤，痰核，痈疽肿毒，毒蛇咬伤
清化热痰	川贝母	苦，甘，微寒；归肺、心经	清热化痰，润肺止咳，散结消肿	虚劳咳嗽，肺燥咳嗽；瘰疬，乳痈，肺痈
	浙贝母	苦，寒；归肺、心经	清热化痰，散结消痈	风热、痰热咳嗽；瘰疬，瘿瘤，乳痈疮毒，肺痈
止咳平喘	苦杏仁	苦，微温；有小毒；归肺、大肠经	止咳平喘，润肠通便	咳嗽气喘；肠燥便秘
	紫苏子	辛，温；归肺、大肠经	降气化痰，止咳平喘，润肠通便	咳嗽痰多；肠燥便秘

使用注意：刺激性较强的化痰药，凡痰中带血等有出血倾向，宜慎用；麻疹初起有表邪之咳嗽，不宜单投止咳药，当以疏解清宣为主。

（十四）安神药

分类	药名	性味归经	功效	主治
重镇安神	朱砂	甘，微寒；有毒；归心经	镇心安神，清热解毒	心神不宁，心悸，失眠，惊风，癫痫；疮疡，咽痛，口疮
养心安神	酸枣仁	甘、酸，平；归心、肝、胆经	补肝，养心安神，敛汗，生津	心悸，失眠多梦；自汗，盗汗，津伤口渴
	远志	苦、辛，温；归心、肾、肺经	安神益智，祛痰开窍，消散痈肿	失眠多梦，心悸怔忡，健忘；癫痫惊狂；咳嗽痰多；痈疽肿毒，乳痈肿痛

使用注意：矿石类药物易伤脾胃，不宜久服；用治失眠，临睡前服药。

（十五）平肝息风药

分类	药名	性味归经	功效	主治
平抑肝阳	石决明	咸，寒；归肝经	平肝潜阳，清肝明目	肝阳上亢之头晕目眩；肝火之目赤翳障，肝虚目昏
	牡蛎	咸，微寒；归肝、胆、肾经	重镇安神，潜阳补阴，软坚散结	心神不安，惊悸失眠；肝阳上亢，头晕目眩；痰核，瘰疬，瘿瘤，癥瘕积聚；滑脱诸证
息风止痉	羚羊角	咸，寒；归肝、心经	平肝息风，清肝明目，散血解毒	肝风内动，惊痫抽搐；肝阳上亢，头晕目眩；肝火上炎，目赤肿痛；温病壮热神昏，热毒发斑
	天麻	甘，平；归肝经	息风止痉，平抑肝阳，祛风通络	肝风内动，惊痫抽搐，眩晕，头痛；肢体麻木，手足不遂，风湿痹痛
	钩藤	甘，凉；归肝、心包经	清热平肝，息风定惊	头痛眩晕；肝风内动，惊痫抽搐，妊娠子痫；高血压

使用注意：药性寒凉之品，脾虚慢惊者忌用；药性温燥之品，阴虚血亏者忌用。

（十六）补虚药

分类	药名	性味归经	功效	主治
补气	人参	甘、微苦，平；归肺、脾、心经	大补元气，复脉固脱，补脾益肺，生津，安神益智	元气虚脱证；肺脾心肾气虚证；热病气虚津伤口渴及消渴证
	西洋参	甘、微苦，凉；归肺、心、肾经	补气养阴，清热生津	气阴两伤证；肺气虚及肺阴虚证；热病气虚津伤口渴及消渴证
	党参	甘，平；归脾、肺经	补益肺气，补血，生津	肺脾气虚证；气血两虚证；气津两伤证
	黄芪	甘，微温；归脾、肺经	健脾补中，升阳举陷，益卫固表，利尿，托毒生肌	脾气虚证；肺气虚证；气虚自汗；气血亏虚，疮疡难溃难腐，或溃久难敛
	白术	甘、苦，温；归脾、胃经	健脾益气，燥湿利尿，止汗，安胎	脾气虚证；气虚自汗；脾虚胎动不安
	甘草	甘，平；归心、肺、脾、胃经	补脾益气，祛痰止咳，缓急止痛，清热解毒，调和诸药	心气不足，心动悸、脉结代；脾气虚证；喘咳；脘腹、四肢挛急疼痛；调和药性
补血	当归	甘、辛，温；归肝、心、脾经	补血调经，活血止痛，润肠通便	血虚诸证：血虚血瘀，月经不调、经闭、痛经；虚寒性腹痛，跌打损伤，痈疽疮疡，风寒痹痛；血虚肠燥便秘
	熟地黄	甘，微温；归肝、肾经	补血养阴，填精益髓；止血（炒炭）	血虚诸证；肝肾阴虚诸证；血虚出血证
	白芍	苦、酸，微寒；归肝、脾经	养血敛阴，柔肝止痛，平抑肝阳	肝血亏虚，月经不调；肝脾不和，胸胁脘腹疼痛，四肢挛急疼痛；肝阳上亢，头痛眩晕
	阿胶	甘，平；归肺、肝、肾经	补血，滋阴，润肺，止血	血虚诸证；出血证；肺阴虚燥咳；热病伤阴，心烦失眠，阴虚风动，手足瘛疭
	何首乌	苦、甘、涩，微温；归肝、肾经	制用：补益精血；生用：解毒，截疟，润肠通便	精血亏虚，头晕眼花，须发早白，腰膝酸软；久疟，痈疽，瘰疬，肠燥便秘
补阴	北沙参	甘、微苦，微寒；归肺、胃经	养阴清肺，益胃生津	肺阴虚证；胃阴虚证
	麦冬	甘、微苦，微寒；归胃、肺、心经	养阴生津，润肺清心	胃阴虚证；肺阴虚证；心阴虚证
	枸杞子	甘，平；归肝、肾经	滋补肝肾，益精明目，润肺	肝肾阴虚，血虚萎黄，头晕目眩，耳鸣，视力减退，腰膝酸痛，遗精；内热消渴
补阳	鹿茸	甘、咸，温，归肾、肝经	补肾阳，益精血，强筋骨，调冲任，托疮毒	肾阳虚衰，精血不足证；肾虚骨弱，腰膝无力或小儿五迟；妇女冲任虚寒，崩漏带下；疮疡久溃不敛，阴疽疮肿内陷不起
	淫羊藿	辛、甘，温，归肾、肝经	补肾壮阳，祛风除湿	肾阳虚衰，阳痿尿频，腰膝无力；风寒湿痹，肢体麻木
	杜仲	甘，温；归肝、肾经	补肝肾，强筋骨，安胎	肾虚腰痛及各种腰痛；胎动不安，习惯性堕胎
	续断	苦、辛，微温；归肝、肾经	补益肝肾，强筋健骨，止血安胎，疗伤续断	阳痿不举，遗精遗尿；腰膝酸痛，寒湿痹痛；崩漏下血，胎动不安；跌打损伤，筋伤骨折

使用注意：防不当补而误补；避免当补而补之不当；处理好祛邪与扶正的关系，使祛邪不伤正，补虚不留邪；补而兼行，使补而不滞。

(十七) 收涩药

分类	药名	性味归经	功效	主治
固表止汗	麻黄根	甘，平；归心、肺经	固表止汗	自汗，盗汗
	浮小麦	甘，凉；归心经	固表止汗，益气，除热	自汗，盗汗；骨蒸劳热
敛肺涩肠	五味子	酸、甘，温；归肺、心、肾经	收敛固涩，益气生津，补肾宁心	久咳虚喘；自汗盗汗；遗精，滑精；遗尿尿频，久泻不止；津伤口渴，内热消渴；短气脉虚，心悸，失眠，多梦
固精缩尿止带	山茱萸	酸、涩，微温；归肝、肾经	补益肝肾，收敛固涩	腰膝酸软，眩晕耳鸣，阳痿；遗精滑精，遗尿尿频；崩漏，月经过多；大汗不止，体虚欲脱，内热消渴
	桑螵蛸	甘、咸，平；归肝、肾经	固精缩尿，补肾助阳	遗精精滑，遗尿尿频，白浊；肾虚阳痿
	莲子	甘、涩，平；归脾、肾、心经	固精止带，补脾止泻，益肾养心	遗精滑精；带下；脾虚泄泻；心悸，失眠

使用注意：凡表邪未散，湿热内蕴所致泻痢、带下、血热出血，以及郁热未清者，均不宜用，以免"闭门留寇"。

(十八) 开窍药

药名	性味归经	功效	主治
麝香	辛，温；归心、脾经	开窍醒神，活血通经，消肿止痛，催产	闭证神昏；疮疡中毒，瘰疬痰核，咽喉肿痛；血瘀经闭，癥瘕，心腹暴痛，头痛，跌打损伤，风寒湿痹；难产，死胎，胎死不下
冰片	辛、苦，微寒；归心、脾、肺经	开窍醒神，清热止痛	闭证神昏；目赤肿痛，喉痹口疮；疮疡肿毒，疮溃不敛，水火烫伤
石菖蒲	辛、苦，温；归心、胃经	开窍豁痰，醒神益智，化湿开胃，宁神益志	痰蒙清窍，神志昏迷；湿阻中焦，脘腹痞满，胀闷疼痛；噤口下痢；健忘，失眠，耳鸣，耳聋

使用注意：只宜暂服，不宜久用；内服不宜入煎剂，只入丸散；中病即止；孕妇忌用。

(十九) 涌吐药

药名	性味归经	功效	主治
瓜蒂	苦，寒；有毒；归脾、胃经	吐风痰宿食，泻水湿停饮	涌吐热痰，宿食；湿热黄疸，四肢浮肿，鼻塞，喉痹
常山	辛、苦，寒；有毒；归肺、心、肝经	涌吐痰涎，截疟	痰饮停聚，胸膈；疟疾

使用注意：此类药物适用于体壮而邪实；"小量渐增"，切忌骤用大量；中病即止。

(二十) 攻毒杀虫止痒药

药名	性味归经	功效	主治
雄黄	辛、苦，温；有毒；归肝、大肠经	解毒杀虫，燥湿祛痰，截疟	痈肿疔疮，蛇虫咬伤，虫积腹痛；惊痫；疟疾
硫黄	酸，温；有小毒；归肾、大肠经	外用解毒杀虫疗疮，内服补火助阳通便	外治用于疥癣、秃疮、阴疽恶疮；内服用于阳痿足冷、虚喘冷哮、虚寒便秘

药名	性味归经	功效	主治
蛇床子	辛、苦，温；归肾经	燥湿祛风，杀虫止痒，温肾壮阳	阴痒带下，湿疹瘙痒，湿痹腰痛；肾虚阳痿，宫冷不孕

使用注意：此类药物寒温不一，大多有毒，以外用为主，兼可内服；运用时需严格掌握剂量和用法，制剂时严格遵守炮制和制剂法度。

三、方剂基础知识

方，指医方；剂，古作齐，指调剂；方剂即治病的药方，是在辨证立法的基础上，根据方剂的组成原则，选择适当的药物，确定剂量和用法，配伍成方并制成一定剂型。"药有个性之专长，方有合群之妙用"，方剂通过对药物进行配伍，增强或改变药物的原有功效，调其偏性，制其毒性，消除或减少药物对人体的不利因素，使其综合作用对人体疾病产生更好的治疗效果。

（一）方剂的组成

1. 组方原则 方剂由药物组合而成，但并不是药物的简单相加，而是根据病情的需要，在治法的指导下，遵循组方原则，对药物进行有机配伍，以期发挥其综合疗效。前人将方剂的组方原则概括为：君、臣、佐、使。

> **考点提示**：方剂的组成原则为君、臣、佐、使，要掌握各自的具体内涵。

（1）君药：又称主药，是针对主病或主证起主要治疗作用的药物。它体现了处方的主攻方向，通常其药力居方中之首，是方剂组成中不可或缺的核心成分。通常其用量也较臣药、佐药大。

（2）臣药：又称辅药，包含两种意义：其一，辅助君药加强疗效的药物；其二，针对兼病或兼证起主要治疗作用的药物。其药力小于君药。

> **护理应用**　陈某，男，23岁。恶寒发热，无汗而喘、头痛、脉浮紧。其辨证为风寒表实证，方用麻黄汤。方中麻黄，性味辛、温，有发汗解表作用，用以祛风寒而治主证，为君药；桂枝，性味辛甘、温，温经解肌，可协助麻黄增强发汗解表效果，为臣药；杏仁，性味甘苦、温，助麻黄宣肺平喘，以治喘咳之兼证，为佐药；甘草，性味甘、温，调和诸药，为使药。

（3）佐药：包含三种意义：其一，即佐助药，协助君药、臣药加强治疗作用，或直接治疗次要兼证的药物；其二，即佐制药，消除或减缓君药、臣药的毒性或烈性的药物；其三，即反佐药，根据病情需要，用与君药药性相反而又能在治疗中起相成作用的药物。其药力小于臣药，一般用量较轻。

（4）使药：包含两种意义：其一，即引经药，能引导方中诸药直达病所的药物，如桔梗具有"引药上行"的作用，牛膝具有"引药下行"的作用；其二，即调和药，调和方中药物的药性，如方剂中常用甘草调和诸药。其药力小于臣药，用量亦轻。

需要注意的是，方剂的组成原则在具体应用时，一张方剂并非君、臣、佐、使要一应俱全，可根据病情需要而定，但君药必不可少。有时君药和臣药不一定只有一味，可能两味，甚至多味，但是要以精简有效为原则。

2. **方剂的组成变化**　方剂的组方在遵循原则的基础上，具有一定的灵活性，临床运用时，应根据病情变化、患者体质、年龄大小、气候和环境等情况，酌情加减，或改变剂型和服法，以期达到预期的治疗效果。

（1）药味变化：指原方在主证、主病不变的情况下，随着次要症状或兼证的不同，增减某些次要药物，又称"随证加减"。如桂枝汤药物组成为：桂枝、芍药、生姜、大枣、甘草，具有解肌发表、调和营卫的作用，主治外感表虚证，若加厚朴、杏仁，则变为桂枝加厚朴杏子汤，功效为解肌祛风、降气定喘。必须指出的是，在对成方进行加减时，不可减去君药，否则就不能说是某方加减，而是另行组方。

（2）药量变化：指方剂中药物组成不变，因病情的需要，将方中的药量进行增减，从而改变其配伍关系及功效、主治。如小承气汤（《伤寒论》）和厚朴三物汤（《金匮要略》）均由大黄、厚朴、枳实组成，但药量不同，功效主治有异。其中小承气汤以大黄四两*为君，枳实三枚为臣，厚朴二两为佐，功用为泻下攻热，主治阳明里热结实证；厚朴三物汤则以厚朴八两为君，枳实五枚为臣，大黄四两为佐使，功用为行气消满，主治气滞腹满、大便不通。

（3）剂型变化：指药味、药量不变，只更换服用剂型。运用这一形式，原方的功效、主治不发生变化，只是治疗作用的缓急会发生变化。如抵当汤与抵当丸，前者为汤剂，主治下焦蓄血之重证；后者为丸剂，主治下焦蓄血之轻证。

（二）常用剂型

中药剂型，即中药方剂的制剂形式，是指中药经配方后，通过一定的加工方法，制成不同形式的制剂。中药剂型多种多样，有供内服，有供外用，传统剂型有汤剂、丸剂、散剂、膏剂、酒剂、丹剂、茶剂、露剂等，现代新剂型有冲剂、片剂、口服液、糖浆剂、注射剂等。

1. **汤剂**　古称汤液，是临床最常用的剂型，即将中药饮片加水或酒浸泡后，再煎煮一定时间，去渣取汁，制成的液体剂型。主要供内服，如麻黄汤、大承气汤、小柴胡汤等；也可外用，多作洗浴、熏蒸及含漱。"汤者荡也"，汤剂具有吸收快、起效迅速、加减灵活、针对性强的优点；其缺点为需临时煎煮，不便携带，且味苦难咽。

2. **丸剂**　丸剂是将药物研成细末，然后以水、蜜或药汁等黏合剂拌制成大小不等的丸状制剂。"丸者缓也"，因此其多用于慢性病或虚弱疾病的调理，如逍遥丸、六味地黄丸等；但某些有毒或芳香走窜药物制成的丸药也可治疗急症，如安宫牛黄丸、苏合香丸等。其优点是便于携带和贮存，缺点是吸收较慢。常用的丸剂有蜜丸、水丸、糊丸、浓缩丸等。

（1）蜜丸：是将药物细粉用炼制的蜂蜜为黏合剂制成的丸剂，分为大蜜丸和小蜜丸。蜜丸性质柔润，作用缓和持久，并有补益和矫味作用，常用于治疗慢性病和虚弱性疾病，需长期服用。

（2）水丸：俗称水泛丸，是将药物细粉用水（冷开水或蒸馏水）或酒、醋、蜜水、药汁等为黏合剂制成的小丸。水丸较蜜丸崩解、溶散得快，吸收、起效快，易于吞服，适用于多种疾病，如保和丸、左金丸、越鞠丸等。

（3）糊丸：将药物细粉用米糊、面糊、曲糊等为黏合剂制成的小丸。糊丸粘合力强，质地坚硬，崩解、溶散迟缓，内服可延长药效，减轻剧毒药物的不良反应和对胃肠道的刺激，如黑锡丹、舟车丸等。

3. **散剂**　散剂是将药物粉碎，混合均匀，制成粉末状制剂，分内服和外用两种。内服者，将配方药物研成细粉，以温开水冲服，量小者亦可直接吞服，如七厘散；亦有制成粗末，以水煎取汁者，如五苓散、银翘散等。外用者，以药物研成细末外敷或掺撒于患处，用以治疗体表局部病变，如金黄散、生肌散等；亦有作点眼、吹喉等用，如冰硼散、八宝眼药。其优点是制作、携带及用药方便，节省药材，吸收较快；缺点是不易保存，容易受潮。

---

*　编辑注：该古方中 1 两 =3.125 g。

4. **膏剂** 膏剂是将药物用水或植物油煎熬去渣而成的制剂，分内服和外用两种。

(1) 内服膏剂：先将配料以水煎熬，去渣取澄清液，再加入冰糖、蜂蜜等熬成稠厚的膏滋，适用于需要长期滋补的慢性虚弱性疾病，如十全大补膏等。

(2) 外用膏药：以棉籽油或花生油等先将药物煎熬，去渣，再加入黄丹、白蜡等辅料收膏，然后根据需要装瓶或趁热平摊于纸或布上，如此制成膏药，适用于外科疮疡或风寒痹痛等病证，如狗皮膏、伤湿止痛膏等。其优点是便于携带和使用。

> **知识拓展**
>
> **膏 剂**
>
> 又称膏方或膏滋药，是以中医理论为指导，辨证论治为基础，强身与疗疾相结合，作用明显、服用方便的中医特色剂型。冬令是膏方进补的大好时机。
>
> 1. 适宜对象 慢性病患者；亚健康人群；欲提高机体免疫功能及延年益寿者。
> 2. 不适宜对象 婴幼儿；肝炎、结核等疾病活动期患者；急性病、危重病患者等。
> 3. 膏方处方用药的步骤
>
> (1) 开路方：指服用膏方之前的调理性方子，开路方运用健脾利湿类中药以通利肠胃，帮助吸收，也可根据患者情况直接开出膏方。
>
> (2) 开膏滋药处方：根据辨证分析及服用开路方后的情况，给予处方。
>
> 4. 膏方护理 少用海味、腥膻、油腻食品，不饮浓茶、咖啡，戒烟酒；不吃萝卜；感冒、腹泻、慢性病发作期、妇女月经期暂停；注意顾护脾胃功能，使膏方能充分吸收；服药期间不需吃其他补品，如需另行进补，可咨询开方医生。

5. **酒剂** 古称"酒醴"，俗称"药酒"，是将药物浸入白酒或黄酒中，经过一定时间，待药性浸出于酒后饮用的制剂。因酒具有活血疏筋功效，故适用于风湿痹痛，如风湿药酒、五加皮酒等。

6. **丹剂** 丹剂是将药物研成细末，精制成丸状、锭状的制剂。有内服和外用之分。如紫金锭（玉枢丹）、天王补心丹为内服；外用者，一般以含硫、汞等矿物药的细末为主，如红升丹、八一丹等。

7. **茶剂** 茶剂是将药物经粉碎加工而制成的粗末状制品，或加入适宜黏合剂制成的方块状制剂。用时以沸水泡汁或煎汁，不定时饮用。大多用于治疗感冒、食积、腹泻等，近年有很多健身及减肥产品也属于茶剂，如午时茶、减肥茶等。

8. **露剂** 亦称药露，多用新鲜含有挥发性成分的药物，用蒸馏法制成的气味芳香的澄清水溶液。一般作为饮料及清凉解暑剂，常用的有金银花露、青蒿露等。

9. **冲剂** 冲剂是将药物经过浸出、浓缩进行提取有效物质，然后加入适量辅料（如糖粉、乙醇或淀粉），混合制成干燥颗粒剂或块状的内服制剂，用时加开水冲服，如板蓝根冲剂。其起效迅速，服用方便，因加糖还可掩盖某些药物的苦味，对小儿尤为适宜。

10. **片剂** 古时片剂即将生药切片，如人参片、生姜片，如此便于噙服；现代片剂多将中药研成细末，或制成流浸膏，然后加入赋形剂（如淀粉），压制成片状制剂，如牛黄解毒片等。片剂用量准确，体积小，携带和服药方便，应用广泛。

11. **糖浆剂** 将药物煎煮后去渣取汁，而后浓缩，再加入适量的蔗糖进行溶解制作而成的制剂，如急支糖浆、泻白糖浆等。其优点是服用方便，量小味甜，吸收快，特别适用于小儿。

12. **注射剂** 亦称针剂，将药物经过提取、精制、配制等步骤而制成的制剂，供皮下、肌肉、静脉注射，如丹参注射液等。其优点为剂量准确，起效迅速，适用于急救以及不宜口服之时；缺点是使用不便，注射时疼痛，使用不当有危险，以及制备过程复杂，对制剂技术和设备的要求较高。

13. 口服液 将药物用水或其他溶剂提取，精制而成的澄清液体制剂。如双黄连口服液等。其优点为剂量较少，吸收快，服用方便，口感适宜。

此外还有胶囊剂、气雾剂、栓剂等剂型，临床当根据药物特点、病情需要以及患者特殊情况进行选择，以期方便患者并达到最佳疗效。

四、常用方剂

类别	方名	组成	功效	主治
解表剂	麻黄汤	麻黄、桂枝、杏仁、甘草	发汗解表，宣肺平喘	外感风寒表实证
	桂枝汤	桂枝、芍药、甘草、生姜、大枣	解肌发表，调和营卫	外感风寒表虚证
	银翘散	金银花、连翘、薄荷、桔梗、淡竹叶、荆芥穗、淡豆豉、牛蒡子、芦根、甘草	辛凉透表，清热解毒	温病初起
	桑菊饮	桑叶、菊花、杏仁、连翘、薄荷、桔梗、甘草、芦根	疏风清热，宣肺止咳	风温初起，表热轻证
泻下剂	大承气汤	大黄、厚朴、枳实、芒硝	峻下热结	阳明腑实证；热结旁流证；里热实证之热厥、痉病或发狂
和解剂	小柴胡汤	柴胡、黄芩、人参、炙甘草、半夏、生姜、大枣	和解少阳	伤寒少阳证；热入血室证；黄疸、疟疾及内伤杂病而见少阳证者
	逍遥散	柴胡、当归、茯苓、白芍、白术、薄荷、煨姜	疏肝解郁，养血健脾	肝郁血虚脾弱证
清热剂	白虎汤	石膏、知母、甘草、粳米	清热生津	气分热盛证
	黄连解毒汤	黄连、黄芩、黄柏、栀子	泻火解毒	三焦火毒证
	龙胆泻肝汤	龙胆草、黄芩、栀子、泽泻、木通、当归、生地黄、柴胡、生甘草、车前子	泻肝胆实火，清肝胆湿热	肝胆实火证；肝胆湿热证
温里剂	理中丸	人参、干姜、甘草、白术	温中祛寒，补气健脾	脾胃虚寒证证
补益剂	四君子汤	人参、白术、茯苓、炙甘草	益气健脾	脾胃气虚证
	补中益气汤	黄芪、炙甘草、人参、当归、橘皮、升麻、柴胡、白术	补中益气，升阳举陷	脾胃气虚证；气虚发热证
	四物汤	当归、川芎、白芍、熟地黄	补血调血	营血虚滞证
	六味地黄丸	熟地黄、山萸肉、山药、泽泻、牡丹皮、茯苓	滋补肝肾	肝肾阴虚证
固涩剂	四神丸	肉豆蔻、补骨脂、五味子、吴茱萸	温肾暖脾，固肠止泻	脾肾阳虚之肾泻证
安神剂	酸枣仁汤	酸枣仁、甘草、知母、茯苓、川芎	养血安神，清热除烦	肝血不足，虚热内扰证
	朱砂安神丸	朱砂、黄连、甘草、生地黄、当归	镇心安神，清热养血	心火亢盛，阴血不足证

续表

类别	方名	组成	功效	主治
理气剂	越鞠丸	香附、川芎、苍术、神曲、栀子	行气解郁	气、血、食、火、湿、食郁证
	半夏厚朴汤	半夏、厚朴、茯苓、生姜、苏叶	行气散结，降逆化痰	梅核气
理血剂	血府逐瘀汤	当归、桃仁、红花、生地、川芎、赤芍、牛膝、桔梗、柴胡、枳壳、甘草	活血化瘀，行气止痛	胸中血瘀证
	生化汤	当归、川芎、桃仁、干姜、甘草	养血祛瘀，温经止痛	血虚寒凝，瘀血阻滞证
治风剂	川芎茶调散	薄荷叶、川芎、荆芥、细辛、防风、白芷、炙甘草	疏风止痛	外感风邪头痛
	天麻钩藤饮	天麻、钩藤、石决明、栀子、黄芩、川牛膝、杜仲、益母草、桑寄生、夜交藤、茯神	平肝息风，清热活血，补益肝肾	肝阳偏亢，肝风上扰证
治燥剂	杏苏散	杏仁、苏叶、半夏、茯苓、橘皮、桔梗、枳壳、甘草、前胡、生姜、大枣	清宣凉燥，理肺化痰	外感凉燥证
	麦门冬汤	麦门冬、半夏、人参、甘草、粳米、大枣	清养肺胃，降逆下气	虚热肺痿；胃阴不足
祛湿剂	平胃散	苍术、厚朴、陈皮、甘草	燥湿运脾，行气和胃	湿滞脾胃证
	藿香正气散	藿香、大腹皮、白芷、紫苏叶、茯苓、半夏曲、白术、陈皮、厚朴、桔梗、甘草、大枣、生姜	解表化湿，理气和中	外感风寒，内伤湿滞证
	茵陈蒿汤	茵陈、栀子、大黄	清热利湿退黄	湿热黄疸
祛痰剂	二陈汤	半夏、陈皮、茯苓、炙甘草	燥湿化痰，理气和中	湿痰证

第二节 中药内服护理

中药服法是否恰当，直接影响药物的疗效。清·徐灵胎于《医学源流论》中言："病之愈不愈，不但方必中病，方虽中病，而服之不得法，则非特无功，而反有害，此不可不知也。"因此，我们必须重视中药内服的护理。

一、汤剂煎煮方法

汤剂自商代伊尹创制以来沿用至今，经久不衰，是中药最为常用的剂型之一，其制作对煎具、用水、火候、煮法都有一定的要求。

（一）煎药用具

是否选择合适的煎药用具直接影响到药物的有效成分。煎药用具以陶瓷、瓦罐、砂锅为佳，因此类容器材料性质稳定，不易与中药发生化学作用，且导热性能缓和；搪瓷罐、玻璃器皿次之，但其导热较快，不利于药物有效成分的煎出。忌用铜、铁、铝、锡容器，以免发生化学变化，影响疗效。

> **考点提示**：煎煮中药的最佳用具为陶瓷、瓦罐、砂锅，忌用铜、铁、铝、锡、不锈钢容器。

（二）煎药用水

1. **水质** 古时曾用长流水、井水、雨水、泉水、米泔水等煎煮中药。现多用自来水、井水、蒸馏水、纯净水等，但以水质洁净新鲜、矿物质少为好。另外，煎药须用凉水或凉开水，忌用开水，因生药骤然受热会影响有效成分析出。

2. **水量** 水量的多少应根据药物的性质、药量、吸水程度，以及煎药时间的长短而定。一般中药采用两煎法，第一煎加水量以水超过药物表面 3~5 cm 为准，第二煎加水量以水超过药物表面 2~3 cm 为准。若煎煮花、叶、全草类药物，加水量可稍多；煎煮矿物类、贝壳类药物，加水量可稍少。煎药时应一次性加足水，避免煎药过程中频频加水。若不慎将药煎煳，当弃去不用。

（三）煎前泡药

煎药前，应当先将药物浸泡，这样有利于充分溶出有效成分，还可缩短煎煮时间。浸泡药材用水宜用常温水，忌用沸水。一般复方汤剂应浸泡30~60分钟，以花、叶、草类药材为主的方剂应浸泡20~30分钟，以根、茎、种子、果实药材为主的方剂应浸泡60分钟。注意浸泡药物不宜过久，否则会引起药物酶解或霉变。夏季气温高，可适当缩短浸泡时间，以防药物变质。煎药前不可水洗药物，否则会丧失药物的一些有效成分，影响药效。

（四）煎药火候

火候有"武火""文火"之分，武火指大火急煎，文火指小火慢煎。煎药火候一般遵循"先武后文"的原则，即煎药开始时以武火，水沸后改为文火，并保持在微沸状态。

（五）煎药时间

煎药时间以药物煮沸后开始计时，时间的长短需根据药物和疾病的性质而定。一般药物，第一煎20~30分钟，第二煎10~15分钟；解表药、芳香药因易挥发，第一煎15~20分钟，第二煎10~15分钟；滋补类药物因有效成分不易煎出，第一煎40~60分钟，第二煎30~40分钟；钩藤、大黄等受热容易变性的药物，应待其他药物煎好前5~10分钟加入；附子、乌头等有毒性的药物需久煎60~90分钟。

（六）特殊药物的煎法

1. **先煎** 此类药物宜先煎些许时间，再加入其他药物同煎。矿物类、贝壳类及角、骨、甲类药物，因质地坚硬、药味难出，故应打碎后先煎30分钟，再入他药，如龙骨、牡蛎、珍珠母、水牛角、鳖甲等；毒性较强的药物，宜先煎60~90分钟，以降低毒性，如附子、乌头、商陆等；泥沙多及质轻量大的药物，宜先煎取汁澄清，再以其药汁代水煎其他药物，如灶心土、玉米须、糯稻根等。

> **考点提示**：一些常用中药的特殊煎药方法。

2. **后下** 气味芳香类药物，为防止其有效成分挥发，宜在药物煎好前5~10分钟加入与他药同煎，如薄荷、藿香、砂仁、沉香等。

3. **包煎** 指将药物装进纱布袋内，然后与其他药物同煎的一种煎药方法。需要包煎的药物有以下几种：质地轻，煎煮时易漂浮在液体表面，或容易成糊状，不便于煎煮及服用的，如蒲黄、海金沙等；绒毛类、粉末类药物对咽喉有刺激性易引起恶心呕吐的，如旋覆花、辛夷、滑石等；含淀粉、黏液质较多，煎煮时易粘锅、糊化或焦化的，如车前子、葶苈子等。

4. **另煎或另炖**　某些贵重的药物，为保存其有效成分，减少被同煎药物吸收，宜单味煎好后单独服用，或兑入汤药中同服，如人参、西洋参、鹿茸、羚羊角等。

5. **烊化**　胶质类、黏性较大且易溶解的药物，与他药同煎易粘锅煮糊，且易附着于他药，影响药效，因此可单独加温溶化，趁热服下，如鹿角胶、阿胶、龟甲胶等。

6. **冲服**　某些贵重药物，不耐高温又难溶于水，宜先研成细末，再用开水或煎好的药液冲服，如三七粉、羚羊角、琥珀等。

7. **泡服**　某些药物挥发性强，易出味，不宜煎煮，用开水泡10~15分钟直接服用即可。

（七）机器煎药

机器煎煮中药是目前临床使用非常普遍的煎药方法。首先将处方中的各种中药混合，装入以特殊布料制成的煎药袋内，用冷水浸泡30~60分钟，再加入适量的水，将水和浸泡好的中药连袋投入煎药机内，设定煎药机的温度和时间，待达到设定的标准后，中药煎煮完毕，机器自动停止加温。然后药汁直接进入包装机，被灌注到耐高温的密闭塑料袋内。煎药的火候可通过机器的电脑装置控制在80~130℃范围，而且在规定时间内完成。煎好、包装好的中药液无需冷藏，但需避光保存。如有少量沉淀，属于正常现象。该方法煎药方便、一剂或多剂一次性煎成、省时省力、剂量均匀，方便患者。但有些专家认为机器煎药的疗效能否与传统煎药方法一样，仍有待探讨，因为上述"（六）特殊药物的煎法"（除包煎外），是机器煎药无法做到的，甚至还与医院、中药房雇用的煎药人员的中医药知识水平和工作责任心直接相关。

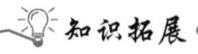

中药配方颗粒

中药配方颗粒，即为免煎中药，其以传统中药饮片为原料，经提取、分离、浓缩、干燥、制粒、包装等生产工艺，加工制作成的一种统一规格、统一剂量、统一质量标准的新型配方用药。它保证了原中药饮片的全部特征，能满足临床医师进行辨证论治，随证加减，同时又具有不需煎煮、直接冲服、服用量小、安全卫生、携带方便的优点。但是，业界对此质疑声一直不断，如配方颗粒的疗效与传统煎药方法能否达到一致，单味配方颗粒复合使用较复方合煎剂的药效可能会大打折扣等，故而有专家认为仍需进一步探讨。

二、汤剂内服方法

（一）服药方法

一般疾病服药，每日1剂，煎两次分服，早晚各一次，200~250 ml；急症、高热和危重患者，可每日2~3剂，不拘时间，或遵医嘱；若服用发汗、泻下药物时，当中病即止，以免汗、下太过，损伤正气；呕吐患者宜小量频服，或先服姜汁后再服药；病在口腔、咽喉者，宜缓慢频服或随时含服；昏迷或其他不能进食患者可鼻饲。

（二）服药时间

汤剂的服药时间根据药物的特性、病情需要而定。

1. **饭前服**　补益类、驱虫类、攻下类、逐水类药物饭前服，因饭前胃中空虚时，药物不会与食物混合，可迅速进入胃肠道以充分发挥作用；病位在下者（如胃、肝、肾），服药后再进食可帮助药物下行而达病所。

2. **饭后服**　对胃肠道有刺激的药物饭后服，如消食类、抗风湿类药物，如此可减少药物对胃的刺激；健脾胃类药物饭后服，如此可充分发挥疗效；病位在上者（如眼部、咽喉部疾病）饭后服，可尽量避免药物下行。

3. **睡前服** 安神药睡前服可尽量发挥助眠的效果；涩精止遗药睡前服是因遗尿、遗精多发生于夜间；缓下药夜间服可使药物长时间留在胃肠道起作用，晨起正好发挥泻下作用。

4. **定时服** 平喘药、截疟药于发作前2小时服，如此在疾病发作时起效。

5. **提前服** 痛经药一般于月经前3~7天开始服药。

（三）服药温度

服药温度是指服用中药汤剂的温度，或用于送服液体（如水、酒、药汁）的温度。分为温服、热服、冷服。

1. **温服** 指将煎好的汤药放温后服用。一般汤剂多温服，因过冷或过热均会对胃肠道产生不良刺激，尤其是乳香、没药等易引起恶心、呕吐，温服可减轻这些不良反应。此外，中成药多用温开水、酒、药引等温热液体送服。

2. **热服** 指将刚煎好的药液趁热服下，或用热开水送服。寒证宜热药热服，属"寒者热之"；真热假寒证宜寒药热服，属"治热以寒，温而行之"，以减少患者服药格拒；回阳补益药、发汗解表药、活血化瘀药、透疹药等宜热服。

3. **冷服** 指将煎好的汤剂放冷后服下。热证宜寒药冷服，属"热者寒之"；真寒假热证宜热药冷服，属"治寒以热，凉而行之"；止血、收敛、清热、解毒、祛暑等汤剂宜冷服。

（四）服药注意事项

1. **饮食禁忌** 一般情况下，服药期间不可食生冷、辛辣、油腻、腥膻及有刺激性的食物，脾胃虚弱者尤其应当注意。

不同病情有不同禁忌：热性病，忌食辛辣、油腻、煎炸食物；寒性病，忌食生冷食物、清凉饮料等；胸痹者，忌食肥肉、脂肪、动物内脏及烟、酒；肝阳上亢之头晕目眩、烦躁易怒者，忌食胡椒、辣椒、大蒜、葱、白酒等辛热助阳之品；肾病水肿者，忌食盐、碱过多和酸辣太过的刺激食品；疮疡、皮肤病者，忌食鱼、虾、蟹等腥膻发物及刺激性食品。

不同药物有不同禁忌：人参、西洋参等滋补药忌浓茶、萝卜、大蒜等，因其会降低或消除滋补药力；发汗药忌食醋和生冷食物，因酸冷之品具有收敛作用，同时不利于发汗作用的发挥，最好在服药之后饮热粥使得微微出汗加强药效；清热凉血药、滋阴药忌辛辣、温燥之品。此外，据古文献记载还有以下药食禁忌：甘草、黄连、桔梗、乌梅忌猪肉；鳖甲忌苋菜；常山忌葱；地黄、何首乌忌葱、蒜、萝卜；丹参、茯苓、茯神忌醋；土茯苓、使君子忌茶；薄荷忌蟹肉等。

2. **用药观察** 服用中药后应注意观察患者的表现，如生命体征、神色，有无恶心、呕吐、腹痛、心慌、气促等症状。此外，服用不同药物有不同的观察重点：服用解表药时应观察患者汗出情况，注意遍身微汗即可，不宜大汗；服用泻下、驱虫类药物时，要观察大便的情况以及有无虫体排出；服用利湿、逐水药时，要注意观察小便的情况等。

三、其他剂型服药护理

（一）丸剂

颗粒较小者，可直接用温开水送服；大蜜丸可分成小粒吞服；水丸质硬者，可用开水溶化后服。

（二）散剂、粉剂

可用蜂蜜加以调和送服，或装入胶囊中吞服，避免直接吞服而刺激咽喉。

（三）膏剂

用开水冲服，避免直接倒入口中吞咽，以免粘喉引起呕吐。

（四）冲剂、糖浆剂

冲剂用开水冲服，糖浆剂可直接吞服。

四、用药"八法"及护理

中医用药"八法"是指：汗、吐、下、和、温、清、消、补八种常用的治疗方法，是清代程钟龄在《医学心悟》中，根据历代医家对各种治法进行归类总结而得来。每一种治法都是经过四诊合参、审证求因，辨明证候、病因、病机之后，有针对性地采取的治疗方法。中医护理人员掌握用药"八法"有助于辨证施护顺利进行。

（一）汗法与护理

汗法，即解表法，是通过疏散表邪，促使人体微微出汗，将肌表的外感六淫之邪随汗而解的一种治法。

> **考点提示**：汗、吐、下、和、温、清、消、补是中医用药"八法"。

【适用范围】汗法以疏散表邪为目的，故常用于外邪侵犯肌表，正如《素问·阴阳应象大论》所说"在皮者，汗而发之。"例如外感初起症见恶寒发热、头痛、骨节痛等，得汗后便热退身凉，诸症消失。汗法可开腠理、和营卫、畅肺气、通血脉，还可用于麻疹初起不透或疹发不畅、水肿实证兼有表证、疮疡初起兼表证等。

【护理措施】

1. 病室安静、空气新鲜。
2. 饮食清淡，忌黏滑、酸性、生冷食物，因酸性食物有敛汗作用，生冷食物不易散寒。
3. 药宜武火快煎，煮沸后文火煎煮5~10分钟，不宜久煎，芳香药后下，以免有效成分挥发而降低药效。
4. 药宜温服或热服；服药后避风寒，卧床休息，并加盖衣被以助发汗，可饮热稀粥、热开水或热饮料以助药力，促其发汗。
5. 观察出汗特点，在一般情况下，汗出热退即停药，以遍身微微汗出最佳，忌大汗。若汗出不彻，则病邪不解，需继续用药；而汗出过多，会伤阴耗阳。
6. 汗出热退时，应及时用干毛巾或热毛巾擦干（忌用冷毛巾擦拭，以防毛孔郁闭，不利病邪外达）；大汗淋漓者，暂时不要给予更衣，可在胸前、背后铺上干毛巾，汗止时再更换衣被。
7. 发汗要因人、因时而异，如暑天炎热，汗之宜轻；冬令寒冷，汗之宜重；体虚者，汗之宜缓；体实者，汗之宜峻等。
8. 注意不可妄汗的一些情况：凡淋家、疮家、亡血家和剧烈吐下之后均禁用汗法；病邪已经入里或麻疹已透、疮疡已溃、虚证水肿、吐泻失水等，也不宜用汗法。

（二）吐法与护理

吐法，亦称涌吐法或催吐法，是通过涌吐类药物，使停留在咽喉、胸膈、胃脘等部位的痰涎、宿食或毒物从口中吐出的一种治法。

【适用范围】适用于中风、宿食、癫狂、胃中残留毒物等实邪壅滞或病情急迫之时。《素问·阴阳应象大论》曰："其高者，因而越之。"吐法多用在胃上部有形的实邪，一般多是一吐为快，不需反复使用，且吐法驱邪易伤正气，故适用于体质壮实患者，年老体弱、孕妇及新产后均不宜使用。

【护理措施】

1. 病室清洁，光线充足，空气新鲜无异味。

2. 服药应小量渐增，以防中毒或涌吐太过。药物采取二次分服，一服便吐者，需通知医生，决定是否继续二服。

3. 若服药后不吐，可用压舌板刺激上腭咽喉部，助患者呕吐。呕吐时协助患者坐起，并轻拍背部促使胃内容物吐出，不能坐起者，协助患者头偏向一侧，并注意观察病情，避免呕吐物吸入呼吸道，须保持患者呼吸道通畅。

4. 吐后予温开水漱口，及时清除呕吐物，保持衣被的清洁。

5. 服药吐下后，嘱患者避风寒，以防吐后体虚，复感外邪。

6. 吐而不止者，一般可以服用少许姜汁或服用冷粥、冷开水解之。若吐仍不止者，可根据给药的种类分别处理：因服巴豆吐泻不止者，可用冷粥解之；因服藜芦呕吐不止者，可用葱白汤解之；因服稀涎散呕吐不止者，可用甘草、贯众汤解之；因服瓜蒂散剧烈呕吐不止者，可用麝香 0.03~0.06 g 开水冲服解之；误食其他毒物，可用绿豆汤解之；若吐后气逆不止，宜给予和胃降逆之剂止之。

7. 严重呕吐者，应注意观察患者的生命体征及呕吐物的色、量、气味、质等并记录，必要时给予补液、纠正电解质等对症处理。

8. 患者吐后注意护胃和中，可予少量流质饮食或易消化食物。忌食生冷、肥甘油腻之品。

9. 涌吐药作用迅速凶猛，宜伤胃气，应中病即止。对年老体弱、婴幼儿、心脏病、高血压患者及孕妇慎用或忌用。

（三）下法与护理

下法，亦称泻下法，是通过使用泻下药以荡涤肠胃、通利大便，使停留在肠胃中的有形积滞等从大便排出的一种治疗方法。

【适用范围】主治邪正俱实之证。适应于燥屎内结、宿食不化、停痰留饮、瘀血积水等邪盛正实之证。《素问·阴阳应象大论》曰："其下者，引而竭之""中满者，泻之于内。"由于病性有寒热，正气有虚实，病邪有兼夹，所以下法有寒下、温下、润下、逐下、攻补兼施之别。

1. **寒下** 适用于里实热证，症见高热烦渴、大便燥结、腹胀疼痛、脉沉实；或热结旁流、下利清水、腹胀疼痛、按之坚硬有块、口舌干燥、脉滑实；或里热实证之高热不退、谵语发狂；或咽喉、牙龈肿痛以及火热炽盛等证。代表方有大承气汤、增液承气汤等。

【护理措施】

（1）患者有高热、烦躁不安、口渴舌燥等表现，应安排在调节温湿度方面良好的病室，使患者感到凉爽、舒适，有利于静心养病。

（2）注意煎药方法，如大承气汤，应先煎方中的枳实和厚朴，大黄后下，芒硝冲服，以保其泻下之功效。

（3）服药期间应严密观察病情变化及生命体征，观察排泄物的性质、量、次数、颜色，以及腹痛减轻的情况，若泻下太过出现虚脱，应及时配合救治。

（4）在服药期间应暂禁食。待燥屎泻下后再给以米汤、面条等养胃气之品，禁食 3~5 日后给予清淡、易消化饮食，忌油腻、辛辣食物及饮酒，以防热结再作。

（5）服药期间不可同时服用辛燥、滋补药。

（6）表里无实热者及孕妇忌用。

2. **温下** 适用于因寒成结之里实证，症见脐下硬结、大便不通、腹痛喜温、手足不温、脉沉迟。代表方有大黄附子汤、温脾汤等。

【护理措施】

（1）温下病证，宜住向阳病室，注意保暖，使患者感到温暖舒适。

（2）在饮食方面给予温热性味之食品。

（3）注意煎药方法，如温脾汤方中大黄应先用酒洗后再与其他药同煎，药宜饭前温服。

（4）服药后亦应观察腹部冷结疼痛减轻情况，宜取连续轻泻。服药后，如腹痛渐减，肢温回暖，为病趋好转之势。

3. **润下**　适用于热盛伤津，或病后津亏未复，或年老津涸，或产后血枯便秘，或习惯性便秘等。代表方有五仁汤、麻子仁丸等。

【护理措施】

（1）润下药一般宜早、晚空腹服用。

（2）服药期间配合食疗以润肠通便。

（3）对习惯性便秘患者应养成定时排便习惯，也可在腹部进行按摩疗法。

4. **逐水**　适用于水饮停聚体内，或胸胁有水气，或腹肿胀满，凡脉证俱实者，皆可逐水。代表方有十枣汤、舟车丸等。

【护理措施】

（1）逐水药多用于胸腔积液和腹水病证，服药后要注意心下痞满和腹部胀痛情况。

（2）逐水药泻下作用峻猛，能引起剧烈腹泻，使体内潴留的水液从大便排除，部分药兼有利尿作用，适用于水肿、胸腹积水、痰饮之症。由于此药有毒而力峻，易伤正气，所以体虚、孕妇忌用，有恶寒表证者不可服用。

5. **攻补兼施**　适用于虚实夹杂而大便秘结者。代表方有新加黄龙汤、增液承气汤。

【护理措施】

患者多属里实便秘而兼气血两虚、阴液大亏者，用药中病即止，不可久服；服用新加黄龙汤需加姜汁冲服，既可以防呕逆拒药，又可以借姜振胃气。

（四）和法与护理

和法，亦称和解法，指通过和解的方法，使半表半里之邪，或脏腑、阴阳、表里失和之证得以解除的一种治法。其无明显的祛邪作用，也无明显的补益作用。

【适用范围】适用于邪犯少阳、肝脾不和、寒热错杂等病邪在半表半里之证。金代成无己的《伤寒明理论》曰："伤寒邪在表者，必渍形以为汗；邪在里者，必荡涤以为利；其于不内不外，半表半里，既非发汗之所宜，又非吐下之所对，是当和解则可矣。"

【护理措施】

1. 饮食宜清淡、易消化，忌生冷、油腻及辛辣之品。

2. 服调和肠胃药时应注意观察腹胀及呕吐情况，并注意观察排便的性质和量。

3. 服以柴胡为主的方药期间，应忌食萝卜和人参，同时避免服用碳酸钙、碳酸镁、硫酸亚铁等西药，以免产生毒副作用。

4. 服调和肝脾的药物要保持心情舒畅，做好情志护理。

（五）温法与护理

温法，亦称温阳法，指通过温中祛寒的方法，使得在里之寒邪得以消散。由于寒邪病位有在上、在下、在脏、在腑及在经络之不同，因此温法有温中祛寒、回阳救逆、温经散寒之别。

【适用范围】适用于寒邪直中脏腑、寒饮内停、阳气衰微等证。《素问·至真要大论》有言："寒者热之""治寒以热"。

【护理措施】

1. 须辨证准确，因人、因地、因时制宜，且病中即止，以免助火。

2. 生活起居、饮食、服药方法等护理均以"温"法护之，忌生冷寒凉，注意保暖。

3. 对于阴寒太盛，或真寒假热证，服方药入口即吐者，可少佐苦寒或咸寒之品，或热药冷服，以免病势拒药而不纳。

（六）清法与护理

清法，亦称清热法，指通过清热、泻火、凉血等方法，以清除里热。

【适用范围】适用于里热证。《素问·至真要大论》有言:"热者寒之""治热以寒"。由于热证病位有在气分、血分、脏腑之间的不同,以及性质有实热、虚热的不同,因此清法有清气分热、清营凉血、气血两清、清热解毒、清脏腑热及清虚热之别。

【护理措施】

1. 病室空气新鲜,光线柔和,环境安静,可根据病情调节室温。

2. 由于清法用于热证,因此饮食、室温、衣被、服药等均宜偏凉。

3. 清热之剂因药物不同,煎药方法亦应有区别,如白虎汤中的生石膏应打碎,用武火先煎15分钟,后入其他诸药,改用文火,煎至粳米熟;普济消毒饮中的薄荷气味芳香,含挥发油,应后下。

4. 服药宜凉服或微温服。

5. 饮食上给予清淡、易消化的流质或半流质,多食蔬菜、水果类及富含维生素食物,鼓励患者多饮水、西瓜汁、梨汁、柑橘汁等生津止渴之品。

6. 苦寒药久服伤胃或内伤中阳,因此热清邪除后应停药,以免久服伤胃,必要时添加醒脾和胃药。

7. 年老体弱、脾胃虚寒者慎用,或减量服用;孕妇慎用。

(七)消法与护理

消法,亦称消导法,指通过消食导滞和软坚散结的方法,使得气、血、痰、食、水、虫等所结成的有形之邪消散。

【适用范围】适用于饮食停滞、气滞血瘀、水湿内停、痰饮不化等证。《素问·至真要大论》有言:"坚者削之""结者散之"。《医学心悟》曰:"消者,去其壅也,脏腑、经络、肌肉之间,本无此物而忽有之,必为消散,乃得其平。"

【护理措施】

1. 饮食宜清淡、易消化,勿过饱。

2. 消导之剂要根据其方药的气味清淡、重厚之别,采用相应的煎药法。如药味清淡,取其气者,煎药时间宜短;如药味重厚,取其质者,煎药时间宜延长。

3. 消导药一般有泻下或导滞的功效,因此不可久服,中病即止;年老体弱者慎服;脾胃虚弱及孕妇慎用。

4. 哺乳期妇女应用时避免使用麦芽、神曲,因其具有回奶作用。

(八)补法与护理

补法,亦称补益法,指通过补养的方法以恢复人体正气。

【适用范围】适用于各种虚证。《素问·至真要大论》曰:"损者温之。"《素问·三部九候论》曰:"虚则补之。"《素问·阴阳应象大论》曰:"形不足者,温之以气,精不足者,补之以味。"补法根据补剂的性质分三种,其一为温补,用于阳虚证;其二为清补,用于阴虚证;其三为平补,用于一般虚证。根据病情的轻重不同,又分为峻补和缓补。

【护理措施】

1. 由于阳虚多寒,阴虚多热,可根据患者的临床症状调整病室的温度、湿度,合理安排生活起居,保持充足睡眠,适当锻炼身体,提高抗病能力。

2. 补益药宜文火久煎,以使有效成分充分煎出,且要饭前空腹服用。

3. 若遇外感,应停服补药以防"闭门留寇"。

4. 饮食上应针对气、血、阴、阳的不同进补。饮食宜清淡、易消化,忌生冷、辛辣、油腻及刺激之品,避免食用白萝卜及含纤维素多的食物,以减缓排泄,促进吸收。

第三节　常用药膳

中医药膳是在中医学理论指导下，将中药与食物进行合理组方配伍，采用传统和现代科学技术加工制作而成的特殊膳食。它既具有独特的色、香、味、形，能满足人们对美味食品的追求；又具有较高的营养价值，可防病治病、保健强身。

> **知识拓展**
>
> **中医药膳的起源**
>
> "药膳"一词最早见于《后汉书·列女传》，有"母亲调药膳思情笃密"的字句。后来在《宋史·张观传》还有"蚤起奉药膳"的记载。《周礼·天宫》中记载，西周的宫廷医生分为食医、疾医、疡医、兽医。食医主要负责管理饮食卫生，掌握调理周天子的"六食""六饮""六膳""百羞""百酱""八珍"的滋味、温凉和分量。从食医所从事的工作来看，他们与现代营养医生类似。书中还涉及了其他一些有关食疗的内容。说明我国早在先秦时代，甚至可能在西周时代就有了相当丰富的药膳知识，并出现了从事药膳制作和应用的专职人员。

中医药膳具有历史悠久、隐药于食、辨证配伍、注重调理、影响广泛等特点，现已越来越得到人们的青睐。由于人体有脏腑气血之别，药食有四气五味之异，制作有煎炒浸炸之殊，因此药膳有多种类型，有很多分类方法。根据不同的需要，通常有以下两种分类方法：其一，根据功效而分：解表类、清热类、泻下类、温里祛寒类、利水渗湿类、化痰止咳类、消食解酒类、理气类、理血类、安神类、平肝潜阳类、固涩类、补益类、养生保健类等；其二，根据形态而分：粥食类、菜肴类、糖点类、汤羹饮料类、其他类等。

一、粥食类

粥食类药膳主要以大米、小米、玉米、小麦等富含淀粉的原料，配合适当的药物，经熬煮等工艺制作的半流质状食物，如绿豆粥、薏苡仁粥、百合粥等。中医自古有"糜粥自养"的说法，故粥食类药膳尤其适合于年老体弱、病后、产后等脾胃虚弱之人的调养。

生 姜 粥

【基本原料】粳米 50 g，生姜 5 片，连须葱数茎。

【制作方法】

1. 将生姜、葱白择净，切细备用。
2. 粳米淘净，与生姜同入锅中，加清水适量煮粥。
3. 待熟时调入葱、醋，再煮一二沸即成。

【功效主治】发汗解表，温胃止呕，温肺止咳。适用于风寒感冒、胃寒呕吐、肺寒咳嗽等。

【注意事项】趁热服用，卧床休息并加盖衣被取遍身微微汗出；风热感冒者不宜；本品为辛温之品，温热性疾病及阴虚火旺者不宜。

> ▶ **考点提示**：在对服用辛温解表类药膳的患者进行护理时，需要注意的有：药膳宜趁热服用；服药膳后卧床休息，加衣盖被以助汗出，但不能过汗；饮食宜清淡，可服葱、姜等辛温发散之品，忌腥腻酸涩之品。

防风粥

【基本原料】防风 10 g，葱白 2 茎，粳米 30 g。

【制作方法】

1. 取防风、葱白煎取药汁，去滓。
2. 用粳米煮粥，待米将熟时加入药汁，煮成稀粥。

【功效主治】祛风解表，散寒止痛。适用于风寒表证或夹湿，可用于春季风寒感冒，对老幼体弱患者也较适宜。

【注意事项】趁热服用；风热感冒者不宜；温热性疾病及阴虚火旺者不宜。

葱豉粥

【基本原料】淡豆豉 30 g，葱白 1 握（去须，切），粳米 60 g，姜末、胡椒粉适量。

【制作方法】

1. 将葱白洗净，切成碎末，备用。
2. 淡豆豉用温水泡 20 分钟，洗净，备用。
3. 粳米洗净放入锅中，加清水，以武火烧沸，文火慢熬，粥熟加入淡豆豉、葱白、姜末、胡椒粉，可加食盐调味，再继续煎煮 15 分钟。

【功效主治】发汗解表，通阳解毒。适用于风寒表证，或伤寒初起，邪在卫分。

【注意事项】趁热服用，卧被取汗；风热感冒者不宜。

薄荷粥

【基本原料】新鲜薄荷 30 g（或干薄荷 15 g），粳米 50 g，冰糖适量。

【制作方法】

1. 薄荷洗净煎煮，去渣取汁。
2. 以粳米洗净加水熬粥，待粥将成时加入冰糖适量及薄荷汤，再煮 1~2 沸，加入冰糖稍凉服。

【功效主治】清热解暑，疏散风热，清利咽喉。适用于风热感冒、头痛目赤、咽喉肿痛，并可作炎夏防暑解热饮料。

【注意事项】可供夏季午后凉服，秋、冬不宜；不宜多服久食，否则寒凉伤脾胃；薄荷煎煮时间宜短，煮沸 2~3 分钟即可。

竹叶粥

【基本原料】鲜竹叶 45 g（干品 30 g），生石膏 50 g，粳米 100 g，冰糖适量。

【制作方法】

1. 将竹叶洗干净，同石膏加水煎煮，去渣取汁。
2. 在药汁中放入粳米，煮成稀粥，加入冰糖适量。

【功效主治】清心火，除烦热，利小便。适用于感受暑热、气津两伤，常见的有中暑、夏季热、流行性脑炎后期等，另糖尿病患者干渴多饮、属胃热阴伤也可食用。

【注意事项】凡脾胃虚寒及阴虚发热者不宜。

绿豆粥

【基本原料】绿豆 25 g，粳米 100 g，冰糖适量。

【制作方法】

1. 将绿豆洗净，以温水浸泡 2 小时。
2. 将绿豆与粳米同入砂锅内，加水适量，煮至豆烂米开汤稠，加入冰糖适量。

【功效主治】清热解毒，解暑止渴，消肿，降脂。适用于暑热烦渴证、热毒证，夏季可用于预防中暑。

【注意事项】脾胃虚寒者不宜多食。

苏子麻仁粥

【基本原料】紫苏子、麻仁各 15 g，粳米 50 g。

【制作方法】

1. 将紫苏子、麻仁洗净。
2. 研成极细末，用水再研，滤汁去渣，以汁煮粥。

【功效主治】润肠降气，通导大便。适用于肠燥津亏证，即阴血津液亏虚，大肠失于濡润所致的大便难下，亦可用于孕产妇及老人、虚弱之人的便秘。

【注意事项】服用不可过量，得效即止。

干姜粥

【基本原料】干姜 3 g，高良姜 3 g，粳米 100 g。

【制作方法】

1. 将干姜、高良姜洗净切片，煎煮后去渣取汁。
2. 入粳米同煮成粥。
3. 调味后趁热服用。

【功效主治】温暖脾胃，散寒止痛。适宜于脾胃虚寒证，慢性胃炎、胃十二指肠溃疡、急性胃肠炎等属于脾胃虚寒型均可服用。

【注意事项】尤以秋冬季节服用为佳；温热之性强，宜从小剂量开始，逐渐增加；急性热病及阴虚内热者不宜。

薏苡仁粥

【基本原料】薏苡仁 60 g，粳米 60 g。

【制作方法】

1. 将薏苡仁洗净捣碎，粳米淘洗，同入砂锅共煮成粥。
2. 粥熟后加入调料温热食之。

【功效主治】利水渗湿，健脾和胃。适用于脾虚湿盛证，亦可用于肺痈、肠痈、湿痹等的辅助治疗。

【注意事项】薏苡仁具有甘淡下行之性，孕妇慎用。

莱菔子粥

【基本原料】莱菔子 15 g，粳米 100 g。

【制作方法】

1. 将莱菔子炒熟，磨成细粉。
2. 与粳米同煮为粥。

【功效主治】降气化痰，消食和胃。适用于痰浊壅肺证。

【注意事项】因下气作用较强，中气亏虚者慎用。

白术猪肚粥

【基本原料】白术 30 g，槟榔 10 g，生姜 10 g，猪肚 1 副，粳米 100 g，葱白 3 茎。

【制作方法】

1. 将猪肚洗净，纳白术、槟榔、生姜于肚中，缝口，以水适量煮肚令熟。
2. 取汁入粳米煮粥，粥熟加入葱白、食盐调味。

【功效主治】补中益气，健脾和胃，行气消食导滞。适用于中虚气滞证。

【注意事项】空腹食之；不宜长久食用，气虚下陷者忌用。

糯米阿胶粥

【基本原料】阿胶 30 g，糯米 100 g，红糖适量。

【制作方法】

1. 将糯米洗净煮粥。
2. 待粥将熟时，放入捣碎的阿胶，边煮边搅匀，稍煮二三沸，加入红糖。

【功效主治】滋阴润燥，补血止血。适用于血虚燥热所致的虚劳嗽血、肺燥久咳、吐血、衄血、便血、月经不调、胎动不安等。

【注意事项】连续服用可有胸满气闷之感觉，故宜间断服用；脾胃虚弱者不宜多用。

百合粥

【基本原料】百合 30 g，粳米 100 g，冰糖适量。

【制作方法】

1. 将百合用清水洗净泡软，粳米淘净，与百合一起加水煮粥。
2. 粥成时加入冰糖，溶化后稍煮片刻。

【功效主治】宁心安神，润肺止咳。用于治疗肺阴虚所致的干咳、咯血，亦治疗心阴虚所致失眠、心烦、精神不安、惊悸等病症。亦可作为白细胞减少症辅助食疗粥。

【注意事项】本品为寒润之品，风寒咳嗽、脾虚便溏者不宜。

乌梅粥

【基本原料】乌梅 20 g，粳米 100 g，冰糖适量。

【制作方法】

1. 将乌梅煎取浓汁去渣，入粳米煮粥。
2. 粥熟后加冰糖适量，稍煮即可。

【功效主治】生津止渴，敛肺止咳，涩肠止泻。适用于久泻、久痢、久咳、消渴等。

【注意事项】外感咳嗽、泻痢初起及内有实邪者不宜。

人参粥

【基本原料】人参粉 3 g，粳米 100 g，冰糖适量。

【制作方法】

1. 将粳米淘净，与人参一同放入砂锅内，加水适量。
2. 锅放武火上烧开，改用文火煎熬至熟。
3. 冰糖熬汁徐徐加入熟粥中搅拌均匀。

【功效主治】益元气，补五脏。适宜于老年体弱、五脏虚衰、食欲不振、失眠健忘、性机能减退等一切气血津液不足的病症。

【注意事项】制作中忌铁器和萝卜；炎热的夏季不宜服用。

二、菜肴类

菜肴类药膳主要以肉类、蛋类、水产品、蔬菜等为基本原料，配合一定的药物，以煨、炖、炒、蒸、炸、烤等制作方法加工的食物，如川芎白芷炖鱼头、淡豉葱白煲豆腐、人参炖乌骨鸡等。

淡豉葱白煲豆腐

【基本原料】淡豆豉 12 g，葱白 15 g，豆腐 200 g。

【制作方法】

1. 将豆腐加水一碗半，略煮。
2. 放入淡豆豉，煎煮成大半碗。
3. 入葱白，滚开出锅。

【功效主治】疏散风邪，扶正解表。适用于体虚感冒。
【注意事项】趁热服用，盖被而卧，出微汗则风寒可解；外感重证者不宜。

良姜炖鸡块

【基本原料】公鸡1只，良姜6 g，草果6 g，陈皮3 g，胡椒3 g，葱、酱、盐等适量，醋少许。
【制作方法】
1. 将公鸡杀后去毛除内脏，洗净切块，放入锅内，加入良姜、草果、陈皮、胡椒、葱、酱、盐、醋，加水适量。
2. 锅置武火上烧沸，再用文火炖至鸡肉熟烂。

【功效主治】散寒温中，健脾益气。适用于脾胃虚寒证。
【注意事项】外感发热、温热性疾病及阴虚火旺者不宜。

砂仁肚条

【基本原料】砂仁末10 g，猪肚1000 g，胡椒末、花椒、生姜、葱白、猪油、食盐、料酒、味精、水豆粉等各适量。
【制作方法】
1. 将猪肚洗净，放入沸水锅内氽透捞出，刮去内膜，晾凉后切片。
2. 将锅内加原汤500 ml煮沸，下肚条、砂仁末、胡椒面、猪油、味精，然后用水豆粉炒匀。

【功效主治】健脾化湿，行气和胃。适用于脾胃虚寒证，还可用于胎动不安、妊娠恶阻等。
【注意事项】砂仁不宜久煮；阴虚血燥、火热内炽者不宜。

石菖蒲陈皮炖猪心

【基本原料】石菖蒲10 g，陈皮2 g，猪心半个，黄酒、姜片、食盐、味精等适量。
【制作方法】
1. 将石菖蒲、陈皮洗净、猪心洗净切开。
2. 把全部用料一齐放入炖盅内，加开水适量，炖盅加盖，文火隔开水炖2小时，调味即可。

【功效主治】化痰开窍、补心安神。适用于痰浊内扰者。
【注意事项】属热痰或痰火扰心神者不宜。

龙眼纸包鸡

【基本原料】龙眼肉200 g，胡桃肉100 g，嫩鸡肉500 g，鸡蛋清2只，芫荽150 g，火腿片15 g，调料适量。
【制作方法】
1. 将鸡肉去皮，切片。核桃去皮，下油锅炸熟，切成细粒。芫荽择洗干净。
2. 龙眼洗净，择粒，蛋清加水以生粉调糊。
3. 葱、姜切粒，鸡片加味精、食盐、白糖、胡椒、麻油、葱、姜、核桃、龙眼、蛋清糊调匀。
4. 取糯米纸放在木砧板上，先放一点芫荽叶，一片火腿，再把鸡片放上，然后折成长方形包，待用。
5. 锅中放植物油烧热后，把包好的鸡片下锅炸熟，捞出装盘。

【功效主治】健脾益气，养血安神。适用于心脾两虚证，且对男性有较好补肾固本的疗效。
【注意事项】素体肥满、湿热内蕴者慎用。

天麻鱼头

【基本原料】天麻 25 g，川芎 10 g，茯苓 10 g，鲜鲤鱼 2 条（1500 g 左右），酱油、料酒、食盐、味精、白糖、胡椒粉、香油、葱、生姜、水豆粉各适量。

【制作方法】

1. 将鲜鲤鱼去鳞、鳃和内脏，洗净，装入盆内；将川芎、茯苓切成大片，用第二次米泔水泡上，再将天麻放入泡过川芎、茯苓的米泔水中浸泡 4~6 小时，捞出天麻置米饭上蒸透，切成片待用。

2. 将天麻片放入鱼头和鱼腹内，将鱼放置盆内，然后加入葱、生姜和适量清水，上笼蒸约 30 分钟。

3. 将鱼蒸好后，拣去葱和生姜。

4. 用水豆粉、清汤、白糖、食盐、料酒、酱油、味精、胡椒粉、香油烧开勾芡，浇在天麻鱼上。

【功效主治】平肝息风，滋阴安神，活血止痛。适用于肝风内动证，此外肝肾不足、肝阳上亢以及顽固性头痛、体虚烦躁失眠均可服用。

金樱子炖猪小肚

【基本原料】金樱子 30 g，猪小肚（膀胱）1 个，食盐、味精各适量。

【制作方法】

1. 先将猪小肚去净肥脂，切开，用盐、生粉拌擦，用水冲洗干净，放入锅内用开水煮 15 分钟，取出在冷水中冲洗。

2. 金樱子除净外刺和内瓤，一同放入砂锅内，加清水适量，武火煮沸后，文火炖 3 小时，再加食盐、味精调味。

【功效主治】收涩固精，止遗固泄。适用于肾气不足所致的腰膝酸软、小便频数、滑精遗精、尿频遗尿、女子带下等。

【注意事项】有外感期间及发热患者不宜；食用时要特别注意将猪小肚漂洗干净，否则会有臊味。

板栗烧鸡

【基本原料】板栗 250 g，鸡肉 850 g，生姜、葱、料酒、酱油、糖色、白糖、鸡汤、油各适量。

【制作方法】

1. 板栗切开口入沸水煮一下去壳和内衣，鸡肉洗净切成 5 cm 见方块。

2. 净锅置火上，放入菜油，待油烧热至七成时，下板栗炸 3 分钟左右待用。

3. 将锅内油滗出，留油 50 g，下葱段、姜片、鸡块煸出香味，下鸡汤、料酒、糖色、酱油、精盐、白糖，大火上烧开，打去浮沫，改用小火慢烧。

4. 待鸡块烧至五成熟时，下板栗同烧，至肉块、板栗酥烂时，拣出葱、姜不用，收汁装碗。

【功效主治】健脾补肾。主脾肾两虚证，亦可作为日常食养保健。

【注意事项】食滞胃肠、阴虚火旺者慎服；便溏者慎服；糖尿病患者忌服。

杜仲腰花

【基本原料】猪腰（或羊腰）250 g，杜仲 15 g，酱油、葱、姜、味精等调味品适量。

【制作方法】

1. 杜仲切丝，水煮取浓缩汁。把腰子切成两片，挖掉腰臊，划成斜花刀，切成长 3 cm、宽 1.5 cm 的长方形块，用水淀粉 80 g 拌匀。

2. 将锅置旺火上，倒入植物油，待油热冒烟时，将腰花用筷子一块一块地放在油锅内，炸片刻，当外面呈焦黄色时，即可取出。

3. 将酱油、醋、白糖、料酒、味精、杜仲浓缩汁、水淀粉 20 g 放在碗中调匀，把炒勺放旺火上，倒入猪油，油热后，将葱、姜末放入，稍炸一下，随即将调好的汁倒入，汁成稠糊后，将炸好的腰花倒入翻炒，使汁挂在腰花上。

【功效主治】补肾壮阳。适用于肾阳虚所致的腰痛膝软、阳痿遗精、耳鸣目眩、夜尿频多等。

【注意事项】阴虚火旺者不宜。

花生红枣炖猪脚

【基本原料】花生米（带红衣）100 g，猪脚1只，枸杞子、红枣若干，调料适量。

【制作方法】

1. 将猪脚洗净，斩成块状，入锅中加水煮至四成熟后捞出。香菜洗净切段。分别洗净生花生仁、红枣和枸杞子。

2. 将猪脚用酱油搽涂均匀，放入植物油炸至金黄色，再放入洗净的砂锅内，注入清水，放入花生米、枣等其他佐料。

3. 先用武火煮开，再以文火炖至熟烂。

【功效主治】补益气血，养发生发。适用于气血亏虚所致的毛发枯黄、容易脱落、稀少而早白者，并伴有面色不华、心悸气短、自汗乏力等。此外，还可用于妇人产后气血虚弱引起的乳汁不下。

【注意事项】阳虚痰湿内盛体质禁服；脾胃虚寒者不宜多食。

三、糖点类

糖点类药膳指点心类和零食类，主要以糖为原料，加入熬制后的固体或半固体状食物，配以药物粉末或药汁与糖拌熬，或掺入熬就的糖料中；或者选用某些食物与药物，经药液或糖、蜜等煎煮制作而成。如瓜蒌饼、杏仁饼、蜜蒸百合等。

瓜 蒌 饼

【基本原料】瓜蒌250 g，面粉1000 g，白糖100 g。

【制作方法】

1. 瓜蒌去籽，放在锅内，加水少许，加白糖，以小火煨熬，拌成馅。

2. 取面粉加水适量经发酵加面碱，揉成面片。

3. 把瓜蒌夹在面片中制成面饼，烙熟或蒸熟。

【功效主治】清热化痰，宽胸散结，润肠通便。适用于痰热咳喘、胸胁痞闷、大便不畅等。

【注意事项】脾虚便溏、湿痰、寒痰者不宜。

蜜蒸百合

【基本原料】百合100 g，蜂蜜50 g。

【制作方法】

1. 将百合洗净后加入蜂蜜搅拌均匀。

2. 将混合后的百合蜂蜜放入容器中，隔水蒸熟即可。

【功效主治】润肺止咳，清心安神。适用于肺阴亏虚所致的干咳或燥咳；心之阴血不足引起的失眠、虚烦惊悸等。

【注意事项】痰湿内蕴、中满痞满及肠滑泄泻者不宜。

杏 仁 饼

【基本原料】杏仁40粒，柿饼1个，青黛3 g。

【制作方法】

1. 将杏仁去皮尖，炒黄研成泥状，调入青黛做饼。

2. 将柿饼破开，包入杏仁泥饼，用湿纸包裹，煨熟。

【注意事项】清肝泻火，降逆平喘。适用于肝火犯肺、肺气上逆证。

【食用注意】虚寒喘嗽者不宜。

益脾饼

【基本原料】生白术 30 g，红枣 250 g，鸡内金 15 g，干姜粉 60 g，面粉 500 g

【制作方法】

1. 将白术、干姜用纱布包成药包，扎紧，放入锅内，下红枣，加水适量，先用武火烧沸，后用文火熬煮 1 小时左右，除去药包和红枣的核，把枣肉搅拌成枣泥待用。
2. 将鸡内金粉碎成细末，与面粉混合均匀，再将枣泥倒入，加盐适量，和成面团。
3. 将面团分成若干个小团，做成薄饼，在锅内放入菜油，用文火烙熟即成。

【功效主治】健脾燥湿，温中散寒，和胃消食。适用于脾胃虚寒、运化失职、湿浊中阻所引起的食欲不振、食后腹胀、喘咳痰多等。

【注意事项】中焦有热者不宜。

糖橘饼

【基本原料】广柑 500 g，白糖 500 g。

【制作方法】

1. 将广柑去皮、核，放入小锅内，加白糖腌浸 1 日，至广柑肉浸透糖，再加适量清水，用文火熬至汁稠。
2. 将每瓣广柑肉用小锅铲压平成饼，通风阴干。

【功效主治】理气化痰。适用于肺气不畅、咳嗽痰多、恶心呕吐等。

健脾益气糕

【基本原料】茯苓、山药、芡实、莲子各 200 g，陈仓米粉、糯米粉、粳米粉各 3000 g，白蜜、白糖各 500 g。

【制作方法】将以上前四味药研成细末，与米粉及白糖拌匀，加入少量清水和匀，压入模型内，脱块成糕，上笼蒸熟。

【功效主治】健脾益气，和中止泻。适用于脾胃虚弱所致的食少便溏、神疲倦怠等。

【注意事项】长时间服用方获疗效。

四、汤羹饮料类

汤羹类药膳是以肉、蛋、奶、海味品等原料为主，加入药物经煎煮而成的较稠厚的汤液。饮料类药膳是将药物和食物浸泡和压榨，煎煮或蒸馏制成的一种专供饮用的液体。

姜汁杏仁猪肺汤

【基本原料】猪肺 250 g，甜杏仁 12 g，生姜汁 2 匙。

【制作方法】

1. 猪肺洗净，切块，甜杏仁洗净，将猪肺与杏仁放在砂锅内加水共煮。
2. 将熟时加入生姜汁及食盐少许，食肉饮汤。

【功效主治】温肺止咳化痰。适宜于虚寒喘咳、肠燥便秘。

玉竹瘦肉汤

【基本原料】玉竹 30 g，猪瘦肉 150 g，食盐、味精少许。

【制作方法】

1. 将玉竹洗净切片，用纱布包好。
2. 猪瘦肉洗净切片，与玉竹纱布包同放入锅中，加入适量水煎煮。
3. 煮熟后，去玉竹，加食盐、味精调味。

【功效主治】养阴润肺止咳。适用于肺阴亏虚所致的燥咳。

【注意事项】咳嗽属实热或痰热者缓不济急。

当归生姜羊肉汤

【基本原料】当归 10 g，生姜 10 g，肉桂 6 g，羊肉 1000 g，盐少许。

【制作方法】

1. 将羊肉洗净，剔去筋膜，放入沸水内，余去血水，捞出待冷切成条块。
2. 将生姜、当归洗净，切成片，砂锅内放入清水适量，将羊肉块放入，再加入当归、生姜、肉桂，以武火煮沸后，改用文火炖 1 小时，至羊肉熟烂，加盐少许。
3. 拣去生姜、当归、肉桂后，食肉饮汤。

【功效主治】温经养血止痛。适用于产后血虚、腹中寒痛、寒疝及血虚寒凝之月经不调等症。

【注意事项】阴虚火旺，或肝经郁火等有热者不宜。

刘某，女，31 岁。自小怕冷，一年四季手足冰凉，冬季尤为明显，若食凉则胃脘不适，大便多稀溏。该女性属阳虚型体质，在饮食上，可多吃牛肉、羊肉、韭菜、生姜等温补阳气的食物，少吃梨、西瓜、荸荠等生冷寒凉的食物。推荐药膳为当归生姜羊肉汤，冬季服用为佳。

橘味醒酒汤

【基本原料】糖水橘子 200 g，莲子 200 g，青梅 25 g，枣（干）50 g，白砂糖 300 g，白醋 30 g，糖桂花 5 g。

【制作方法】

1. 青梅切丁；红枣洗净，取出枣核，放入小碗内，加水蒸熟。
2. 糖水橘子、莲子倒入锅中，加入青梅、红枣、白糖、糖桂花及适量清水，一同煮沸。

【功效主治】清热利湿，和胃降气，清热生津。适用于醉酒者，酒精肝患者可常服用。

姜 苏 饮

【基本原料】生姜 15 g，紫苏叶 10 g，红糖 20 g。

【制作方法】将生姜、紫苏叶放入锅中，加水约 500 g，煮沸入红糖趁热服。

【功效主治】发汗解表，祛寒健胃。适用于风寒感冒，尤其对肠胃型感冒有明显疗效。

【注意事项】外感风热或内有热证者不宜。

香 薷 饮

【基本原料】香薷 10 g，厚朴 5 g，白扁豆 5 g，白糖适量。

【制作方法】将香薷、厚朴洗净剪碎，白扁豆炒黄捣碎，放入锅中共煮，武火煮沸，文火继续煎煮片刻，去渣取汁。或以沸水冲泡，盖严温浸 1 小时。

【功效主治】解表清暑，健脾利湿。适用于暑热夹湿感寒证（暑湿引起的夏季感冒）。

【注意事项】表虚汗出，或中暑发热汗出、心烦口渴者不宜。

二 鲜 饮

【基本原料】鲜藕 120 g，鲜茅根 120 g。

【制作方法】将鲜藕切片，鲜茅根切碎，入水中煎煮，去渣取汁，代茶饮服。

【功效主治】凉血止血，清热化瘀。适用于火热迫血妄行而引起的咯血或痰中带血者。

【注意事项】脾胃虚寒、大便溏薄者不宜。

清 络 饮

【基本原料】鲜荷叶边 6 g,鲜银花 6 g,西瓜翠衣 6 g,鲜扁豆花 6 g,丝瓜皮 6 g,鲜竹叶心 6 g。

【制作方法】将以上六味原料洗净后一同放入锅中,加水适量,武火煮沸后改文火煎煮,去渣取汁,代茶饮服。

【功效主治】芳香解暑,清肺络中之余邪。适用于暑热季节感受暑邪,经治(发汗)诸症减轻后,但因余邪不净而头部微胀、目不了了者,即可饮用。

【注意事项】脾胃虚寒、大便溏薄者不宜。

山楂麦芽茶

【基本原料】山楂 10 g,麦芽 10 g。

【制作方法】山楂洗净切片,与麦芽同置杯中,倒入开水,加盖泡 30 分钟,代茶饮服。

【功效主治】消食化滞。适用于食积证,尤其是肉食、乳食积滞者。

【注意事项】孕妇、哺乳期妇女不宜。

玫瑰露酒

【基本原料】鲜玫瑰花 350 g,白酒 1500 g,冰糖 200 g。

【制作方法】

1. 采摘将开未开之玫瑰花花蕊。
2. 将玫瑰花浸入酒中,同时放入冰糖,用瓷坛或玻璃瓶贮存,浸泡 1 月余。

【功效主治】疏肝理气,和胃止痛。适用于气滞血瘀所致的月经不调、胃脘疼痛、胸痛头痛、损伤瘀痛等。

【注意事项】不可加热;阴虚燥热者不宜;若女性或不胜酒力者可改玫瑰花 10 g、黄酒 50 ml,加水适量,煮沸服用。

| 学习小结 |

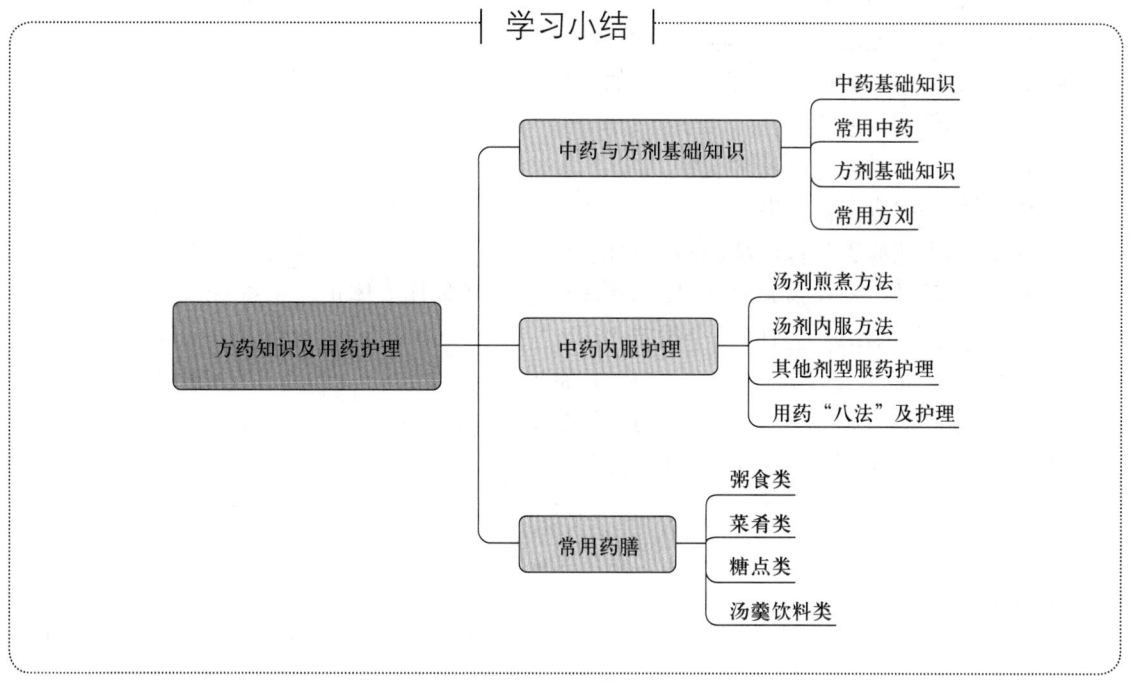

目标检测

A1 型题

1. 表示药物有发散、行气、活血作用的味是
   A. 酸　　　　B. 苦　　　　C. 甘　　　　D. 辛　　　　E. 咸

2. 根据药物的归经理论，若头痛于两侧颞部，属何经头痛，药物选择以柴胡为佳
   A. 阳明经　　　　　　B. 少阳经　　　　　　C. 太阳经
   D. 厥阴经　　　　　　E. 太阴经

3. 根据方剂组方原则，下列关于君药作用的说法，正确的是
   A. 体现处方的主攻方向　　　　　　B. 针对兼病或兼证起治疗作用
   C. 药力小于臣药　　　　　　　　　D. 直接治疗次要兼证
   E. 引导方中诸药直达病所

4. 车前子的用法，正确的是
   A. 先煎　　　　B. 另煎　　　　C. 后下　　　　D. 包煎　　　　E. 烊化

5. 治疗风寒表实证的方剂为
   A. 麻子仁丸　　　　　B. 大承气汤　　　　　C. 小柴胡汤
   D. 白虎汤　　　　　　E. 麻黄汤

6. 煎药用具直接影响到药物的有效成分，以下最不适合煎药的为
   A. 陶瓷　　　　　　　B. 砂锅　　　　　　　C. 铁锅
   D. 瓦罐　　　　　　　E. 不锈钢锅

7. 汤药的服药时间对药物疗效的发挥有重要作用，以下关于服药时间错误的是
   A. 驱虫类药物饭前服　　　　　　B. 消食类药物饭后服
   C. 补益类药物饭后服　　　　　　D. 安神药临睡前服
   E. 平喘药、截疟药于发作前 2 小时服

8. 在中医用药"八法"中，关于下法的护理措施，下列描述不正确的是
   A. 孕妇慎用或忌用
   B. 服药后轻微腹痛属正常现象
   C. 服药期间应多吃蔬果
   D. 运用下法应大剂量连续服药以取良效
   E. 服药后需严密观察大便情况，中病即止，以免损伤人体正气

9. 当归生姜羊肉汤最适宜哪一个季节食用
   A. 春季　　　　　　　B. 夏季　　　　　　　C. 秋季
   D. 冬季　　　　　　　E. 长夏季节

10. 人参与莱菔子同时服用，属于哪种配伍
    A. 相须　　　　B. 相使　　　　C. 相杀　　　　D. 相恶　　　　E. 相畏

A2 型题

11. 陈某，男，48 岁。平素食欲不振，自汗，神疲乏力，脉弱，近日伴口渴，心悸失眠，建议用人参配伍治疗。关于人参的用法正确的是
    A. 先煎　　　　B. 另炖　　　　C. 后下　　　　D. 包煎　　　　E. 烊化

12. 李某，男，14岁。患有梦游症，自述心烦神乱，失眠多梦，惊悸怔忡，舌尖红，脉细数。辨证此为心火亢盛、阴血不足，予以朱砂安神丸。以下对朱砂安神丸的功用叙述正确的是
    A. 平肝潜阳
    B. 行气解郁
    C. 镇心安神，清热养血
    D. 清心除烦
    E. 滋阴潜阳

13. 刘某，女，30岁。自诉便秘多年，大便燥结难下，舌淡苔白，脉沉细。在选择药膳时，宜予以下哪种
    A. 生姜粥
    B. 苏子麻仁粥
    C. 马齿苋绿豆粥
    D. 茯苓粥
    E. 滑石粥

（喻小燕）

第十一章 常用中医护理技术

要点导航

1. 说出经络的概念、生理功能和经络系统的组成。
2. 归纳十二经脉的走向与交接规律、流注次序、表里属络关系。
3. 能正确对常用腧穴进行定位。
4. 知道灸法、推拿、拔罐、刮痧、蜡疗、穴位注射和常用中药外治法的概念、适应证、禁忌证和注意事项。
5. 能正确实施灸法、推拿、拔罐、刮痧、蜡疗、穴位注射和常用中药外治法。

中医护理技术是体现中医护理优势的重要内容，具有器具简单、操作方便、应用广泛、不良反应小、见效快、费用低的特点，是临床护理技术的重要组成部分，也是每位护理工作者必须掌握的重要技术。

第一节 经络腧穴概述

经络是人体内运行全身气血，联络脏腑肢节，沟通内外，贯穿上下的通道，是机体各部分功能的调控系统。经络理论阐述了人体经络的循行分布、生理功能、病理变化及其与脏腑的相互关系，是中医基础理论的重要组成部分。《灵枢·经脉》指出："经脉者，所以能决死生，处百病，调虚实，不可不通。"高度概括了经络系统在生理、病理和防治疾病等方面的重要性。

> 考点提示：经络系统是由经脉和络脉组成。

一、经络理论概论

（一）经络系统

经络系统是由经脉和络脉相互联系、彼此衔接组成的体系（图11-1）。经脉为经络中纵行的主干，包括十二经脉、奇经八脉、附属于十二经脉的十二经别、十二经筋和十二皮部。络脉为经脉的分支，包括十五络脉、孙络、浮络。

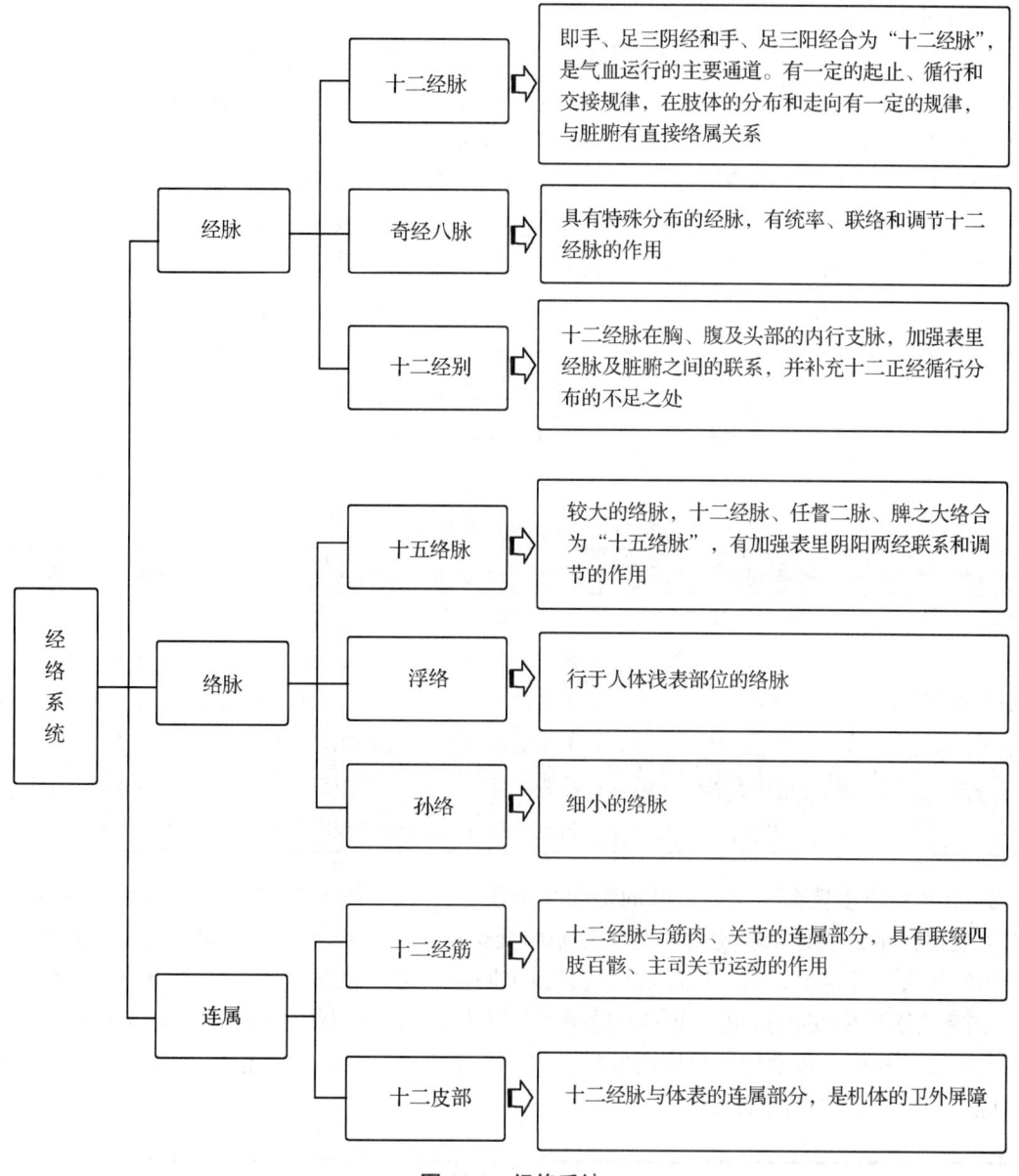

图 11-1 经络系统

（二）经络系统的生理功能

1. **运行气血、营养全身** 气血是人体生命活动的基础，它濡养全身各脏腑组织器官，维持机体的功能正常。经络系统作为气血运行的通路，沟通网络全身，疏通气血。只有气血盛衰和机能动静保持相对平衡，才能使人体"阴平阳秘，精神乃治"（《素问·生气通天论》）。

2. **联系脏腑、沟通内外** 人体的五脏六腑、四肢百骸、五官九窍、皮肉筋骨等组织器官通过经络系统的联络沟通，相互联系，互相配合，构成一个有机的整体。经络系统以头身四海为总纲，以十二经脉为主体，分散为三百六十五络遍布全身，将人体各部位紧密地联系起来，实现了相对的协调统一，保证了正常的生理活动。

3. **感应传导、反映病候** 经络系统对针刺或其他治法的刺激有感应传导作用，针刺的"得气"和"行气"现象即是经络传导感应作用的表现。在正常情况下，经络能运行气血，协调阴阳，传递信息到人体各部。当发生气血不和、阴阳失衡等病证时也是通过经络将疾病的信息反映出来。

(三)十二经脉

1. 命名 十二经脉对称分布于人体的两侧,其名称由手足、阴阳和脏腑三部分组成。手足表示经脉在上下肢分布的不同,手经行于上肢,足经行于下肢;阴阳表示经脉的阴阳属性及阴阳气的多寡,阴经行于四肢内侧,阳经行于四肢外侧,一阴一阳衍化为三阴三阳,以区分阴阳气的盛衰,阴气最盛为太阴,其次为少阴,再次为厥阴,阳气最盛为太阳,其次为阳明,再次为少阳;脏腑表示经脉的脏腑属性,阴经属脏,阳经属腑。手足三阴、三阳通过经别和络脉互相沟通,组合成六对"表里"关系(表11-1)。

> **知识拓展**
>
> **十二经脉分布规律歌诀**
> 内侧前中后,太阴厥少阴;外侧前中后,阳明少太阳。

表11-1 十二经脉名称分类表

阴经行于内侧	阴经属脏		阳经属腑	阳经行于外侧
上肢内侧前线	手太阴肺经	←表里关系→	手阳明大肠经	上肢外侧前线
上肢内侧中线	手厥阴心包经	←表里关系→	手少阳三焦经	上肢外侧中线
上肢内侧后线	手少阴心经	←表里关系→	手太阳小肠经	上肢外侧后线
下肢内侧前线	足太阴脾经	←表里关系→	足阳明胃经	下肢外侧前线
下肢内侧中线	足厥阴肝经	←表里关系→	足少阳胆经	下肢外侧中线
下肢内侧后线	足少阴肾经	←表里关系→	足太阳膀胱经	下肢外侧后线

2. 走向和交接规律 十二经脉的走向和交接是一个阴阳相贯,如环无端的循环路径,遵循以下规律:手三阴经从胸走手,与手三阳经交会;手三阳经从手走头面,与足三阳经交会;足三阳经从头面部走足,与足三阴经交会;足三阴经从足走向腹、胸,与手三阴经交会。

3. 流注次序和交接部位 十二经脉分布于人体内外,经脉中的气血运行是循环贯注的。从手太阴肺经开始,依次传至足厥阴肝经,再传至手太阴肺经,首尾相贯,如环无端。其流注次序规律和交接部位见图11-2。

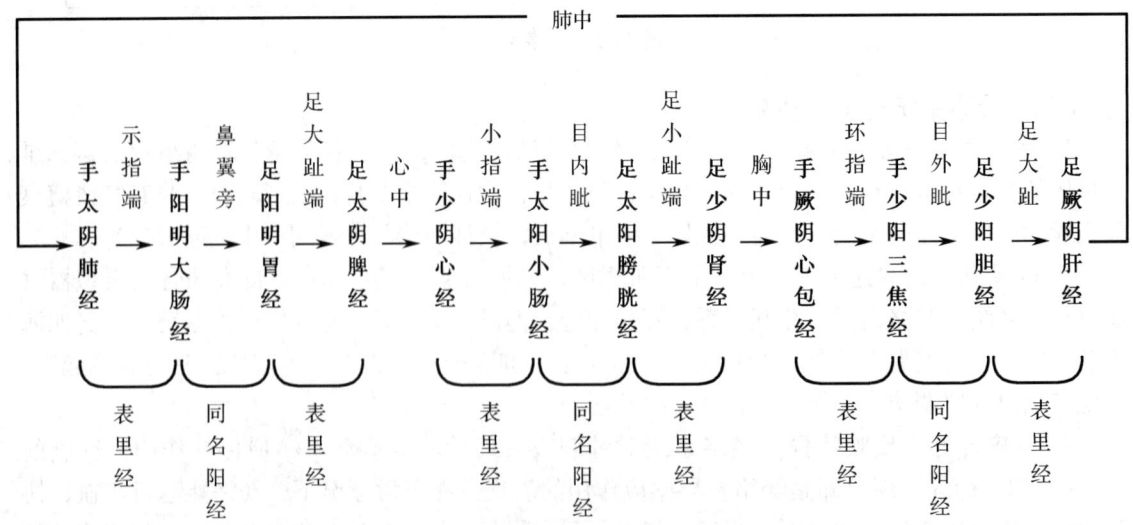

图11-2 十二经脉流注次序规律与交接部位图

(四)奇经八脉

1. **命名** 八脉是督脉、任脉、冲脉、带脉、阴跷脉、阳跷脉、阴维脉、阳维脉的总称。由于八脉的分布不像十二经脉那样规则,既不直属脏腑,也无表里相配,故称"奇经"。八脉之中,督、任、冲三脉均起于胞中,同出会阴,称为"一源三歧"。

2. **走向与功能** 见表11-2。

表11-2 奇经八脉的走向与功能

名称	走向	功能
督脉	行于腰背正中,上至头面	总督一身阳经,为"阳脉之海"
任脉	行于胸腹正中,上抵颏部	总任一身阴经,为"阴脉之海"
冲脉	与足少阴经夹脐上行,环绕口唇	有调节十二经气血的作用 为"十二经之海",亦称"血海"
带脉	起于胁下,绕腰一周,犹如束带	有约束纵行诸经的作用
阴跷脉	起于足跟内侧,随足少阴等经上行,至目内眦与阳跷脉会合	与阳跷脉主宰一身左右的阴阳,共同调节肢体的运动和眼睑的开合功能
阳跷脉	起于足跟外侧,伴足太阳等经上行,至目内眦与阴跷脉会合,沿足太阳经上额,于项后会于足少阳经	与阴跷脉主宰一身左右的阴阳,共同调节肢体的运动和眼睑的开合功能
阴维脉	起于小腿内侧,沿腿股内侧上行,与六阴经相联系,至咽喉与任脉会合	主一身之里,与阳维脉维络一身表里之阴阳,进一步加强机体的统一性
阳维脉	起于足跗外侧,沿股膝外侧上行,与六阳经相联系,至项后与督脉会合	主一身之表,与阴维脉维络一身表里之阴阳,进一步加强机体的统一性

二、腧穴概述

(一)腧穴的概念

"腧"同"俞"与"输",有转输、输注之意;"穴"有"孔、隙"之意。故腧穴指人体脏腑经络之气输注于体表的部位。

(二)腧穴的分类

腧穴分为十四经穴、经外奇穴和阿是穴三类,见表11-3。

> **考点提示**:腧穴的分类及作用。

表11-3 腧穴的分类

分类	含义	名称	位置	功能
十四经穴 简称"经穴"	位于十二经脉和任督二脉的腧穴	名称具体	位置固定	主治本经脏腑病症,及与本经相关经络脏腑之病症
经外奇穴 简称"奇穴"	未能归属于十四经脉的腧穴	名称具体	位置固定	对某些病证具有特殊疗效
阿是穴 又称"天应穴"	以压痛点或其他反应点作为针刺、灸法等施术部位	无具体名称	以痛为腧,多位于病变部位局部,也可在距离较远处	能反应疾病,主治局部痛症,也能治疗与之相关的疾病

（三）腧穴的作用

1. 近治作用 凡是腧穴均有治疗其所在部位及其邻近部位病证的作用，这是所有腧穴具有的共同主治特点。如睛明、承泣均在眼区位，所以可治疗眼病。

2. 远治作用 指经穴不仅能治疗局部病证，而且能治疗本经循行所及的远隔部位的病证，这是十四经穴主治作用的基本规律，尤其是十二经脉在肘、膝关节以下的腧穴。如合谷能治疗上肢病证，也能治疗本经所过处的颈部和头面、五官病症。

3. 特殊作用 指某些腧穴具有双向良性调整和相对特异的治疗作用。双向良性调整作用如泄泻时，针刺天枢能止泻；便秘时，针刺天枢又能通便。特异的治疗作用如大椎可退热，至阴可矫正胎位。

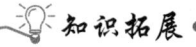

二十四总穴歌

肚腹三里留，腰背委中求；头项寻列缺，面口合谷收。
胸腹内关谋，胁肋用支沟；酸痛取阿是，筋伤阳陵搜。
虚寒补中脘，妇科三阴交；急救刺人中，脱症百会灸。
退烧宜少商，降压用大椎；中风十宣穴，救心刺中冲。
落枕针后溪，踝伤泻丘墟；腹泻灸天枢，解表寻曲池。
臂举不自如，灵骨与太白；感冒兼重咳，风门加肺俞。

（四）腧穴的定位方法

1. 体表标志法 以人体表面所具特征的部位为标志而定取穴位的方法。

（1）固定标志：指不受人体活动影响而固定不移的标志，如五官、毛发、指（趾）甲、乳头、肚脐等，如两眉之间取"印堂"；两乳头之间取"膻中"。

（2）活动标志：指依据人体局部活动后出现的凹陷或隆起、褶皱或孔隙等作为取穴标志，如张口于耳屏前方凹陷处取听宫；握拳于手掌横纹头取后溪。

2. 骨度分寸法 以本人的身材为依据，以骨节为主要标志测量周身各部的长度与宽度，并依其比例折算尺寸作为定穴标准的方法。如肘横纹至腕横纹为十二寸，即此段距离划成十二等分，一个等分为一寸，取穴就以它作为折算的标准，不论男女、老少、高矮、肥瘦都一样。常用骨度分寸见表11-4。

表11-4 常用骨度分寸表

部位	起止点	骨度分寸	量法
头部	前发际至后发际	12寸	直量
	前额两鬓角之间	9寸	横量
	耳后两乳突之间	9寸	横量
胸腹	两乳头之间	8寸	横量
	胸剑联合至脐中	8寸	直量
	脐中至耻骨联合上缘	5寸	直量
腰背	肩峰缘至后正中线	8寸	横量
	肩胛骨脊柱缘与后正中线	3寸	横量
上肢	腋前纹头至肘横纹	9寸	直量
	肘横纹至腕横纹	12寸	直量

续表

部位	起止点	骨度分寸	量法
下肢	耻骨上缘至股骨内上髁上缘	18寸	直量
	胫骨内侧髁下方至内踝尖	13寸	直量
	股骨大转子至腘横纹	19寸	直量
	腘横纹至外踝尖	16寸	直量
	外踝尖至足底	3寸	直量

3. **手指同身寸法** 以本人的手指为标准而定取穴位的方法。

（1）中指同身寸：以本人的中指中节屈曲时，内侧两端横纹头之间作为一寸。

（2）拇指同身寸：以本人拇指指间关节的横度作为一寸。

（3）横指同身寸：又名"一夫法"，本人将示指、中指、环指和小指并拢，以中指中节横纹处为准，四指宽度为三寸。

➢ **考点提示**：手指同身寸法的三种取穴标准。

4. **简便取穴法** 是一种简便易行的取穴方法，如两耳尖直上连线与头正中线之交会点取"百会"，两手虎口交叉示指端取"列缺"，直立垂手时中指尖处大腿外侧取"风市"等。

三、经络腧穴各论

（一）手太阴肺经

为十二经脉气血流注的始发经。本经单侧11穴，首穴中府，末穴少商。

1. **经脉循行** 起于中焦，下络大肠，返回沿胃上口，通过横膈，属于肺，从肺系横出腋下，行于上肢内侧前缘，入寸口上鱼际，沿其边缘直出拇指桡侧端，与手阳明大肠经相接。

2. **联系器官** 属肺，络大肠，联系胃、喉咙和气管。

3. **本经主治** 治疗喉、胸、肺及经脉循行部位的其他病症。如治疗咳喘用中府、太渊和鱼际；治疗头项痛用列缺，治疗热病用尺泽等。

4. **常用腧穴** 见表11-5。

表11-5 手太阴肺经常用腧穴

腧穴	定位	主治	操作
中府	平第一肋间隙，距前正中线6寸	①咳嗽，气喘，胸痛 ②肩背痛	向外斜刺或平刺0.5~0.8寸
太渊	腕掌侧横纹桡侧，桡动脉搏动处	①外感，咳嗽，气喘 ②胸痛，咽喉肿痛 ③腕臂痛，无脉症	避开桡动脉，直刺0.3~0.5寸
鱼际	第一掌指关节后凹陷处，约第一掌骨中点桡侧，赤白肉际处	①咳嗽，气喘 ②咯血，潮热，咽喉肿痛，失音	直刺0.5~0.8寸
尺泽	肘横纹中，肱二头肌腱桡侧凹陷处	①咳嗽，气喘 ②咯血，潮热，胸部胀满，咽喉肿痛，急性腹痛吐泻 ③肘臂挛痛	直刺0.8~1.2寸；或点刺出血

续表

腧穴	定位	主治	操作
列缺	前臂桡侧缘，桡骨茎突上方，腕横纹上1.5寸，肱桡肌与拇长展肌腱之间。	①外感头痛，项强，咳嗽，气喘，咽喉肿痛 ②口眼歪斜，齿痛	向上斜刺0.3~0.5寸

（二）手阳明大肠经

本经单侧20穴，首穴商阳，末穴迎香。

1. **经脉循行** 起于示指桡侧端上行，经第一、二掌骨之间，循行于上肢外侧前缘，上走肩峰，进入锁骨上窝，络肺属于大肠。从锁骨上窝出走颈部，经面颊入下齿龈，交叉止于对侧鼻旁，与足阳明胃经相接。

2. **联系器官** 属大肠，络肺，联系口、下齿和鼻。

3. **本经主治** 治疗头面、五官、咽喉病、神志病及经脉循行部位的其他病症。如治疗热病用商阳、合谷、曲池；治疗头面五官疾病用合谷；治疗胃肠病用合谷、曲池；治疗鼻疾用合谷、迎香为主。

4. **常用腧穴** 见表11-6。

表11-6 手阳明大肠经常用腧穴

腧穴	定位	主治	操作
商阳	示指末节桡侧，距指甲角0.1寸	①咽喉肿痛，齿痛，耳聋 ②热病，昏迷 ③手指麻木	浅刺0.1~0.2寸，或点刺出血
合谷	手背第一、二掌骨间，第二掌骨桡侧的中点处	①头痛，齿痛，目赤肿痛，咽喉肿痛，鼻衄，耳聋，痄腮，牙关紧闭 ②热病，无汗，多汗 ③滞产，经闭，腹痛，便秘 ④上肢疼痛、不遂	直刺0.5~1.0寸
曲池	肘横纹外侧端，屈肘90°，尺泽与肱骨外上髁连线中点	①热病，咽喉肿痛，齿痛，目赤痛，头痛，眩晕，癫狂 ②上肢不遂，手臂肿痛，瘰疬 ③湿疹 ④腹痛、吐泻，月经不调	直刺1.0~1.5寸
迎香	鼻翼外缘中点旁，鼻唇沟中	①鼻塞，鼻衄，口眼歪斜，面痒 ②胆道蛔虫症	斜刺或平刺0.3~0.5寸
肩髃	在肩部，三角肌上，臂外展时，当肩峰前下方凹陷处	①上肢不遂，肩痛不举，瘰疬 ②瘾疹	直刺0.8~1.5寸

（三）足阳明胃经

本经单侧45穴，首穴承泣，末穴厉兑。

1. **经脉循行** 起于鼻翼旁，上行到鼻根部，沿鼻柱外侧下行，入上齿龈，绕唇，交会于承浆穴，再沿下颌角上行，经耳前及发际抵前额。支脉下行过横膈，属于胃络于脾。外行部分由锁骨上窝分出，经乳头，向下夹脐旁达腹股沟处，循行于下肢外侧前缘，经足背部，止于第二趾外侧端。分支从膝下3寸和足背分出，进入足中趾和足大趾，与足太阴脾经相接。

2. **联系器官** 属胃,络脾,联系口唇、上齿、鼻、目、喉咙和乳房。

3. **本经主治** 治疗胃肠、头面、五官病,神志病及经脉循行部位的其他病症。如治疗胃肠病用天枢、梁门、足三里、上巨虚、下巨虚;治疗头面五官疾病常用地仓、颊车、四白、头维;其中,丰隆有祛痰之功能,足三里有强身保健的作用。

4. **常用腧穴** 见表 11-7。

表 11-7 足阳明胃经常用腧穴

腧穴	定位	主治	操作
天枢	脐中旁开 2 寸	①腹胀肠鸣,绕脐腹痛,便秘,泄泻,痢疾 ②癥瘕,月经不调,痛经	直刺 1.0~1.5 寸
梁门	脐中上 4 寸,距前正中线 2 寸	①胃痛,呕吐,食欲不振 ②腹胀,泄泻	直刺 0.5~1.0 寸
足三里	小腿前外侧,犊鼻穴下 3 寸,距胫骨前缘一横指(中指)	①胃痛,呕吐,噫嗝,腹胀,腹痛,肠鸣,消化不良,泄泻,便秘,痢疾,乳痈 ②虚劳羸瘦,咳嗽气喘,心悸气短,头晕 ③失眠,癫狂 ④膝痛,下肢痿痹,脚气,水肿	直刺 1.0~2.0 寸
上巨虚	小腿前外侧,犊鼻下 6 寸,距胫骨前缘一横指(中指)	①肠中切痛,肠痈,泄泻,便秘 ②下肢痿痹,脚气	直刺 1.0~1.5 寸
下巨虚	小腿前外侧,犊鼻穴下 9 寸,距胫骨前缘一横指(中指)	①小腹痛,腰脊痛引睾丸 ②泄泻,痢疾,乳痈 ③下肢痿痹	直刺 1.0~1.5 寸
地仓	口角外侧,上直瞳孔	①口眼歪斜,流涎 ②眼睑瞤动	斜刺或平刺 0.5~0.8 寸
颊车	面颊部,下颌角前上方约一横指,咀嚼时,咬肌隆起,按之凹陷处	①口眼歪斜,颊肿 ②齿痛,口噤不语	直刺 0.3~0.5 寸
四白	目正视,瞳孔直下,眶下孔凹陷处	①目赤肿痛,目翳,眼睑瞤动,近视 ②面痛,口眼歪斜,胆道蛔虫症 ③头痛、眩晕	直刺 0.3~0.5 寸
头维	额角发际上 0.5 寸,头正中线旁 4.5 寸	①头痛,眩晕 ②目痛,迎风流泪,眼睑瞤动	向后平刺 0.5~0.8 寸
丰隆	小腿前外侧,外踝尖上 8 寸,在胫骨前缘外侧二横指(中指)	①咳嗽,痰多,哮喘 ②头痛,眩晕,癫痫 ③下肢痿痹 ④便秘,呕吐,消化不良	直刺 1.0~1.5 寸

(四)足太阴脾经

本经单侧 21 穴,首穴隐白,末穴大包。

1. **经脉循行** 起于足大趾内侧端,上行至内踝前,沿小腿内侧正中线上行,至内踝尖上 8

寸交出于足厥阴经之前，经膝、股内侧前缘进入腹部，属于脾络于胃，上行到舌根部，止于舌下。支脉从胃向上过膈，注于心中，与手少阴心经相接。

2. **联系器官** 属脾，络胃，联系咽、舌。

3. **本经主治** 治疗脾胃病、妇科病、前阴病及经脉循行部位的其他病症。如治疗脾胃肠病用太白、公孙、隐白、阴陵泉和三阴交；治疗妇科病用隐白、血海、太白、公孙和三阴交等；其中，太白和阴陵泉有健脾益气、除湿的功能；血海和三阴交有益气养血、活血的功能。

4. **常用腧穴** 见表11-8。

表11-8 足太阴脾经常用腧穴

腧穴	定位	主治	操作
太白	足内侧缘，第1跖趾关节后下方，赤白肉际凹陷处	①胃痛，腹胀，腹痛，泄泻，痢疾，便秘，纳呆②体重节痛，脚气	直刺0.5~1.0寸
公孙	足内侧缘，第1跖骨基底的前下方	①胃痛，呕吐，腹胀，腹痛，泄泻，痢疾②心痛，胸闷	直刺0.5~1.0寸
隐白	足大趾末节内侧，距趾甲角0.1寸	①月经过多，崩漏，尿血，便血②腹胀③癫狂，梦魇，多梦，惊风	浅刺0.1~0.2寸
阴陵泉	小腿内侧，胫骨内侧髁后下方凹陷处	①腹胀，水肿，黄疸，泄泻，小便不利或失禁②阴茎痛，遗精，妇人阴痛，带下③膝痛	直刺1.0~2.0寸
三阴交	小腿内侧，足内踝尖上3寸，胫骨内侧缘后方	①月经不调，崩漏，带下，阴挺，经闭，难产，产后血晕，恶露不尽，不孕，遗精，阳痿，阴茎痛，疝气，小便不利，遗尿，水肿②肠鸣腹胀，泄泻，便秘③失眠，眩晕④下肢痿痹，脚气	直刺1.0~1.5寸
血海	屈膝，大腿内侧，髌底内侧端上2寸，当股四头肌内侧头的隆起处	①月经不调，经闭，崩漏②湿疹，丹毒	直刺1.0~1.5寸

（五）手少阴心经

本经单侧9穴，首穴极泉，末穴少冲。

1. **经脉循行** 起于心中，出属"心系"，属于心，络于小肠。体表循行从腋窝起，沿上肢掌侧面的尺侧缘下行入掌中，经第四、五掌骨之间，沿小指桡侧至末端，与手太阳小肠经相接。

2. **联系器官** 属心，络小肠，联系心系、目系和食管。

3. **本经主治** 治疗心、胸、神志病及经脉循行部位的其他病症。如治疗神志病用神门、少冲；上肢内侧后缘痛麻用极泉、青灵、少海、灵道等。

4. **常用腧穴** 见表11-9。

表 11-9　手少阴心经常用腧穴

腧穴	定位	主治	操作
神门	腕掌侧横纹尺侧端，尺侧腕屈肌腱的桡侧凹陷处	①失眠，健忘，呆痴，癫痫 ②心痛，心烦，惊悸	避开尺侧动脉及静脉，直刺0.3~0.5寸
少冲	手小指末节桡侧，距指甲角0.1寸	①心悸，心痛 ②癫狂，热病，昏迷 ③胸胁痛	点刺出血
极泉	上臂外展，腋窝顶点，腋动脉搏动处旁	①心痛，心悸 ②胸闷气短，胁肋疼痛 ③肩臂疼痛，上肢不遂，瘰疬	直刺0.5~0.8寸
少海	屈肘举臂，肘横纹内侧端与肱骨内上髁连线的中点处	①心痛 ②腋胁痛，肘臂挛痛麻木，手颤 ③瘰疬	向桡侧直刺0.5~1寸
青灵	臂内侧，极泉与少海的连线上，肘横纹上3寸，肱二头肌的内侧沟中	①头痛，胁痛，肩臂疼痛 ②目视不明	直刺0.5~1寸
灵道	前臂掌侧，尺侧腕屈肌腱的桡侧缘，腕横纹上1.5寸	①心痛，心悸 ②暴喑 ③肘臂挛痛，手指麻木	直刺0.3~0.5寸

（六）手太阳小肠经

本经单侧19穴，首穴少泽，末穴听宫。

1. **经脉循行**　起于小指尺侧端，沿手背尺侧至腕，沿上肢外侧后缘，上达肩部，绕肩胛，入锁骨上窝，下络心，属于小肠。分支从颊至目内眦，与足太阳膀胱经相接。

2. **联系器官**　属小肠，络心，联系食管、横膈、胃、心、小肠、耳、目内外眦。

3. **本经主治**　治疗头、项、耳、目、咽喉病，热病，神志病及经脉循行部位的其他病证。治疗耳病用听宫、后溪、前谷；治疗目疾用后溪、养老；乳房病常用少泽、天宗等。

4. **常用腧穴**　见表11-10。

表 11-10　手太阳小肠经常用腧穴

腧穴	定位	主治	操作
听宫	耳屏前，下颌骨髁状突的后方，张口时呈凹陷处	①耳鸣，耳聋，聤耳，齿痛 ②癫狂病	张口，直刺0.5~1寸
后溪	手掌尺侧，微握拳，第五掌指关节后，远侧掌横纹头，赤白肉际	①头项强痛，腰背痛 ②目赤，耳聋，咽喉肿痛，癫痫 ③盗汗，疟疾 ④手指及肘臂挛急	直刺0.5~0.8寸
前谷	手掌尺侧，微握拳，第五掌指关节前，掌指横纹头，赤白肉际处	①头痛，目痛，耳鸣，咽喉肿痛 ②乳少，热病	直刺0.2~0.3寸
养老	前臂背面尺侧，尺骨小头近端桡侧凹陷中	①目视不明，头痛，面痛 ②肩、背、肘、臂酸痛，急性腰痛，项强	直刺0.5~0.8寸，或沿尺骨的桡侧向上斜刺

续表

腧穴	定位	主治	操作
少泽	手小指末节尺侧，距指甲角0.1寸	①头痛，目翳，咽喉肿痛，②耳聋，耳鸣，昏迷，热病 ③乳痈，乳汁少	点刺出血
天宗	肩胛部，冈下窝中央凹陷处，与第四胸椎相平	①肩胛疼痛 ②乳痈，气喘	直刺或斜刺0.5~1寸

（七）足太阳膀胱经

本经单侧67穴，首穴睛明，末穴至阴。

1. **经脉循行** 起于目内眦，上额交会于头顶，下行项后，从脊旁入体腔，络肾，属于膀胱。一条沿着脊柱旁，经背、腰、骶、臀部达腘窝中央；另一条沿肩胛内缘下行，过臀部会合于腘窝中。由此向下，过腓肠肌，至外踝后，沿足背外侧到足小趾外侧端，与足少阴肾经相接。

2. **联系器官** 属膀胱，络肾，联系目、鼻和脑。

3. **本经主治** 治疗头、项、目、背、腰、下肢部病症，神志病及经脉循行部位的其他病症。如治疗头面部病症用京骨、攒竹、眉冲；腰痛用委中、昆仑；胎位不正灸至阴等。

4. **常用腧穴** 见表11-11。

表11-11 足太阳膀胱经常用腧穴

腧穴	定位	主治	操作
京骨	足外侧，第五跖骨粗隆下方，赤白肉际处	①头痛，项强，目翳，癫痫 ②腰腿痛	直刺0.3~0.5寸
攒竹	在面部，眉头中，眶上切迹处	①头痛，眉棱骨痛 ②目视不明，目赤肿痛，眼睑瞤动，眼睑下垂，迎风流泪 ③面瘫，面痛 ④腰痛	平刺0.5~0.8寸
至阴	足小趾末节外侧，距趾甲角0.1寸	①胎位不正，难产，胞衣不下 ②头痛，目痛，鼻塞，鼻衄	点刺出血 胎位不正用灸法
委中	腘窝横纹中点，当股二头肌腱与半腱肌腱的中间	①急性腰扭伤，腰痛，下肢痿痹，坐骨神经痛 ②腹痛，吐泻 ③小便不利，遗尿 ④丹毒，瘾疹，皮肤瘙痒，疮	直刺1~1.5寸
昆仑	足部外踝后方，外踝尖与跟腱之间凹陷处	①头痛，项强，目眩，鼻衄 ②腰痛，足跟肿痛 ③难产，癫痫	直刺0.5~0.8寸
睛明	在面部，目内眦角稍上方凹陷处	①近视，目视不明，目赤肿痛，迎风流泪，夜盲，色盲，目翳 ②急性腰痛	于眶缘和眼球之间缓慢直刺0.5~1寸，不宜提插捻转；不宜灸
肺俞	在背部，第三胸椎棘突下，旁开1.5寸	①咳嗽，气喘，咳血，鼻塞 ②骨蒸潮热，盗汗 ③皮肤瘙痒，瘾疹	斜刺0.5~0.8寸

续表

腧穴	定位	主治	操作
心俞	在背部，第五胸椎棘突下，旁开1.5寸	①心痛，心悸，心烦，失眠，健忘，梦遗，癫狂病 ②咳嗽，吐血，盗汗	斜刺0.5~0.8寸
膈俞	在背部，第七胸椎棘突下，旁开1.5寸	①胃脘痛，呕吐，呃逆，饮食不下，便血 ②咳嗽，气喘，吐血，潮热，盗汗 ③瘾疹	斜刺0.5~0.8寸
肝俞	在背部，第九胸椎棘突下，旁开1.5寸	①黄疸，胁痛，脊背痛 ②目赤，目视不明，夜盲 ③吐血，衄血 ④眩晕，癫狂病	斜刺0.5~0.8寸
脾俞	在背部，第十一胸椎棘突下，旁开1.5寸	①腹胀，呕吐，泄泻，痢疾，便血，纳呆，食不化 ②水肿，黄疸 ③背痛	直刺0.5~1寸
胃俞	在背部，第十二胸椎棘突下，旁开1.5寸	①胃脘痛，呕吐，腹胀，肠鸣 ②胸胁痛	直刺0.5~1寸
肾俞	在腰部，第二腰椎棘突下，旁开1.5寸	①遗精，阳痿，月经不调，带下，遗尿，小便不利 ②耳鸣，耳聋，腰痛 ③气喘	直刺0.5~1寸
大肠俞	在腰部，第四腰椎棘突下，旁开1.5寸	①腹胀，泄泻，便秘，痢疾，痔疮 ②腰痛	直刺0.5~1.2寸
膀胱俞	在骶部，骶正中嵴旁1.5寸，平第二骶后孔	①小便不利，尿频，遗尿，遗精 ②泄泻，便秘 ③腰脊强痛	直刺0.8~1.2寸
承山	在小腿后正中，当伸直小腿或足跟上提时，腓肠肌肌腹下出现尖角凹陷处	①痔疮，便秘 ②腰腿拘急疼痛，脚气	直刺1~2寸

（八）足少阴肾经

本经单侧27穴，首穴涌泉，末穴俞府。

1. **经脉循行** 起于足小趾下，斜走足心，出于舟骨粗隆下，沿内踝后、小腿内侧后缘上行，傍任脉，由腹达胸，属于肾，络于膀胱，与手厥阴心包经相接。

2. **联系器官** 属肾，络膀胱，联系喉咙、舌。

3. **本经主治** 治疗妇科病，前阴病，肺、肾、咽喉病及经脉循行部位的其他病症。如治疗月经不调用四满、太溪、然谷、复溜、照海；其中太溪有补肾气、益肾阴、健脑髓之功效，复溜有滋阴补肾之功效，两穴合用能治疗肾精亏虚所引起的眩晕、头痛、耳聋、耳鸣等。

4. **常用腧穴** 见表11-12。

表 11-12　足少阴肾经常用腧穴

腧穴	定位	主治	操作
四满	仰卧，下腹部，脐中下2寸，前正中线旁开0.5寸	①月经不调，带下，遗精，遗尿，疝气 ②便秘，腹痛，水肿	直刺1.0~1.5寸
太溪	足内侧，内踝后方，当内踝尖与跟腱之间的凹陷处	①月经不调，遗精，阳痿，小便频数，消渴，泄泻，腰痛 ②头痛，目眩，耳聋，耳鸣，咽喉肿痛，齿痛，失眠 ③咳喘，咯血	直刺0.5~1.5寸
然谷	足内侧缘，足舟骨粗隆下方，赤白肉际	①月经不调，阴挺，阴痒，遗精，小便不利 ②消渴，泄泻，小儿脐风 ③咽喉肿痛，咯血	直刺0.5~1.0寸
复溜	小腿内侧，太溪直上2寸，跟腱的前方	①水肿，腹胀，泄泻 ②盗汗，热病无汗或汗出不止 ③下肢痿痹	直刺0.5~1.0寸
照海	足内侧，内踝尖下方凹陷处	①月经不调，痛经，带下，阴挺，阴痒，小便频数，癃闭 ②咽喉干痛，目赤肿痛	直刺0.5~0.8寸
涌泉	足底部，卷足时足前部凹陷处，约当足底二、三趾趾缝纹头端与足跟连线的前1/3与后2/3交点上	①顶心头痛，眩晕，昏厥，癫狂，小儿惊风，失眠 ②便秘，小便不利 ③咽喉肿痛，舌干，失音 ④足心热	直刺0.5~1.0寸

（九）手厥阴心包经

本经单侧9穴，首穴天池，末穴中冲。

1. **经脉循行**　起于胸中，至腋下，沿上臂内侧正中，入掌中，至中指末端。支脉从掌中分出，走向环指端，与手少阳三焦经相接。

2. **联系器官**　属心包，络三焦。

3. **本经主治**　治疗心、胸、胃病，神志病及经脉循行部位的其他病症。如治疗心、胸、胃病用曲泽、郄门、间使、内关和大陵；其中，内关有宜通三焦，醒脑开窍，行气止痛之功效，天池以治疗胸胁痛、心肺病为主。

4. **常用腧穴**　见表11-13。

表 11-13　手厥阴心包经常用腧穴

腧穴	定位	主治	操作
曲泽	肘横纹中，当肱二头肌腱的尺侧缘	①心痛，心悸 ②热病，中暑 ③胃痛，呕吐，泄泻 ④肘臂疼痛	点刺出血 直刺1.0~1.5寸
郄门	前臂掌侧，曲泽与大陵的连线上，腕横纹上5寸，掌长肌腱与桡侧腕屈肌腱之间	①心痛，心悸，疔疮，癫痫 ②呕血，咯血	直刺0.5~1.0寸
间使	前臂掌侧，曲泽与大陵的连线上，腕横纹上3寸，掌长肌腱与桡侧腕屈肌腱之间	①心痛，心悸 ②癫狂痫，热病，疟疾 ③胃痛，呕吐 ④肘臂痛	直刺0.5~1.0寸

续表

腧穴	定位	主治	操作
内关	前臂掌侧，曲泽与大陵的连线上，腕横纹上2寸，掌长肌腱与桡侧腕屈肌腱之间	①心痛，心悸，胸闷 ②眩晕，癫痫，失眠，偏头痛 ③胃痛，呕吐，呃逆 ④肘臂挛痛	直刺0.5~1.0寸
大陵	腕掌横纹的中点处，掌长肌腱与桡侧腕屈肌腱之间	①心痛，心悸，癫狂，疮疡 ②胃痛，呕吐 ③手腕麻痛，胸胁胀痛	直刺0.3~0.5寸
天池	第四肋间隙，乳头外1寸，前正中线旁开5寸	①咳嗽，气喘 ②乳痛，乳汁少 ③胸闷，胁肋胀痛，瘰疬	斜刺或平刺0.5~0.8寸
中冲	手中指末节尖端中央	①中风昏迷，中暑，小儿惊风，热病 ②心烦，心痛 ③舌强肿痛	三棱针点刺出血

（十）手少阳三焦经

本经单侧23穴，首穴关冲，末穴丝竹空。

1. **经脉循行** 起于环指尺侧端，经手背第四、五掌骨间，沿尺、桡骨之间，向上过肘尖，沿上臂外侧达肩，入锁骨上窝，络于心包，联系上、中、下三焦。支脉从锁骨上窝，上走项部，沿耳后直上，从耳后入耳中，出走耳前，至目外眦，与足少阳胆经相接。

2. **联系器官** 属三焦，络心包，联系耳和目。

3. **本经主治** 治疗侧头、耳、目、咽喉、胸胁病，热病及经脉循行部位的其他病症。如治疗目疾用丝竹空、关冲；治疗耳疾用翳风、中渚、外关；治疗热病常用关冲、外关、支沟等。其中，翳风有疏风通络之功效，长于治疗耳、口、齿、面颊病；支沟有泻热通便之功效；中渚能治消渴。

4. **常用腧穴** 见表11-14。

表11-14 手少阳三焦经常用腧穴

腧穴	定位	主治	操作
丝竹空	面部，眉梢凹陷处	①目赤肿痛，眼睑瞤动，目眩 ②头痛，癫痫	平刺0.5~1.0寸，不灸
关冲	手环指末节尺侧，距指甲角0.1寸	①热病，昏厥，中暑 ②头痛，目赤，耳聋，咽喉肿痛	点刺出血
翳风	耳垂后方，乳突与下颌角之间的凹陷处	①耳鸣，耳聋，聤耳 ②口眼㖞斜，牙关紧闭，齿痛，呃逆，瘰疬，颊肿	直刺0.8~1.2寸
中渚	手背部，掌指关节的后方，第四、五掌骨间凹陷处	①头痛，耳鸣，耳聋，目赤，咽喉肿痛 ②热病，消渴，疟疾 ③手指屈伸不利，肘臂肩背疼痛	直刺0.3~0.5寸
外关	前臂背侧，腕背横纹上2寸，尺骨与桡骨之间	①热病，头痛，目赤肿痛 ②耳鸣，耳聋 ③胸胁痛	直刺0.5~1.0寸

续表

腧穴	定位	主治	操作
支沟	前臂背侧，腕背横纹上3寸，尺骨与桡骨之间	①便秘，热病 ②胁肋痛，落枕 ③耳鸣，耳聋	直刺0.5~1.0寸
肩髎	在肩部，臂外展时，肩峰后下方凹陷处	肩臂挛痛不遂	直刺0.8~1.2寸

（十一）足少阳胆经穴

本经单侧44穴，首穴瞳子髎，末穴足窍阴。

1. 经脉循行 起于目外眦，上达额角，下行耳后，沿颈到肩，入胸中络于肝，属于胆，经胸胁到达髋关节部，下沿大腿外侧，腓骨前面，至外踝前下方，沿足背入第四足趾外侧端。支脉从足背分出，沿第一、二跖骨之间，至足大趾外侧端，与足厥阴肝经相接。

2. 联系器官 属胆，络肝，联系目、耳。

3. 本经主治 治疗侧头、目、耳、咽喉、肝胆病，神志病，热病及经脉循行部位的其他病症。如治疗目疾用瞳子髎、头临泣、风池和足临泣；治疗胸胁疼痛用日月、阳陵泉和悬钟。其中，风池有散风之功能，阳陵泉有疏肝理气之功效。

4. 常用腧穴 见表11-15。

表11-15 足少阳胆经常用腧穴

腧穴	定位	主治	操作
瞳子髎	目外眦，当眶外侧缘处	①目赤肿痛，目翳，青盲，口眼歪斜 ②头痛	直刺或平刺0.3~0.5寸
头临泣	瞳孔直上入前发际0.5寸，神庭与头维连线的中点处	①头痛，目眩，流泪，鼻塞，鼻渊 ②小儿惊风，癫痫	平刺0.3~0.5寸
风池	枕骨之下，与风府相平，胸锁乳突肌与斜方肌上端之间的凹陷处	①头痛，眩晕，失眠，癫痫，中风 ②目赤肿痛，视物不明，鼻塞、鼻衄、鼻渊、耳鸣、咽喉肿痛 ③感冒，热病，颈项强痛	向鼻尖方向斜刺0.8~1.2寸
足临泣	前臂掌侧，曲泽与大陵的连线上，腕横纹上2寸，掌长肌腱与桡侧腕屈肌腱之间	①心痛，心悸，胸闷 ②眩晕，癫痫，失眠，偏头痛 ③胃痛，呕吐，呃逆 ④肘臂挛痛	直刺0.5~1.0寸
日月	上腹部，乳头直下，第七肋间隙，前正中线旁开4寸	①黄疸，呕吐，吞酸，呃逆，胃脘痛 ②胁肋胀痛	斜刺或平刺0.5~0.8寸
阳陵泉	小腿外侧，腓骨头前下方凹陷处	①黄疸，口苦，呕吐，胁肋疼痛 ②下肢痿痹，膝膑肿痛，脚气，肩痛 ③小儿惊风	直刺1~1.5寸
悬钟	小腿外侧，外踝尖上3寸，腓骨前缘	①颈项强痛，偏头痛，咽喉肿痛 ②胸胁胀痛 ③痔疾，便秘 ④下肢痿痹，脚气	直刺0.5~0.8寸

续表

腧穴	定位	主治	操作
环跳	股外侧，侧卧屈股，股骨大转子最凸点与骶管裂孔连线的中外1/3交点	①下肢痿痹 ②半身不遂 ③腰腿痛	直刺2~3寸
光明	小腿外侧，外踝尖上5寸，腓骨前缘	①目痛，夜盲，目视不明 ②乳房胀痛，缺乳	直刺1~1.5寸

（十二）足厥阴肝经

本经单侧14穴，首穴大敦，末穴期门。

1. **经脉循行** 起于足大趾丛毛处，沿足背，过内踝前，上行胫骨内侧面，至踝上8寸处交出足太阴脾经后，沿大腿内侧中间上行，绕阴器，抵小腹，属于肝络于胆，向上过横膈，分布于胁肋。支脉过横膈，与手太阴肺经相接。

2. **联系器官** 属肝，络胆，联系阴器，目系，喉咙之后，颃颡、唇内，胃，肺。

3. **本经主治** 治疗肝胆、妇科、前阴病及经脉循行部位的其他病症。如治疗胸胁胀满疼痛、肝胆病和情志病用太冲、期门；治疗疝气、生殖系统病和小腹疼痛用太冲、大敦；治疗眩晕和目疾用行间、太冲。其中，太冲、行间、期门有疏肝解郁、平肝潜阳之功能。

4. **常用腧穴** 见表11-16。

表11-16 足厥阴肝经常用腧穴

腧穴	定位	主治	操作
太冲	足背侧，当第1跖骨间隙的后方凹陷处	①头痛，眩晕，目赤肿痛，口眼歪斜，青盲，咽喉干痛，耳鸣，耳聋 ②月经不调，崩漏，疝气，遗尿 ③癫痫，小儿惊风，中风 ④胁痛，郁闷，急躁易怒 ⑤下肢痿痹	直刺0.5~1寸
期门	乳头直下，第六肋间隙，前正中线旁开4寸	①胸胁胀痛 ②腹胀，呃逆，吐酸 ③乳痈，郁闷	斜刺0.5~0.8寸
大敦	足大趾末节外侧，距趾甲角0.1寸	①疝气，遗尿，癃闭，经闭，崩漏，月经不调，阴挺 ②癫痫 ③感冒，热病，颈项强痛	点刺出血
行间	足背侧，第1、2趾间，趾蹼缘的后方，赤白肉际处	①头痛，目眩，目赤肿痛，青盲，口眼歪斜 ②月经过多，崩漏，痛经，经闭，带下，疝气，小便不利，尿痛 ③中风，癫痫 ④胁肋疼痛，急躁易怒，黄疸	直刺0.5~0.8寸

（十三）任脉

为正中单穴，共24穴，首穴会阴，末穴承浆。

1. **经脉循行** 起于胞中，下出会阴，前行阴阜，沿前正中线，上经腹、胸达咽喉，上行环唇，经过面部，入目眶下。

2. **联系器官** 胞中、咽喉、唇口、目。

3. 本经主治 腹、胸、颈、头面的局部病证及相应的内脏器官病症。如治疗妇科和男科病用关元、中极、气海；治疗胃肠病用中脘、神阙、下脘等，其中，气海、关元有强身保健之功效；关元、神阙有回阳救逆之功效。

4. 常用腧穴 见表11-17。

表11-17 任脉常用腧穴

腧穴	定位	主治	操作
关元	下腹部，前正中线上，脐中下3寸	①虚劳羸瘦，中风脱证，眩晕 ②阳痿，遗精，月经不调，痛经，闭经，崩漏，带下，不孕，遗尿，小便频数 ③腹痛，泄泻	直刺1.0~2.0寸，排尿后进行针刺 孕妇慎用
中极	下腹部，前正中线上，脐中下4寸	①癃闭，遗尿，尿频，月经不调，带下，痛经，崩漏 ②阴挺，遗精，阳痿，疝气	直刺1.0~1.5寸，排尿后进行 孕妇慎用
气海	下腹部，前正中线上，脐中下1.5寸	①腹痛，泻泄，便秘 ②遗尿，阳痿，遗精，闭经，痛经，崩漏，带下，阴挺，疝气 ③中风脱证，虚劳羸瘦	直刺1.0~2.0寸 孕妇慎用
中脘	上腹部，前正中线上，脐中上4寸	①胃痛，呕吐，吞酸，腹胀，食不化，泄泻，黄疸 ②咳喘痰多 ③癫病，失眠。	直刺1.0~1.5寸
下脘	上腹部，前正中线上，脐中上2寸	①腹痛，腹胀，食谷不化，呕吐，泄泻 ②虚肿，消瘦	直刺1.0~2.0寸
神阙	腹中部，脐中央	①腹痛，久泻，脱肛，痢疾，水肿 ②虚脱	禁刺，宜灸
膻中	胸部，前正中线上，两乳头连线中点	①胸闷，气短，胸痛，心悸 ②咳嗽，气喘 ③缺乳，乳痈 ④呃逆，呕吐	直刺0.3~0.5寸，或平刺
天突	颈部，前正中线上，胸骨上窝中央	①胸痛，咳嗽，哮喘 ②咽喉肿痛，暴喑，梅核气 ③噎嗝	直刺0.2寸，针尖过胸骨柄内缘后，向下沿胸骨柄后缘、气管前缘缓慢向下刺入0.5~1.0寸

（十四）督脉

为正中单穴，共28穴，首穴长强，末穴龈交。

1. 经脉循行 起于胞中，下出会阴，向后行于脊柱内，上达项部，入脑内，上行巅顶，沿前额下行鼻柱，至上唇内系带处。

2. 联系器官 胞中、心、脑、喉、目等。

3. 本经主治 治疗神志病，热病，腰骶、背项、头部病证及相应的内脏病症。如治疗癫痫用长强、风府、百会、神庭；热病用大椎；脱肛用百会、长强；急救用水沟、素髎、百会等。

4. 常用腧穴 见表11-18。

表 11-18 督脉常用腧穴

腧穴	定位	主治	操作
长强	尾骨端与肛门连线的中点处	①痔疾，脱肛，泄泻，便秘 ②癫痫 ③腰痛，尾骶骨痛	斜刺，针尖向上与骶骨平行刺入0.5~1.0寸。不得刺穿直肠
风府	项部，后发际正中直上1寸，枕外隆凸直下，两侧斜方肌之间凹陷中	①头痛，眩晕，项强，中风不语，半身不遂，癫狂痫 ②目痛，鼻衄，咽喉肿痛	伏案正坐，头微前倾，项肌放松，向下颌方向缓慢刺入0.5~1.0寸。针尖不可向上，以免误伤延髓
百会	前发际正中直上5寸，或两耳尖连线的中点处	①头痛，眩晕，中风失语，癫痫 ②失眠，健忘 ③脱肛，阴挺，久泻	平刺0.5~0.8寸
神庭	头部前正中线上，前发际直上0.5寸	①头痛，眩晕，失眠，癫痫 ②鼻渊，流泪，目痛	向上沿皮刺0.3~0.5寸
大椎	后正中线上，第七颈椎棘突下凹陷中	①热病，疟疾，骨蒸盗汗，咳嗽，气喘 ②癫痫，小儿惊风 ③感冒，畏寒，风疹，头项强痛	斜刺0.5~1.0寸
命门	腰部，后正中线上，第二腰椎棘突下凹陷中	①腰痛，下肢痿痹 ②遗精，阳痿，早泄，月经不调，赤白带下，遗尿，尿频 ③泄泻	直刺0.5~1.0寸
水沟（人中）	人中沟的上1/3与中1/3交点处	①昏迷，晕厥，中风，癫痫，抽搐 ②唇肿，齿痛，鼻塞，鼻衄，牙关紧闭 ③闪挫腰痛，脊强痛 ④消渴，黄疸，遍身水肿	用指甲按掐
素髎	鼻尖的正中央	①鼻塞，鼻渊，鼻衄，酒渣鼻，目痛 ②惊厥，昏迷，窒息	点刺出血
哑门	项部，后发际正中直上0.5寸	①暴喑，舌强不语 ②癫狂病 ③头痛，项强，中风	伏案正坐，头微前倾，项肌放松，向下颌方向缓慢刺入0.5~1.0寸

四、经外奇穴

经外奇穴为未归入十四经穴范围，但有具体的位置和名称的经验效穴。

1. **主治特点** 主治范围较单一，多数对某些病症有特殊疗效，如四缝穴治小儿疳积等。
2. **常用奇穴** 见表11-19。

表 11-19 常用奇穴

腧穴	定位	主治	操作
太阳	颞部，眉梢与目外眦之间，向后约一横指的凹陷处	①头痛，齿痛，面痛 ②目疾	直刺或斜刺0.3~0.5寸，或三棱针点刺出血
印堂	额部，两眉头之中间	①头痛，眩晕，失眠，小儿惊风 ②鼻塞，鼻渊，鼻衄，眉棱骨痛，目痛	提捏进针，从上向下平刺

续表

腧穴	定位	主治	操作
阑尾	小腿前侧上部，当犊鼻下5寸，胫骨前缘旁开一横指（足三里下2寸）	①急、慢性阑尾炎，急、慢性肠炎 ②下肢麻痹或瘫痪 ③消化不良	直刺1.0~1.5寸
十宣	仰掌，十指微屈，手十指尖端，距指甲游离缘0.1寸	①昏迷，高热，晕厥，中暑，癫痫 ②咽喉肿痛	直刺0.1~0.2寸，或三棱针点刺出血
夹脊	腰背部，第一胸椎至第五腰椎棘突下两侧，后正中线旁开0.5寸，一侧17个穴位	①胸1~5夹脊：心肺、胸部及上肢疾病 ②胸6~12夹脊：胃肠、脾及肝胆疾病 ③腰1~5夹脊：下肢疼痛、腰骶及小腹疾病	向内斜刺0.5~1.0寸，有麻胀感即停止进针
四缝	仰掌伸指，在第二至第五指掌侧，近端指关节的中央，一侧4个穴位	①小儿疳积 ②百日咳	直刺0.1~0.2寸，挤出少量黄白色透明黏液或出血
子宫	下腹部，脐中下4寸，中极旁开3寸	①子宫脱垂，不孕 ②痛经，崩漏，月经不调	直刺0.8~1.2寸，可灸
膝眼	屈膝，髌韧带两侧凹陷处，内侧为内膝眼，外侧为外膝眼	①膝肿痛 ②脚气	向膝外侧斜刺0.5~1.0寸
落枕	手背侧，第二、第三掌骨间，指掌关节后约0.5寸处	①落枕，手臂痛 ②胃痛	直刺或斜刺0.5~0.8寸

本节护考考点

一、考点相关知识

1. 经络系统是由经脉和络脉相互联系、彼此衔接组成的体系。经脉为经络中纵行的主干，包括十二经脉、奇经八脉、附属于十二经脉的十二经别、十二经筋和十二皮部。络脉为经脉的分支，包括十五别脉、孙络、浮络。

2. 经脉有正经和奇经两类。正经有十二条，即手、足三阴和三阳经，合称"十二经脉"，是气血运行的主要通道。奇经有八条，包括督脉、任脉、冲脉、带脉、阴跷、阳跷、阴维、阳维，合称为"奇经八脉"，有统率、联络和调节十二经脉的作用。

3. 十二经脉即手三阴经（手太阴肺经、手厥阴心包经、手少阴心经）、手三阳经（手阳明大肠经、手少阳三焦经、手太阳小肠经）、足三阴经（足太阴脾经、足厥阴肝经、足少阴肾经）、足三阳经（足阳明胃经、足少阳胆经、足太阳膀胱经）的总称。

4. 十二经脉的走向和交接规律：手三阴经从胸走手，与手三阳经交会；手三阳经从手走头面，与足三阳经交会；足三阳经从头面部走足，与足三阴经交会；足三阴经从足走向腹、胸，与手三阴经交会。

5. 腧穴是人体脏腑经络之气输注于体表的部位，分为十四经穴、经外奇穴、阿是穴。

6. 腧穴的作用：近治作用、远治作用、特殊作用。

7. 手指同身寸法：以本人的手指为标准而定取穴位的方法。有3种：中指同身寸、拇指同身寸、横指同身寸。

（1）中指同身寸：以本人的中指中节屈曲时，内侧两端横纹头之间作为一寸。

（2）拇指同身寸：以本人拇指指间关节的横度作为一寸。

（3）横指同身寸：又名"一夫法"，本人将示指、中指、环指和小指并拢，以中指中节横纹处为准，四指宽度为三寸。

二、易考题型、技术能力考查角度

本知识点一般考 A1/A2 型选择题，主要考查学生是否了解经络系统的组成，重点是十二经脉的名称、走向和交接规律。认识腧穴的类别和作用，掌握腧穴定位方法中的手指同身寸法的定位技巧。

（林　锋）

第二节　灸　法

灸法，指利用灸火的热力以及药物的作用持续刺激体表，通过经络、腧穴来调整脏腑功能，达到防治疾病的一种外治方法。施灸的原料很多，临床上以艾叶制成的艾绒为主要施灸的原料。艾叶气味芳香、辛温味苦、易燃，热力温和，将干燥的艾叶经过反复捣碎，去除杂质，留取纯净细软的部分，即为艾绒。以艾绒作为灸料的灸法具有温经通络、祛湿散寒、行气活血、消瘀散结、升阳举陷、扶阳固脱、防病保健、延年益寿等作用。

> **知识拓展**
>
> **灸法起源**
>
> "灸"字在《说文解字》中释为"灼"，有烧灼、熏烤之意。灸字从"火"音久，意为持久熏烤。大约 70 万年前的北京猿人，从雷电点燃林木而取得火种，并逐渐学会了如何使用火，为促进原始人的进化和保证生活、生存、繁衍提供了必要条件，同时也促使了灸法的产生。人类祖先在烤火取暖时，身体某部位的病痛随之减轻或消失，从而发现烧灼、熏烤可以治病，便产生了灸法。

一、适应证

灸法主要适用于寒证、虚证。如：
1. 风寒湿痹所致腰腿痛等。
2. 中焦虚寒性的呕吐、腹痛、泄泻等。
3. 脾肾阳虚之久泄、遗精、遗尿、阳痿、早泄等。
4. 阳气暴脱所致虚脱、休克。
5. 气虚下陷之内脏脱垂、阴挺、脱肛等。

> **考点提示**：妇女妊娠期腹部、腰骶部不宜施灸。凡实热证及阴虚发热者，不宜灸法。

二、禁忌证

1. 凡实证、热证及阴虚发热者，一般不宜用灸法。
2. 心尖搏动处、乳头、男性睾丸、孕妇的腹部和腰骶部不宜施灸。
3. 黏膜、颜面、五官、大血管处、关节处不宜采用瘢痕灸。
4. 极度衰竭、形瘦骨弱者，不宜用灸法。
5. 饥饿、饱餐、劳累、醉酒、情绪不稳时不宜施灸。

三、施术准备

1. **用物准备** 艾灸治疗盘（内备艾条或艾炷、打火机、镊子、清洁弯盘、纱布、凡士林、棉签及其他施灸方法所需物品）、治疗本、手消毒剂，必要时备屏风。
2. **患者准备** 施灸前，首先让患者排空大小便，使机体放松。

（1）体位：根据施灸的部位不同，选择不同的体位。应以患者舒适、有利于长久维持、施术者方便为原则。常用体位有端坐位、仰卧位、俯卧位等。俯卧位时注意保持呼吸通畅。

（2）部位：充分暴露治疗部位，皮肤保持清洁干燥，无破损、溃疡及化脓性皮肤病等影响操作的情况。

3. **环境准备** 保持室内空气流通，根据季节调节室温，必要时屏风遮挡。

四、操作方法

（一）艾炷灸

把适量艾绒搓捏成规格大小不同的圆锥形艾炷，将艾炷放置在施灸部位上，点燃施灸的方法，称为艾炷灸。艾炷大小及形状可根据病情确定，小者如麦粒，中等如半截枣核，大者如半截橄榄。每燃烧一个艾炷，称为一壮。艾炷灸分为直接灸和间接灸。

1. **直接灸** 又称"着肤灸"，即将艾炷直接放置在皮肤上施灸的方法。根据灸法刺激皮肤后是否留有瘢痕，分为瘢痕灸和无瘢痕灸。

（1）无瘢痕灸：又称"非化脓灸"，多选用麦粒灸，灸后不化脓、不留瘢痕。临床常用于治疗虚寒证。操作流程：

①施灸前，操作者须征得患者的同意及合作。先在施灸部位的皮肤上涂以少量的凡士林，以保护患者皮肤。

②放置艾炷，点燃，期间操作者应守护在患者旁边，以确保患者安全。

③每壮不必燃尽，当燃剩 2/5 左右或患者感觉灼痛时，易炷再灸。

④连续灸 3~5 壮，以患者局部皮肤充血，出现红晕为度。

（2）瘢痕灸：又称"化脓灸"，指以艾炷直接灸灼穴位皮肤，灸后局部起泡化脓，愈后留有瘢痕，故称瘢痕灸。临床常用于治疗顽固性疾病，如哮喘、瘰症。操作流程：

①施灸前，操作者须征得患者的同意及合作。可先在施灸部位上涂以少量大蒜汁，增加黏附性和刺激作用。

②放置艾炷，点燃，期间操作者应守护在患者旁边，以确保患者安全。

③待燃至患者感觉灼痛时，操作者用手轻轻拍打穴位四周，分散患者注意力，以减轻施灸时的痛感。

④每壮燃尽后，用浸有生理盐水的消毒敷料拭去艾灰，易炷再灸，连续灸 5~10 壮。

⑤施灸毕，在施灸部位贴上灸疮膏药，根据灸口大小剪一块胶布，敷贴封口，目的是防止衣被摩擦灸疮，并促使其溃烂化脓。1~2 日更换一次，大约 1 周施灸部位化脓形成灸疮，5~6 周灸疮痊愈，结痂脱落后留有瘢痕。

> **知识拓展**
>
> **三伏灸疗法**
>
> 三伏灸疗法是指在夏季三伏天施行天灸，用以治疗和预防虚寒性疾病的一种外治法。"天灸"又名发疱灸，是将某些对皮肤有刺激作用的药物敷贴于人体的穴位，致使穴位局部皮肤充血、发疱甚至化脓，对疾病起到"外惹内效"之功效的外治法。
>
> 三伏灸疗法施灸范围：秋冬春之际容易反复发作或加重的慢性、顽固性肺系疾病，如慢性支气管炎、慢性阻塞性肺疾病、变应性鼻炎等。施灸时间：每年三伏天的头伏、中伏和末伏，首选每伏的第一天。施灸部位：选穴原则多采用辨证选穴，辨病结合辨证选穴，分期、分病程选穴等。

2. 间接灸 又称"隔物灸"，即在艾炷与皮肤之间隔上某种物品而施灸的方法。根据不同的病症选用不同的隔物，常用有隔姜灸、隔蒜灸、隔盐灸和隔附子饼灸。

（1）隔姜灸：是用姜片作为间隔物而施灸。将鲜生姜切成直径2~3 cm，厚0.2~0.3 cm的薄片，中间以针刺数孔，上置艾炷点燃施灸，燃尽后，换炷再灸，以局部皮肤红晕，但不起疱为度。临床常用于治疗因寒而致的呕吐、腹痛、泄泻、风寒湿痹及痛经等。

（2）隔蒜灸：是用大蒜片作为间隔物而施灸。将大蒜切成厚0.2~0.3 cm的薄片，中间以针刺数孔，上置艾炷点燃施灸，燃尽后，换炷再灸，以局部皮肤红晕，但以不起疱为度。临床主要用于治疗肺结核及疮疡初期等。因大蒜液对皮肤有刺激性，灸后容易起疱，注意保护。

（3）隔盐灸：是用盐作为间隔物而施灸。本法只用于脐部，又称神阙灸。用干燥食盐将脐部填平，在盐上放一刺有针孔的姜片，以防食盐受热爆起而烫伤。再将艾炷置于姜片之上，点燃施灸，如患者稍感灼痛，即更换艾炷。临床常用于治疗急性寒性腹痛、吐泻、痢疾及中风脱证等。

（4）隔附子饼灸：是用附子片或附子饼为间隔物而施灸。将附子研成细末，用黄酒调和，制成直径为3 cm，厚约0.8 cm的附子饼，中间用针刺数孔。将艾炷置于附子饼上，上置艾炷点燃施灸，燃尽后，换炷再灸，以局部皮肤红晕，但以不起疱为度。临床常用于治疗因命门火衰所致的阳痿、早泄、遗精等。

（二）艾条灸

即用特制的艾条，将其一端点燃，对准施灸部位进行施灸的方法。按照施灸时操作手法的不同，分为悬起灸、实按灸两种。

1. 悬起灸 按其操作方法又可分为温和灸、雀啄灸、回旋灸。

（1）温和灸：点燃艾条的一端，对准应施灸部位，距离皮肤2~3 cm处进行持续熏灸，使患者局部皮肤有温热感而无灼痛为宜，一般每部位灸10~15分钟，以局部皮肤红晕，但不起疱为度。临床常用于治疗慢性虚寒性疾病，如腹痛、痛经等。

> **考点提示**：比较温和灸、雀啄灸和回旋灸的异同点。

（2）雀啄灸：点燃艾条的一端与施灸部位的皮肤并不固定在一定的距离，而是像鸟雀啄食一样，一上一下地移动施灸。此法温热感较强烈，常用于治疗急性病证。

（3）回旋灸：点燃艾条的一端与施灸部位的皮肤虽保持2~3 cm的距离，以施灸部位为中心，均匀地向左右方向移动或反复地旋转着施灸，此法常用于治疗急性病证。

李某某，男，51岁，2018年10月20日初诊。主诉：于15天前因夜间睡觉吹风扇，次日发生呃逆，连续3天呃逆不止，在当地服中西药、针灸治疗数日，无效。呃声频频，昼夜不停，不能自控，影响睡眠。患者神疲乏力，苔薄白。

灸法治疗方案：患者系寒邪中伤，胃气上逆所致，治宜温经散寒，和胃降逆。取膻中、内关穴，采用艾条温和灸方法。每天治疗1次，每穴10分钟，连续治疗3天。

次日复诊，自述呃逆减轻，可以入睡，但晨起又开始呃逆。10月22日复诊自述呃逆止。10月23日告愈，未再复发。

解析：患者因贪凉而致呃逆不止，故采用温和灸方法。膻中为任脉经穴，位于胸膈部位，灸之以达温经散寒，降逆和胃之效。内关为手厥阴心包经络穴，通阴维脉过胸，与手少阳三焦经为表里，经气相接，取之以调理三焦气机，宽胸利膈，灸之寒气散、呃逆止。

2. **实按灸**　施灸时，先在施灸部位垫上布或纸数层，点燃艾条的一端，并将其按到施术部位上，使热力透达深部。若艾火熄灭，再点燃再按。此法常用于治疗风寒湿痹、痿证和虚寒证。

（三）温针灸

温针灸是针刺与艾灸相结合的方法，将艾绒燃烧的热力通过针身传入体内，达到治疗的目的。将针刺入腧穴得气后，将针留在适当的深度，将艾绒捏在针尾上，或用一段2 cm左右的艾条插在针尾上，点燃施灸，待艾绒或艾条烧完后，除去灰烬，将针取出。适用于既需要留针又需要施灸的病证。

灯火灸

灯火灸是用灯芯草蘸植物油点燃后，迅速烧灼耳穴、腧穴或病变部位，以治疗疾病的灸法。具体操作方法：①选择烧灼穴位，并在皮肤上作出标记。②取灯芯草10～15 cm长1根，蘸取少许麻油，浸3～4 cm。③用右手拇、示指捏住灯芯草下1/3处。④点燃灯芯草一端，迅速向选定腧穴或部位点灸烧灼，一触即起，第一次可有清脆的爆破声。

五、注意事项

1. 施灸前，根据患者的体质和病情，选用合适的灸疗法。做好解释，征得患者的同意及合作。充分暴露施灸部位，并采取舒适且能持久的体位。

2. 施灸时，掌握施灸时间，注意安全，与患者多沟通，询问其感受。及时除去灰烬，防止艾绒脱落，烫伤皮肤或点燃衣被。

3. 遵循施灸的先后顺序。一般先灸上部，后灸下部；先灸腰背部，后灸胸腹部；先灸头身处，后灸四肢。

4. 施灸后，告知患者休息5～10分钟后再离开，以防延迟晕灸。施灸当天需避风寒，保持情绪平稳，饮食清淡，忌食生冷厚味。

> **考点提示**：施灸的一般顺序。

5. 施灸后，局部皮肤出现微红灼热属正常现象，无需处理。如局部出现水疱，小者告知不要抓破，保持患处干燥，任其自然吸收；大者用消毒针头从水疱底部刺破，引出内液，涂以碘伏消毒液，外用消毒敷料保护，保持患处干燥，避免抓挠，一般数日内痊愈。

6. 熄灭后的艾条或艾炷，应及时清理，以防复燃，发生意外。

附1：灸法（艾条灸）操作流程及评分标准

项目	内容	技术要求	分值	得分	扣分原由
准备（15分）	护士	仪表大方，举止端庄，态度和蔼；衣帽整齐、修剪指甲、洗手、戴口罩	5		
	评估	核对医嘱，对患者进行评估，内容包括：病情、艾灸部位的皮肤情况、对热和烟雾的耐受度、心理状况	5		
	物品	艾灸治疗盘：内备艾条或艾炷、打火机、镊子、清洁弯盘、纱布、凡士林、棉签及其他施灸方法所需物品、治疗本、手消毒剂，必要时备屏风	5		
操作步骤（70分）	环境	环境整洁、安静，光线适宜，房间温度适宜，空气流通（必要时关闭风扇或空调）	5		
	患者	核对患者身份信息，解释，取得患者理解与配合	5		
		体位舒适合理，暴露艾灸部位，注意保暖，保护隐私	5		
	取穴	遵医嘱取穴，定位准确	5		
	施灸	放置弯盘，清洁皮肤	3		
		施灸方法选择正确，并能根据实际情况更换手法，手法正确	20		
		施灸距离合适	5		
		施灸时间正确，随时弹去艾灰	5		
	观察	随时观察患者皮肤变化、询问感受，发现异常，应立即报告医生，配合处理	5		
	灸毕	用消毒纱布清洁局部皮肤，再次核对	5		
	整理记录	协助患者整理衣服，注意保暖，取舒适体位，告知注意事项，整理床单位	2		
		清理用物，洗手，记录，签名	5		
综合评价（15分）	评价	患者体位合理，无特殊不适感受，全程无烫伤，无暴力操作，体现人文关怀，护患沟通有效	5		
		施灸部位准确，皮肤情况达到施灸治疗要求	5		
	技能熟练	施灸方法正确，动作规范，操作熟练，时间适宜	5		
总分			100		
关键点		施灸部位皮肤出现烫伤等意外视程度扣10~20分			

> 本节护考考点

一、考点相关知识

1. **灸法** 指利用灸火的热力以及药物的作用持续刺激体表，通过经络、腧穴来调整脏腑功能，达到防治疾病的一种外治方法。

2. **灸法的禁忌证** 凡实证、热证及阴虚发热者，一般不宜用灸法；心尖搏动处、乳头、男性睾丸、孕妇的腹部和腰骶部不宜施灸；黏膜、颜面、五官、大血管处、关节处不宜采用瘢痕灸；极度衰竭、形瘦骨弱者，不宜用灸法；饥饿、饱餐、劳累、醉酒、情绪不稳时不宜施灸。

3. **艾炷灸** 分为直接灸和间接灸。

（1）直接灸：又称"着肤灸"，即将艾炷直接放置在皮肤上施灸的方法。根据灸法刺激皮肤后是否留有瘢痕，分为瘢痕灸和无瘢痕灸。无瘢痕灸常用于治疗虚寒证，瘢痕灸常用于治疗顽固性疾病，如哮喘、痹症。

（2）间接灸：又称"隔物灸"，即在艾炷与皮肤之间隔上某种物品而施灸的方法。根据不同的病症选用不同的隔物，常用有隔姜灸、隔蒜灸、隔盐灸和隔附子饼灸。隔姜灸常用于治疗因寒而致的呕吐、腹痛、泄泻、风寒湿痹及痛经等。隔蒜灸常用于治疗肺结核及疮疡初期。隔盐灸常用于治疗急性寒性腹痛、吐泻、痢疾及中风脱证等。隔附子饼灸常用于治疗因命门火衰所致的阳痿、早泄、遗精等。

4. **艾条灸** 即用特制的艾条，将其一端点燃，对准施灸部位进行施灸的方法。按照施灸时操作手法的不同，分为悬起灸、实按灸两种。悬起灸按其操作方法又可分为温和灸、雀啄灸、回旋灸。温和灸常用于治疗慢性虚寒性疾病，如腹痛、痛经等。雀啄灸常用于治疗急性病证。回旋灸常用于治疗急性病证。实按灸常用于治疗风寒湿痹、痿证和虚寒证。

5. **施灸的先后顺序** 一般先灸上部，后灸下部；先灸腰背部，后灸胸腹部；先灸头身处，后灸四肢。

二、易考题型、技术能力考查角度

本知识点易考 A1/A2 型选择题，学生在学习时要抓住两点，一是明确艾灸的禁忌证，并非灸能治百病，二是掌握艾灸的方法，适应证不同，选用的方法也不同。最后在施灸时还要遵循先后顺序。

（林　锋）

第三节　经穴推拿技术

经穴推拿技术，又称"按摩""按跷""乔摩"，属中医外治疗法之一，是在中医基本理论指导下，用手或肢体其他部分按其特定动作的技能和技巧，作用于受术者体表的某些部位，以达到疏通经络、滑利关节、舒筋整复、活血祛瘀、调动机体抵抗力、调节脏腑功能的目的。

一、适应证

1. 伤科病证，如落枕、颈椎病、软组织急性扭挫伤、慢性腰肌劳损、肩周炎、腰椎间盘突出、骨质增生等。

2. 外科病证，如术后粘连。
3. 内科病证，如感冒、哮喘、胃痛、腹泻、便秘、失眠、高血压、头痛等。
4. 妇科病证，如痛经、月经不调等。
5. 儿科病证，如咳嗽、发热、哮喘、呕吐、厌食、便秘、消化不良、小儿麻痹后遗症等。

二、禁忌证

1. 各种出血性疾病，如凝血功能障碍或有出血倾向者。
2. 妇女经期或妊娠期腹部、腰骶部不宜推拿。
3. 有严重心、肺、肾、肝等疾患者。
4. 急性传染病患者。
5. 各种感染性疾病，如丹毒、脓肿、骨髓炎、蜂窝织炎、化脓性关节炎等。
6. 皮肤病的病变部位，如溃疡性皮炎、皮肤破损处、瘢痕等。
7. 骨折移位或关节脱位。
8. 极度疲劳、年老体弱、过饥过饱或酒醉后。

> **考点提示：** 妇女经期或妊娠期腹部、腰骶部不宜推拿；骨折移位或关节脱位禁忌推拿；骨折或关节脱位恢复期可以推拿。

三、施术准备

1. **用物准备** 推拿治疗盘：内备治疗碗（盛推拿介质）、棉签、纱布、弯盘、治疗本、手消毒剂，必要时备浴巾、屏风。

> **知识拓展**
>
> **推拿介质**
>
> 推拿时，为减少对皮肤的摩擦损害，或为借助某些药物的辅助作用，在推拿部位皮肤涂上液体、膏剂或洒些粉末，这种液体、膏剂或粉末通称为推拿介质。
>
> 常用推拿介质及作用：①药酒：祛寒除湿、活血止痛。②药油：如麻油可补虚和血、祛风止痛。③药汁：姜汁可温经通络、散寒解表；薄荷水可清凉解表。④蛋清：摩胸腹背部可祛寒消积。⑤水：凉水摩体可清热凉血；温水擦体可散寒通络。⑥滑石粉：润滑，减少阻力。

2. **患者准备** 在接受推拿前，嘱患者先排空大小便，使机体放松。

（1）体位：根据按摩的部位和手法的不同，选择不同的体位。应以患者舒适、施术者方便、有利于调理手法操作为原则。常用体位有端坐位、仰卧位、俯卧位等。俯卧位时注意保持呼吸通畅。

（2）部位：充分暴露被推拿的穴位或部位，皮肤保持清洁干燥，无破损、溃疡及化脓性皮肤病等影响操作的情况。

3. **环境准备** 保持室内空气流通，根据季节调节室温，必要时屏风遮挡。

四、操作方法

（一）滚法

通过腕关节的伸屈和前臂的旋转、协调运动带动小指掌指关节背侧及部分小鱼际在体表一定部位反复往返滚动的一种手法。

1. 动作要领 以尺侧手背为接触面，操作时小指掌指关节背侧及部分小鱼际要紧贴体表，肩、臂放松，肘关节微屈约120°，前臂摆动带动腕关节屈伸，动作有节律，不可跳跃或拖拽摩擦，摆动频率约120次/分。

2. 临床应用 本法具有舒筋活血、祛风散寒、解痉止痛的功效，适用于肩背、腰臀及四肢肌肉较丰厚部位的风湿痹痛、肢体麻木、中风瘫痪等病症。

（二）按法

按法分指按法和掌按法两种。用拇指指端或指腹按压体表，称指按法；用单掌或双掌重叠按压体表，称掌按法。

1. 动作要领 操作时着力部位要紧贴体表，不可移动，用力要由轻而重，不可用暴力。

2. 临床应用 本法具有放松肌肉、开通闭塞、活血止痛的功效，适用于胃脘痛、头痛、肢体酸痛麻木等病症。指按法一般适用于全身各部穴位；掌按法一般适用于腰背和腹部。

（三）拿法

用拇指与其余四指对合呈钳形，夹提受术部位的一种手法。

1. 动作要领 操作时，用劲要由轻而重，不可骤然用力，动作缓和而有连贯性。

2. 临床应用 本法具有祛风散寒、开窍止痛、舒筋活络的功效。适用于感冒、头痛、腰腿痛、筋肉挛急等病症。

> **知识拓展**
>
> **推拿手法要求**
>
> 推拿手法要求持久、有力、均匀、柔和、深透。①"持久"要求手法操作能持续一定的时间，且动作规范不变形。②"有力"要求手法必须具有恰当的力量，力量的大小应根据患者的体质、病情和治疗部位的不同进行调整，切忌使用拙力、暴力。③"均匀"要求手法动作有节奏性，速度、压力在一定范围内维持恒定。④"柔和"要求手法轻柔缓和，不能生硬粗暴。⑤"深透"要求手法作用达到组织深层。

（四）摩法

摩法是用手掌面或示、中、环指附着于受术部位上，以腕关节为中心，连同前臂作节律性的环旋运动，分掌摩法和指摩法两种。

1. 动作要领 肘关节自然屈曲，腕部放松，指掌自然伸直，动作缓和而协调。频率120次/分。

2. 临床应用 本法具有理气和中、消积导滞、调理脾胃的功效，适用于胸胁胀痛、脘腹不适、食积胀满、胃肠功能紊乱等病症。

（五）擦法

用手掌的大鱼际或小鱼际在受术部位上进行直线来回摩擦的一种手法。

1. 动作要领 腕关节伸直，手指自然分开，以肩关节为支点，上臂带动手掌作前后或上下往返移动。频率120次/分。用力适中、持续、均匀，不使皮肤折叠、擦伤，以局部皮肤潮红为度，使用擦法后一般不再使用其他手法。

2. 临床应用 本法具有温经通络、行气活血、健脾和胃、祛风散寒的功效，适用于腰背酸痛、肢体麻木、筋肉痉挛、消化不良等病症。

（六）推法

用指、掌或肘部着力于受术部位上，进行单方向直线移动的一种手法。分指推法、掌推法和肘推法。

1. **动作要领** 指、掌或肘要紧贴体表，用力要稳，速度要缓慢、均匀，"轻而不浮，重而不滞"。
2. **临床应用** 本法具有温经活络、活血止痛、健脾和胃、调和气血的功效。适用于肝郁气滞、胁肋胀满、风湿痹痛、脘腹胀闷、感冒发热等病症。

（七）揉法

用掌根、大鱼际或手指指腹在体表作轻柔缓和的回旋转动的一种手法，分掌揉和指揉两种。

1. **动作要领** 以掌或指为着力点紧贴体表，腕部放松，以肘为支点，前臂主动摆动，带动腕部使掌或指作环形运动，并带动该处的皮下组织。动作要协调而有节奏、持续、均匀、柔和，频率120次/分。
2. **临床应用** 本法具有宽胸理气、消积导滞、调和气血、缓急止痛的功效。适用于胸胁疼痛、脘腹胀满、消化不良、软组织损伤、肌肉痉挛等病症。

（八）搓法

用双手掌面夹住受术部位，相对用力作快速搓揉并上下往返移动的一种手法。多作为推拿的结束性手法之一。

1. **动作要领** 双手用力要对称、均匀，搓动要快，移动要缓，动作协调一致。
2. **临床应用** 本法具有解痉止痛、舒筋通络、调和气血等作用。适用于腰背酸痛、胸胁胀闷、肢体麻木、筋肉挛急等病症。

（九）拍法

将手指自然并拢、掌指关节微屈形成虚掌拍打体表的一种手法。

1. **动作要领** 以手腕发力，平稳均匀而有节奏地拍打患处。
2. **临床应用** 本法具有舒筋通络、行气活血、缓急止痛的功效，适用于风湿痹痛、肌肉痉挛、局部感觉迟钝等病症。

（十）抖法

用双手握住患者肢体远端，用力使患者肢体产生连续的小幅度上下颤动，使关节有松动感的一种手法。

> **考点提示**：推拿手法的动作要领。

1. **动作要领** 颤动幅度要小，频率要快。
2. **临床应用** 本法具有调和气血、解除粘连、通利关节、舒缓筋脉的功效。适用于肢体麻木、功能障碍、腰腿疼痛、屈伸不利等病症。

护理应用

徐某，男，50岁，2018年11月25日就诊。主诉：腰部左侧疼痛伴左下肢放射疼痛3个月，加重5天。患者3个月前因在家搬物不慎诱发腰痛伴左下肢放射痛。曾经针灸治疗，口服维生素B_1、B_6等药，治疗无效。近期因天冷疼痛加重，腰椎左侧第三、四、五节旁开2 cm处压痛，承扶穴处压痛，叩击痛（－），左侧直腿抬高试验40°，右侧（－），仰卧挺腹试验（＋），CT示：$L_{3-4/4-5}$椎间盘突出。

治疗推拿手法：①沿督脉两侧膀胱经自上而下摩揉；②点按大椎、至阳、肝俞、肾俞、三焦俞、气海俞，每穴1分钟，拇指点按委中、承山、风市、阳陵泉，肘尖点按环跳；③双拇指相叠自上而下弹拨腰背两侧骶棘肌；④自上而下掌推督脉、两侧膀胱经部分，并抖拉两下肢；⑤在肩背部及腰部用滚法操作并捏拿两下肢，最后拿肩井。每天治疗1次，每次30分钟，共治疗20天。

复诊告愈。3个月后随访，病情稳定，未再复发。

五、注意事项

1. 施术前操作者应洗手，修剪指甲，避免损伤患者皮肤。
2. 施术前操作者手上应蘸润滑剂以减小阻力，减少患者及术者组织擦伤或增强推拿的作用。
3. 定穴位时，应循经按压并询问患者感受以准确定位。
4. 根据患者情况和疾病需要，选择适宜的手法和刺激强度。手法宜先轻后重、由浅入深、循序渐进，切勿用暴力，以免损伤皮肤及其他组织器官。刺激强度以患者感到局部稍有酸胀感、舒适为度。

> **考点提示**：推拿刺激强度以患者感到局部稍有酸胀感、舒适为度。

5. 作较大动作手法治疗时，必须严格掌握操作要领，并嘱患者不要抵抗、不要憋气，以免造成损伤。
6. 年老体弱者或重手法治疗后，应该在床上休息片刻，以防立即起床产生头晕、血压波动现象，并要加盖衣被以免受凉。
7. 治疗中要注意保暖，时间一般每次 15~30 分钟。

知识拓展

捏脊疗法

捏脊疗法是连续捏拿脊柱部肌肤，以防治疾病的一种治疗方法，常用于治疗小儿"疳积"之类病症。它具有疏通经络、调整阴阳、促进气血运行、改善脏腑功能以及增强机体抗病能力等作用。

1. 操作方法

（1）二指捏：手握空拳状，用示指中节和拇指指腹相对，夹提皮肤，双手交替捻动，向前推进。

（2）三指捏：用拇指和示、中两指相对，夹提皮肤，双手交替捻动，向前推进。

2. 动作要领　方向由下向上，从臀裂（龟尾穴）至颈部大椎穴，应沿直线捏，不要歪斜；捏三提一以加大刺激量；捏拿肌肤松紧要适宜，作用层次在皮下；手法轻快、柔和；3~6 遍/次，以皮肤微微发红为度。

3. 注意事项

（1）一般在空腹时或饭后 2 小时后进行。

（2）施术时室内温度要适中，手法宜轻柔。

（3）体质较差的小儿每日捏脊次数不宜过多，每次时间也不宜太长，以 3~5 分钟为宜。

（4）脊柱部皮肤破损，或患有疖肿、皮肤病者，不可捏脊。

（5）伴有高热、心脏病或有出血倾向者慎用。

附2：穴位按摩操作流程及评分标准

项目	内容	技术要求	分值	得分	扣分原由
准备 （15分）	护士	仪表大方，举止端庄，态度和蔼；衣帽整齐、修剪指甲、洗手、戴口罩	5		
	评估	核对医嘱，对患者进行评估，内容包括：病情、施术部位皮肤状况、对疼痛的耐受度病情、心理状况	5		
	物品	推拿治疗盘：内备治疗碗（盛推拿介质）、纱布、棉签、弯盘、治疗本、手消毒剂，必要时备浴巾、屏风	5		
操作 步骤 （70分）	环境	环境整洁、安静，光线适宜，房间温度适宜，空气流通（必要时关闭风扇或空调）	5		
	患者	核对患者身份信息，解释，取得患者理解与配合	5		
		体位舒适合理，暴露按摩部位，注意保暖，保护隐私	5		
	定位	遵医嘱按摩部位、穴位定位准确	5		
	按摩 手法	清洁皮肤，正确选择推拿介质	5		
		按摩手法均匀、柔和	10		
		按摩力度（有力）正确	10		
		按摩频率正确	5		
		按摩时间（持久）正确	5		
	观察	随时询问患者感受，及时调整手法和力度，观察病情变化，发现异常，应立即停止按摩，报告医生，配合处理	5		
	整理 记录	协助患者整理衣服，注意保暖，取舒适体位，告知注意事项，整理床单位	5		
		清理用物，洗手，记录，签名	5		
综合 评价 （15分）	评价	患者体位合理，无特殊不适感受，皮肤及关节无损伤，全程无暴力操作，体现人文关怀，护患沟通有效	5		
		按摩部位准确，穴位定位准确	5		
	技能 熟练	按摩方法正确，动作规范，操作熟练，时间适宜	5		
总分			100		
关键点		按摩部位皮肤、关节等出现损伤等意外，视程度扣10~20分			

> 本节护考考点

一、考点相关知识

1. 经穴推拿技术禁忌证 各种出血性疾病，如凝血功能障碍或有出血倾向者；妇女经期或妊娠期腹部、腰骶部不宜推拿；有严重心、肺、肾、肝等疾患者；急性传染病患者；各种感染性疾病，如丹毒、脓肿、骨髓炎、蜂窝织炎、化脓性关节炎等；皮肤病的病变部位，如溃疡性皮炎、皮肤破损处、瘢痕等；骨折移位或关节脱位；极度疲劳、年老体弱、过饥过饱或酒醉后。

2. 常用推拿介质及作用

（1）药酒：祛寒除湿、活血止痛。

（2）药油：如麻油可补虚和血、祛风止痛。

（3）药汁：姜汁可温经通络、散寒解表；薄荷水可清凉解表。

（4）蛋清：摩胸腹背部可祛寒消积。

（5）水：凉水摩体可清热凉血；温水擦体可散寒通络。

（6）滑石粉：润滑、减少阻力。

3. 常用推拿操作方法　滚法、按法、拿法、摩法、擦法、推法、揉法、搓法、拍法、抖法。

4. 推拿手法要求持久、有力、均匀、柔和、深透。

5. 根据患者情况和疾病需要，选择适宜的手法和刺激强度。手法宜先轻后重、由浅入深、循序渐进，切勿用暴力，以免损伤皮肤及其他组织器官。刺激强度以患者感到局部稍有酸胀感、舒适为度。

二、易考题型、技术能力考查角度

本知识点易考 A1/A2 型选择题，学生要重点掌握经穴推拿技术的禁忌证，结合临床案例灵活搭配应用 10 种常用推拿手法，要求正确选择推拿介质，根据患者情况和疾病需要，选择适宜的手法和刺激强度，做到持久、有力、均匀、柔和、深透。

（林　锋）

第四节　拔罐技术

拔罐疗法是以罐为工具，借助热力排出罐内空气形成负压，使罐吸附于腧穴或应拔部位的体表，使局部皮肤充血、瘀血，以达到防治疾病的方法。此法具有温通经络、祛风散寒、消肿止痛、吸毒排脓等作用。常用罐具有竹罐、陶罐、玻璃罐以及真空拔罐器等。

一、适应证

1. **呼吸系统**　感冒，急/慢性支气管炎，哮喘，肺水肿，肺炎等。
2. **消化系统**　胃痛，呕吐，腹痛腹泻，消化不良，胃酸过多等。
3. **循环系统**　高血压，心律不齐，心脏供血不足等。
4. **运动系统**　落枕，脊椎关节痛，腰背痛等。
5. **神经系统**　失眠，围绝经期（更年期）综合征，各种神经性疼痛，肌肉痉挛等。
6. **妇科**　痛经，闭经，月经过多，带下病，盆腔炎等。
7. **外科**　疖肿，多发性毛囊炎，下肢溃疡，急性乳腺炎等。

二、禁忌证

1. 高热，抽搐，痉挛者。
2. 各种出血性疾病，如凝血功能障碍或有出血倾向者。
3. 皮肤过敏或溃疡破损处，水肿、大血管部、肌肉消瘦、骨骼高低不平及毛发过多处。
4. 骨折移位或关节脱位。
5. 极度疲劳、年老体弱、过饥过饱或酒醉后。

6. 孕妇腹部、腰骶部不宜拔罐。

> **考点提示**：孕妇腹部、腰骶部不宜拔罐；骨折移位或关节脱位禁忌拔罐；极度疲劳、年老体弱、过饥过饱或酒醉后严禁拔罐。

三、施术准备

1. 用物准备 治疗盘、玻璃罐（或竹罐、陶罐、真空拔罐器）、止血钳或卵圆钳、95%乙醇棉球、打火机、纱布、弯盘、手消毒剂，必要时备凡士林、纸巾、毛巾及屏风。

> **知识拓展**
>
> 真空拔罐器是利用机械抽气原理使罐体内形成负压，进而使罐体吸附于患处的方法。优点：与传统的火罐疗效一致，但操作简便，可自行操作；好抽气，罐内负压可根据患者的体质情况和病情随意调整；罐体透明，易于观察罐内皮肤变化；使用更安全，不易破碎，无烫伤之忧。既适用于医院，又更广泛适用于家庭。

2. 患者准备 在接受拔罐前应先排空大小便，使机体放松。

（1）部位：实施拔罐治疗前，首先给患者介绍操作过程，取得患者配合；让患者全身放松，充分暴露需要拔罐的穴位或部位；检查施术部位，皮肤应保持清洁干燥，无破损、溃疡以及化脓性皮肤病等影响操作的情况。

（2）体位：根据拔罐部位的不同，选择不同的体位。应以患者舒适、施术者方便，有利于拔罐操作为原则。常用体位有仰卧位、俯卧位等。俯卧位时注意保持呼吸通畅。

3. 环境准备 保持室内温度适宜，空气流通，但不应有直接对流空气，以免在拔罐过程中患者受风着凉。必要时屏风遮挡。

四、操作方法

1. 操作者衣帽整齐，洗手，戴口罩。
2. 核对医嘱，携用物至病床旁。核对患者身份信息，解释操作过程及目的，了解患者对疼痛的耐受程度及心理状况，取得患者理解与配合。
3. 患者体位舒适合理，暴露拔罐部位，并检查皮肤情况；注意保暖，保护隐私。
4. 再次核对；按医嘱进行定位，清洁皮肤。
5. 罐的吸附方法：火吸法、水吸法、负压吸引法，其中以火吸法最为常用。常用的火吸法包括闪火法、投火法、贴棉法。

（1）闪火法：一手持止血钳或卵圆钳夹住95%乙醇棉球，点燃后在罐内中下段环绕（勿烧罐口，以免烫伤皮肤）2~3圈后，迅速将罐扣在应拔的穴位上。

（2）投火法：将乙醇棉球或纸片点燃后投入罐内，迅速将罐扣在所选部位。

（3）贴棉法：将蘸有乙醇的棉球贴在罐内中部，点燃后迅速将罐扣在需拔部位。

6. 拔罐方法

（1）留罐：又称坐罐。是指拔罐时将罐留置在皮肤上10~15分钟，然后一手按压罐口皮肤，使空气进入罐内，另一手将罐取下。

（2）走罐：是指在欲拔部位涂一些润滑油，将罐拔好后，用手握住，在皮肤表面循经络走向或相应部位往返推移，直至皮肤充血为止。一般应用于面积较大、肌肉丰厚的部位。

> **考点提示**：闪罐的操作要领。

（3）闪罐：是指将罐拔住后立即取下，反复拔住、取下，直至局部皮肤出现温度升高，颜色发红、充血为止。

（4）针罐：在选定的部位上，先用针刺，得气后留针，再将罐以针为中心进行留罐 5～10 分钟，然后起罐拔针。

7. 留罐期间随时检查火罐吸附情况，检查局部皮肤红紫的程度，皮肤有无烫伤或小水疱，询问患者感受。

8. 起罐：一手握住罐体，用另一手的手指按压罐口皮肤，使空气进入罐内，将罐取下。

9. 整理床单位，合理安排体位，告知注意事项。

10. 洗手，记录留罐时间并签名。

11. 整理用物，消毒罐具。

> **护理应用**
>
> 黄某，男，40 岁，大学食堂员工。一年来因工作需要（洗菜、端饭、为学生打菜），双手及肩部活动较多，加之长期低头作业，经常出现颈肩背部不适，头后仰、耸肩、局部按摩后症状减轻，近两天疼痛加重，肩背部不能触物，不能平卧，由于疼痛难忍，以致彻夜不眠。
>
> 查体：颈肩背部广泛压痛，瘀络明显。认为黄某因颈肩背部肌肉劳损过度，致气血凝滞，脉络瘀阻，气血不通，不通则痛。
>
> 治疗方法：于瘀络处刺络拔罐放血，量约 20 ml，术毕嘱患者平卧休息，半小时后患者起身立感肩背部轻松。第二天电话反馈，诉昨夜睡眠很好，可平卧，已无疼痛。一周后，患者来院复查，查体已无压痛，仅发现瘀络 3 小条，为巩固疗效，再次于瘀络处放血约 10 ml。3 个月后电话随访，患者说原有的不适症状均已消失。

五、注意事项

1. 遵医嘱实施拔罐，正确选择拔罐部位及方法。

2. 取合理体位，充分暴露拔罐部位，注意保暖及保护隐私。

3. 操作前检查罐口是否光滑、有无裂缝。根据不同部位，选用大小适宜的火罐。

4. 拔罐时动作要稳、准、快，起罐时切勿强拉。拔罐过程中要观察火罐吸附情况和皮肤颜色。注意询问患者感受，如有不适，及时起罐，防止烫伤。

5. 拔罐时选择肌肉丰厚的部位，骨骼凹凸不平和毛发较多处不宜拔罐，凝血机制障碍者、局部溃疡、水肿、大血管处以及孕妇腰骶部、腹部不宜拔罐。

6. 在使用多罐时，火罐排列的距离适宜，否则因火罐牵拉会产生疼痛。

7. 拔罐产生的负压与罐的大小及罐内空气是否充分燃烧有关，大罐吸力强，拔 5～10 分/次，小罐吸力弱，拔 10～15 分/次。此外还应根据患者的年龄、体质、病情、病程及施术部位灵活掌握。

8. 起罐后局部皮肤呈现红晕或紫红色（瘀血），为正常现象，可自行消退，无需处理。如局部出现小水疱，可不必处理；如水疱较大，消毒局部皮肤后，用注射器抽出疱内液体，覆盖无菌纱布。

9. 操作完毕后，记录拔罐的部位、时间及患者的感受等情况。使用过的火罐均应消毒晾干后备用。

10. 年老体弱者或重手法治疗后，应嘱患者在床上休息片刻，以防立即起床产生头晕、血压波动现象，并要加盖衣被以免受凉。

11. 拔罐结束后，应嘱患者喝一杯温水，以增加体内津液代谢，当天不宜洗澡，以免受凉。

12. 根据病情，拔罐可每日或隔日1次，同一部位，不宜天天拔罐。一般10次为1疗程，间隔3~5日休息可进行下一疗程。

六、异常情况处理

拔罐期间应密切观察患者的反应，若出现头晕、恶心、呕吐、面色苍白、出冷汗、四肢厥冷，甚则神志不清，二便失禁，脉微欲绝等现象，此为晕罐。应立即起罐，迅速让其平卧，报告医师，配合处理。注意保暖，轻者休息片刻，饮温水或糖水后可恢复；重者针刺人中、合谷或施以急救措施。

附3：拔罐法操作流程及评分标准

项目	内容	技术要求	分值	得分	扣分原因
准备 （15分）	护士	仪表大方，举止端庄，态度和蔼；衣帽整齐、修剪指甲、洗手、戴口罩	5		
	评估	核对医嘱，对患者进行评估，内容包括：病情、皮肤情况、耐受度、心理状况等	5		
	物品	治疗盘、玻璃罐（或竹罐、陶罐、真空拔罐器）、止血钳或卵圆钳、95%乙醇棉球、打火机、纱布、弯盘、手消毒剂，必要时备凡士林、纸巾、屏风及毛巾被	5		
操作步骤 （70分）	环境	环境整洁、安静，光线适宜，房间温度适宜，关闭门窗（必要时关闭风扇或空调）	5		
	患者	核对患者身份信息，解释，取得患者理解与配合	5		
		体位舒适合理，暴露拔罐部位，注意保暖，保护隐私	5		
	定位	再次核对；清洁皮肤，按医嘱进行取穴定位	10		
	拔罐	血管钳夹一个乙醇棉球（干湿适中）	5		
		点燃明火后在罐内中下段环绕，勿烧罐口，安全熄火	5		
		准确留罐，罐内形成负压，吸附力强，用毛巾被覆盖	10		
	观察	随时检查火罐吸附情况，局部皮肤红紫的程度，皮肤有无烫伤或小水疱，留罐时间10~15分钟，询问患者感受	5		
	起罐	起罐方法正确，清洁评估局部皮肤	5		
	整理记录	协助患者整理衣服，注意保暖，取舒适体位，告知注意事项，整理床单位	10		
		整理用物，洗手；记录，签名	5		
综合评价 （15分）	评价	患者体位合理，无特殊不适感受，全程无烫伤，无暴力操作，体现人文关怀	5		
		拔罐部位准确，皮肤情况良好，局部皮肤吸附力正常	5		
	技能熟练	操作熟练；拔罐部位方法正确，手法稳、准、快	5		
总分（100）			得　分		
关键缺陷		出现烫伤扣30分；火罐脱落扣10分			

（潘晓英）

第五节 刮痧技术

刮痧法又称"挑痧",即在体表一定部位涂抹介质后,应用边缘钝滑的器具,如牛角刮板、瓷匙等,在该部位反复刮动,使局部皮下出现瘀斑或痧痕的一种治疗方法。具有活血化瘀、疏通经络、疏通腠理的作用,达到使脏腑秽浊之气通达于外的目的。经常刮痧,还起到解除疲劳,增加免疫功能的保健作用。

> **知识拓展**
>
> **刮痧的由来**
>
> 刮痧疗法起源于旧石器时代,当时人们患病时,出于本能地用手或石片抚摩、捶击身体表面的某一部位,使疾病得到缓解。通过长期的实践与积累,逐步形成了砭石治病方法,此为刮痧的雏形。
>
> "痧"指"痧症","痧"字从"沙"衍变而来。最早"沙"是指一种病证。由于很多疾病刮拭过的皮肤表面会出现红色、紫红色类似"沙"样的斑点,因此将这种疗法称为"刮痧疗法"。

一、适应证

1. **内科病症** 感冒,发热,咳嗽,中暑,头痛,眩晕,晕动症,脑中风后遗症,三叉神经痛,心悸,失眠,呕吐,泄泻,呃逆,胃痛等。
2. **骨外科病证** 颈椎病,肩周病,软组织损伤,痔疮,荨麻疹等。
3. **妇科病证** 月经不调,痛经,带下病,产后缺乳,慢性盆腔炎等。
4. **儿科病证** 发热,惊风,疳积,腹泻,遗尿等。
5. **五官科病证** 牙痛,鼻出血,近视,咽喉肿痛,过敏性鼻炎,耳聋,耳鸣等。
6. **保健** 预防疾病,病后恢复,强身健体,减肥,美容,消斑除痘,延缓衰老等。

二、禁忌证

(一)禁用刮痧的情况

1. **疾病** 精神疾病,感染性疾病,血液病,出血性疾病,外伤性疾病,骨折,皮肤高度过敏或皮肤病,心脏病出现心力衰竭、肾衰竭、肝硬化腹水、全身重度水肿等禁刮。(刮痧会使人皮下充血,促进血液循环,从而增加心肺、肝肾的负担,加重病情,甚至危及生命)
2. **特殊生理周期** 女性经期、孕期腹部与腰骶部。
3. **特殊部位** 五官处、前后二阴、乳头部、肚脐(神阙穴)等。

(二)慎用刮痧的疾病

癌症、糖尿病后期合并感染、皮肤破损、伤口不易愈合时慎用。大血管显现处禁用重刮,可用棱角避开血管用点按轻手法刮拭。下肢静脉曲张、下肢水肿者,刮拭方向应从下向上刮拭,用轻手法。

(三)特殊情况

醉酒、过饥、过饱、过渡、过劳等禁刮;年老、极度虚弱、大病初愈、重病、形体消瘦者需慎刮。

> ▶ **考点提示**:刮痧板边缘的厚薄在刮痧治疗中如何选择?

三、施术准备

1. **用物准备** 治疗盘（刮痧盘）、弯盘、刮具、纱布、治疗碗（内盛少量清水、油剂或药液）、必要时备浴巾、屏风等。

2. **患者准备** 在接受刮痧前应先排空大小便，使机体放松。

（1）部位：实施刮痧治疗前，首先嘱患者全身放松，充分暴露被刮痧的部位，皮肤保持清洁干燥，无破损、溃疡以及化脓性皮肤病等影响操作的情况。

（2）体位：在刮痧过程中，体位选择应以医者能够正确取穴，施术方便，患者感到舒适自然，并能持久配合为原则。胸、腹、下肢内侧、前侧部多选用仰卧位或仰靠坐位；头部、颈部、背部、上肢和下肢外侧部多选用俯卧位或伏坐位及坐位。

3. **环境准备** 保持室内温度，以免刮痧过程中患者受风着凉。必要时用屏风遮挡。

四、操作方法

1. 操作者衣帽整齐，洗手，戴口罩。
2. 核对医嘱，携用物至病床旁。核对患者身份信息，解释操作过程及目的，了解患者对疼痛的耐受程度及心理状况，取得患者理解与配合。
3. 患者体位舒适合理，暴露刮痧部位，并检查皮肤情况；注意保暖，保护隐私。
4. 再次核对；按医嘱进行定位，清洁皮肤。
5. 在刮痧的部位涂抹适量的介质（清水、油剂或药液），中途可按需添加。
6. **刮板拿法** 检查刮具边缘有无缺损，用手握住刮板，刮板的底边横靠在手掌心部位，拇指与其余四指相对。若治疗时，刮板厚的一边靠在掌心，用薄的一边刮拭；若保健时，则薄的一边靠在掌心，用厚的一边刮拭。
7. **刮痧方法** 分为直接刮痧法和间接刮痧法。直接刮痧法是用刮具蘸介质直接刮拭患者皮肤。间接刮痧法是在要刮拭的部位盖一层薄布类物品，再用刮具在布上进行刮痧。
8. **刮痧次序** 先头面、后手足，先胸腹、后腰背，先上肢、后下肢。
9. **刮痧要点** 五度一方向。

（1）五度：

①角度：刮痧时刮板与刮拭方向保持在45°～90°。
②长度：刮痧部位刮拭时应尽量拉长。
③力度：利用腕力和臂力带动刮板，力量适中均匀。
④速度：适中。
⑤程度：每个部位刮痧时间3～5分钟，或一个部位刮拭20次左右，以出现痧痕为度。

（2）方向：原则是由上向下，由内向外，单方向刮拭。

> **知识拓展**
>
> **刮痧的补泻手法**
>
> 根据患者的性别、年龄、体质、病情、病变部位和所取经络腧穴所在的具体部位，可选用补刮、泻刮或平补平泻手法。补和泻是相互对立、作用相反又相互联系的两种手法，其与刮拭力量的轻重、速度的快慢、时间的长短、刮拭的方向等诸多因素有关。
>
> （1）补法操作是按压力度小、作用浅、速度慢、刺激轻、顺经络行走、刮拭时间相对较长，对皮肤、细胞、肌肉有兴奋作用。宜用于体弱多病、久病虚弱的虚证患者，或对疼痛敏感者。
>
> （2）泻法操作是按压力度大、作用深、速度快、刺激重、逆经络行走、刮拭时间相

对较短，对皮肤、细胞、肌肉有抑制作用。宜用于身体强壮、疾病初期的实证患者以及骨关节疼痛患者。

（3）平补平泻法是介于补法与泻法两者之间，按压力度和速度适中，时间因人而异。适宜于虚实夹杂体质者，亚健康人群、慢性病患者的康复及正常人保健。

10. 刮痧过程中，注意观察患者和局部皮肤的反应，及时调整手法和力度。

11. 操作完毕，询问患者感受，清洁局部皮肤或用手掌按摩，使患者体验更佳。协助患者取舒适体位。

12. 告知患者痧退后再进行第二次刮治。出痧后 1~2 天，皮肤可能轻度疼痛、发痒，此反应属正常现象。

13. 用过的刮具应清洁消毒，擦干备用。整理用物，洗手，记录。

五、注意事项

1. 刮痧手法、力度以患者能耐受为度，若刮痧部位不出痧或出痧少，不可强求出痧，禁用暴力。婴幼儿皮肤娇嫩，可使用间接刮法，老年人刮痧力度宜轻柔。

2. 为有利于扶正祛邪，或祛邪而不损伤正气，刮痧治疗时间一般限制在 25 分钟之内。如采用泻刮手法超过 25 分钟，易致正气消耗过多，出现疲劳反应。

3. 糖尿病患者皮肤耐受性差，血管脆性增加，刮痧力度不宜过大，速度不宜过快，时间不宜过长。下肢静脉曲张及下肢浮肿者，宜从下往上刮。

4. 刮痧后嘱患者休息，适当饮温水，以利于体内新陈代谢；禁食生冷、酸辣、油腻或难消化之品。

> **护理应用**
>
> 徐某，男，23 岁。主诉：早上起床后颈部疼痛、酸胀，不能转动，尤其向左侧旋转时疼痛加剧。检查：颈部肌肉有触痛，浅层肌肉有痉挛、僵硬，触之有"条索感"。活动不利，活动时左侧疼痛加剧。
>
> 刮痧治疗如下：①刮痧板选用薄的面刮拭左侧肩颈部；②采用泻法，刮拭患处；③点刮风池、肩井、肩髃、肩髎、阿是穴等；④刮痧结束后用中药热熨包热敷肩颈 30 分钟。患者肩颈出痧明显，颜色紫黑，并有明显硬结。整个治疗结束后，自述疼痛减轻 80%，可以自行转动颈部。嘱患者回家后继续热敷，缓慢运动练习；睡觉时不要开空调，调整好枕头的高度，注意睡眠姿势；注意肩背的保暖，不要洗冷水澡。第二天，疼痛明显减轻。

5. 刮痧期间由于体内的正邪正在进行对抗，因而可出现短暂的体温增高，属正常现象，但须注意观察，以防病情变化。

6. 治疗刮痧后 3 小时即可洗浴，但要用热水洗澡，注意避风寒。

7. 出痧部位需消退后才能再次刮痧，退痧时间根据患者体质不同而有快有慢，一般为一周左右。

8. 严格掌握每次刮痧只治疗一种病证的原则。刮痧治疗疾病无严格的疗程之分。在刮痧治疗时，为便于观察治疗反应及疗效，根据病情的轻重缓急，大致疗程如下：急性病 2 次为一个疗程（痊愈为止），慢性病 7~10 次为一个疗程。

六、异常情况处理

刮痧过程中询问患者有无不适,如果出现头晕、恶心,甚至晕厥等现象称为晕刮。应立即停止刮痧,迅速让其平卧,报告医师,配合处理。可饮用一杯温开水或温糖水,并注意保暖,或用刮痧板点按患者百会、人中、内关、足三里、涌泉等穴。

附4:刮痧法操作流程及评分标准

项目	内容	技术要求	分值	得分	扣分原由
准备 (15分)	护士	仪表大方,举止端庄,态度和蔼;衣帽整齐、修剪指甲、洗手、戴口罩	5		
	评估	核对医嘱,对患者进行评估,内容包括:临床表现、既往史、过敏史、刮痧部位的皮肤情况、对疼痛的耐受程度、心理状况	5		
	物品	刮痧盘:弯盘、刮具、纱布、治疗碗(内盛少量清水、油剂或药液)、必要时备浴巾、屏风等。	5		
操作 步骤 (70分)	环境	环境整洁、安静,光线适宜,房间温度适宜,关闭门窗(必要时关闭风扇或空调)	5		
	患者	核对患者身份信息,解释,取得患者理解与配合	5		
		体位舒适合理,暴露刮痧部位,注意保暖,保护隐私	5		
	定位	遵医嘱确定刮痧部位,定位准确	5		
	刮治	检查刮具边缘有无缺损,刮具蘸抹介质,并用介质均匀涂抹刮痧部位	5		
		手握住刮痧板,在选定部位从上至下、从内向外、单一方向刮擦,刮治过程中,询问患者感受,禁用暴力	15		
		如皮肤干涩,随时蘸涂介质再刮,至皮肤发红或红紫色痧点出现,刮治时间合理	10		
	观察	随时观察病情变化,发现异常,应立即停刮,报告医生,配合处理	5		
	刮毕	用消毒纱布清洁局部皮肤	5		
	整理 记录	协助患者整理衣服,注意保暖,取舒适体位,告知注意事项,整理床单位	5		
		清理用物,洗手,记录,签名	5		
综合 评价 (15分)	评价	患者体位合理,无特殊不适感受,全程无刮伤,无暴力操作,体现人文关怀	5		
		刮痧部位准确,皮肤情况达到刮痧治疗要求	5		
	技能 熟练	运用刮法正确,操作熟练,用力均匀、适宜	5		
总分(100分)			得 分		
关键缺陷		刮破皮肤视程度扣10~20分			

(潘晓英)

第六节　蜡疗技术

蜡疗技术是将加热熔解的蜡制成蜡块、蜡垫、蜡束等形状敷贴于患处，或将患部浸入熔解后的蜡液中，利用加热熔解的蜡作为热导体，使患处局部组织受热，从而达到活血化瘀、温通经络、祛湿除寒的一种操作方法。

> **知识拓展**
>
> 蜡疗有着悠久的历史。*《本草纲目》中记载了如下的经验方："头风掣疼……用蜡二斤，盐半斤相和，于铫罗中熔令相入，捏作一兜鍪，势可合脑大小，搭头致额，其痛立止也。"并对"脚上转筋""风毒惊悸""破伤风湿""暴风身冷""代指疼痛"……均有效。《本草纲目·虫部》中还记载："脚上冻疮。浓煎黄蜡涂之。""汤火伤疮，焮赤疼痛，毒腐成脓。用此拔热毒，止疼痛、敛疮口。用麻油四两、当归一两，煎焦去滓，入黄蜡一两，搅化放冷，摊帛贴之，神效"。
>
> *编辑注：李时珍的时代，蜡疗使用的是蜂蜡，故而记载在《本草纲目·虫部第三十九卷》"蜜蜡"条目中，而现代的蜡疗，一般都使用石蜡。

一、适应证

1. **软组织损伤**　如腰肌劳损，肩周炎，肌纤维织炎，肌痉挛，肌肉、肌腱、韧带、筋膜挫伤和扭伤，挤压伤等一些肌肉韧带的慢性损伤，如治疗不及时可导致肌肉萎缩、挛缩、退变和粘连，并可反复发作。通过蜡疗，可使局部肌肉松弛，血液循环和淋巴回流增加，消除肌痉挛和增加软组织的伸展性，减轻肿胀，消除疼痛。
2. **瘢痕粘连**　蜡疗可促进上皮组织生长，软化瘢痕组织，并恢复皮肤弹性。
3. **骨折**　骨折患者多采用手术疗法，如术后早期适当应用蜡疗，能加快血液回流及循环，对骨折的愈合有促进作用。
4. **腰椎间盘突出**　早期利用蜡疗的温热作用，可使局部毛细血管扩张，加快新陈代谢，局部的充血、水肿获得改善，进而减轻对神经根的压迫和刺激，患者自觉症状很快减轻并逐渐消失。

> ➢ **考点提示**：列举出蜡疗的适应证。

5. **关节炎**　风湿性关节炎、骨关节炎、肩周炎、腱鞘炎、滑膜炎、滑囊炎、外伤性关节炎、关节功能障碍施行运动疗法之前等。通过蜡疗扩张局部毛细血管，增加其通透性，促进局部渗出的吸收，消除肌痉挛和增加软组织的伸展性，达到恢复关节功能的目的。
6. **各种慢性炎症**　慢性胃炎、慢性肠炎、慢性结肠炎、慢性附件炎、妇科炎症等。
7. **因寒邪导致的病症**　如痛经、宫寒、冻伤及冻伤后遗症等。
8. **神经系统病症**　周围神经疾病、神经外伤及其后遗症、神经炎、神经痛、神经营养不良、神经性皮炎等。
9. 经久不愈的创面、溃疡，伤口或溃疡面愈合不良以及营养不良性溃疡等。
10. **美容减肥**　用于腹部、大腿、小腿等部位减肥。

二、禁忌证

1. 严重心脏病，过度饥饿、劳累不宜做蜡疗。
2. 高热，化脓，厌氧菌感染，恶性肿瘤，结核，心、肾衰竭，出血性疾病，皮肤病，周围循环障碍，严重水肿部位，经深部放射性治疗的患者及1岁以下婴儿禁用蜡疗。
3. 皮肤感觉障碍、感染及开放伤口处慎用蜡疗。如需蜡疗，因皮肤感觉障碍须适当降低蜡温，避免烫伤；对于开放性伤口，应注意对创面、直接蜡及其他材料、用具的消毒，严格无菌操作，治疗后接触创面的应弃去，不宜反复使用。

三、施术准备

1. **用物准备** 蜡疗仪、治疗盘、蜡液、小铲刀、纱布、凡士林、隔热手套、棉垫、塑料布、测温装置、弯盘，必要时备小毛刷、浴巾、屏风等。
2. **患者准备** 在接受蜡疗前应先排空大小便，使机体放松。

（1）部位：实施蜡疗前，首先要使患者全身放松，充分暴露需蜡疗的部位，皮肤保持清洁干燥，无破损、溃疡以及化脓性皮肤病，多毛处需先剃毛或涂上凡士林。

（2）体位：根据需蜡疗部位的不同，选择不同的体位。应以患者舒适、施术者方便、便于患处敷蜡为原则。常用体位有仰卧位、俯卧位。俯卧位时注意保持呼吸通畅。

3. **环境准备** 保持室温适宜，空气流通，但不应有直接对流空气，以免在治疗过程中患者受风着凉。必要时用屏风遮挡。

四、操作方法

1. 操作者衣帽整齐，洗手，戴口罩。
2. 核对医嘱，携用物至病床旁。核对患者身份信息，解释操作过程及目的，了解患者对温度的耐受程度及心理状况，取得患者理解与配合。
3. 患者体位舒适合理，暴露蜡疗部位，并检查皮肤情况；注意保暖，保护隐私。
4. 再次核对；按医嘱确定蜡疗部位，清洁皮肤。

> **知识拓展**
>
> 石蜡是从石油中蒸馏出的高分子碳氢化合物，它热容量大，导热率低，能阻止热传导，散热慢，气体和水分不易散失，是一种良好的传导热疗法。石蜡在熔解过程中可吸收大量热能，而释放的过程却又非常缓慢。蜡疗时，保温时间可长达1小时以上。这些理化特性奠定了石蜡在现代医学中代替了蜂蜡。蜡可塑性强，能密贴于体表，可加入一些其他药物协同进行治疗。此外蜡中的有效成分，还有促进创面的上皮再生的作用。现代蜡疗技术是把中药与蜡疗有机地结合在一起，可加强细胞膜通透性，减轻组织水肿，使皮肤柔软并富有弹性，能改善皮肤营养，加速上皮的生长，有利于创面溃疡和骨折的愈合，还具有镇痛解痉作用。

5. **蜡疗方法** 根据上蜡的方法不同，分为蜡饼法、浸蜡法和刷蜡法。

（1）蜡饼法：将加热后完全融化的蜡液倒入搪瓷盘或铝盘中，厚度2~3 cm，冷却至初步凝结成块时（表面温度45~50 ℃），用小铲刀将蜡块取出，敷于患部，外包塑料布与棉垫保温30~60分钟。

（2）浸蜡法：熔化后的蜡液冷却到 55~60 ℃时，将手或足浸入蜡液中，迅速提出，蜡液在浸入部分的皮肤表面冷却凝成薄层蜡膜。如此反复浸入数次，直到蜡膜厚达 0.5~1 cm，成为手套或袜套样，然后再持续浸入蜡液 10 分钟左右，最后取下蜡膜。

（3）刷蜡法：熔化的蜡液冷却到 55~60 ℃时，用排笔蘸蜡液均匀涂刷在病患部位，使蜡液在皮肤表面冷却凝成一薄层的蜡膜；再如此反复涂刷直至蜡膜厚达 0.5~1 cm 时，外面再包一块蜡饼，或用塑料布及棉垫保温，30~40 分钟/次。

6. 蜡疗过程中询问患者感觉及温度是否适宜，注意观察患者治疗部位的皮肤情况，如患者感觉疼痛或发现有皮疹，应立即停止治疗，检查皮肤，通知医生，及时处理。

7. 蜡疗后告知患者注意事项，协助患者穿好衣服，合理安排体位，整理床单位。

8. 正确收拾处理用过的蜡饼。将蜡饼的塑料袋完全撕下，放于蜡疗机溶箱，放置时轻放，避免烫伤的危险。

9. 整理用物，洗手，记录治疗过程并签名。

> **考点提示**：蜡疗过程中，须随时观察患者皮肤情况，如患者感觉疼痛或发现有皮疹，应立即停止治疗。

五、注意事项

1. 蜡疗前后，嘱患者饮适量温开水，及时补充水分，防止丢失水分。
2. 蜡疗后注意避风寒，休息片刻，以免再次受寒。
3. 蜡疗 1 次/日，30~40 分钟，10~15 次为一个疗程。
4. 做蜡疗时必须先向患者交代清楚，询问患者对温度的耐受程度。准确掌握蜡的温度，脑梗患者皮肤感觉略差，治疗温度应稍低于常人。检查患者皮肤是否有感觉障碍，对植皮术后及感觉神经功能障碍者，应适当降低石蜡温度。
5. 皮肤破损处可垫 1~2 层消毒纱布，然后进行治疗。
6. 蜡饼治疗后冷却变硬，及时收回放入蜡箱。对于创面溃疡用的石蜡不再重复使用，应丢弃。

> **护理应用**：王某，男，16 岁。因外伤致右手环指肌腱断裂，经手术治疗、消炎对症处理，伤口痊愈，但术后瘢痕的形成使环指不能抬起，功能不能恢复。功能锻炼 15 天后，环指仍不能抬起，后用石蜡治疗 10 天，瘢痕软化，皮肤弹性恢复，环指抬起功能恢复。

附 5：蜡疗法操作流程及评分标准

项目	内容	技术要求	分值	得分	扣分原因
准备 （15 分）	护士	仪表大方，举止端庄，态度和蔼；衣帽整齐、修剪指甲、洗手、戴口罩	5		
	评估	核对医嘱，对患者进行评估，内容包括：体质、病情、皮肤情况、对热的耐受度、心理状况等	5		
	物品	治疗盘、蜡液、小铲刀、纱布、药酒、棉垫、塑料布、测温装置、弯盘，必要时备小毛刷、浴巾、屏风等	5		

续表

项目	内容	技术要求	分值	得分	扣分原由
操作步骤（70分）	环境	环境整洁、安静，光线适宜，温度适宜，关闭门窗（必要时关闭风扇或空调），屏风遮挡	5		
	患者	核对患者身份信息，解释，取得患者理解与配合	5		
		体位舒适合理，暴露蜡疗部位，注意保暖，保护隐私，多毛处需先剃毛或涂上凡士林	5		
	定位	再次核对；清洁皮肤，按医嘱进行定位	5		
	蜡疗（三选一）	蜡饼法：将加热后完全融化的蜡液倒入搪瓷盘或铝盘中，厚度2~3cm，冷却至初步凝结成块时（表面温度45~50℃），用小铲刀将蜡块取出，敷于患部，外包塑料布与棉垫保温30~60分钟	30		
		浸蜡法：熔化后的蜡液冷却到55~60℃时，将手或足浸入蜡液中，立即迅速提出，蜡液在浸入部分的皮肤表面冷却凝成薄层蜡膜。如此反复浸入数次，直到蜡膜厚达0.5~1cm，成为手套或袜套样，然后再持续浸入蜡液10分钟，最后取下蜡膜	30		
		刷蜡法：熔化的蜡液冷却到55~60℃时，用排笔蘸蜡液均匀涂刷在病患部位，使蜡液在皮肤表面冷却凝成一薄层的蜡膜；再如此反复涂刷直至蜡膜厚达0.5~1cm时，外面再包一块蜡饼，或用塑料布及棉垫保温。每次治疗30~40分钟	30		
	观察	加强巡视，注意询问患者温度耐受程度，认真观察皮肤情况，防止蜡液流出	5		
	收蜡	蜡饼治疗后，正确收拾处理用过的蜡饼	5		
	整理记录	清洁评估局部皮肤，协助患者穿好衣服，注意保暖，告知注意事项，取舒适体位，整理床单位	5		
		整理用物，洗手；记录，签名	5		
综合评价（15分）	评价	患者体位合理，无特殊不适感受，全程无烫伤，无暴力操作，体现人文关怀	5		
		蜡疗部位准确，皮肤情况	5		
	技能熟练	方法正确，操作熟练，患者感觉舒适，皮肤无烫伤	5		
总分（100分）			得分		
关键缺陷		出现烫伤扣30分			

（潘晓英）

第七节 穴位注射技术

穴位注射又称"水针"。根据中医经络腧穴理论，用注射器的针头代替毫针刺入穴位，在得气后注入小剂量药液，通过针刺的机械刺激与药物对穴位的渗透刺激结合在一起，发挥综合效能，达到治疗疾病的一种操作方法。凡是针灸的适应证大部分都可用穴位注射治疗。

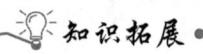

穴 位 注 射

穴位注射是中西医结合的产物，是将中医针刺疗法和西医注射结合的一项技术。研究表明有三大作用：一是止痛作用，大量的临床资料和实验结果证实，穴位注射可兴奋多种感受器，产生针感信号，通过不同的途径到达脊髓和脑，产生诱发电位，这种诱发电位可以有明显的抑制作用。因局部刺激信号进入中枢后，可激发许多神经元的活动，释放多种神经介质，如5-羟色胺、内源性吗啡物质等，这些物质起到了止痛作用。二是防御作用，穴位注射可以激发体内的防御系统，达到增强体质、预防疾病的目的。三是调整作用，穴位注射对人体的消化、呼吸、循环、泌尿系统等均有不同程度的调整作用。如对消化系统的调整作用，表现在解除胃肠平滑肌痉挛，调整消化液分泌，调整胃肠蠕动等。其调节作用是双向的，当功能亢进时，通过穴位注射使其功能缓解；当功能低下时，通过穴位注射刺激使其功能增强。

一、适应证

1. **运动系统** 肩周炎，风湿性关节炎，腰腿痛，腰肌劳损，骨质增生，椎间盘突出，扭伤等。
2. **神经系统** 头痛，失眠，口眼歪斜，痿证，三叉神经痛，坐骨神经痛，肋间神经痛，癫狂痫证等。
3. **消化系统** 胃痛，胃下垂，消化道溃疡，胃肠神经官能症，腹泻，痢疾等。
4. **呼吸系统** 咳嗽，急/慢性支气管炎，上呼吸道感染，哮喘，肺痨等。
5. **心血管系统** 心悸，冠心病，心绞痛，高血压等。
6. **皮肤科病症** 风疹，痤疮，银屑病等。
7. **五官科病症** 咽喉肿痛，目赤肿痛，中耳炎，鼻炎等。
8. **妇产科病症** 月经不调，子宫脱垂，催产等。
9. **小儿科病症** 小儿肺炎，小儿腹泻等。
10. **外科及外科手术麻醉** 乳痈，肠痈，腹痛，肠梗阻，胆石证，胆道感染，淋证（尿路结石），穴位注射施行针麻在五官科中用的最多，用穴有体穴、耳穴。

二、禁忌证

1. 局部皮肤有感染、瘢痕，或者有出血倾向及水肿的患者。
2. 贫血，低血压，妊娠期，过饥，过饱，醉酒，过度疲劳者。
3. 孕妇的下腹部、腰骶部和三阴交、合谷穴等，不宜用穴位注射法，以免引起流产。

三、施术准备

1. **用物准备** 穴位注射盘：皮肤消毒液、镊子、棉签、弯盘、砂轮、药液、注射器、手消毒剂，必要时备屏风。

> **知识拓展**
>
> 穴位注射应根据药物的剂量及针刺的深度选用不同的注射器和针头。常用注射器为 1 ml（用于耳穴和眼区穴位）、2 ml、5 ml、10 ml、20 ml；常用针头为 4~6 号普通注射针头，牙科用 5 号长针头，及封闭用长针头。
>
> 常用药物有：①中药类如当归、丹参、板蓝根、黄芪、鱼腥草、银黄等注射液。②维生素类如维生素 B_1、B_6、B_{12}，维生素 C 等。③其他类如葡萄糖注射液、生理盐水、盐酸普鲁卡因注射液，注射用水等。另外，许多供肌内注射用的药物也可考虑作小剂量穴位注射。

2. **患者准备** 在接受穴位注射治疗前应先排空大小便，使机体放松。

（1）部位：实施穴位注射治疗前，首先患者全身放松，充分暴露需注射的部位，皮肤保持清洁干燥，无破损、溃疡以及化脓性皮肤病等影响操作的情况。

（2）体位：在操作过程中，体位选择应以医者能够正确取穴，操作方便，患者感到舒适自然为原则。根据注射部位选择舒适体位。多采用坐位，仰卧位或俯卧位；尤其是年老体弱、精神紧张的患者更应选择卧位。

3. **环境准备** 保持室温适宜，注意患者保暖，以防受寒。必要时用屏风遮挡。

四、操作方法

1. 操作者衣帽整齐，洗手，戴口罩。
2. 核对医嘱，携用物至病床旁。核对患者身份信息，询问患者临床表现、既往史及过敏史。解释操作过程及目的，了解患者对疼痛的耐受程度及心理状况，取得患者理解与配合。

> **考点提示**：穴位注射进针后一定要回抽无血，再将药液注入。

3. 患者体位舒适合理，暴露腧穴注射部位；并检查注射部位皮肤情况；注意保暖，保护隐私。
4. 再次核对；按医嘱进行穴位定位，清洁皮肤。
5. 根据注射部位选择注射器及针头，并抽好药液备用。
6. 给确定腧穴的皮肤常规消毒。再次检查注射器是否排尽空气，一手拇指及中指绷紧穴位周围局部皮肤，将针尖对准穴位，迅速刺入皮下，进针过程中可询问患者是否有酸、麻、肿、胀等感觉；同时用注射针头上下提插产生针感"得气"后，回抽无血后，将药液注入。
7. 在注射时随时观察，是否有晕针、弯针、折针及其他状况；询问患者有无针感及其他不适，如患者有触电感，应立即退针，改换角度再进针。
8. 注射后用无菌干棉签按压针孔片刻，无出血、药液外渗。
9. 操作完毕，帮患者整理好衣服，询问患者感受，告知患者注射部位出现疼痛、酸胀的感觉为正常现象。嘱患者在床上躺着休息片刻，自觉无其他不适后，协助患者取舒适体位。
10. 用过的注射器放于利器盒。整理用物，洗手，记录。

五、注意事项

1. 严格遵守无菌操作规则，每注射一个穴位换一个针头，防止感染。

2. 告知患者注射后注射部位 4 小时内避免沾水，以免感染，局部会出现酸胀感，4~8 小时局部有轻度不适，或不适感持续较长时间，但是一般不超过 1 天。

3. 严格遵医嘱执行，熟练掌握腧穴的定位和注射的深度。注意药物的性能、剂量、配伍禁忌、不良反应观察。注意药物的有效期，检查药液质量，防止过敏反应的发生。

4. 穴位注射的用药剂量由注射部位及药物的性质和浓度决定。头面部和耳穴等处用药量较小，每穴注射 0.1~0.5 ml；四肢部穴位注射 1~2 ml；胸背部每穴注射 0.5~1 ml；腰臀肌肉丰厚处可注射 2~5 ml。刺激性较小的药物，如葡萄糖注射液、生理盐水等用量较大，如软组织劳损时，局部注射葡萄糖液可用 10~20 ml；而刺激性较大的药物（如乙醇）以及特异性药物（如阿托品、抗生素），用量较小，即所谓小剂量穴位注射，每次用量多为常规用量的 1/10~1/3。中药注射液的常用量为 1~2 ml。

5. 风池穴靠近延髓，故应严格掌握针刺角度和深度，向鼻尖方向刺 0.5~0.8 寸，以免伤及延髓。脊髓两侧腧穴注射时，针尖斜向脊髓为宜，避免直刺引起气胸。

6. 药液不宜注入关节腔、脊髓腔和血管内。误入脊髓腔，有损伤脊髓的可能，严重者可导致瘫痪。误入关节腔可引起关节红肿热痛等反应。

> **考点提示**：四肢局部穴位注射的药液剂量为 1~2 ml。

7. 注射时避开血管丰富部位，避免将药物注入血管内。患者有触电感时，针体往外退出少许后再进行注射。

8. 根据患者情况适当调整推药速度。一般疾病用中等速度推药；慢性病、体弱者用轻刺激，缓慢推入药液；急性病、体质强健者用强刺激，快速推入药液。如需注入较多药液时，可将注射针由深部逐步提出到浅层，边退边推药，或将注射针更换几个方向注射药液。

9. 根据穴位所在部位与组织确定注射角度与深浅。同一穴位可从不同的角度刺入，也可按病情需要决定注射深浅，如三叉神经痛于面部有触痛点，可在皮内注射成一"皮丘"；腰肌劳损多在深部，注射时宜适当深刺。

10. 年老体弱及初次接受治疗者，最好取卧位，注射部位不宜过多，以免晕针。

11. 每日或隔日注射一次，反应强烈者亦可隔 2~3 日一次，穴位可左右交替使用。10 次为一疗程，休息 5~7 天再进行下一个疗程的治疗。

> **护理应用**
>
> 李某，女，26 岁。主诉：呃逆不止 2 天余。2 天前因餐后不明原因开始出现呃逆，断断续续，起卧不安，久呃头痛，饮水不能止。无腹痛，二便调，舌红苔薄白，脉细。诊断：呃逆（胃气上逆证）。
>
> 治疗方法：令患者俯卧位，当第 7 胸椎棘突下，旁开 1.5 寸选取双侧膈俞穴，常规消毒后，用注射针抽取 2 ml 生理盐水，向内斜刺 0.5 寸，每穴各注射 1 ml。注射后，患者呃逆频率明显降低，稍坐片刻后症状基本缓解，偶听一两声。嘱其掐按自身的内关穴，以巩固病情，后愈。

附6：穴位注射操作流程及评分标准

项目	内容	技术要求	分值	得分	扣分原由
准备（15分）	护士	仪表大方、举止端庄、态度和蔼、衣帽整齐、洗手、戴口罩	5		
	评估	核对医嘱，对患者进行评估，内容包括：临床表现、既往史、药物过敏史、取穴部位的皮肤情况、对疼痛的耐受程度、心理状况等	5		
	物品	穴位注射盘：皮肤消毒液、镊子、棉签、弯盘、砂轮、药液、注射器、手消毒剂，必要时备屏风	5		
操作步骤（70分）	环境	环境整洁、安静，光线适宜	5		
	患者	核对患者身份信息，解释，取得患者理解与配合	5		
		体位舒适合理，暴露注射部位，注意保暖，保护隐私	5		
	定穴	遵医嘱准确选定穴位	5		
	消毒	消毒穴位皮肤	5		
	进针	注射器排尽空气后，用一手拇指及中指绷紧局部皮肤，针尖对准穴位，迅速刺入皮下，上下提插"得气"后，回抽无血，将药液缓慢注入	10		
		注射时随时观察，询问患者有无针感及其他不适，如患者有触电感，应立即退针，改换角度再进针。注意是否有晕针、弯针、折针及不良反应	10		
	观察	患者是否有晕针、疼痛等不适情况	5		
	起针	用无菌干棉签按压针孔片刻，无出血	5		
	整理记录	协助患者整理衣服，安排舒适体位，告知注意事项，整理床单位	10		
		清理用物，洗手，记录，签名	5		
综合评价（15分）	评价	患者体位合理，无特殊不适感受，全程操作正确，体现人文关怀	5		
		穴位注射部位准确，皮肤情况良好，无药液外渗	5		
	技能熟练	严格执行三查七对，无菌观念强，持针、进针、运针方法正确、取穴准确；操作熟练、动作轻巧	5		
总分（100分）			得分		
关键缺陷		出现弯针、折针等意外扣20分，剂量不准确扣30分			

（潘晓英）

第八节　常用中药外治法

一、贴敷疗法

贴敷疗法，是以中医基础理论为指导，应用中草药制剂，贴敷于皮肤、经络腧穴、病变局部的治疗方法。具有作用迅速，使用安全，不良反应小等优点，从古至今一直备受医家关注。东汉医圣张仲景在《伤寒杂病论》中列举了各种贴敷方，如治劳损的五养膏、玉泉膏，至今仍有效地指导临床实践。华佗在《神医秘传》中记载治脱疽"用极大甘草，研成细末，麻油调敷极厚，逐日更换，十日而愈。"

贴敷疗法分为干性贴敷和湿性贴敷两种。干性贴敷即穴位贴敷法，指直接将药物贴敷在特定的穴位上，以治疗疾病的方法。湿性贴敷即湿敷法，指将纱布用药液浸透，敷于局部，通过药液的渗透及冷、热原理达到治疗疾病的目的。

（一）适应证
1. **内科病证** 咳嗽，哮喘，胸痹，胃脘痛，泄泻等。
2. **外科病证** 疮疡肿痛，关节肿痛，肌肉劳损，扭挫伤，湿疹，手足癣等。
3. **妇科病证** 月经不调等。
4. **儿科病证** 小儿夜啼，厌食，遗尿，流涎等。

（二）禁忌证
1. 感染性、过敏性皮肤病及有出血倾向者。
2. 孕妇不能应用行气活血的药物，以免发生流产。

（三）施术准备
1. **穴位贴敷法** 穴位贴敷治疗盘，内备药物［把药物研成细末，用水、醋、酒、蛋清、蜂蜜、植物油、清凉油、药液调成糊状，或用呈凝固状的油脂（如凡士林等）制成软膏、丸剂或饼剂，或将中药汤剂熬成膏］、酒精灯、打火机、棉花、0.9%盐水棉球、剪刀、弯盘、镊子、松节油、撒掺药等，必要时备纱布、棉垫、胶布。
2. **湿敷法** 湿敷治疗盘，内备药液、容器、敷布、镊子2把、弯盘、防水治疗单、无菌纱布等。

（四）操作方法
1. **穴位贴敷法**
（1）操作者衣帽整齐，洗手，戴口罩。
（2）备齐用物至患者床前，核对，解释。
（3）患者体位适宜合理，充分暴露贴药部位，保暖，必要时用屏风遮挡，保护隐私。
（4）遵医嘱确定贴药部位。
（5）揭去原来的贴药，擦净残余药膏，清洁皮肤，剃去较长的毛发，范围应大于膏药面积。
（6）发现局部皮肤有过敏反应时，应立即停止使用，及时处理。
（7）根据病灶范围，遵医嘱使用膏药和配制中药。
（8）先用背面接触患者的皮肤，当感觉不烫时，再将膏药贴于患处。
（9）协助患者穿衣，取舒适体位，告知注意事项。
（10）整理床单位，清理用物，洗手、记录，签名。

2. **湿敷法**
（1）操作者衣帽整齐，洗手，戴口罩。
（2）备齐用物至患者床前，核对，解释。
（3）患者体位舒适合理，暴露湿敷部位，注意保暖，保护隐私。
（4）再次核对湿敷部位，下垫一次性防水治疗单及无菌纱布。
（5）根据湿敷部位选择大小合适的敷料，均匀地沾满药液，以提起敷料不滴液为宜。
（6）将敷料紧密贴敷在皮肤表面，敷料下无气泡。
（7）根据病情选择敷料厚度，以4~6层为宜。
（8）根据治疗需求湿敷5~10分钟后，将敷料再次淋湿，以保持温度和湿度。

（9）湿敷时间为10～30分钟，即可将敷料去除。
（10）协助患者穿衣，取舒适体位，告知注意事项。
（11）整理床单位，清理用物，洗手、记录，签名。

> **护理应用**
> 罗某，男，48岁。主诉：右足大蹈趾肿痛难忍，舌质红，苔黄腻，脉弦数。西医诊断：痛风。中医诊断：痹证。护理原则：清热除湿，活血通络。
> 护理方法：黄柏、苍术、白芷、大黄、青黛、冰片，以上药物各等份，共研细末，取2g，消肿止痛液调和，先用针刺拔罐阿是穴，吸出结晶体，再进行贴敷，3天后症状明显减轻，5天后症状消失。嘱咐患者注意饮食习惯，不能饮酒。

（五）注意事项

1. 穴位敷贴法

（1）贴药的时间视病情而定。
（2）膏药应逐渐加温，以烊化为度，过久烘烤易烫伤皮肤或使膏药泥外溢。
（3）使用膏药后，如出现皮肤发红，起丘疹、水疱、瘙痒、糜烂时，停止用药，及时报告医师配合处理。
（4）膏药不可去之过早，以防创面不慎受伤，再次引起感染。

2. 湿敷法

（1）遵医嘱正确选择药物，实施中药湿敷。
（2）暴露湿敷部位，注意保暖，保护隐私。
（3）注意消毒隔离，避免交叉感染。
（4）用4～6层纱布浸透药液，干湿度适中，以不滴水为宜。温度以38～41℃为宜，防止烫伤。
（5）操作中观察局部皮肤反应，如有问题报告医师，遵医嘱配合处理。
（6）操作完毕，记录湿敷部位、时间、温度及患者感受等。

> **知识拓展**
>
> **"冬病夏治"三伏贴**
>
> "冬病"指某些好发于冬季或在冬季加重的病变。"夏治"指夏季择时施治，在夏季三伏时令、机体阳气最旺之时，采取顺应自然的中医药方法进行调治。
>
> （1）适应证：支气管炎、支气管哮喘、咳嗽、风湿性与类风湿关节炎、慢性结肠炎、过敏性鼻炎、咽喉炎、过敏性皮肤病等，中医脾胃虚寒类疾病。
>
> （2）禁忌证：妇女妊娠期，结核病、糖尿病、严重心肺功能疾病患者，感冒、发热、肺炎、多种感染性疾病急性发热期，支气管扩张、咯血，皮肤破损或瘢痕、对敷贴药物极度敏感的特殊体质患者，均不适宜敷贴治疗；2岁以下的儿童由于皮肤娇嫩，贴敷容易引起感染，不宜贴敷。
>
> （3）贴敷时机：一般选择初伏、中伏、末伏日各贴敷1次（有些年份中伏为20天），在夏至至末伏期间选择任意时间贴敷，同样可起到较好的疗效。每次贴敷的间隔时间一般为10天左右。为巩固疗效最好是连续贴3～4次，为1个疗程，并且连续贴3年。
>
> （4）贴敷时间：成人每次贴药时间为4～6小时，小儿患者贴药时间为2～4小时；具体贴敷时间根据患者皮肤反应而定，一般以患者能够耐受为度，患者如自觉贴药处有明显不适感，可自行取下。

视频：
冷湿敷法

冷湿敷法操作可扫描左侧二维码观看视频。

二、中药泡洗技术

中药泡洗技术，是指借泡洗时洗液的温热之力及药物本身的功效，浸洗全身或局部皮肤，起到活血、消肿、止痛、祛瘀生新、杀虫消毒等作用。

（一）适应证

用于内痔脱垂、嵌顿、术后水肿，外痔肿痛、脱肛、肛周湿疹等。

（二）禁忌证

1. 妇女月经和妊娠期不宜使用熏洗和坐浴。
2. 严重心肺功能障碍、出血性疾病的患者禁用。
3. 急性传染病患者禁用。
4. 内痔出血量较大时，缝合伤口术后禁用。

（三）施术准备

中药泡洗治疗盘，内备：泡洗装置、药液、水温计、一次性药浴袋、毛巾、手消毒液。

（四）操作方法

1. 一般在药中加水1500 ml左右，沸后20分钟，再将芳香药物加入，煎沸后即可使用。
2. 将煎好的药汤趁热倒入浴具内，暴露患者患处，先用药热气熏蒸患处5~10分钟，再用毛巾浸汁热敷局部，待药液温度降到40℃左右时，嘱患者将臀部坐于浴具内，药液泡洗患处约15分钟。
3. 无菌纱布擦干。
4. 每日2次，每次20~30分钟。以7~10天为1疗程。病情较重者可酌情增加熏洗次数。

（五）注意事项

1. 评估泡洗部位的皮肤，以及患者对温度的感知觉。有皮损者慎用，对药物有皮肤过敏者慎用。药液温度一般以37~40℃为宜，以防烫伤。
2. 中药泡洗前对患者进行心理调护，详细解释中药泡洗的作用及方法，以取得患者配合。泡洗前先清除泡洗部位污垢，排尽大小便，如有不适，及时与医务人员沟通。
3. 空腹及餐后1小时内不宜泡洗。
4. 环境宜安静舒适，室温适中，不要直接吹风，配以柔和的灯光和音乐，让患者心旷神怡，精神放松。
5. 充分暴露泡洗部位，药液以浸过泡洗部位为宜。注意为患者保暖及隐私保护。
6. 泡洗时间不宜过长，以20~30分钟为宜。
7. 泡洗过程中观察患者局部及全身的情况，注意患者神志、面色、汗出等情况，如出现红疹、瘙痒、心悸、汗出、头晕目眩等异常症状，立即报告医师，遵医嘱配合处理。
8. 泡洗后应立即以浅色毛巾轻轻拭干皮肤，穿上暖和衣服，以免受凉感冒。
9. 患者实施中药泡洗后，嘱患者饮200 ml温开水。询问患者感受，观察泡洗部位皮肤情况等。
10. 熏洗过程中一定要根据患者的耐受程度调节适宜的药液温度，特别是老年患者，由于对温度的敏感性下降，要防止烫伤的发生。合并有传染病的患者应使用单独的浴具，并单独严格消毒。

三、中药熏蒸技术

中药熏蒸技术又称为中药蒸煮疗法、中药汽浴疗法、药透疗法、热雾疗法等，是以热药蒸汽为治疗因子的化学、物理综合疗法。在一些少数民族地区，被称为"烘雅"。

（一）适应证

用于神经系统疾病、类风湿病、腰酸背痛症、肩周炎、骨性关节炎、肢体功能障碍、肾衰竭等疾病治疗。

（二）禁忌证

重症高血压、重症贫血、高热、结核病、大失血、精神病、某些传染病（如肝炎、性病等）、皮肤破溃、心血管疾病代偿功能障碍、青光眼、严重肝肾疾病、孕妇及经期妇女等禁用。

（三）施术准备

中药熏蒸治疗盘，内备：药液、中单、容器（根据熏蒸部位的不同选用）、水温计、治疗巾或浴巾，必要时备屏风及坐浴架（支架）。

（四）操作方法

1. 备齐用物，携至床旁。协助患者取合理、舒适体位，暴露熏蒸部位。
2. 将 43~46 ℃药液倒入容器内，对准熏蒸部位。
3. 随时观察患者病情及局部皮肤变化情况，询问患者感受并及时调整药液温度。
4. 治疗结束观察并清洁患者皮肤，协助患者穿衣，取舒适体位，告知注意事项。
5. 整理床单位，清理用物，洗手、记录，签名。

（五）注意事项

1. 心脏病、严重高血压病、妇女妊娠和月经期间慎用。肢体动脉闭塞性疾病、糖尿病足、肢体干性坏疽者，熏蒸时药液温度不可超过38℃。
2. 熏蒸过程中密切观察患者有无胸闷、心慌等症状，注意避风，冬季注意保暖，熏蒸毕应及时擦干药液和汗液，暴露部位尽量加盖衣被。
3. 包扎部位熏蒸时，应去除敷料。
4. 所用物品需清洁消毒，用具一人一份一消毒，避免交叉感染。
5. 施行熏蒸时，应注意防止烫伤。

四、中药热熨敷技术

中药热熨敷技术是将中药和适当的敷料经过加热处理后，在患处或相应穴位上适时或回旋运动，借助药性及温热之力，使气血通调，达到温中散寒、止痛消肿、祛风除湿，调节脏腑阴阳的作用，从而治疗疾病的方法。

（一）适应证

1. 脾胃虚寒引起的泄泻、脘腹胀满、疼痛等。
2. 风寒湿痹引起的关节疼痛、麻木、沉重、酸胀等。
3. 跌打损伤。

（二）禁忌证

1. 局部皮肤有创伤、溃疡、感染或有较严重的皮肤病者。
2. 颜面五官部位慎用。
3. 孕妇腹部、腰骶部以及某些可促进子宫收缩的穴位，如合谷、三阴交等，应禁止中药熨敷，有些药物如麝香等孕妇禁用，以免引起流产。
4. 糖尿病、血液病、发热、严重心肝肾功能障碍者慎用。
5. 艾滋病、结核病或其他传染病患者慎用。
6. 肢体感觉障碍者慎用。

（三）施术准备

治疗盘、治疗碗、遵医嘱准备的中药，布袋、白酒或食醋、炒具、砂锅、电磁炉、凡士林、棉签、大毛巾、屏风等。

（四）操作方法

1. 操作者衣帽整齐，洗手，戴口罩。
2. 核对药物，将药用白酒或食醋搅拌后置于锅中，用文火炒至60~70℃装袋，大毛巾保温；或将坎离砂放于治疗碗内加入适量食醋搅拌均匀，装入布袋用力搓，使温度升高。
3. 核对姓名、诊断，解释，暴露药熨部位，保暖，遮挡，保护隐私。
4. 遵医嘱确定药熨部位。
5. 局部涂凡士林，将药袋置于患处熨敷，随时移动药袋，用力均匀，来回推熨，开始时用力轻而速度快，随着药温降低则用力增加，同时速度减慢，药袋温度过低时及时加温。
6. 观察患者对热感的反应及局部皮肤情况，一旦出现水疱应立即停止，报告医师及时处理。
7. 清洁局部皮肤，协助患者穿衣，取舒适体位，告知注意事项。
8. 整理床单位，清理用物，洗手、记录、签名。

（五）注意事项

1. 热熨前嘱患者排空小便，注意保暖。
2. 烫熨时用毛巾包裹，热熨温度不宜超过70℃。老年、婴幼儿及感觉障碍者，温度不宜超过50℃，以免烫伤。
3. 操作过程中应注意检查药袋的温度，冷却后应及时更换或加热。
4. 药熨过程中要及时观察病情变化，若患者感到疼痛或出现水疱时，立即停止操作，报告医师并配合处理。

五、中药灌肠技术

中药灌肠技术是将中药药液自肛门灌入直肠及结肠，使具有清热解毒、软坚散结、活血化瘀等作用的药液保留于肠道内，通过局部和全身作用达到治疗目的，对黏液便、脓血便、腹痛、腹泻及里急后重、便秘等症状疗效较好。

（一）适应证

1. 痢疾、泄泻、高热不退等。
2. 妇科盆腔疾病。

（二）禁忌证

1. 肛门、直肠和结肠等手术或大便失禁者。
2. 急腹症和胃肠道出血者。
3. 妊娠期妇女。

（三）施术准备

中药灌肠治疗盘，内备中药灌肠液、一次性灌肠器、水温计、一次性治疗巾、石蜡油纱布、弯盘、手套等。

（四）操作方法

1. 操作者衣帽整齐，洗手，戴口罩。
2. 核对患者身份信息，解释，取得患者理解与配合。
3. 患者取侧卧屈膝位，暴露肛门，臀下垫治疗巾，查看肛周皮肤情况，注意保暖，保护隐私。
4. 测量好药液温度（39~41℃），倒入灌肠器内，润滑导管前端，排尽空气。
5. 再次核对患身份信息，嘱患者哈气，将导管插入肛门15~25 cm，将药液缓慢灌入，观察患者情况，询问有无不适。
6. 灌毕，轻轻拔出导管，清洁肛门皮肤，擦干，协助患者穿衣。

7. 取舒适体位，告知注意事项。

8. 整理床单位，清理用物，洗手、记录、签名。

（五）注意事项

1. 操作中严密观察病情，注意腹部保暖。

2. 中药保留灌肠前应先了解病变的部位，以便掌握灌肠时的卧位和肛管插入的深度，灌肠前让患者排空大便，必要时可先行清洁灌肠。

3. 药液温度应保持在39～41℃，过低可使肠蠕动加强，腹痛加剧，过高则引起肠黏膜烫伤或肠管扩张，产生强烈便意，致使药液在肠道内停留时间短、吸收少、效果差。

4. 为使药液能在肠道内尽量多保留一段时间，对所使用药物刺激性强的患者可选用较粗的导尿管，并且药液一次不应超过200 ml，可在晚间睡前灌肠，灌肠后不再下床活动，以提高疗效。

六、中药离子导入技术

中药离子导入法，又称直流电离子导入法，是利用直流电场作用和通电时同性相斥、异性相吸的原理，使药物离子产生定向移动，通过皮肤或黏膜导入人体，达到治疗疾病的一种现代外治法。该方法具有活血化瘀、软坚散结、抗炎镇痛等作用。

（一）适应证

1. 风寒湿痹，关节肿痛，骨质增生。

2. 神经痛，神经炎，盆腔炎等。

（二）禁忌证

1. 高热，湿疹，活动性结核，出血性疾患禁用。

2. 心力衰竭，带心脏起搏器者禁用。

3. 治疗部位有金属异物者禁用。

4. 妊娠妇女禁用。

（三）施术准备

离子导入治疗机，中药离子导入治疗盘，内备：衬垫、纱布、沙包、绷带、塑料薄膜、镊子、药液等。

（四）操作方法

1. 核对患者床号、姓名、诊断，解释，适宜体位，充分暴露治疗部位，保暖，必要时用屏风遮挡。

2. 取中药药液倒入药杯摇匀，取纱布两块，折叠四层如电极板大小，放入药杯中充分浸湿。

3. 打开电源总开关。

4. 将药液纱布压敷在电极板上，将电极板固定在治疗部位。

5. 选择治疗时间，再选择治疗部位，然后选择治疗处方，调节治疗强度和温度以患者能承受为止。

6. 询问患者的整体感受，观察全身情况。

7. 治疗结束观察并清洁患者皮肤，协助患者着衣。

8. 取舒适体位，告知注意事项。

9. 整理床单位，清理用物，洗手、记录、签名。

（五）注意事项

1. 对导入药物过敏者禁用。

2. 配制的中药应放置在玻璃瓶中保存，导入用中药保存时间一般不超过1周。

3. 治疗前去除治疗部位及附近的金属物品。
4. 治疗后局部有刺痒或小丘疹反应时，切勿抓破。

（陈世龙）

| 学习小结 |

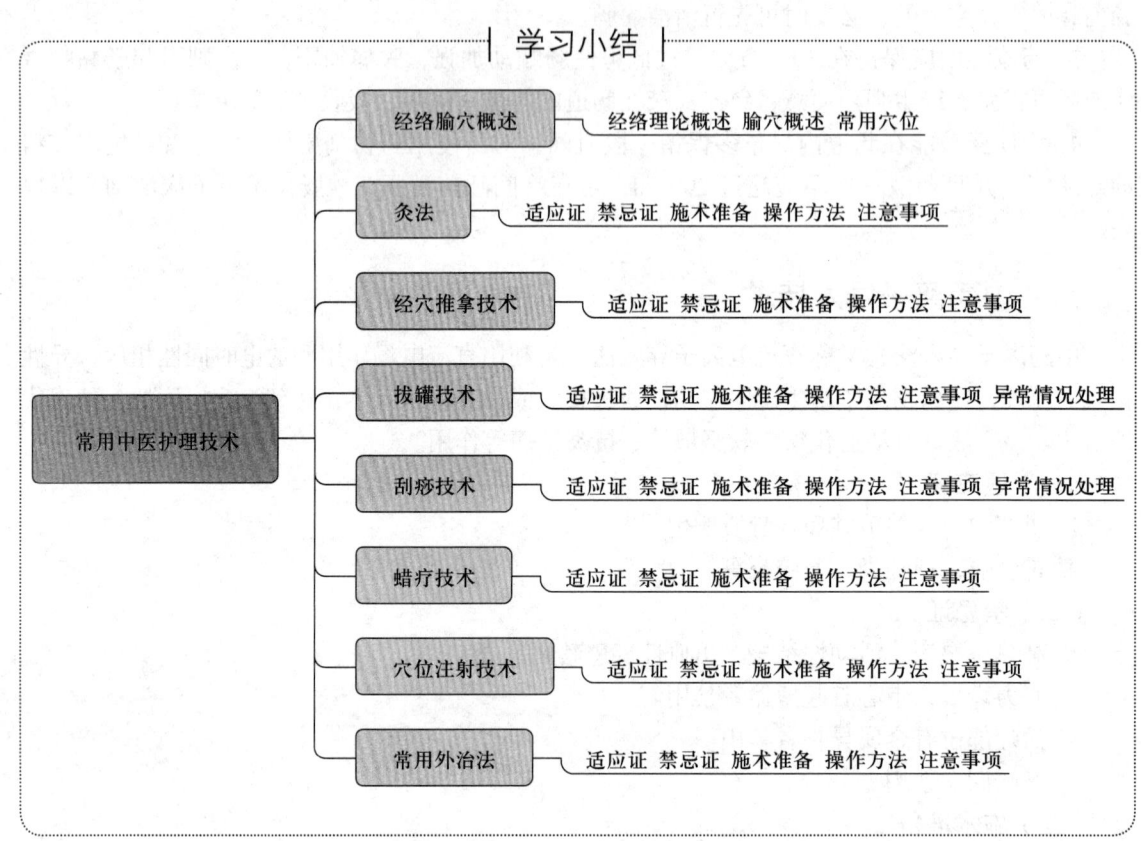

目标检测

A1 型题

1. 手少阴心经在上肢的循行部位是
   A. 外侧中线　　　　　　B. 内侧中线　　　　　　C. 内侧后线
   D. 外侧前线　　　　　　E. 内侧前线
2. 手足太阳经交接的部位在
   A. 示指端　　　　　　　B. 上肢端　　　　　　　C. 鼻翼旁
   D. 目内眦　　　　　　　E. 目外眦
3. 手太阴经脉所络的脏腑是
   A. 肺　　　　B. 胃　　　　C. 胆　　　　D. 大肠　　　　E. 三焦
4. 手三阴经的走向是
   A. 从手走头　　　　　　B. 从胸走手　　　　　　C. 从足走胸腹
   D. 从头走足　　　　　　E. 从足走头
5. "一源三歧"的经脉是
   A. 任冲督　　　B. 冲任带　　　C. 任督带　　　D. 冲督带　　　E. 以上均不是

6. 称"阳脉之海"的经脉是
   A. 冲脉 B. 督脉 C. 任脉
   D. 阴维脉 E. 阴跷脉
7. 灸法主要适用于
   A. 虚寒性疾病 B. 高热 C. 感染性疾病
   D. 虚热 E. 老年性疾病
8. 艾灸能纠正胎位的腧穴是
   A. 合谷 B. 水沟 C. 至阴 D. 关元 E. 太阳
9. 抖法的操作要求是
   A. 颤动幅度要大，频率要快 B. 颤动幅度要大，频率要慢
   C. 颤动幅度要小，频率要快 D. 颤动幅度要小，频率要慢
   E. 以上都不是
10. 以下手法最常用于上肢的是
    A. 振法 B. 抹法 C. 掌摩法
    D. 指摩法 E. 抖法
11. 下列哪种疾病不宜推拿
    A. 颈椎病 B. 慢性腰肌劳损 C. 骨质增生
    D. 风寒湿痹 E. 骨折初期
12. 不宜进行拔罐的病证是
    A. 伤风感冒 B. 溃疡患处 C. 瘀血痹阻
    D. 保健养生 E. 闪挫扭伤
13. 有关拔罐，操作不当的是
    A. 动作要稳准轻快 B. 起罐时旋转罐具
    C. 拔罐起小泡无需处理 D. 留针拔罐时应避免碰压针柄
    E. 留罐过程中出现疼痛可减压放气
14. 在刮痧时，刮痧板按压的力度大，速度快，时间相对较短是
    A. 泻法 B. 平补平泻法 C. 补法
    D. 重压法 E. 其他刮痧
15. 在刮痧时，一个部位刮痧的时间一般是（ ）为宜
    A. 3～5分钟 B. 10～20分钟 C. 20～30分钟
    D. 60分钟 E. 看情况
16. 蜡疗主要通过何种方式将热传给人体
    A. 散射 B. 对流 C. 位移 D. 辐射 E. 传导
17. 蜡疗治疗时，适宜的疾病是
    A. 伤口化脓感染 B. 骨折愈合 C. 肺结核
    D. 恶性肿瘤 E. 丘疹
18. 穴位注射的用药剂量，四肢的穴位每穴一般注射
    A. 0.1 ml B. 0.3～0.5 ml C. 1～2 ml
    D. 0.5～1 ml E. 2～5 ml
19. 可用于腧穴注射的部位是
    A. 关节腔 B. 脊椎两侧腧穴 C. 脊髓腔
    D. 血管内 E. 都可以

20. 治疗部位有金属异物者，禁用
    A. 药浴法　　　　　　　B. 中药离子导入法　　　　C. 熏洗法
    D. 换药法　　　　　　　E. 坐药法

21. 将药物置入阴道内的治疗方法称为
    A. 药浴法　　　　　　　B. 药熨法　　　　　　　　C. 敷药法
    D. 换药法　　　　　　　E. 坐药法

22. 熏洗药温不宜过热，其温度一般为
    A. 10～20℃　　　　　　B. 20～30℃　　　　　　　C. 30～40℃
    D. 50～70℃　　　　　　E. 80～90℃

23. 为患者实施药熨时，温度不宜超过
    A. 30℃　　B. 40℃　　C. 50℃　　D. 60℃　　E. 70℃

A2 型题

24. 李某，女，5岁。因外感风寒而发热，咳嗽，腹痛，腹泻，宜选用的推拿介质是
    A. 滑石粉　　　　　　　B. 按摩乳　　　　　　　　C. 麻油
    D. 鸡蛋清　　　　　　　E. 姜汁

25. 张某，男，25岁。因外出坐车时睡觉，车窗未关，感受风寒而致面瘫，面部宜选用拔罐的方式是
    A. 走罐　　B. 针罐　　C. 药罐　　D. 闪罐　　E. 火罐

26. 王某，男，45岁。早晨起床后感觉颈后部、上背部疼痛不适，以左侧明显。颈项活动不利，不能自由旋转，头部强直于异常位置，使头偏向病侧。检查时颈部肌肉有触痛，浅层肌肉有痉挛、僵硬，触之有"条索感"。最适宜选下列哪种方法治疗
    A. 局部熏洗　　　　　　B. 刮痧　　　　　　　　　C. 敷药法
    D. 热熨法　　　　　　　E. 针刺

27. 林某，男，38岁。诊断为神经性耳鸣，采用穴位注射治疗时，宜选择下列哪种药液
    A. 维生素类制剂　　　　B. 黄芪注射液　　　　　　C. ATP注射
    D. 利多卡因注射　　　　E. 生理盐水

第十二章 常见病证中医护理

要点导航

1. 描述常见病证的概念。
2. 知道常见病证的调护原则。
3. 归纳常见病证的调护方法。
4. 能应用相关知识对中医常见内科、妇科和儿科病证进行健康指导。

第一节 感 冒

感冒是因感受六淫之邪或时行病毒，引起肺卫功能失调，出现以鼻塞、流涕、喷嚏、头痛、恶寒、发热、全身不适等为主要临床表现的外感病证。本病一年四季皆可发生，以春、冬两季最为多见。

一、辨证施护

（一）风寒感冒证

【护理评估】畏寒重，发热轻，无汗，头痛，肢节酸痛，鼻塞声重，流清涕，咽痒咳嗽，痰稀薄色白，口不渴或渴喜热饮，舌质淡润，苔薄白，脉浮紧。

【调护原则】辛温解表，宣肺散寒。

【调护方法】

1. **生活护理** 病室宜温暖，注意防寒保暖。病情轻者，注意休息；病情重者应卧床休息，待病情好转后可起床活动。

2. **饮食护理** 多食辛温散寒之品如香菜粥、生姜葱白饮（生姜10 g、葱白3根、适量红糖煎汤代茶饮）等，以助散寒解表之功。忌食生冷寒凉、油腻食物。

3. **药物治疗** 方用荆防败毒散加减。麻黄轻煎。汤药宜温热服，服药后可给予热饮料或加盖衣被，微微汗出，以助药力驱散风寒。若服药后汗出遍身，肢节酸痛减轻、热退身凉，说明表证已解，应立即停药；若服药后汗出热不退或汗出不止者，应立即通知医师，对症处理。

4. **针灸治疗** 取列缺、肺俞、风门、风池、合谷、迎香等穴，毫针浅刺，用泻法。体虚者平补平泻，可针灸并用。鼻塞重者可按摩迎香穴；头痛者可按摩印堂、太阳、头维、鱼腰、百会等穴及前额部。

> **考点提示**：风寒证和风热证的鉴别以及调护方法。

（二）风热感冒证

【护理评估】发热重，微恶风，汗出不畅，头昏胀痛，面赤，咳痰黏黄，咽喉肿痛，鼻塞，流黄浊涕，口渴欲饮，舌苔薄白微黄，边尖红，脉浮数。

【调护原则】辛凉解表，清肺散热。

【调护方法】

1. **生活护理** 病室宜安静、凉爽、通风，但要避免对流风。病情轻者适当休息，重者卧床休息。汗出后及时擦干更换衣服，以免复感。注意观察体温变化，高热不退者，警惕热极生风。

2. **饮食护理** 多食清淡、凉润之品，如黄瓜、苦瓜、绿豆汤等，忌食辛辣、刺激之品。鼓励患者多饮水，亦可用鲜芦根煎汤代茶饮。

3. **药物治疗** 方用银翘散加减。汤药宜轻煎，凉服。咽喉肿痛者，可用金银花、桑叶、麦冬、甘草煎汤代茶饮。

4. **针灸治疗** 取大椎、合谷、风池、外关、曲池、少商等穴，毫针浅刺，用泻法。高热不退者，取十宣、少商穴，三棱针点刺放血；或按揉印堂、太阳、迎香、曲池、合谷、风池等穴。

（三）暑邪感冒证

【护理评估】发热，无汗或汗出热不解，头晕、头痛、鼻塞、身重困倦、胸闷、泛恶、口渴心烦，食欲不振，或有呕吐、泄泻，小便短黄，舌质红，苔黄腻，脉数。

【调护原则】清暑解表。

【调护方法】

1. **生活护理** 病室或居室要凉爽、通风。

2. **饮食护理** 宜清淡、富营养的半流质饮食，多喂服薏米绿豆汤、西瓜汁、芦根水、竹叶水，以清热祛暑。

3. **药物治疗** 方用新加香薷饮加减。亦可用香薷、柴胡、厚朴、扁豆花、防风各 30 g，金银花、连翘、石膏、板蓝根各 50 g，煎水 3000 ml，稍冷沐浴，每日 1~2 次。

4. **针灸治疗** 必要时可针刺大椎、曲池、合谷或少商刺血以泻热；头昏呕恶，可行刮痧疗法以散暑热。

（四）虚证感冒证

【护理评估】平时体质虚弱。发热不高，反复发作，多伴有出汗、面色白而无华，怕风，鼻塞，舌淡润，苔薄白，脉细弱。

【调护原则】扶正解表。

【调护方法】

1. **生活护理** 发病时减少户外活动，注意保暖。平时适当进行户外活动，增强体质。
2. **饮食护理** 注意合理营养，适当增加营养。
3. **药物治疗** 方用玉屏风散加减。
4. **针灸治疗** 按揉足三里以补脾经。

> **考点提示**：虚证感冒的调护方法。

二、健康指导

1. 注意休息，避免过劳；注意四时天气变化，及时增减衣被，以免汗出当风。
2. 鼓励人们根据自己的体质进行适当的户外锻炼，如散步、慢跑、练气功、打太极拳等，增强体质，提高抗病能力。
3. 感冒流行季节，尽量少到公共场所和人群密集的地方。室内定期通风消毒。亦可服板蓝根冲剂、贯众汤，预防感冒。
4. 易感冒者，常按摩大椎、迎香穴，贯通阴阳，强壮机体。方法是：先将双手搓热，再用手掌搓擦大椎穴，直至发热为止，配合揉按迎香穴，每日早晚各1次。

（白建民）

第二节 胸 痹

胸痹是由于正气亏虚、痰浊、瘀血、气滞、寒凝而引起心脉痹阻，临床以膻中或左胸部发作性憋闷、疼痛为主要表现的一种病证。轻者仅感胸闷或胸部隐痛，呼吸欠畅；重者胸痛，严重者胸痛彻背，背痛彻心，喘息不得卧，或发展为真心痛。

一、辨证施护

（一）心血瘀阻证

【护理评估】胸痛如刺，痛有定处，入夜尤甚，甚则胸痛彻背，背痛彻心；同时伴有心悸、胸闷、气短等症状，暴怒后加重；舌质紫黯，舌下络脉青紫，脉沉涩或结代促。

【调护原则】活血化瘀，通脉止痛。

【调护方法】

1. **生活护理** 注意休息，避免过劳。急性发作期绝对卧床休息，气短、喘息不能平卧者取半坐卧位。保持大便通畅，便秘者必要时用缓泻剂。
2. **饮食护理** 饮食宜清淡、易消化，以低盐低脂、少食多餐为原则。忌肥甘厚味、辛辣刺激性之品。戒烟酒。
3. **情志护理** 情志不遂是本型发作主要诱因，故应向患者和家属解释情绪变化对病情的影响，消除其焦虑、恐惧心理，安心配合治疗。
4. **药物治疗** 方用血府逐瘀汤加减。胸痛甚者，可立即服用速效救心丸或异山梨酯，缓解疼痛。夜间应加强巡视，发现有发作先兆时，可预防性用药。
5. **针灸治疗** 取阴郄、郄门、膈俞、膻中、心俞等穴，毫针刺用泻法。舌质紫黯者可加取少商、少冲穴点刺出血，或耳穴贴压交感、心、皮质下等穴。

（二）寒凝心脉证

【护理评估】卒然心痛如绞，形寒肢冷，每因骤感风寒而发作或加重，常伴有胸闷、气短、心悸、面色苍白、四肢不温等症状，苔薄白，脉沉紧或沉细。

【调护原则】辛温通阳，散寒开痹。

【调护方法】

1. **生活护理** 注意保暖，及时增加衣被。若畏寒甚，用热水袋保暖，以缓解疼痛及畏寒症状。
2. **饮食护理** 多食温热性食物以助温阳散寒之功，如龙眼肉、羊肉、韭菜、荔枝、桃仁、薤白、干姜等。忌食生冷、寒凉之品。

3. **药物治疗**　方用瓜蒌薤白半夏汤加减。胸痛甚者即服苏合香丸，或宽胸气雾剂。或用沉香、肉桂粉各 1 g 温水调服。

4. **针灸治疗**　取心俞、厥阴俞、内关、关元、气海等穴，毫针刺，用泻法。其中气海、关元穴可先针后灸，以助温寒散凝之功。恶寒重者可灸肺俞、风门穴。

（三）**痰浊壅阻证**

【护理评估】胸闷如窒而痛，或痛引肩背，痰多气短，常伴有形体肥胖、肢体沉重、纳呆、便溏等症状，舌体胖大、边有齿痕、苔浊腻，脉滑。

【调护原则】通阳泄浊，豁痰宣痹。

【调护方法】

1. **生活护理**　注意劳逸结合，不宜久坐久卧。痰多者，协助翻身拍背，以利痰液排出。急性发作期绝对卧床休息，病情缓解后可适当运动，如打太极拳、练气功等。保持大便通畅。

2. **饮食护理**　少食多餐，多食健脾化痰之品，如薏苡仁、荸荠、白萝卜、百合、桃仁等。忌食辛辣刺激、甜腻、肥甘厚味之品。

3. **药物治疗**　方用瓜蒌薤白半夏汤加减。

4. **针灸治疗**　取膻中、中脘、丰隆、太渊、郄门、巨阙等穴，毫针刺，用泻法。脘闷纳呆者加足三里、中脘穴；痰浊化热者加内庭、合谷、阴陵泉穴，其中足三里、中脘、内庭、合谷、阴陵泉可先针后灸。

（四）**气阴两虚证**

【护理评估】胸部隐痛，时作时止，心悸气短，动则喘甚，常伴有倦怠乏力、面色少华、头晕目眩、遇劳则甚等症状，舌质淡红、苔薄白，脉细弱无力或结代。

【调护原则】益气养阴，活血通络。

【调护方法】

1. **生活护理**　注意休息，起坐动作不宜过快。体力允许时可适度锻炼，如打太极拳、散步，以增强体质。

2. **饮食护理**　少食多餐，多食益气健脾养阴之品，如红枣、莲子、桂圆、鱼肉等，或太子参、麦门冬、五味子各 10 g 煎水代茶饮。忌生冷、油腻之品。

3. **药物治疗**　方用生脉散合人参养荣汤加减。

4. **情志护理**　此型患者多为久病者，多有焦虑、忧郁等情绪变化，平时应多关心患者，稳定情绪，发挥情志护理和药物治疗的双重效应。

5. **针灸治疗**　取膻中、巨阙、阴郄、气海、足三里，毫针刺，用补法。形寒肢冷、舌淡者，加灸关元、命门穴。亦可用王不留行籽耳穴贴压心、冠状动脉区、小肠、皮质下等穴。

（五）**心肾阴虚证**

【护理评估】胸部闷痛，时发时止，常伴有心烦不寐、头晕耳鸣、腰膝酸软、潮热盗汗、五心烦热、口干便秘等症状，舌红少津、苔薄或剥，脉细数或促代。

【调护原则】滋阴益肾，养心安神。

【调护方法】

1. **生活护理**　注意休息，保证充足睡眠。

2. **饮食护理**　少食多餐，多食清淡、滋润之品，如首乌芹菜粥（制首乌 50 g，芹菜 100 g，瘦猪肉末 50 g，粳米 100 g）等。忌食辛辣、肥甘、戒烟酒。

3. **药物治疗**　方用左归饮加减。

4. **情志护理**　此型患者多为久病者，多有焦虑、忧郁等情绪变化，平时应多关心患者，稳定情绪，发挥情志护理和药物治疗的双重效应。

5. **针灸治疗**　取心俞、肾俞、神门、太溪、三阴交、内关穴，毫针刺，用补法或平补平泻法。便秘者加天枢、照海穴。亦可用王不留行籽耳穴贴压心、肾、神门、皮质下等穴。

（六）心肾阳虚证

【护理评估】胸闷而痛，遇寒则重，心悸气短，动则更甚，常伴有腰膝冷痛、畏寒肢冷、神疲乏力等症状，舌质淡胖、苔白腻，脉沉细或沉微欲绝。

【调护原则】益气温阳，活血通络。

【调护方法】

1. **生活护理**　注意保暖，以防感冒。急性期绝对卧床休息，症状缓解后再适当活动，如散步、打太极拳等。

2. **饮食护理**　多食高蛋白、高维生素、温阳补血补气之品，如牛肉汤、羊肉汤等，忌食生冷寒凉、油腻等不易消化的食物。保持大便通畅，避免因便秘而诱发胸痛。

3. **药物治疗**　方用参附汤合右归饮加减。

4. **情志护理**　此型患者多为久病者，多有焦虑、忧郁等情绪变化，平时应多关心患者，稳定情绪，发挥情志护理和药物治疗的双重效应。

5. **针灸治疗**　取心俞、厥阴俞、膏肓俞、关元、气海等穴，温和灸。

二、健康教育

1. 起居有常，劳逸适度，适度锻炼，如散步、打太极拳等；注意寒温变化，适时增减衣被，防止外邪入侵。

2. 合理调配饮食，注意饮食有节，多食蔬菜、水果，忌烟酒；肥胖者应控制食量，适当减肥。保持大便通畅，以免诱发。

3. 保持心情愉悦，避免情志过激而诱发胸痛。

4. 积极治疗原发病，如高血压病、高脂血症，糖尿病等。

5. 遵医嘱按时服药，外出活动者随身携带速效救心丸等急救药品，以备急用。定时复诊。

（白建民）

第三节　眩　晕

眩晕是由于情志、饮食内伤、体虚久病、失血劳倦及外伤、手术等引起风、火、痰、瘀上扰清空或精血亏少，清窍失养为主要病机，以头晕、眼花为主要临床表现的一类病证。眩即眼花，晕即头晕，两者常同时存在，故统称"眩晕"。本病多发于中老年人，易反复发作，严重者可发展为中风、厥证或脱证而危及生命。

一、辨证施护

（一）肝阳上亢证

【护理评估】眩晕耳鸣，头目胀痛，每遇烦劳或恼怒而头痛加重，常伴有颜面潮红、口苦、失眠多梦、急躁易怒、肢麻震颤等症状，舌质红、苔黄，脉弦。

【调护原则】平肝潜阳，清热息风。

【调护方法】

1. **生活护理**　病室宜凉爽、安静、光线偏暗。发作时应注意卧床休息，以免快速转头、坐起等动作。注意监测患者血压的变化。

2. **饮食护理** 饮食宜清淡、低盐，多食蔬菜、水果，忌食辛辣刺激、肥甘厚味及动物内脏、公鸡等动风之品。戒烟限酒。

3. **药物治疗** 方用天麻钩藤饮加减。钩藤后下。汤药宜凉服。阴虚甚者，加生地、麦冬、玄参、生白芍等滋补肝肾；便秘者加大黄以通腑泄热；眩晕剧烈，有呕恶、手足麻木或肌肉震颤等症状者，可加生龙骨、生牡蛎，或羚羊角等镇肝熄风。

4. **情志护理** 情绪波动可诱发或加重病情，说服患者学会自控情绪，避免因情绪激动而诱发。

5. **针灸治疗** 取风池、太冲、合谷，或肝俞、肾俞、三阴交等穴，毫针刺，用泻法。头痛严重者可按摩百会、睛明、印堂、太阳、攒竹、鱼腰、印堂、肝俞等穴。

（二）痰湿中阻证

【护理评估】头晕目眩，头重如裹，视物旋转，常伴有胸闷恶心、呕吐痰涎、食少多寐等症状，舌苔白腻，脉濡滑。

【调护原则】化痰祛湿，健脾和胃。

【调护方法】

1. **生活护理** 病室宜温暖、干燥、通风。眩晕发作时注意卧床休息，症状缓解后适当锻炼。呕吐严重者取侧卧位，及时清除呕吐物。保持口腔清洁卫生，平时多用温开水或淡盐水漱口。

2. **饮食护理** 多食清淡、化痰的食物，如薏苡仁、红豆、西瓜、竹笋、冬瓜等。忌食油腻、辛辣、黏腻、生冷之品，以防助湿生痰。呕吐严重者暂禁食，缓解后给予半流质饮食。

3. **药物治疗** 方用半夏白术天麻汤加减。汤药宜少量频服、热服。若头晕头胀，多寐者，加藿香、佩兰、石菖蒲醒脾化湿开窍；呕吐频发者，加代赭石、竹茹降逆止呕；胸闷、纳呆、腹胀者，加白蔻仁、厚朴、砂仁等理气化湿健脾。

4. **针灸治疗** 取内关、中脘、丰隆、风池等穴，毫针刺，用泻法，亦可加灸法。眩晕伴呕吐者针刺内关、足三里、阳陵泉穴，亦可用梅花针叩穴。

（三）瘀血阻窍证

【护理评估】眩晕头痛，兼见健忘、失眠、心悸、精神不振、耳鸣耳聋、面唇紫暗等症状，舌质暗、苔上有瘀斑或瘀点，脉细涩。

【调护原则】祛瘀生新，活血通络。

【调护方法】

1. **生活护理** 病室宜温暖、向阳。眩晕发作时应卧床休息。

2. **饮食护理** 多食温热、疏泄的食物，忌食生冷、肥甘油腻之品。

3. **药物治疗** 方用通窍活血汤加减。汤药宜热服。若神疲乏力、少气自汗者，重用黄芪补气固表，益气行血；畏寒肢冷者，加附子、桂枝温经活络；当风而发者，重用川芎，加防风、白芷、荆芥穗、天麻等理气祛风。

4. **针灸治疗** 取百会、风池、头维、太阳、行间、太冲、太溪等穴，毫针刺，用泻法。推拿取太阳、攒竹、鱼腰、印堂、四白、肝俞、肾俞、脾俞、阳陵泉、中脘、涌泉、期门、承山等穴。

（四）肾精亏损证

【护理评估】眩晕久发不愈，精神萎靡，腰膝酸软，常伴有视力减退、两目干涩、少寐多梦、健忘，或颧红咽干、五心烦热；或面色㿠白、形寒肢冷等症状，舌质红、少苔，脉细弱。

【调护原则】滋补肝肾，益精填髓。

【调护方法】

1. **生活护理** 病室温暖、安静、通风，避免噪声刺激。注意休息静养，保证充足睡眠。

睡前不宜看刺激、思虑太过的电视剧或书，以免影响睡眠。眩晕发作时卧床休息。

2. **饮食护理** 偏阴虚者，多食平肝息风、滋养肝肾的食物，如甲鱼、银耳、红枣、黑芝麻等，忌食羊肉、辛辣之品。偏阳虚者，多食补肾助阳的食物，如枸杞羊肉粥、桃仁粥等。

3. **药物治疗** 方用左归丸加减。阴虚内热者，加炙鳖甲、知母、青蒿、地骨皮等以滋阴清热；心肾不交、失眠多梦、健忘者，加阿胶、酸枣仁、柏子仁等以养心安神；水不涵木、肝阳上亢者，加龙胆草、柴胡、天麻等以清肝、平肝、镇肝。

4. **情志护理** 本病病程较长，且易反复发作，患者易产生焦虑、悲观情绪，应及时给予疏导和引导，解除心理顾虑，树立战胜疾病信心。

5. **针灸治疗** 取百会、肾俞、足三里、脾俞、三阴交等穴，毫针刺，平补平泻法。

（五）气血两虚证

【护理评估】头晕目眩，动则加剧，遇劳则发，面色㿠白，唇甲不华，常伴有心悸、失眠、神疲懒言、纳少腹胀等症状，舌质淡、苔薄白，脉细弱。

【调护原则】补养气血，健运脾胃。

【调护方法】

1. **生活护理** 病室宜温暖、向阳、安静，避免对流风。偏气虚者应注意保暖，防止外感。发作时卧床休息，缓解后可适当锻炼，如打太极拳、散步等，避免过劳。

2. **饮食护理** 多食健脾益气食物，如瘦肉、猪血、猪肝、红枣、黑芝麻、山药等。忌食生冷、辛辣、温燥之品。

3. **药物治疗** 方用归脾汤加减。人参另炖。汤药宜空腹、热服。若气虚卫阳不固、自汗出者，重用黄芪，加防风、浮小麦益气固表敛汗；脾虚湿盛、泄泻者，加薏苡仁、泽泻、炒扁豆；畏寒肢冷、腹中冷痛者，加熟地、阿胶（冲服）、紫河车等养血补血。

4. **情志护理** 思虑忧伤可加重或诱发眩晕，多与患者沟通、交流，增强患者信心，使其宁心静养。

5. **针灸治疗** 取脾俞、气海、血海、足三里等穴，毫针刺，用补法。亦可贴压神门、心、肝、肾、脾等耳穴，双侧交替更换。

二、健康教育

1. 室内应保持安静，避免噪声和强光刺激。外出时配戴眼镜。眩晕发作时应卧床休息，闭目养神，少作或不作旋转、弯腰等动作，以免诱发或加重病情。保证充足的睡眠。

2. 注意劳逸结合，切忌过劳和纵欲过度，适当锻炼，增强体质。

3. 保持心情愉悦，情绪稳定，防止七情内伤。

4. 饮食有节，防治暴饮暴食，忌食肥甘醇厚及过咸伤肾之品。戒烟酒。虚证眩晕者可配合食疗，加强营养。

（白建民）

第四节 头 痛

头痛是指由于外感或内伤，致使脉络拘急或失养，清窍不利所引起的，以患者自觉头部疼痛为特征的一种常见病证。头痛剧烈，经久不愈，呈发作性者，又称"头风"。是临床上常见的自觉症状，可以发生在许多急慢性疾病过程中。

一、辨证施护

（一）外感头痛

1. 风寒头痛证

【护理评估】头痛时作，痛连项背，常伴有拘急收紧感、畏寒、遇风尤剧、口不渴等症状，苔薄白，脉浮紧。

【调护原则】疏风散寒止痛。

【调护方法】

（1）生活护理：注意防寒保暖，汗出时忌当风，以防复感风寒。头部注意避风，可用毛巾包裹或戴帽子。头痛甚者可用生姜片或清凉油涂抹太阳穴。

（2）饮食护理：多食疏风散寒之品，如葱豉粥、葱白萝卜汤、川芎白芷炖鱼头等，以助药力。忌生冷、油腻之品。

（3）药物治疗：方用川芎茶调散加减。服药后可加盖衣被或食热粥以助药力。

（4）针灸治疗：取百会、通天、头维、风池、合谷、后顶、阿是穴等穴，毫针刺，用泻法。亦可据疼痛部位循经选穴按摩，如痛在前额，属阳明经者，取头临泣、头维、印堂、阳白、合谷、阳溪、内庭等穴；痛在两侧，属少阳经者，取率谷、风池、太阳、外关、足临泣、侠溪等穴；痛在头后，属太阳经者，取天柱、脑户、后溪、少泽、昆仑、京骨、至阴等穴。

2. 风热头痛证

【护理评估】头胀痛，甚则头痛如裂，常伴有恶风发热、面红目赤、口渴喜饮、便秘溲黄等症状，舌质红、苔薄黄，脉浮数。

【调护原则】疏风清热止痛。

【调护方法】

（1）生活护理：病室宜清凉，口气流通，避免直接受风。发热者宜卧床休息，汗出湿衣者及时擦干更换。保持大便通畅。定时监测血压、体温变化，观察发热与头痛之间关系。

（2）饮食护理：饮食宜清淡、易消化，可多食凉性食物，如竹笋、萝卜、梨、西瓜、藕等，或用菊花茶、鲜芦根水代茶饮。忌辛辣、肥甘厚味、烟酒及动风之品。

（3）药物治疗：方用芎芷石膏汤加减。石膏应先煎，菊花后下。汤药宜温服。

（4）针灸治疗：取穴同"风寒头痛"，发热者取大椎、曲池穴，毫针刺，用泻法。亦可按揉风池、风府、天柱、肺俞、风门、大椎穴，拿捏两侧肩井。

3. 风湿头痛证

【护理评估】头痛如裹，肢体困重，胸闷纳呆，常伴有小便不利、大便溏薄等症状。苔白腻，脉濡。

【调护原则】祛风胜湿。

【调护方法】

（1）生活护理：病室宜温暖干燥，空气流通。

（2）饮食护理：饮食宜清淡、易消化，多食祛风胜湿之品，如茯苓饼、荷叶粥等，忌辛辣、肥甘厚味、烟酒及动风之品。

（3）药物治疗：方用羌活胜湿汤加减。服药后可食薏米粥以助药力。

（4）针灸治疗：取印堂、上星、头维、天柱、风池、太阳、阳白、合谷、太冲、外关、三阴交等穴，毫针刺，用泻法。亦可推、拿、按风池、风府、天柱穴，按揉大椎、曲池、肩井、合谷穴。

（二）内伤头痛

1. 肝阳头痛证

【护理评估】头昏胀痛，急躁易怒，常伴有心烦失眠、面红目赤、咽干口苦，或伴胁痛等症状，舌质红、苔薄黄，脉弦数。

【调护原则】平肝潜阳。

【调护方法】

（1）生活护理：病室宜凉爽、安静，避免强光线刺激。头痛甚者，卧床休息，取头高足低位，定时监测血压的变化。起居有常，保证充足睡眠。

（2）饮食护理：多食平肝潜阳之品，如海带、菠菜、紫菜、蚌肉、芹菜等，亦可用菊花、决明子泡水代茶饮。忌辛辣、肥甘厚味、烟酒及助火动风之品。

（3）药物治疗：方用天麻钩藤饮加减。钩藤后下，汤药宜饭后服、凉服。

（4）情志护理：耐心地开导患者，让患者了解情绪与病情的关系，避免因不良情绪刺激而加重病情。

（5）针灸治疗：取百会、太冲、通天、太溪、行间、涌泉穴，毫针刺，用泻法。亦可推、拿、按风府、风池、天柱穴以及颈部两侧膀胱经，按揉两侧太冲、行间穴以酸胀为度，再擦两侧涌泉穴，以透热为度。

2. **痰浊头痛证**

【护理评估】头痛昏蒙，胸脘满闷，呕恶痰涎，神疲懒言，舌胖腻，脉弦滑。

【调护原则】化痰降逆。

【调护方法】

（1）生活护理：病室保持干燥、安静。伴眩晕者，应注意休息，变换体位时动作宜慢。伴呕吐者，注意监测患者血压以及呕吐物的性状，若见喷射状呕吐或血压骤升，及时通知医生处理。

（2）饮食护理：饮食宜清淡、易消化，可多食健脾化痰的食物，如山药、莲子、龙眼肉、海蜇皮、白萝卜、薏苡仁粥等。忌食生冷、辛辣、助火生痰之品。

（3）药物治疗：方用半夏白术天麻汤加减。汤药宜浓煎，频服、温服。呕吐严重者可加生姜汁或口含生姜片。

（4）针灸治疗：取足三里、三阴交、丰隆，毫针刺，用补法，亦可用梅花针叩刺肺俞、脾俞、胃俞穴。亦可推、拿、按风池、风府、天柱、及颈部两侧膀胱经；按揉中脘、天枢、脾俞、胃俞、足三里、丰隆、内关穴。

> **考点提示**：痰浊头痛的调护方法。

3. **瘀血头痛证**

【护理评估】头痛经久不愈，痛处固定不移，痛如锥刺，或者有头部外伤史，舌紫暗，或有瘀斑、瘀点，苔薄白，脉细或细涩。

【调护原则】活血化瘀。

【调护方法】

（1）生活护理：病室宜温暖、安静。注意休息，不可过度用脑。头部注意保暖。

（2）饮食护理：多食活血化瘀之品，如桃仁粥、川芎酒、葱姜炒螃蟹、川芎花茶、菊花茶等。忌生冷、壅滞气机之品。

（3）药物治疗：方用通窍活血汤加减。麝香宜冲服。汤药宜饭后服、温服。

（4）针灸治疗：取太阳、头维、百会、上星、合谷、太冲、膈俞、期门等穴，毫针刺，用泻法。或行穴位封闭。亦可推、拿、按风池、风府、天柱穴及颈部两侧膀胱经；按摩太阳、攒竹穴。

4. **血虚头痛证**

【护理评估】头痛而晕，面色无华，心悸失眠，神疲乏力，舌质淡、苔薄白，脉细弱。

【调护原则】滋阴养血。

【调护方法】

（1）生活护理：病室宜温暖、安静。注意休息，避免用脑过度。睡前放松，避免不愉快的交谈或情绪刺激。头晕、心悸发作时应卧床休息，外出、如厕时注意有人守护。

（2）饮食护理：加强营养，多食血肉有情之品，如猪肝、瘦肉、豆类等补益之品。忌生冷、辛辣、发散之品。

（3）药物治疗：方用加味四物汤加减。人参另炖兑服。汤药宜温服、空腹服。

（4）针灸治疗：取百会、头维、印堂、外关、气海、血海、足三里等穴，毫针刺，用补法。亦可推、拿、按风池、风府、天柱及颈部两侧膀胱经，按摩中脘、气海、关元、心俞、膈俞、三阴交、足三里等穴。

5. 肾虚头痛证

【护理评估】头痛且空，眩晕耳鸣，腰膝酸软，神疲乏力，遗精带下，失眠健忘，舌红少苔，脉细无力。

【调护原则】补肾填精。

【调护方法】

（1）生活护理：注意休息，避免过度劳累。伴头晕者外出检查或如厕时需有人陪同，防跌倒。头痛发作时忌房事，痊愈后宜应节制房事。保证充足睡眠。

（2）饮食护理：加强营养，多食补肾填精之品，如桂圆、黑芝麻、桑葚、黑木耳、黑豆、核桃、甲鱼、紫河车等。忌食辛辣之品及烟酒。

（3）药物治疗：方用大补元煎加减。人参宜久炖兑服。汤药宜饭前空腹服、温服。

（4）针灸治疗：取太阳、百会、太冲、通天、天柱穴，毫针刺，用泻法。亦可推、拿、按风府、风池、天柱穴及颈部两侧膀胱经，按摩气海、关元、肾俞、命门穴。

二、健康教育

1. 头痛急性发作期，应注意休息，忌食辛辣炙烤食物，以防生热生痰。限烟酒。
2. 慎起居，注意劳逸结合，保证充足睡眠。加强锻炼，增强体质。避免用脑过度。
3. 情绪波动者，应加强疏导、引导，避免情志过极，加重病情。
4. 饮食宜清淡、易消化，忌辛辣、肥甘之品。高血压者宜低盐饮食。
5. 注意安全，避免头部外伤。

（白建民）

第五节　胃　痛

胃痛，又称胃脘痛，是由于胃气阻滞，胃络瘀阻，胃失所养所导致的以上腹胃脘部近心窝处疼痛为主要症状的一种脾胃肠病证。"胃脘痛"之病名始见于《素问·五常政大论》。

一、辨证施护

（一）寒邪客胃证

【护理评估】胃痛暴作，甚则拘急作痛，得温痛减，遇寒加重，常伴有口淡不渴，或喜热饮等症状，舌淡、苔薄白，脉弦紧。

【调护原则】温胃散寒，行气止痛。

【调护方法】
1. **生活护理** 病室宜温暖、向阳、通风，避免对流风。慎起居，注意四时气候变化，以免复感寒邪而加重病情。腹部注意保暖。胃痛发作时应卧床休息。
2. **饮食护理** 多食温热性食物，如生姜红枣粥等。忌食生冷、寒凉之品。
3. **药物治疗** 方用良附丸加减。
4. **针灸治疗** 取中脘、内关、足三里等穴，毫针刺，用泻法。亦可用粗盐500 g，炒热加入葱白数段，装入布袋，热熨胃脘部。

（二）饮食停滞证

【护理评估】暴饮暴食后，胃脘疼痛，胀满不适，拒按，得食更甚，嗳腐吞酸，或吐不消化食物，其味酸腐，吐后痛减，常伴有纳呆、大便不爽、得矢气及便后稍舒等症状，舌苔厚腻，脉弦滑。

【调护原则】消食导滞，和胃止痛。

【调护方法】
1. **生活护理** 加强锻炼，但应避免过劳。做好口腔护理，常用淡盐水漱口，或口含豆蔻、金橘饼等芳香健胃之品。
2. **饮食护理** 严格控制饮食，少食多餐，必要时暂禁食，待病情缓解后先给予清淡流质或半流质，逐渐过渡到正常饮食。平时多食宽中理气、消食导滞的食物，如萝卜、山楂、金橘、佛手等。忌食生冷寒凉、肥甘厚味之品，以免反复。
3. **药物治疗** 方用保和丸加减。大便不畅者可用番泻叶泡水代茶饮。
4. **推拿治疗** 按摩中脘、气海、关元、天枢、足三里、脾俞、胃俞等穴。亦可采用顺时针方向按摩腹部。

（三）肝气犯胃证

【护理评估】胃脘胀痛，攻撑作痛，痛连两胁，每遇烦恼郁怒则痛作或痛甚，常伴有脘闷嗳气、善太息、大便不畅等症状，苔薄白，脉沉弦。

【调护原则】疏肝解郁，理气止痛。

【调护方法】
1. **生活护理** 病室宜温暖、通风、安静。注意四时气候变化，及时添加衣服，以免复感寒邪而加重病情。腹部注意保暖。胃痛发作时应卧床休息。
2. **饮食护理** 可多食疏肝理气的食物，如佛手、柑橘、香菇、山楂、萝卜、生姜等，忌食辛辣刺激、不易消化、阻滞气机的食物。郁怒、悲伤等情绪波动时暂禁食，防止气食交阻。
3. **药物治疗** 方用柴胡疏肝散加减。汤药可温服。
4. **情志护理** 情志不畅，气恼郁怒均可诱发胃痛和加重病情，故应重视情志调节，避免情志刺激，心胸豁达，减少发作机会。
5. **针灸治疗** 取中脘、内关、太冲、阳陵泉、足三里等穴，有疏肝解郁之功效。毫针刺，用泻法。

（四）瘀血停滞证

【护理评估】胃脘疼痛，痛如针刺刀割，痛有定处，拒按，食后加剧，入夜尤甚，或伴呕血、黑便等症状，舌质紫黯或有瘀斑瘀点，脉弦涩。

【调护原则】活血化瘀，理气止痛。

【调护方法】
1. **生活护理** 疼痛发作时卧床休息，缓解后可适当锻炼，注意避免过劳。密切观察患者的病情变化，及时发现并发症和危重症，如出现黑便者，留取标本立即送检，鉴别是否是胃出血；发生胃出血者，及时通知医生，一旦患者伴有冷汗出、面色苍白、血压下降、脉微欲绝者，乃气随血脱之危象，立即配合医生抢救。

2. **饮食护理** 多食活血化瘀的食物，如桃仁、山楂、赤小豆、生姜等。忌食辛辣、硬固、粗糙食物。呕血、便血者暂禁食，病情缓解后给予清淡的流质饮食。

3. **药物治疗** 方用失笑散合丹参饮加减。痛如针刺者，可给三七粉、延胡索粉各 5 g，温开水送服。

4. **情志护理** 注意保持心情舒畅，树立战胜疾病的信心，消除紧张和恐惧心理。尤其对病情较重或有出血表现者，更应加强情志护理。

（五）脾胃虚寒证

【护理评估】胃痛隐隐，绵绵不休，空腹痛甚，喜温喜按，得食则缓，劳累或受凉后疼痛发作或加重，常伴有泛吐清水、神疲纳少、四肢倦怠乏力、手足不温、大便溏薄等症状，舌淡，脉虚弱或迟缓。

【调护原则】温中健脾，和胃止痛。

【调护方法】

1. **生活护理** 病室宜温暖、向阳，注意防寒保暖，避免腹部受凉。可根据病情适当进行锻炼，如打太极拳、散步等，增强体质，提高抗病能力。

2. **饮食护理** 多食温中健脾的食物，如猪肚、羊肉、鸡肉、饴糖、桂圆、白扁豆、大枣、山药、茯苓等。忌生冷、寒凉、肥甘之品。

3. **药物治疗** 方用黄芪建中汤加减。汤药宜温热服，服药后宜进热粥、热饮，以助药力。

4. **针灸治疗** 胃痛时，艾灸中脘、足三里、神阙等穴；大便溏薄者，神阙穴行隔姜灸、隔附子灸。亦可在胃脘部、胃俞穴拔火罐。

（六）胃阴亏虚证

【护理评估】胃脘隐隐灼痛，饥而不欲食，常伴有口干咽燥、消瘦乏力、大便干结、五心烦热等症状，舌红少津，脉细数。

【调护原则】养阴益胃，和中止痛。

【调护方法】

1. **生活护理** 病室宜凉润、通风、安静，避免强光和噪声刺激。注意休息，保证充足睡眠。注意腹部保暖，根据气候变化及时增减衣服。

2. **饮食护理** 多食健脾和胃、生津止渴的食物，如雪梨、莲藕、百合、大枣、枸杞等。忌食辛辣、煎炸、羊肉、狗肉等助火之品。胃酸缺乏者，可饭后吃山楂、梅子等酸甘化阴。

3. **情志护理** 多与患者沟通，了解患者的心理变化，指导其保持乐观情绪。

4. **药物治疗** 方用一贯煎合芍药甘草汤加减。便秘者可用麻仁润肠丸或番泻叶通便，亦可顺时针按摩腹部。汤药宜凉服，频服。

二、健康教育

1. 慎起居，适寒温；注意劳逸结合，加强身体锻炼，增强体质；平时注意调摄情志，避免精神刺激。

2. 饮食有节，养成良好的饮食习惯，定时定量，少食生冷、辛辣、肥甘之品，戒烟酒；并注意饮食卫生；不在饭后做剧烈运动，悲伤郁怒时勿进食。

3. 及时查明胃痛原因，积极治疗原发疾病。

（白建民）

第六节 泄 泻

泄泻是以排便次数增多,粪质稀薄或完谷不化,甚至泻出如水样为主症的病证。泄与泻有一定区别,大便溏薄而势缓者称为"泄";大便清稀如水而势急者称为"泻",两者只有轻重之分,但无明显区别,临床常统称为"泄泻"。本病一年四季皆可发病,以夏秋季为多见。

一、辨证施护

(一)寒湿泄泻证

【护理评估】大便次数增多,粪质稀薄甚至如水样,常伴有腹痛、肠鸣、纳差,或伴有恶寒发热、鼻塞头痛等症状,舌质淡、苔薄白,脉濡缓或浮。

【调护原则】芳香化湿,解表散寒。

【调护方法】

1. **生活起居** 病室宜温暖、向阳,保持室内空气清新。腹部注意保暖,严重腹泻者应卧床休息。便后用温水清洗,保持肛周皮肤清洁、干燥,预防感染。疑似传染性疾病时,执行消化道隔离。

2. **饮食护理** 饮食宜清淡、易消化,可给予炒面粉、炒米粉以燥湿止泻。忌食肥甘、生冷、油腻。暴泻不止者暂禁食。

3. **情志护理** 做好病情的解释工作,安抚患者因反复腹痛、腹泻引起的焦虑情绪。

4. **药物治疗** 方用藿香正气散加减。饭前30分钟服用,服药后加盖衣被,使其微微汗出。若表寒重者可用荆芥、防风疏风散寒;若外感寒湿者,可加服纯阳正气丸温中散寒,理气化湿。

5. **针灸治疗** 取中脘、天枢、上巨虚、下巨虚、阴陵泉、足三里等穴,毫针刺,用泻法。亦可加隔姜灸或艾灸。

(二)湿热泄泻证

【护理评估】腹痛即泻,泻下急迫,或泻而不爽,粪色黄褐而臭,常伴肛门灼痛、烦热口渴、小便短赤等症状,舌质红、苔黄腻,脉滑数或濡数。

【调护原则】清热化湿,淡渗分利。

【调护方法】

1. **生活护理** 病室应凉爽干燥,通风良好。便次多或泄泻量多者应卧床休息,注意预防津伤液脱之变。保持肛周清洁卫生,肛门灼热可用马齿苋煎汤坐浴。疑似传染性疾病时,执行消化道隔离。

2. **饮食护理** 多食清淡、易消化的流质或半流质食物,忌食油腻、辛辣等助热生湿之品。

3. **药物治疗** 方用葛根芩连汤加减。汤药宜凉服。若兼发热、头痛等风热表证者,可加用金银花、连翘疏风清热;若湿邪重者,加藿香、厚朴、猪苓、茯苓健脾化湿;若腹痛重者可加木香行气止痛。

暴泻不止者,应静脉或口服补液,预防脱水。

4. **针灸治疗** 取中脘、天枢、上巨虚、阴陵泉等穴,毫针刺,用泻法。忌用灸法。

(三)食滞泄泻证

【护理评估】腹痛肠鸣,泻下粪便臭如败卵,夹有未消化食物,泻后痛减,常伴有脘腹胀满、不思饮食、嗳腐吞酸等症状,舌质淡红、苔垢浊或厚腻,脉滑。

【调护原则】消食导滞,和中止泻。

> **考点提示**：食滞泄泻患者的调护方法。

【调护方法】

1. **生活护理** 室内注意通风。病情较轻，可嘱患者适量运动，以助消化；病情较重，应卧床休息。保持肛周清洁卫生，预防感染。

2. **饮食护理** 注意控制饮食，有饥饿感时可少量进食。泄泻严重者可暂时禁食，待宿食排净后，方可进食清淡、易消化的流质或半流质食物。痊愈后要做到饮食有节，避免复发。

3. **药物治疗** 方用保和丸加减。若食滞较重者，可服用枳实导滞丸，使邪去正安；食积化热者，可加黄连清热燥湿止泻；脾虚者可加白术、扁豆健脾化湿。

4. **针灸治疗** 取脾俞、中脘、天枢、足三里等穴，毫针刺，用泻法。

（四）肝郁泄泻证

【护理评估】肠鸣攻痛，腹痛即泻，泻后痛减，每因抑郁恼怒或情绪紧张而诱发，平时常伴有胸胁胀闷、嗳气食少、矢气频作等症状，舌淡红、苔薄白，脉细或弦。

【调护原则】抑肝扶脾，理气止泻。

【调护方法】

1. **生活护理** 生活起居有规律，适度运动，增强体质，利于疾病恢复。保持肛周清洁卫生，预防感染。同时嘱患者排便中或排便后，做提肛运动5~10次，防止脱肛。

2. **饮食护理** 多食宽胸理气食物，如陈皮茶、莱菔子粥、金橘饼等。忌辛辣、煎炸、油腻、产气食物。

3. **药物治疗** 方用痛泻要方加减。若胸胁胀满疼痛，嗳气者，可加柴胡、木香、郁金、香附疏肝理气止痛；久泻反复发作者，可加乌梅、焦山楂、山药、甘草酸甘敛肝，收涩止泻；神疲乏力、纳呆、脾虚甚者，可加党参、茯苓、扁豆、鸡内金益气健脾开胃。

4. **情志护理** 注意患者的情志变化，鼓励患者通过合适的方式宣泄出消极情绪，保持心情舒畅，避免情绪过极而加重病情。

5. **针灸治疗** 取中脘、足三里、期门、阳陵泉等穴，毫针刺，用泻法。用擦法、搓法在胸胁部进行按摩。亦可贴压大肠、小肠、肝、脾、胃、交感等耳穴。

（五）脾虚泄泻证

【护理评估】泄泻日久，大便时溏时泻，稍进油腻则大便次数增多，水谷不化，常伴有脘腹胀闷不舒、纳呆、面色萎黄、倦怠乏力等症状，舌质淡、苔薄白，脉细弱。

【调护原则】健脾益气，升清止泻。

【调护方法】

1. **生活起居** 劳逸适度，保证充足睡眠。腹部注意保暖。便后用温开水清洗，保持肛周清洁卫生。嘱患者做提肛运动10~15次，每日2~3次，预防脱肛。

2. **饮食护理** 宜饮食有节，少食多餐。多食健脾祛湿、温中养胃食物，如山药、莲子、红枣、茯苓、薏苡仁、白扁豆、牛肉、羊肉、鸡肉等。忌生冷、肥甘、煎炸等伤脾碍胃之品。

3. **药物治疗** 方用参苓白术散加减。若脾阳虚衰、阴寒内盛者，可用附子理中丸以温中散寒；久泻不止、中气下陷者，可用补中益气汤以健脾化湿，升阳举陷。汤药宜饭前空腹、温热服用。

4. **针灸治疗** 取脾俞、章门、中脘、天枢、足三里、关元等穴，毫针刺，用补法。可加艾条灸或隔姜灸。婴幼儿亦可用捏脊疗法。

（六）肾虚泄泻证

【护理评估】泄泻日久，多在黎明之前，脐腹作痛，肠鸣即泻，完谷不化，泻后则安，常伴有形寒肢冷、腰膝酸软、喜温恶寒等症状，舌质淡、苔白，脉细弱。

【护理原则】温补脾肾，固涩止泻。

【调护方法】

1. **生活起居** 病室应温暖、向阳。鼓励患者适当运动，多晒太阳，以振奋阳气，驱除阴寒。黎明前如厕时应穿好衣服，以免受凉。嘱患者排便中或排便后，做提肛运动10~15次，防止痔疮或脱肛。注意保持肛周皮肤的清洁、干燥。

2. **饮食护理** 多食补中益气、温阳补肾之品，如狗肉、牛肉、羊肉、山药、胡桃肉、猪腰等。忌生冷、肥甘之品。

3. **药物治疗** 方用四神丸加减。方中可加制附子、炮姜以助温肾暖脾之功；久泻不止、脱肛者，可加黄芪、党参、白术、升麻益气升阳。汤药宜空腹热服。

4. **针灸治疗** 取脾俞、章门、天枢、足三里、肾俞、关元、命门等穴，毫针刺，用补法。

二、健康教育

1. 起居有常，顺应四时气候变化，防止外感六淫之邪。保持肛周清洁卫生。
2. 加强锻炼，增强脾胃运化功能。调畅情志，力戒恼怒，以期"四季脾旺不受邪"。
3. 饮食有节，定时定量，少食多餐，不可过食生冷、煎炸、肥腻等之品。注意饮食和个人卫生，防止病从口入。
4. 久泻者，嘱其每日做提肛运动，以加强肛门括约肌功能，预防脱肛。

（白建民）

第七节 黄 疸

黄疸是由于感受湿热疫毒等外邪，导致湿浊阻滞，脾胃肝胆功能失调、胆汁不寻常道，随血泛溢引起以身黄、目黄、尿黄为主要临床表现的一种肝胆病证。本病男女老少皆可发病，但以青壮年居多。临床上有阳黄、阴黄、急黄之别。

一、辨证施护

（一）阳黄

1. 热重于湿证

【护理评估】初起目白睛黄，迅速至全身发黄，色泽鲜明，右胁胀痛而拒按，常伴有发热口渴、口干苦、恶心呕吐、脘腹胀满、大便秘结、小便短赤等症状，舌红、苔黄腻，脉弦数或滑数。

【调护原则】清热利湿，通腑泻下。

【调护方法】

（1）生活护理：病室宜安静、通风、凉爽。发病期间宜卧床休息，病情好转后，可适当活动，以不疲劳为度。做好口腔护理，可用金银花甘草液漱口。保持皮肤清洁卫生，皮肤瘙痒者切忌用手挠抓。保持大便通畅。疑似传染性疾病时，执行消化道隔离。

（2）饮食护理：多食用西瓜、冬瓜、芹菜等甘凉之品，以及赤小豆、薏苡仁等清热利湿的食物，也可将鲜芦根、金钱草煎水代茶饮。忌食过硬、肥腻、辛辣刺激之品。

（3）药物治疗：方用茵陈蒿汤加减。汤药宜饭前、凉服。注意观察患者用药后是否出现胃肠道不适。

（4）情志护理：向患者及家属介绍疾病相关知识，消除顾虑，保持心情舒畅，利于疾病康复。

（5）针灸治疗：取胆俞、阳陵泉、阴陵泉、至阳、合谷、内庭、太冲等穴，毫针刺，用泻法。热重者，加大椎穴；腹胀便秘者，加大肠俞、天枢穴。亦可遵医嘱行中药保留灌肠，以泄热退黄。

2. 湿重于热证

【护理评估】身目俱黄如橘色，无发热或身热不扬，右胁疼痛，脘闷腹胀，常伴有头身困重、嗜卧乏力、恶心呕吐、纳呆便溏、厌油腻、口黏不渴、小便短黄等症状，舌苔厚腻微黄，脉弦滑或濡缓。

【调护原则】健脾化湿，清热利胆。

【调护方法】

（1）生活护理：病室宜温暖、向阳，避免对流风。加强皮肤和口腔护理，保持大便通畅。疑似传染性疾病时，执行消化道隔离。

（2）饮食护理：饮食以清淡、易消化的半流质为宜，多食利水渗湿之品，如薏苡仁、赤小豆、冬瓜、玉米须等，避免食用纤维素较多及产气较多的食物。忌食肥甘厚味、辛辣刺激之物。可用薏苡仁、赤小豆煎汤代茶饮。

（3）药物治疗：方用茵陈五苓散加减。胀满者，加桔梗、半夏、橘皮。汤药宜饭前服、温服，恶心呕吐者可少量多次分服，或用生姜擦拭舌面。

（4）情志护理：多与患者沟通和交流，了解患者的心理变化，正确引导和疏导，消除不良情绪。

（5）针灸治疗：取穴同"热重于湿证"，毫针刺，用泻法。大便溏薄者，加丰隆、关元穴；神疲乏力、畏寒者，加命门、关元穴。

（二）急黄

【护理评估】起病急骤，身目俱黄，迅速加深，黄色如金，胁痛，脘腹胀满，疼痛拒按，常伴有壮热烦渴，呕吐频作，尿少便结；或神昏谵语，或衄血尿血，皮下紫斑；或有腹水，继之嗜睡昏迷等症状，舌质红绛、苔黄而燥，脉弦滑数或细数。

【调护原则】清热解毒，凉血开窍。

【调护方法】

1. 生活护理　严格执行消毒隔离制度。绝对卧床休息，病情缓解后可适当下床活动。加强口腔和皮肤护理，皮肤瘙痒者切忌用手挠抓，可外涂止痒药膏。注意观察患者呕吐、腹水等情况，如24小时尿量小于500 ml或黄疸迅速加重者，及时报告医生。

2. 饮食护理　急性期暂禁食，病情缓解后给予流质或半流质食物。忌食辛辣、肥腻、煎炸之品。高热者可给予梨汁、藕汁等以清热生津。

3. 药物治疗　方用犀角散*加减。汤药宜浓煎，少量频服、凉服，或鼻饲灌入。出现便血、衄血者，可遵医嘱给予三七粉3 g或云南白药0.3 g冲服。

4. 情志护理　做好疏导和引导，保持乐观情绪，避免因情绪过极而加重病情。

5. 针灸治疗　取穴同"热重于湿证"，毫针刺，用泻法。高热者取大椎、曲池、合谷穴；神昏者加人中、中冲、少冲穴（放血）穴。

（三）阴黄

1. 寒湿阻遏证

【护理评估】身目俱黄，黄色晦暗如烟熏，右胁疼痛，脘闷腹胀，常伴有神疲、畏寒、纳

---

* 编辑注：方中犀角以水牛角代之，需加大用量，且先煎3小时。

少、大便溏薄、口淡不渴等症状，舌质淡、苔白腻，脉濡缓或沉迟。

【调护原则】温中健脾，化湿利胆。

> ➤ **考点提示**：阴黄和阳黄的鉴别。

【调护方法】

（1）生活护理：病室宜温暖、向阳。注意防寒保暖，宜卧床休息，病情好转后，可适当活动，以不疲劳为度。做好口腔和皮肤护理，经常用金银花甘草液漱口。保持大便通畅。疑似传染性疾病时，执行消化道隔离。

（2）饮食护理：多食用干姜、山药、薏苡仁等利湿退黄食物。忌生冷、肥甘油腻之品。

（3）药物治疗：方用茵陈术附汤加减。汤药宜浓煎、饭前热服。

（4）情志护理：向患者及家属解释疾病发生、发展规律，解除忧虑，树立信心，积极配合治疗，利于疾病康复。

（5）针灸治疗：取胆俞、脾俞、中脘、足三里、至阳、三阴交等穴，毫针刺，平补平泻。亦可用灸法。

2. 脾虚湿滞证

【护理评估】多见于黄疸久郁者。症见身目俱黄，黄色浅淡而不鲜明，胁肋隐痛，常伴有心悸气短、倦怠乏力、食欲不振、食少腹胀、大便便溏等症状，舌质淡、苔薄白，脉濡细。

【调护原则】健脾益气，祛湿利胆。

【调护方法】

（1）生活护理：病室宜温暖、安静、向阳。注意防寒保暖。病情允许者可适当锻炼，如打太极拳、散步等。做好口腔和皮肤护理。便溏者保持肛周清洁卫生。疑似传染性疾病时，执行消化道隔离。

（2）饮食护理：多食温热、健脾养胃、易消化食物，如羊肉、鱼、鸡肉、蛋等，以补养正气，驱邪外出。忌食坚硬、生冷、油腻之品。食疗方：白扁豆炖猪肚，即白扁豆、山药同煮后，取汁；炖好猪肚后，加入白扁豆和山药，稍再加热即可。

（3）药物治疗：方用黄芪建中汤加减。汤药宜饭前热服。

（4）情志护理：医患结合，使患者从疾病中解脱出来，消除不良情绪。

（5）针灸治疗：取穴同"寒湿阻遏证"，加关元、气海穴。腹胀者，可用热盐袋在腹部热熨。

二、健康教育

1. 本病具有传染性，应做到早发现、早诊断、早治疗、早报告、早隔离。

2. 慎起居，注意劳逸适度，保证充足的休息和睡眠。注意个人卫生，保持皮肤清洁。保持态平和，忌恼怒抑郁。

3. 养成良好的饮食习惯，忌食辛辣、生冷、油腻之品。戒烟酒。

4. 遵医嘱服药，定期复查。黄疸消退后不可骤然停药，以免复发。积极治疗原发病，如胆结石、肝炎、肿瘤等。

5. 肝炎病流行期间或肝炎患者的家属及密切接触者，可注射丙种球蛋白或预防性给药，如茵陈30 g、贯众20 g、甘草10 g、生姜6 g，水煎代茶饮。

（白建民）

第八节 消 渴

消渴是以口渴、多饮、多食、多尿、乏力、消瘦,或尿有甜味为主要临床表现的一种病证。有上、中、下三消之分。消渴之名首见于《素问·奇病论》。

一、辨证施护

(一)上消(肺热津伤证)

【护理评估】烦渴多饮,口干舌燥,尿频量多,舌边尖红,苔薄黄,脉洪数。

【调护原则】清热润肺,生津止渴。

【调护方法】

1. **生活护理** 患者注意休息,适当运动,可配合"放松功""内养功"进行锻炼。保持大便通畅。

2. **饮食护理** 适当控制食量,多食具有清热养阴生津的蔬菜,如苦瓜、菠菜、白菜、萝卜、山药等。忌食辛辣、甜腻食物及烟酒。烦渴多饮者,可用鲜芦根煎水代茶饮;神疲乏力、气短甚者,可用鲜山药、粳米熬粥食用,以助益气养阴之功。

3. **药物治疗** 方用消渴方加减。

4. **针灸治疗** 取肺俞、脾俞、肾俞、胃俞、廉泉、内庭等穴,毫针刺,平补平泻法。按揉肺俞、曲池、合谷穴,以酸胀为度。

(二)中消(胃热炽盛证)

【护理评估】多食易饥,口渴,尿多,常伴有形体消瘦、大便干结等症状,苔黄,脉滑实有力。

【调护原则】清胃泻火,养阴增液。

【调护方法】

1. **生活护理** 病室保持安静,湿度稍高。有疮疖、痈疡者应及时处理。注意保持大便通畅。

2. **饮食护理** 节制饮食,主食控制在300~400 g/日。多食血肉有情之食物,如瘦肉、蛋类、乳制品等。饥饿时可给予黄豆、花生米,或新鲜叶类蔬菜充饥,或地骨皮煎水代茶饮,以助清胃泻火之功。

3. **药物治疗** 方用玉女煎加减。亦可用天花粉、黄连各90 g研末,麦冬煎水冲服,每次10 g,每日2次,以增强滋阴降火之功。

4. **针灸治疗** 取肺俞、脾俞、胃俞、内庭、足三里、中脘、三阴交、太溪等穴,毫针刺,平补平泻法。亦可按揉肝俞、建里、天枢、章门、期门穴。

(三)下消

1. **肾阴亏虚证**

【护理评估】尿频量多,混浊如脂膏,或尿甜,常伴有腰膝酸软、神疲乏力、头晕耳鸣、心烦失眠、口干唇燥、皮肤瘙痒等症状,舌红苔少,脉细数。

【调护原则】滋阴补肾,润燥止渴

【调护方法】

(1)生活护理:根据体力可适当锻炼,但应避免过度劳累。节制房事。注意观察患者的视力、皮肤及全身情况,若出现雀目、圆翳、内障、眩晕等症状时,及时治疗。

(2)饮食护理:多食用地黄粥、枸杞粥、桑葚汁等滋肾润燥之食物。或枸杞子15 g煎水代茶饮。

（3）药物治疗：方用六味地黄丸加减。饭前空腹，用淡盐水送服。

（4）针灸治疗：取肺俞、脾俞、胃俞、肾俞、三焦俞、足三里、三阴交、太溪、关元、涌泉等穴，毫针刺，补法。亦可酌情加灸法。按揉肝俞、气海、肾俞穴。

2. 阴阳两虚证

【护理评估】小便频数，混浊如膏，甚至饮一溲二，常伴有面色黧黑、耳轮干枯、腰膝酸软、形寒肢冷、阳痿早泄或月经不调等症状，舌淡、苔白而干，脉沉细无力。

【调护原则】温阳滋阴，补肾固摄。

【调护方法】

（1）生活护理：减少活动，病重者应卧床休息。避风寒，禁房事。注意防止水肿的发生；防止出现阴虚阳浮或阴阳离决等所致的危重变证。

（2）饮食护理：多食益气养阴、补益肾脾之食物，如猪肾、猪胰、桑葚、黄芪、黑豆、核桃等，忌食甜腻、辛辣之品。可用猪胰1个，黄芪100 g，水煎服，每日一剂，10日为一个疗程。

（3）药物治疗：方用金匮肾气丸加减。可改为汤剂，则文火久煎，温服、顿服。若加鹿茸，研末冲服。亦可用山药100 g、黄芪50 g，水煎服，每日一剂。

（4）针灸治疗：取肺俞、胃俞、脾俞、肾俞、三阴交、足三里、气海、命门、阴谷等穴，毫针刺，用补法，亦可酌情加灸法。按揉肝俞、肾俞、白海、三阴交、期门、血海、章门、命门等穴。

二、健康教育

1. 起居有常，劳逸适度。运动时以不感疲惫为度。忌空腹运动。平时注意调养情志，避免情志刺激。

2. 注意个人卫生，保持皮肤清洁，防止损伤，特别注意口腔、足部、外阴的防护，一旦感染，立即就医。

3. 平时多食粗粮及蔬菜，忌食肥甘厚味、辛辣、烟酒等刺激之品。

4. 遵医嘱按时服用降糖药，注意监测血糖变化，定时复查。掌握低血糖的处理方法，外出时携带食物，防止低血糖的发生。

（白建民）

第九节 痹 证

痹证是由于风、寒、湿、热等外邪闭阻经络，影响气血运行，导致肢体、筋骨、关节、肌肉等处发生酸痛、重着、麻木，或关节屈伸不利、僵硬、肿大、变形等症状的一种病证。

一、辨证施护

（一）风寒湿痹证

1. 行痹

【护理评估】肢体关节、肌肉酸痛，屈伸不利，可涉及多个关节，疼痛呈游走性，初期或伴有恶风、发热等表证，苔薄白，脉浮。

【调护原则】祛风通络，散寒除湿。

【调护方法】

（1）生活护理：病室宜温暖、干燥、向阳、避风。鼓励患者多晒太阳，勿在寒冷及阴雨潮湿天气到室外活动。注意防寒保暖。

（2）饮食护理：多食养血祛风之品，如防风粥、荆芥粥、蚕蛹等。亦可常饮药酒，如五加皮酒、木瓜酒、蛇酒等。忌生冷、寒凉、黏腻之品。

（3）药物治疗：方用防风汤加减。汤药宜热服，可以黄酒为引，以助药力。服后应卧床休息，增加衣被或饮热粥以助药力。

（4）针灸治疗：肩部取肩髃、肩井穴；上肢取曲池、尺泽、合谷、外关穴；下肢取环跳、次髎、犊鼻、阳陵泉、昆仑、照海等穴；腰背部取腰阳关、命门、肾俞、后溪、委中等穴。毫针刺，用泻法。亦可按、揉、拿、捏病痛关节周围，以透热为度。

2. **痛痹**

【护理评估】肢体关节疼痛，痛势剧烈，痛有定处，遇寒加重，得热则痛减，常伴有关节屈伸不利，局部皮肤或有寒凉感等症状，舌质淡、苔薄白，脉弦紧。

【调护原则】温经散寒，祛风除湿。

【调护方法】

（1）生活护理：病室宜温暖、向阳、干燥。注意防寒保暖，疼痛明显处加用护套或局部热疗。疼痛剧烈者绝对卧床休息，必要时遵医嘱给予镇痛药；疼痛缓解后可适当下床活动，加强肢体锻炼。

（2）饮食护理：多食温热性食物，如狗肉、茴香、羊肉等，亦可添加葱、姜、胡椒等调味剂，以助温经通络、祛风散寒之功。忌食生冷、寒凉之品。

（3）药物治疗：方用乌头汤加减。乌头宜先煎 30～60 分钟以去其毒性。汤药宜热服。注意观察服药后反应，一旦出现舌麻、头晕、恶心、血压下降等症状，立即通知医生处理。

（4）针灸治疗：取穴同"行痹"，外加膈俞、血海，多用灸法。亦可深刺、留针。亦可用大粒盐 500 g、炒至 60～70℃，装入布袋，内放大葱数段后，热熨痛处。

3. **着痹**

【护理评估】肢体关节肌肉酸痛，重着，肿胀散漫，痛有定处，常伴有关节活动不利、肌肤麻木不仁等症状，舌质淡、苔白腻，脉濡缓。

【调护原则】除湿通络，祛风散寒。

【调护方法】

（1）生活护理：病室宜温暖、干燥、通风，注意保暖，严防外感风寒而加重病情。鼓励患者多活动，晴天多在阳光下活动。

（2）饮食护理：多食温热性食物，可常服用薏苡仁、扁豆、赤小豆、茯苓、木瓜粥等健脾化湿之品。忌生冷、寒凉、甜腻之品。

（3）药物治疗：方用薏苡仁汤加减。汤药宜温服，服药后加用薏米粥以助药力。

（4）针灸治疗：取穴同"行痹"，多针灸并用，或兼用温针和拔罐。亦可按、揉、拿、捏病痛关节周围，以透热为度。

（二）风湿热痹证

【护理评估】游走性关节疼痛，可涉及一个或多个关节，活动不便，局部灼热红肿，痛不可触，得凉则舒，常伴有发热、恶风、口渴、烦躁不安等全身症状，舌质红、苔黄燥，脉滑数。

【调护原则】清热通络，祛风除湿。

【调护方法】

1. **生活护理** 病室宜凉爽、通风，但避免直接吹风。急性期局部肿痛较甚者应卧床休息，减少活动。注意观察患者的体温及全身症状，一旦出现胸闷、心悸等症状，及时通知医生处理。

2. **饮食护理** 饮食宜清淡，易消化，可多食清热之蔬菜、水果或清凉饮料，如芹菜、苦瓜、绿豆、西瓜等。忌辛辣、温燥、煎炸、甜腻之品。

3. **药物治疗** 方用白虎桂枝汤合宣痹汤加减。石膏宜先煎，汤药宜凉服。关节红肿时，可用如意金黄膏外敷，以清热解毒。

4. **针灸治疗** 取穴同"行痹"，加大椎穴。亦可按、揉、拿、捏病痛关节周围，以酸胀为度。关节红肿者，可用活地龙加白糖捣烂，敷红肿处，以达清热解毒之功。

（三）久痹

【护理评估】痹证日久，肌肉关节刺痛，固定不移，或关节周围肌肤紫暗、肿胀，按之较硬，肢体麻木，或关节僵硬变形、屈伸不利。面色黧黑，眼睑浮肿，或胸闷痰多，舌质紫暗或有瘀斑、舌苔白腻，脉弦涩。

【调护原则】化痰行瘀，蠲痹通络。

【调护方法】

1. **生活护理** 病室宜温暖、向阳。注意四时气候变化，防止受凉。关节畸形活动欠利者，可进行被动活动，增强肢体活动能力，防止久病成痿。久痹正虚，控制活动量，以免过度劳累。

2. **饮食护理** 多食温热、理气、活血的食物。忌生冷、肥甘厚味之品。痛风者，应控制蛋白质和高嘌呤食物，如鱼、虾等。

3. **药物治疗** 方用身痛逐瘀汤加减。久病入络，可加全蝎、蜈蚣、乌头、附子、雷公藤等。这些药物有一定毒性，用量由小到大，中病即止。

4. **针灸治疗** 取穴同"行痹"，针灸并用。

二、健康教育

1. 室内宜温暖、干燥、通风。局部注意保暖。冬季注意防寒防湿，切忌久居湿地、当风受凉、涉水冒雨等。夏季切勿贪凉，不宜睡卧凉席、竹床。
2. 生活起居有规律，注意劳逸结合。可根据自身情况，适当锻炼如打太极拳、散步等，防止关节畸形及肌肉萎缩等。
3. 保持乐观情绪，避免情绪波动加重病情。
4. 饮食要有节制。肥胖者宜减轻体重，以减轻关节负荷。
5. 遵医嘱按时服药，定期复诊。

（白建民）

第十节 痛 经

痛经亦称"行经腹痛"，是指妇女正值经期或行经前后，出现周期性小腹疼痛，或者痛至腰骶，甚至剧痛晕厥者。是临床常见病。

西医妇产科学将痛经划分为原发性痛经和继发性痛经。原发性痛经以青少年女性多见，继发性痛经则常见于育龄期妇女。原发性痛经又称功能性痛经，是指生殖器官无器质性病变者。继发性痛经是由于盆腔器质性疾病如子宫内膜异位症、子宫腺肌病、盆腔炎或宫颈狭窄等所引起的。

一、辨证施护

（一）气滞血瘀证

【护理评估】经前或经期，小腹胀痛拒按，经量少，经色紫黯有块，块下痛减，伴胸胁、乳房胀痛，舌紫黯，或有瘀点、瘀斑，脉弦或弦涩有力。

【调护原则】理气行滞，化瘀止痛。

【调护方法】

1. **生活护理** 保持心情舒畅，消除紧张、烦恼及恐惧等不良情绪，使气机畅达，则血流通畅。

2. **饮食护理** 宜选用有行气、活血功能的饮食，如白萝卜、柑橘、大蒜、茴香、丁香、山楂、桃仁、红葡萄酒、洋葱、银杏、金橘，常饮用玫瑰花茶、茉莉花茶等。

3. **情志护理** 调节情绪，积极乐观，使气血调达。避免强烈的精神刺激和紧张、忧郁、愤怒等不良情绪。

4. **药物治疗** 方用膈下逐瘀汤加减。应在行经前3~5天服用理气活血方药，不仅可使痛经缓解，而且也有利于月经周期的调节。

5. **推拿治疗** 用力按揉三阴交、合谷、太冲、血海等穴。

（二）寒凝血瘀证

【护理评估】经前或经期，小腹冷痛、拒按，得热则减，月经或见推后，经血量少，色黯有块，伴畏寒肢冷、面色青白、小便清长，舌黯、苔白，脉沉紧。

【调护原则】温经散寒，化瘀止痛。

【调护方法】

1. **生活护理** 经期、产后注意保暖，注意不能淋雨、受凉，以免寒邪内侵。夏季炎热，人出汗多，腠理疏松，乘凉时间不宜过长，空调温度不宜过低，以免受寒。秋冬季气候干燥、寒冷，寒邪易侵犯人体，故要注意避寒、保暖，以防寒邪内侵，滞于胞脉，造成寒凝血瘀，引发痛经。

2. **饮食调护** 可服用辛温之品，如姜、红糖，选用桂浆粥常服。少饮各类冷饮，少吃生拌菜、螃蟹、田螺、西瓜等寒凉食品，以免寒凝经脉，不通则痛，引发痛经。

3. **药物治疗** 方用少腹逐瘀汤加减。汤剂宜饭后热服。

4. **推拿治疗** 按揉关元、地机、三阴交，配合灸关元、中极穴。

（三）湿热瘀阻证

【护理评估】经前或经期小腹疼痛或胀痛不适，有灼热感，拒按，或痛连腰骶，或平时小腹疼痛，经前加剧，经行量多或经期长，色鲜红或暗红，质稠或夹较多黏液，平素有带下量多，色黄质稠，臭秽，或伴有低热起伏，小便黄赤，舌质红、苔黄腻，脉滑数或弦数。

【调护原则】清热除湿，化瘀止痛。

【调护方法】

1. **生活护理** 湿为长夏的主气。夏秋之交，暑热未消，水气上腾，空气湿度加大，是一年之中湿气最盛的季节。注意避免淋雨涉水，或以水为事，或居住湿地导致湿邪侵袭人体致病。

2. **饮食调护** 可选用新鲜蔬菜、水果和低脂食物，如苦瓜、苦菊、荠菜、马齿苋、西瓜汁、梨、荸荠、薏米、牛奶等，选用栀子仁粥常服。不宜食用辣椒、胡椒、大蒜、韭菜等辛热刺激性食物，少食米醋、柠檬、石榴、酸菜等味酸之品，以免收涩，不利行经。

3. **药物治疗** 方用清热调血汤加减。汤剂不宜久煎，宜中火煎药，饭后温服。

4. **推拿治疗** 重按行间、丰隆、太冲等穴。

（四）气血虚弱证

【护理评估】经期或经后小腹隐痛，喜按，或小腹与阴部空坠不适，月经量少，色淡质稀，伴头晕乏力、心悸失眠、面色苍白，舌淡、苔薄，脉细弱。

【调护原则】补气养血，调经止痛。

【调护方法】

1. **生活护理** 科学合理安排饮食，避免饮食不节、饮食不洁、饮食偏嗜，损伤脾胃，化源匮乏、日久导致气血亏虚、大病久病或失血过多，注意及时调养脾胃。

2. **饮食调护** 宜服用一些温补气血的食物，如大枣、桂圆、红糖、牛肉、羊肉等，可选用羊肉粥常服。

3. **药物治疗** 方用圣愈汤加减。汤药宜久煎、文火，在饭前温服。

4. **推拿治疗** 可按揉脾俞、胃俞、足三里、关元。

（五）肝肾亏损证

【护理评估】经期或经后，小腹隐痛，喜按，经色黯淡，量少，质稀，伴头晕耳鸣、腰膝酸软、面色晦暗、健忘失眠、小便清长，舌淡、苔薄，脉沉细。

【调护原则】补肾填精，养血止痛

【调护方法】

1. **生活护理** 肾藏精，主封藏，肾精不易过度耗泄，避免房事过度，耗损肾精致肝肾亏虚。

2. **饮食调护** 宜服用枸杞子、黑木耳、黑芝麻、核桃、海参、牡蛎、鳖肉、桑葚、牛奶、牛肉等，选用菟丝子粥常服。

3. **药物治疗** 方用益肾调经汤。汤药宜久煎、文火，在饭前温服。

4. **推拿治疗** 可按揉肾俞、太溪、三阴交穴。

二、健康指导

1. **注意经期、产后卫生** 经期禁止游泳、盆浴、阴道用药，经期禁止性生活；避免不洁的性生活；注意避孕，以免因流产后护理不周而引发的各种妇科疾患；穿干净透气不过紧的纯棉内裤。

2. **避免湿冷** 经前或经期少吃生冷食品，尽量避免寒冷刺激，特别是防止下半身受凉。

3. **避免过度疲劳** 避免精神和体力的过度疲劳，不宜作剧烈的运动或重体力劳动。

4. **避免情绪波动** 经期应尽量保持精神愉快，避免过度悲伤和恼怒。

5. **避免刺激食物** 应多喝水，吃新鲜、易消化的食物，避免辛辣刺激性食品。

（吕艳莹）

第十一节 崩 漏

崩漏是月经的周期、经期、经量发生严重失常的病证，是指经血非时暴下不止或淋漓不尽，前者谓之"崩中"，后者谓之"漏下"。崩与漏出血情况虽不同，然二者常互相转化，交替出现，故崩漏并称。本病属常见病，常因崩与漏交替，因果相干，致使疾病缠绵难愈，成为妇科的疑难重症。

现代医学中的功能性子宫出血、女性生殖器炎症、肿瘤等病有崩漏特征者，可参照本病辨证施护。

一、辨证施护

(一) 血热证

【护理评估】经来无期，或骤然大量下血，或淋漓日久不止，色深红或紫黑夹块，黏稠，伴面赤口渴、烦躁不寐、大便干燥、小便黄赤、舌红、苔黄、脉滑数。

【调护原则】清热凉血，固冲止血。

【调护方法】

1. **生活护理** 劳逸结合，不参加重体力劳动和剧烈运动，睡眠要充足。血崩时绝对卧床，必要时采取去枕平卧位。保持外阴清洁，忌盆浴，勤换内裤及卫生垫。

2. **饮食护理** 饮食以营养丰富、易于消化为宜。忌煎炸、辛辣、活血等食物。

血热者，可服用芹菜、苦瓜、藕莲饮等，以清热凉血，止血固经。忌食热性及刺激性食品，如辣椒、胡椒、葱、蒜、姜、酒等。

> **考点提示**：导致崩漏的常见病因病机有血热、气虚、血瘀、肾阴虚和肾阳虚。概括为虚、热、瘀。虚者多因脾虚、肾虚；实者多因血热、血瘀。

3. **情志护理** 保持心情舒畅，不要在思想上产生不必要的压力，以增强正气。对患者多关心体贴，精心护理，消除不良刺激，使其安心治疗。

4. **药物治疗** 方用清热固经汤。若兼见心烦易怒、胸胁胀痛、口干苦，脉弦数，为肝郁化热或肝经火炽之证，治宜清肝泻热止血。上方加柴胡疏肝，夏枯草、龙胆草清泻肝热；若兼见少腹或小腹疼痛，或灼热不适，苔黄腻者，为湿热阻滞冲任，上方加黄柏、银花藤、连翘、茵陈清热利湿，去阿胶之滋腻。

5. **针灸治疗** 针灸取肩井、膻中、足三里、列缺、膈俞穴，用针刺泻法，留针15～30分钟，每日1次。

6. **推拿治疗** 血热者用四穴清热法，患者仰卧位，两手拇指按揉曲池、太冲、阳陵泉、水泉穴。

(二) 气虚证

【护理评估】经血非时暴崩而下，量多如注或淋漓不断，色淡红，质清稀，伴面色㿠白、精神倦怠、气短懒言、面浮肢肿、不思饮食、大便溏薄、舌淡胖、苔薄白、脉沉细无力。

【调护原则】补气摄血，调冲止崩。

【调护方法】

1. **生活护理** 劳逸结合，不参加重体力劳动和剧烈运动，睡眠要充足。血崩时绝对卧床，必要时采取去枕平卧位。保持外阴清洁，忌盆浴，勤换内裤及卫生垫。

2. **饮食护理** 宜吃具有补气作用的食物，以性平、味甘或甘温之物，营养丰富、易消化的平补食品为主。如食用红枣、山药、扁豆、芡实、莲子肉等，山药饭、粳米粥也是非常好的饮食。忌吃破气耗气之物，忌吃生冷性凉、油腻厚味、辛辣食物。

3. **情志护理** 保持心情舒畅，不要在思想上产生不必要的压力，以增强正气。对患者多关心体贴，精心护理，消除不良刺激，使其安心治疗。

4. **药物治疗** 方用举元煎或固冲汤。气虚运血无力易于停留成瘀，常加三七、益母草或失笑散化瘀止血。

5. **针灸治疗** 针灸取肩井、膻中、足三里、列缺、膈俞穴，用针刺泻法，留针15～30分钟，每日1次。

6. **推拿治疗** 用摩腹点穴补气法，患者俯卧位，用单掌根按压腰骶部两侧膀胱经第一侧线，反复3~5遍；双拇指按揉骶后孔和肾俞穴，按揉脾俞、胃俞；患者取仰卧位，双拇指按揉脐下任脉循行线路，按拿小腹部，拇指揉按膻中、气海、关元、血海、足三里、阴陵泉等穴。

（三）血瘀证

【护理评估】经血非时而下，淋漓不止，或骤然下血，量或多或少，时出时止，或经闭数月后又忽然暴下，色紫黑有块，小腹疼痛拒按，血块下后疼痛减轻，舌质有瘀点或瘀斑，脉沉涩。

【调护原则】活血化瘀，固冲止血。

【调护方法】

1. **生活护理** 劳逸结合，不参加重体力劳动和剧烈运动，睡眠要充足。血崩时绝对卧床，必要时采取去枕平卧位。保持外阴清洁，忌盆浴，勤换内裤及卫生垫。

2. **饮食护理** 宜吃具有行气活血作用的食物，如红糖、山楂、桃仁、玫瑰花等，忌吃生冷性凉、油腻厚味、辛辣食物。

3. **情志护理** 保持心情舒畅，不要在思想上产生不必要的压力，以增强正气。对患者多关心体贴，精心护理，消除不良刺激，使其安心治疗。

4. **药物治疗** 方用佛手散合失笑散。临证也可选用逐瘀止血汤或将军斩关汤。

5. **针灸治疗** 针灸取肩井、膻中、足三里、列缺、膈俞穴，用针刺泻法，留针15~30分钟，每日1次。

6. **推拿治疗** 用按拿腰腹化瘀法，患者仰卧，用一指禅推法和摩法配合，推摩五枢、维道、曲骨、膻中、气海等穴，双拇指按揉脐下任脉路线，按拿小腹部，拇指揉按血海、三阴交等穴。患者俯卧位，用单掌根按压腰骶部两侧膀胱经第一侧线，反复3~5遍，拇指按揉肝俞、三焦俞等穴。

（四）肾阴虚证

【护理评估】经乱无期，出血量或少或多，或淋漓不断，色鲜红，质稠，伴腰酸腿软、头晕、目眩、耳鸣、颧赤、手足心热，甚至潮热盗汗，舌红少苔，脉细数。

【调护原则】滋补肝肾，固冲止血。

【调护方法】

1. **生活护理** 劳逸结合，不参加重体力劳动和剧烈运动，睡眠要充足。血崩时绝对卧床，必要时采取去枕平卧位。保持外阴清洁，忌盆浴，勤换内裤及卫生垫。

2. **饮食护理** 多吃益肾之品，如胡桃、山药、大枣、木耳、乌鸡等，平日可多吃海参、鲍鱼、鸡蛋、山药山萸粥，可补肾敛精，调理冲任。

3. **情志护理** 保持心情舒畅，不要在思想上产生不必要的压力，以增强正气。对患者多关心体贴，精心护理，消除不良刺激，使其安心治疗。

4. **药物治疗** 方用左归丸。如肾阴虚不能上济心火，或阴虚火旺、烦躁失眠、心悸怔忡，可加生脉散，加强益气养阴、宁心止血之功。

5. **针灸治疗** 针灸取肩井、膻中、足三里、列缺、膈俞穴，用针刺泻法，留针15~30分钟，每日1次。

6. **推拿治疗** 用搓腰腹固冲法，患者俯卧位，两手拇指按腰骶部，再用掌或鱼际部反复揉搓肾俞、命门穴；患者取仰卧位，用多指或双拇指交替揉按脐下冲脉、任脉路线，反复3~5遍；拇指揉压中脘、关元、阳陵泉、太溪等穴。

（五）肾阳虚证

【护理评估】经乱无期，出血量多，淋漓不断，色淡，质稀，伴腰痛如折、畏寒肢冷、面色晦暗、小便清长、大便溏薄、舌质淡暗、苔薄白，脉沉细无力。

【调护原则】温肾助阳，固冲止血。
【调护方法】

1. **生活护理** 劳逸结合，不参加重体力劳动和剧烈运动，睡眠要充足。血崩时绝对卧床，必要时采取去枕平卧位。保持外阴清洁，忌盆浴，勤换内裤及卫生垫。

2. **饮食护理** 饮食应热服，忌食生冷。肾阴虚者忌食辛辣助火刺激之品，多食滋阴类食物。

3. **情志护理** 保持心情舒畅，不要在思想上产生不必要的压力，以增强正气。对患者多关心体贴，精心护理，消除不良刺激，使其安心治疗。

4. **药物治疗** 方用右归丸。临证可酌加党参、黄芪补气摄血；也可加三七化瘀止血。

5. **针灸治疗** 针灸取肩井、膻中、足三里、列缺、膈俞穴，用针刺泻法，留针15~30分钟，每日1次。

6. **推拿治疗** 用搓腰腹固冲法，患者俯卧位，两手拇指按腰骶部，再用掌或鱼际部反复揉搓肾俞、命门穴；患者取仰卧位，用多指或双拇指交替揉按脐下冲脉、任脉路线，反复3~5遍；拇指揉压中脘、关元、阳陵泉、太溪等穴。

二、健康指导

1. 劳逸结合，勿过度劳累，起居有常。饮食有节，勿损伤心脾。
2. 对先天肾精不足的少女，应及早治疗月经不调。
3. 调摄情志，尤其对围绝经期（更年期）妇女，应避免不良因素的刺激。
4. 做好计划生育，避免房劳多产。
5. 可常灸足三里、气海、关元、肾俞穴，以健脾益肾，固摄冲任，化生气血，预防崩漏反复发作。

（吕艳莹）

第十二节　带下病

带下病是指带下量明显增多或减少，色、质、气味异常，或伴有局部或全身症状的疾病。带下明显增多者称为带下过多；带下明显减少者称为带下过少。本节主要讨论带下过多。正常带下为肾气充盛、脾气健运，由任、带二脉约束而润泽于阴户的一种无色、质黏、无臭的阴液，其量不多。在青春期、经前期及妊娠期带下稍有增多者，以及性交时、性高潮前阴道内产生大量分泌物，均属正常现象（生理性白带），不作疾病论。

现代医学中的阴道炎、宫颈炎、盆腔炎、内分泌功能失调等疾病引起的阴道分泌物失常与中医学带下过多的临床表现相似时，可参考本节论治。

一、辨证施护

（一）脾虚湿困证

【护理评估】带下量多，色白或淡黄，质稀薄，绵绵不绝，无臭味，面色㿠白或萎黄，四肢倦怠，纳少便溏，精神疲倦，舌淡、苔白腻，脉缓弱。

【调护原则】健脾益气，升阳除湿。

【调护方法】

1. **生活护理** 避免劳累耗伤正气。保证充足的睡眠。科学合理安排饮食，避免损伤脾胃。

2. **饮食护理** 宜吃具有健脾作用的饮食，以补气养血、温阳滋补为主，忌破气耗气之品；饮食宜清淡、忌食肥甘厚味、生冷食品。可服用芡实粥调养：由芡实、核桃肉、去核红枣、粳米煮烂成粥，加入白糖少许。

3. **情志护理** 放松心情，安心配合治疗。

4. **药物治疗** 方用完带汤加减。若脾虚湿蕴化热，证见带下量多、色黄、黏稠、有臭味者，治宜健脾祛湿，清热止带，方用易黄汤。

5. **针灸治疗** 针灸取肩井、膻中、足三里、列缺、膈俞穴，用针刺泻法，留针15~30分钟，每日1次。

> **考点提示**：带下病病机是湿邪伤及任、带二脉，使任脉不固，带脉失约。湿邪是导致本病的主要原因。脾、肾、肝三脏功能失调是产生内湿之因。外湿以感受湿热、毒虫之邪为主。

6. **推拿治疗** 先轻揪乳头数次，然后用五指从乳房四周轻柔地向乳头方向按摩，将郁滞的乳汁渐渐推出。

（二）肾阳亏虚证

【护理评估】带下量多，色白，清稀如水，绵绵而下，伴面色晦暗、腰脊酸楚、形寒畏冷、小便清长、频数、夜间甚，大便溏薄，舌质淡黯、苔白，脉沉迟弱。

【调护原则】温肾培元，固涩止带。

【调护方法】

1. **生活护理** 避免劳累耗伤正气。保证充足的睡眠。

2. **饮食护理** 平时应注意加强营养，多食肉、蛋、鱼、山药等食物。可用羊肉羹调养：将羊肉、胡萝卜、草果、陈皮、胡椒、葱白熬成汤汁，加入适量面粉和调料后即可。

3. **情志护理** 放松心情，安心配合治疗。

4. **药物治疗** 方用内补丸加减。

（三）肾阴夹湿证

【护理评估】带下增多，色黄或赤白相兼，质黏稠，有气味，阴部灼热感；伴五心烦热，咽干口燥，腰酸耳鸣，头晕心悸。舌红，苔少或黄腻，脉细数。

【调护原则】益肾滋阴，清热利湿。

【调护方法】

1. **生活护理** 注意休息，以防过度劳累。养成良好的生活习惯。

2. **饮食护理** 平时可食用滋阴养血食品，可服用山药桂圆羹调养：将生山药、桂圆肉、荔枝肉、五味子煮熟做羹，加入冰糖，晨起或睡前服用。

3. **情志护理** 放松心情，安心配合治疗。

4. **药物治疗** 方用知柏地黄汤加减。

（四）湿热下注证

【护理评估】带下量多，色黄或黄白，或色白如豆渣或凝乳状，或如脓似血，质黏腻有臭气，伴口干口苦、胸闷纳差、小腹作痛、外阴瘙痒、便结溺黄，舌红、苔黄腻，脉滑数。

【调护原则】清热利湿，杀虫止带。

【调护方法】

1. **生活护理** 病室温湿度适宜，保持空气新鲜，注意居室通风。

2. **饮食护理** 在饮食方面宜吃具有清利下焦湿热作用的食物，宜吃清淡、清凉食品，忌生冷。饮食以清淡为主。可用赤小豆粥调养：由赤小豆、粳米、白糖煮烂成粥，做早餐或夜宵食之；或薏米粥：薏苡仁、淀粉煮粥后再加入砂糖或桂花即可。

3. **情志护理** 放松心情，安心配合治疗。

4. **药物治疗** 方用止带方加减。若肝经湿热下注，症见带下量多色黄或黄绿，质黏稠，或呈泡沫状，有臭气，阴痒；烦躁易怒，口苦咽干，头晕头痛；舌边红，苔黄腻，脉弦滑，治宜清肝利湿止带，方用龙胆泻肝汤。

（五）湿毒蕴结证

【护理评估】带下量多，黄绿如脓，或赤白相兼，或五色杂下，质黏如脓，臭秽难闻，伴口苦咽干、小腹疼痛、腰骶酸痛、小便短赤、大便干结，舌红、苔黄腻，脉滑数。

【调护原则】清热解毒，除湿止带。

> **考点提示：** 通过观察患者带下的量、色、质、气味，发病新久，以及伴随症状来辨别证候类型；根据患者体质、发病诱因、病情程度、病程等方面，区分带下病的虚实。

【调护方法】

1. **生活护理** 加强生活护理，协助患者做好个人卫生，清洁外阴。被褥如有污染应及时更换，保持床单清洁整齐。宜淋浴，忌盆浴。生活用品及毛巾专人专用。

2. **饮食护理** 饮食宜清淡有营养，易消化。忌食肥甘厚味及生冷辛辣、忌饱餐。可服用马齿苋食疗：将马齿苋 200 g 捣烂取汁，加入鸡蛋 1 个，白糖 15 g，搅匀，隔水炖熟食用。

3. **情志护理** 放松心情，安心配合治疗。

4. **药物治疗** 方用五味消毒饮。

二、健康指导

1. 注意外阴清洁，分泌物多时应及时清洗，保持外阴洁净、干燥，使用性质温和的洗液或香皂。不宜自行阴道冲洗，以免逆行感染，或破坏阴道内环境。注意经期卫生，勤换卫生巾，清洗外阴。

2. 注意内裤清洁，内衣裤要单独清洗消毒，卫生用具应专用。尽量选用纯棉透气的内裤，少穿紧身衣裤。

3. 注意休息，忌食辛辣、油腻食物。适当参加锻炼，增强体质，保持心情舒畅，提高机体免疫力。

4. 治疗期间禁房事、盆浴及游泳。慎起居，避免居处寒湿之地。

> **知识拓展**
>
> 清代《傅青主女科·带下》将带下病列为该书首卷，分别以白、黄、赤、青、黑五色带下论述其病机、证象、治法，认为"带下俱是湿证"，所创完带汤、易黄汤、清肝止淋汤至今仍为临床所推崇。历代医家所论虽各有侧重，但多认识到带下过多当责之脾肾之虚或湿热内侵阴器、胞宫，累及任带，使任脉失固、带脉失约所致。

（吕艳莹）

第十三节 产后缺乳

产后缺乳是指哺乳期内，产妇乳汁甚少或全无，亦称"产后乳汁不行"或"产后乳汁不足"。产后缺乳一般发生在产后2～3天或半个月内，也可发生在整个哺乳期。本病如在分娩后尽早治疗，可以治愈。

现代医学中的产后缺乳、泌乳过少等病有产后缺乳特征者，可参照本病辨证施护。

一、辨证施护

（一）气血亏虚证

【护理评估】产后乳少，甚或全无，乳汁清稀，乳房柔软，无胀满感，伴神倦食少、面色少华，或出现心悸、失眠，舌淡、苔薄白，脉细弱。

【调护原则】补气养血，佐以通乳。

【调护方法】

1. **生活护理** 忌劳倦，劳则耗气，嘱产妇与婴儿同步休息，保证充足的睡眠，以利于产后机体功能迅速恢复。生活有规律。适当户外活动，以利于脾胃气机通畅。病室宜温暖，避免直接吹风，以防外感。

2. **饮食护理** 饮食宜清淡、易消化、营养丰富。忌食酸涩、辛辣、油炸、肥甘厚味及生冷黏腻之品。饮食不可过咸。补充足量的水分，多食富有营养的汤汁饮食，以开乳源。要补充富含蛋白质的食物和新鲜蔬菜，多吃汤类，如鱼汤、骨头汤、鸡汤等。多食乳鸽、鳝鱼、猪蹄、红枣、桂圆、花生等。通乳食疗方：活鲫鱼或猪前蹄250 g，加黄芪、党参、当归、路路通、白术各9 g，丝瓜络、通草各6 g炖烂，食鱼或肉喝汤，每日1～2次。也可选择猪蹄通草汤、酒酿鸡蛋、花生黄豆炖猪蹄等。

3. **情志护理** 向产妇讲解母乳喂养对婴儿和自身的益处，帮助母亲树立母乳喂养的信心，为母乳喂养而感到自豪和快乐。

4. **药物治疗** 方用通乳丹。中药汤剂宜温服，服药后不宜马上进食，以免影响药物吸收。观察服药后的乳汁分泌情况。

5. **针灸治疗** 针灸取少泽、足三里、膻中、乳根穴，用针刺补法，留针15～30分钟，每日1次。

6. **推拿治疗** 产妇仰卧，第1步：用手掌推摩胸部及乳房周围，每日2个循环，首先，左乳顺时针方向，右乳逆时针方向推摩各20～30次，以局部有热感为佳。其次，掌心固定乳头，轻轻地做顺时针和逆时针方向各揉按20～30次。第2步：拇指按压穴位，少泽、足三里、膻中、乳根，用补法手法按摩，每穴2分钟，每日2次。

> **考点提示**：缺乳的主要病机为乳汁生化不足或乳络不畅。

（二）肝郁气滞证

【护理评估】产后乳汁涩少，甚或全无，浓稠，或情志刺激后突然乳汁不下，乳房胀硬疼痛，情志抑郁，胸胁胀痛，食欲不振，或有微热，舌质正常、舌苔薄黄，脉弦细或弦数。

【调护原则】疏肝解郁，通络下乳。

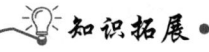
知识拓展

古代医谚云：穿山甲、王不留，妇人吃了乳长流。

【调护方法】

1. **生活护理** 适当锻炼有助于气血运行通畅，如做产后体操、散步等。

2. **饮食护理** 宜用行气解郁之品，多食金橘、佛手柑、蜂蜜、红糖等。忌辛辣刺激，以免助热化火。食疗方：活鲫鱼或猪前蹄250 g，加当归、漏芦、穿山甲、王不留行、柴胡、川木通、川芎、枳壳各9 g，瓜蒌15 g炖，食鱼或肉喝汤，每日1~2次。保持开朗乐观的心态，勿焦虑，进餐时保持良好的心情。适当进食助消化的食物，如山楂，以促进食欲。

3. **情志护理** 对情绪抑郁焦虑的产妇，应讲解肝郁气滞与缺乳的关系，鼓励其调畅情志，保持乐观豁达的心情。

4. **药物治疗** 方用下乳涌泉散。若乳房胀痛甚者，酌加橘络、丝瓜络、香附以增理气通络之效；乳房胀硬热痛，触之有块者，加蒲公英、夏枯草、赤芍以清热散结；若乳房掣痛，伴高热恶寒，或乳房结块有波动感者，应按"乳痈"诊治。

5. **针灸治疗** 针灸取少泽、内关、太冲、乳根、膻中穴，用针刺泻法，留针15~30分钟，每日1次。

6. **推拿治疗** 推拿手法同气血虚弱型，但穴位选取少泽、内关、太冲、乳根、膻中等，并用泻法手法按摩。兼有乳房疼痛者，用手指按揉膻中、肩井、乳根、内关、合谷等穴，每穴按揉20~30次，还可用示、中、环指按摩乳房硬结5~6次，顺输乳管的方向从乳根向乳头做向心性按摩3~4次，用示指按压乳晕部，反复做多次，直到硬结消失，乳汁排出，乳房变软为度。

7. **乳房的护理**

（1）注意清洁，哺乳前后清洗乳头。防止哺乳时乳头疼痛和干裂，如果乳头伸展性欠佳、扁平或内陷，应及时纠正。

（2）坚持哺乳，不要因为乳汁不足而减少哺乳次数，婴儿的吸吮刺激有促进乳汁分泌的作用。

（3）定时排空乳房，以免乳汁瘀积化热，转变成乳痈。可用吸奶器或他人吸吮。

二、健康指导

1. 孕前乳房护理，乳头凹陷者及早进行纠正。分娩后早接触、早吸吮，按需哺乳，促进乳汁分泌。指导产妇正确哺乳。

2. 帮助产妇分析缺乳的原因。加强产后营养，多进汤水。产妇的饮食应为高蛋白质的平衡饮食。应多吃汤类，如鱼汤、骨头汤等。不宜吃辛辣、刺激性食物，禁烟、禁饮咖啡。保持乐观情绪，维持心情舒畅。

3. 劳逸结合。产妇应在保证充分休息的同时，适当进行轻缓的活动。

4. 如有腹泻、恶露过多、产后自汗、盗汗等耗伤津液、气血的疾病，应及早进行治疗，以免影响乳汁的化生。

5. 注意清洁，哺乳前后清洗乳头。防止哺乳时乳头疼痛和干裂，如果乳头伸展性欠佳、扁平或内陷，应及时纠正。

6. 坚持哺乳，不要因为乳汁不足而减少哺乳次数，婴儿的吸吮刺激有促进乳汁分泌的作用。

7. 定时排空乳房，可用吸奶器吸吮，以免乳汁瘀积化热，转变成乳痈。

（吕艳莹）

第十四节　小儿感冒

小儿感冒是感受外邪引起的一种常见的外感疾病。任何年龄小儿皆可发病，婴幼儿更为常见。儿科常见的多种急性传染病早期，亦可表现类似感冒的症状，临床须仔细鉴别，避免误诊、漏诊。

一、辨证施护

（一）风寒感冒证

【护理评估】发热，恶寒，无汗，鼻塞流清涕，咽不红，苔薄白，脉浮紧或指纹浮红。

【调护原则】辛温解表。

【调护方法】

1. **生活护理**　避免直接吹风。注意防寒保暖，适时增减衣服。
2. **饮食护理**　饮食应清淡，可食粥、面以汤羹为宜，不可油腻太饱。如恶寒无汗，可喂饮姜糖水，以促汗出，切忌大汗。
3. **药物治疗**　方用荆防败毒散，汤药宜趁热喂服。服后给热饮以助药力，并加盖衣被，令安静入睡，取微汗出，以驱邪外出。
4. **针灸治疗**　头痛鼻塞可按摩或针刺太阳、印堂、百合、迎香等穴，以疏风利窍。发热无汗者，可指压大椎穴直至全身微汗出。

（二）风热感冒证

【护理评估】发热重，恶风，有汗热不解，鼻塞头痛，咳嗽，咽红，舌红、苔薄黄，小儿示指络脉浮、色紫，脉浮数。

【调护原则】辛凉解表。

【调护方法】

1. **生活护理**　多休息。汗出用干毛巾擦干，并及时更换内衣。
2. **饮食护理**　饮食应清淡，选用西瓜汁、绿豆粥等凉润之品。鼓励病儿多饮银花板蓝根水、糖盐水、菊花芦根水等。
3. **药物治疗**　发热重选用银翘散；咳嗽重选用桑菊饮。
4. **针灸治疗**　发热可针刺大椎、曲池、合谷以疏散风热；咽喉疼痛小儿，可在少商穴放血以泻热。

二、健康教育

1. 经常进行户外活动，多晒太阳，加强锻炼。
2. 随气候变化，随时增减衣服。
3. 避免与感冒患者接触，感冒流行期间少去公共场所。
4. 按时接种流感疫苗。
5. 饮食易消化、清淡，如米粥、新鲜蔬菜等，忌食辛辣、冷饮、油腻食物。
6. 注意观察病情变化。

（邱　峰）

第十五节 厌 食

厌食是以较长时期厌恶进食、食量减少为特征的一种常见病症。多因患儿先天不足或后天失于调养而导致。临床本病可发生于任何季节，夏季暑湿季节症状加重。各年龄儿童均可发病，以1~6岁为多见。

一、辨证施护

（一）脾失健运证

【护理评估】食欲不振，厌恶进食，食而乏味，或伴胸脘痞闷，嗳气泛恶，大便不调，食后则脘腹饱胀，舌淡红、苔薄白或薄腻，脉尚有力。

【调护原则】调和脾胃，健脾开胃。

【调护方法】

1. **生活护理** 适当增加户外活动，以促进食欲。

2. **饮食护理** 可用山药薏仁扁豆粥，即山药、薏苡仁、扁豆各10 g，粳米适量煮粥，白糖调味，分次食用。

3. **药物治疗** 方用曲麦枳术丸加减，中药汤剂宜温热服用，少量频服。

4. **针灸治疗** 用补法针刺中脘、足三里、脾俞、胃俞等穴；三棱针点刺四缝穴，挤出少量黄白色液体；用艾条温和灸法；推拿疗法以健脾和胃，增进饮食。

（二）脾胃气虚证

【护理评估】不思饮食，食而不化，大便溏薄、夹杂不消化食物，面色少华，形体偏瘦，肢倦乏力，舌质淡、苔薄白，脉缓无力。

> **护理应用** 张某，女，3岁。患儿素体虚弱，形体偏瘦，面色少华，纳少，大便溏薄夹杂不消化食物，诊断为厌食（脾胃气虚证）。请给出调护方法。

【调护原则】益气健脾，佐以助运。

【调护方法】

1. **生活护理** 注意休息，避免过度嬉戏耗气。

2. **饮食护理** 黄芪15 g煎水取汁，加入大枣10枚、粳米适量煮粥，红糖调味，分次服用；避免过食生冷、油腻；纠正不良的饮食习惯，禁止饭前吃零食。

3. **药物治疗** 方用异功散加味，中药汤剂宜温热服用，少量频服。

4. **针灸治疗** 可点按揉足三里，每日2次，每次3~5分钟；捏脊疗法；或用艾条温和灸法。

（三）脾胃阴虚证

【护理评估】饥不欲食，食少饮多，皮肤失润，大便偏干，小便短黄，烦躁少寐，舌红少津、苔少或花剥，脉细数。

【调护原则】养阴益胃，佐以助运。

【调护方法】

1. **生活护理** 注意有规律的作息，避免过度熬夜。

2. **饮食护理** 注意正确的喂养方法，饮食定时定量，易消化，忌辛辣、燥热之品，多饮梨汁和番茄汁。

3. **药物治疗** 方用益胃汤加减，中药汤剂宜温热服用，少量频服。

4. **针灸治疗** 用补法针刺中脘、足三里、三阴交、脾俞、胃俞、阴陵泉等穴；可点按揉足三里，每日2次，每次3~5分钟；捏脊疗法；或用艾条温和灸法。

二、健康教育

1. 掌握正确的喂养方法，纠正不良饮食习惯；根据不同年龄给予富含营养、易消化、品种多样的食品；母乳喂养的婴儿4个月后应逐步添加辅食。
2. 注意精神调护，防止惊恐、恼怒损伤。
3. 出现食欲不振症状时，要及时查明原因，采取针对性治疗措施。
4. 对病后胃气刚刚恢复者，要逐渐增加饮食，切勿暴饮暴食而致脾胃复伤。

（邱　峰）

第十六节　遗　尿

遗尿又称尿床，是指3周岁以上的小儿入睡后小便自遗，醒后方觉的一种病症。多因肾气不足，或肺气不宣，或脾气虚弱，气化失常，影响膀胱约束功能而成。

一、辨证施护

（一）肺脾气虚证

【护理评估】夜间遗尿，日间尿频而量多，大便稀溏，神疲乏力，舌淡红、苔薄白，脉沉无力。

【调护原则】补肺益脾，固涩膀胱。

【调护方法】

1. **生活护理** 注意休息，避免过度嬉戏耗气，适时增减衣服，避免感冒。
2. **饮食护理** 食用富于营养、易消化食物。如黄芪15 g，煎水取汁，入粳米适量煮粥，红糖调味，分次食用。
3. **药物治疗** 方用补中益气汤合缩泉丸加减。
4. **针灸治疗** 用补法针刺脾俞、胃俞、关元、足三里、气海、三阴交、阴陵泉等穴；推拿法。

（二）肾气不足证

【护理评估】寐中多遗，可达数次，小便清长，肢冷畏寒，舌质淡、苔白滑，脉沉无力。

【调护原则】温补肾阳，固涩膀胱。

【调护方法】

1. **生活护理** 注意保暖，尿床后及时更换衣被，保持皮肤清洁卫生；理解病儿，帮助病儿消除害羞、紧张的心理；养成按时排尿的习惯。
2. **饮食护理** 饮食应富于营养，多食温补食品。如金樱子15 g，煎取浓汁，入芡实10 g，粳米30 g煮粥，白糖调味，分次服用。
3. **药物治疗** 方用桑螵蛸散加减。
4. **针灸治疗** 推拿法；耳穴按摩肾、脂肪、皮质下、枕、耳尖、外生殖器、交感等。

（三）肝经郁热证

【护理评估】寐中遗尿，尿黄量少，性格急躁，夜寐嚼齿，舌质红、苔黄腻，脉滑数。

【调护原则】疏肝清热。

【调护方法】

1. **生活护理** 病室温度宜稍低，室内凉爽、通风，注意休息；调理病儿急躁情绪。
2. **饮食护理** 多食清凉、富于营养食物，忌辛辣、燥热之品。可用干蒲公英 15 g 或新鲜蒲公英 30 g，煎药取汁，加入粳米适量煮粥，分次服用。
3. **药物治疗** 方用龙胆泻肝汤加减。
4. **针灸治疗** 用泻法针刺太冲、行间、肝俞、悬钟、三阴交、阳陵泉等穴。

二、健康教育

1. 勿使患儿白天玩耍兴奋过度。
2. 晚餐及睡前不可过多饮水，并按时唤醒排尿，逐渐养成自控排尿习惯。
3. 夜间尿湿后要及时更换裤、褥，保持干燥及外阴部清洁。
4. 不能打骂体罚小儿，消除患儿紧张心理，积极配合治疗。

（邱　峰）

| 学习小结 |

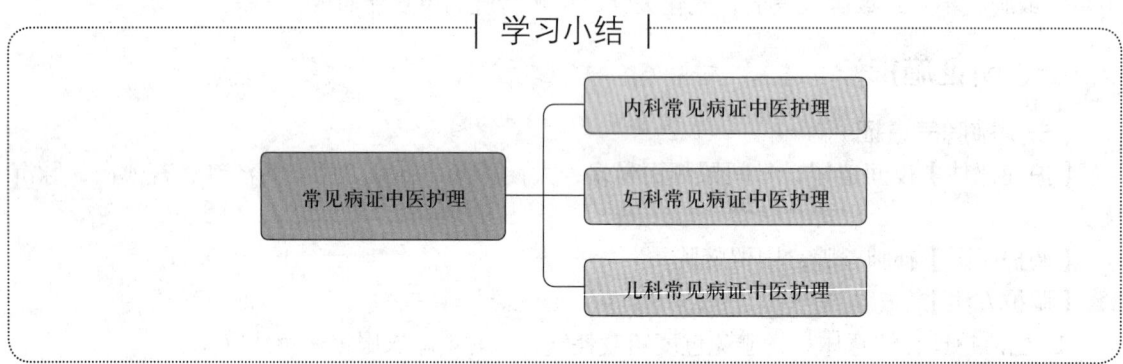

目标检测

A1 型题

1. 感冒主要是感受以下何种邪气
   A. 风　　　　B. 寒　　　　C. 燥　　　　D. 热　　　　E. 湿
2. 下列不属于风寒感冒症状的是
   A. 畏寒重，发热轻　　　　B. 鼻塞声重，流清涕　　　　C. 痰稀薄色白
   D. 渴喜热饮　　　　E. 有汗
3. 下列除哪项外，均为风寒感冒与风热感冒的主要鉴别依据
   A. 恶寒发热的孰轻孰重　　　　B. 渴与不渴　　　　C. 流涕的清与浊
   D. 头痛身疼与否　　　　E. 以上都是
4. 胸痹的主要病机为
   A. 气滞血瘀　　　　B. 寒凝气滞　　　　C. 痰瘀交阻
   D. 阳气虚衰　　　　E. 心脉痹阻

5. 李某，男，70岁。胸闷如窒而痛，痛引肩背，气短喘息，形体较胖，肢体困重，痰多，苔浊腻，脉滑。该患者属于胸痹的哪个证型
   A. 寒凝心脉
   B. 心血瘀阻
   C. 痰浊壅塞
   D. 阳气虚衰
   E. 气阴两虚

6. 天麻钩藤饮主要用于
   A. 痰浊头痛
   B. 血虚头痛
   C. 肝阳头痛
   D. 肾虚头痛
   E. 瘀血头痛

7. 外邪犯胃的胃痛最常见的病邪是
   A. 风邪
   B. 暑邪
   C. 寒邪
   D. 湿邪
   E. 热邪

8. 下列哪项不属于热重于湿型黄疸的临床表现
   A. 身目黄色鲜明
   B. 头重身困
   C. 口渴欲饮
   D. 小便黄赤
   E. 大便秘结

9. 消渴的病理变化主要是
   A. 肾阴亏损
   B. 胃热炽盛
   C. 肺热津伤
   D. 阴虚燥热
   E. 阴阳两虚

10. 上消的主要临床特征是
    A. 尿频尿多，浑浊如膏脂
    B. 烦渴多饮
    C. 烦躁不安
    D. 多食易饥
    E. 大便干结

11. 痛经的病因不包括以下哪项
    A. 气滞血瘀
    B. 肝肾亏损
    C. 湿热瘀阻
    D. 寒凝血瘀
    E. 热毒蕴结

12. 气滞血瘀型痛经的调护原则是
    A. 活血化瘀、养血止痛
    B. 理气行滞、化瘀止痛
    C. 清热解毒、化瘀止痛
    D. 理气行滞、调经止痛
    E. 补气养血、调经止痛

13. 气血虚弱型痛经所选用的方药是
    A. 补中益气汤
    B. 归脾汤
    C. 参苓白术散
    D. 圣愈汤
    E. 泰山磐石散

14. 下列哪项不属崩漏
    A. 经血非时暴下不止，或淋漓不尽
    B. 行经时间超过半月以上，或数月断续不休
    C. 经行之时，血量较往次为多
    D. 月经周期紊乱，停闭数月又突然暴下不止或淋漓不尽
    E. 不在行经期间，阴道大量出血

15. 带下量多，清稀如水，绵绵不断，腰酸如折，多属于
    A. 脾虚型带下过多
    B. 肾阳亏虚型带下过多
    C. 阴虚夹湿型带下过多
    D. 湿热下注型带下过多
    E. 热毒蕴结型带下过多

16. 五色带下属
    A. 气虚
    B. 脾虚
    C. 肾虚
    D. 湿热
    E. 热毒

17. 脾虚湿困型带下过多的病机是
    A. 脾虚失运，湿邪下注
    B. 命门火衰，封藏失职
    C. 湿热蕴结，下注阴窍
    D. 感受湿毒，损伤任带
    E. 肝郁脾虚

18. 带下量多，色黄质稠，气味臭秽，口苦，溲赤，多属于
    A. 脾虚型带下过多
    B. 肾虚型带下过多
    C. 阴虚夹湿型带下过多
    D. 湿热下注型带下过多
    E. 热毒蕴结型带下过多

19. 产后乳汁甚少或全无，乳汁稀薄，乳房柔软无胀感，面色少华，倦怠乏力，舌质淡，苔白，脉细弱。此症候可采用的治法为
    A. 疏肝解郁，通络下乳
    B. 健脾化痰，通乳
    C. 补气养血，佐以通乳
    D. 滋补肾阴，佐以通乳
    E. 以上都不是

20. 导致缺乳的病因有
    A. 精神紧张
    B. 气血虚弱
    C. 情志抑郁
    D. 劳逸失常
    E. 以上都是

21. 小儿伤食泻首选方是
    A. 补中益气汤
    B. 参苓白术散
    C. 保和丸
    D. 葛根芩连汤
    E. 藿香正气散

22. 治疗脾胃气虚证小儿厌食的首选方别是
    A. 补中益气汤
    B. 参苓白术散
    C. 保和丸
    D. 四君子汤
    E. 异功散

23. 肾虚遗尿临床表现为
    A. 尿短而频
    B. 夜尿多而清长
    C. 尿少色黄
    D. 尿色黄而频
    E. 尿频涩而淋漓

A2 型题

24. 王某，女，16岁。2天前因受凉自觉恶寒，头身疼痛，鼻塞，流清涕，打喷嚏。舌苔薄白，脉浮紧。医生为该患者开了3剂汤药，煎药时间一般为水沸后再煎
    A. 30~40分钟
    B. 15~20分钟
    C. 40~60分钟
    D. 60~80分钟
    E. 以上都不是

25. 刘某，男，40岁。因鼻塞、头痛3天未缓解就医，经医生确诊为风寒型感冒，下列有关调护措施正确的是
    A. 汤药凉服
    B. 少饮水
    C. 汤药温服，服药后加盖衣被，使微汗出
    D. 出汗者立即洗浴
    E. 服药后可进一些冷饮

26. 孙某，男，56岁。自觉头痛如裹，肢体困重，胸闷纳呆，大便溏薄，苔白腻，脉濡。药物治疗首选
    A. 芎芷石膏汤
    B. 通窍活血汤
    C. 羌活胜湿汤
    D. 川芎茶调散
    E. 天麻钩藤饮

27. 王某，男，50岁。自感胸痛如刺，痛有定处，入夜尤甚，甚则胸痛彻背，背痛彻心，暴怒后加重，舌质紫黯，脉沉涩。调护原则是
    A. 益气温阳，活血通络
    B. 益气养阴，活血通络
    C. 温经散寒，活血通痹
    D. 通阳泄浊，豁痰宣痹
    E. 活血化瘀，通脉止痛

28. 林某，男，60岁。眩晕，头重昏蒙，或伴视物旋转，胸闷恶心，呕吐痰涎，食少多寐，舌苔白腻，脉濡滑。治宜选用
    A. 天麻钩藤饮
    B. 黄连温胆汤
    C. 藿香正气散
    D. 半夏厚朴汤
    E. 半夏白术天麻汤

29. 王某，女，12岁。近日食欲差，嗳腐吞酸，大便量多而臭，脘腹胀满，舌质淡，苔白腻。医生给予保和丸治疗，护士告诉患者家属最佳的服药时间是
    A. 饭前服
    B. 饭后服
    C. 睡前服
    D. 清晨服
    E. 都可以

30. 刘某，女，45岁。平素体质虚弱，近一年来月经期间小腹绵绵作痛，喜揉喜按，经色黯淡，量少，质稀，平时伴有腰膝酸软，健忘失眠，小便清长，舌淡，苔薄，脉沉细。该患者属于哪一证型的痛经
    A. 气滞血瘀
    B. 肝肾亏损
    C. 气血虚弱
    D. 湿热瘀阻
    E. 寒凝血瘀

31. 夏某，女，32岁。月经期淋雨后小腹冷痛、拒按，得热痛减，经血量减少，色黯有块，伴畏寒肢冷，舌黯，苔白，脉沉紧。该患者的调护原则应为
    A. 活血化瘀、养血止痛
    B. 理气行滞、化瘀止痛
    C. 温经散寒、化瘀止痛
    D. 清热化湿、调经止痛
    E. 补气养血、调经止痛

32. 王某，女，40岁。一年来经乱无期，出血量少，淋漓累月不止，此次停经2个月后突然阴道大量出血，经血鲜红、质稍稠，头晕耳鸣，腰膝酸软，五心烦热，夜寐不宁，舌红，苔少伴裂纹，脉细数，应诊断为
    A. 肾阳虚型崩漏
    B. 脾虚型崩漏
    C. 血瘀型崩漏
    D. 实热型崩漏
    E. 肾阴虚型崩漏

33. 李某，女，42岁。带下量多，色白质黏，呈豆渣样，外阴瘙痒，入夜尤甚，脘闷纳差，舌红苔黄腻，脉滑数。中医诊断为
    A. 带下过多阴虚夹湿证
    B. 带下过多脾虚证
    C. 带下过多湿热下注证
    D. 带下过多热毒蕴结证
    E. 带下过多肾阳虚证

34. 郭某，女，30岁。带下量多，色白，质稀薄如涕，无臭，面黄倦怠，纳少便溏，舌淡体胖，苔白稍腻，脉细。治法为
    A. 健脾益气，升阳除湿
    B. 温肾培元，固涩止带
    C. 滋肾益阴，清热利湿
    D. 清利湿热，解毒杀虫
    E. 清热解毒

35. 陈某，5岁，男。夜间遗尿，白天尿频而量多，色清，平素容易感冒，大便稀溏，舌淡红，苔薄白，脉沉无力。应诊断为
    A. 脾虚泄泻
    B. 肺脾气虚遗尿
    C. 肾气不固遗尿
    D. 脾肾不足泄泻
    E. 肺气虚感冒

主要参考文献

[1] 刘健美,王秀霞.中医护理学.2版.北京:中国医药科技出版社,2012.
[2] 吕文亮,徐宜兵.中医基础理论.北京:人民卫生出版社,2015.
[3] 王敏勇,陈建章.中医基础理论.10版.北京:中国医药科技出版社,2018.
[4] 张丽霞,简亚平.中医护理学.北京:北京大学医学出版社,2018.
[5] 孙广仁,郑洪新.中医基础理论.北京:中国中医药出版社,2012.
[6] 唐方,黄小波.中医学.2版.北京:北京大学医学出版社,2013.
[7] 宋传荣,何正显.中医学基础概要.3版.北京:人民卫生出版社,2014.
[8] 杨洪.中医护理.2版.北京:人民卫生出版社,2014.
[9] 刘鸿慧.中医护理.北京:中国中医药出版社,2015.
[10] 吕艳.中医护理.2版.北京:中国中医药出版社,2018.
[11] 黄萍,韩慧.中医护理学.北京:中国医药科技出版社,2018.
[12] 高学敏.中药学.北京:中国中医药出版社,2002.
[13] 刘桂瑛,马秋平.中医护理学.北京:科学出版社,2010.
[14] 秦元梅,杨丽霞.常用中医护理技术操作指南.郑州:河南科学技术出版社,2016.
[15] 谢薇,李俊华.中医适宜技术操作规范.上海:同济大学出版社,2016.
[16] 唐·王冰.黄帝内经素问(上、下).上海:商务印书馆,1931.
[17] 谢华.黄帝内经(白话释译).北京:中医古籍出版社,2000.
[18] 吴润秋.内经选读.北京:北京大学医学出版社,2012.
[19] 汉·张仲景著,宋·成无已注.注解伤寒论.上海:商务印书馆,1955.
[20] 明·李时珍著.本草纲目(校点本上、下册).2版.北京:人民卫生出版社,2007.

附：

目标检测参考答案

第一章 绪 论

1 B 2 B 3 E 4 C 5 A 6 E 7 A

第二章 阴阳五行

1 C 2 E 3 E 4 A 5 B 6 B 7 D 8 C 9 D 10 A 11 D

第三章 脏象学说

1 A 2 B 3 A 4 A 5 A 6 D 7 C 8 C 9 C 10 D 11 E 12 D 13 C 14 B 15 C
16 D 17 D 18 C 19 E 20 B 21 A 22 B 23 C

第四章 气血津液

1 E 2 A 3 D 4 E 5 D 6 E 7 C

第五章 病 因

1 E 2 A 3 E 4 A 5 A 6 E 7 B 8 A

第六章 体 质

1 D 2 B 3 C 4 D 5 B 6 A 7 C 8 B 9 B 10 E 11 D 12 B 13 C 14 E 15 D

第七章 诊 法

1 B 2 D 3 A 4 C 5 B 6 D 7 B 8 B 9 D 10 C 11 D 12 B 13 B

第八章 辨证施护

1 D 2 D 3 B 4 A 5 C 6 A 7 E 8 A 9 A 10 C 11 C 12 B 13 B 14 B 15 C
16 B 17 C

第九章 预防和护理原则

1 B 2 C 3 E 4 C 5 C 6 A 7 D 8 D 9 A 10 A 11 E

第十章 方药知识及用药护理

1 D 2 B 3 A 4 D 5 E 6 C 7 C 8 C 9 D 10 D 11 B 12 C 13 B

第十一章 常用中医护理技术

1 C 2 D 3 D 4 B 5 A 6 B 7 A 8 C 9 C 10 E 11 E 12 B 13 B 14 A 15 A
16 E 17 B 18 C 19 B 20 B 21 E 22 D 23 E 24 E 25 D 26 B 27 A

第十二章 常见病证中医护理

1 A 2 E 3 A 4 E 5 C 6 C 7 C 8 B 9 D 10 B 11 E 12 B 13 D 14 C 15 B
16 E 17 A 18 D 19 C 20 E 21 C 22 E 23 B 24 B 25 C 26 C 27 E 28 E
29 A 30 B 31 C 32 E 33 C 34 A 35 B